KB065967

인지학습
심리검사의 이해

박창호 · 강희양 · 김보성 · 김초복 · 박명숙
안서원 · 이태연 · 정우현 · 정혜선 공저

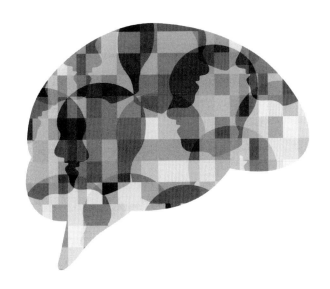

학지사

머리말

학습은 많은 사람에게 중요한 일과이다. 학교에서, 직장에서 혹은 나이가 들면서 배워야 할 것이 계속 생겨난다. 학습은 필수 일과일 뿐 아니라 삶의 질을 높이는 긍정적 활동이기도 하다. 그래서 요람에서 무덤까지 학습해야 한다. 학습자는 누구나 즐겁고 성공적인 학습을 기대하지만, 학습은 종종 실망과 좌절을 준다. 이를 피하려면 더 효과적인 학습을 할 수 있어야 한다. 당사자인 학습자는 물론 학습을 돕는 선생님, 코치 혹은 멘토 등 관계 있는 사람은 누구나 효과적인 학습 방법에 관심을 가지고 있다.

흔히 학습은 시험에서 높은 점수를 얻는 일로 생각되지만, 학습이 일어나는 과정은 매우 복잡하고 여러 가지 요인이 관여한다. 어린 학생은 종종 학습을 암기나 모방으로 생각하지만, 높은 수준의 학습에는 패턴의 지각과 주의, 정보의 부호화와 인출, 핵심의 이해와 논리적 사고 등과 같은 인지과정, 그리고 이에 대한 지식과 통제를 말하는 상위(meta) 인지가 매우 큰 비중을 차지한다. 이런 역량에 기반을 둔 학습을 이 책에서는 '인지학습'이라 한다. 그리고 잘 알다시피 학습 활동은 강하고 지속적인 학습 목표와 동기에 의해 뒷받침되어야 한다. 문제는 모든 학습자가 이런 학습 요인들에서 적절한 수준의 역량이 있는 것은 아니라는 것이다. 전반적인 수준의 차이가 있는가 하면, 개인별로 장단점이 교차하기도 한다.

효과적인 학습을 위해서는 학습자가 가지고 있는 인지 역량과 동기를 포함한 여러 학습 요인의 특성을 잘 파악하는 것이 필요하다. 학습자의 특성을 파악하는 데에는 전문가의 분석과 판단이 중요하겠지만, 체계적으로 개발된 검사는 비교적 덜 숙련된 사람도 이용할 수 있고 비교 가능한 결과 자료를 제공하는 장점이 있다. 사실상 많은 검사가 사용되고 있다. 그러나 그동안 학습에 관한 검사는 학습 동기와 태도, 학습기술, 학교생활, 적성과 진로 등에 주로 집중되어, 학습자의 인지 역량에 대한 분석은 상대적으로 소홀하였는데, 인지 역량을 포함하여 학습자의 특성을 좀 더 자세히 분석하는 검사들을 활용해야 할 필요성은 더욱 높아졌다. 이를 위해 이 책에서는 학습자의 인지학습과 관련된 심리검사를 수집하여 체계적인 소개를 하고자 한다.

한국인지및생물심리학회는 효과적인 학습을 지원하는 인력 양성을 위해 2007년 인지학습심리사 자격제도를 마련하였다. 그리고 2011년 『인지학습 심리학』을 출판하여 인지학습의 영역을 정의하고자 하였다. 그 후 현장에서 학습자의 역량과 특성을 평가하는 도구의 필요성을 공감하고, 인지학습 심리검사에 관한 책을 기획하였다. 여기저기 흩어져 있는 여러 심리검사 중에서 인지학습과 관련된 검사들을 조사, 수집하였으며, 그 검사들을 인지과정 영역에 따라 분류하고, 각 영역에서 대표적인 검사들을 골랐다. 이 책에 있는 일부 영역은 인지과정에 속하지는 않지만, 인지학습을 전반적으로 이해하는 데 도움을 주기 때문에 포함시켰다. 그런데 학습과 연관되지만, 성격검사와 같이 범주가 아예 다른 검사는 이 책에 포함시키지 않았다. 인지학습과 관련된 학습자 특성의 검사를 체계화하려고 하였음에도 불구하고, 검사 결과는 종종 상이한 심리 영역에도 함의를 가지듯이 이 책에 소개된 검사들이 모두 정확하게 분류되는 것은 아니며, 한 검사가 해당 영역의 인지과정을 포괄적으로 평가하는 데 부족한 점이 있을 수도 있음에 유의해야 한다.

이 책에서 각 장의 이름은 검사지에 인쇄되는 제목을 우선으로 정하고, 필요하면 번역어를 추가하였다. 검사 해설의 집필자는 각 검사 영역의 시작 페이지에 표시되어 있다. 각 검사의 설명 방식은 대체로 통일되어 있지만, 소항목의 제목은 검사의 특성에 따라 조정되었다. 피검사자가 미리 알거나 연습하면 곤란한 검사문항은 비슷한 것으로 대체하여 적절한 검사 실시에 방해가 되지 않도록 노력하였다. 이 책에 소개된 검사 중 일부는 체크리스트에 가깝지만, 인지학습에 대한 전반적인 파악에 도움이 되므로 포함시켰다. 일부 검사의 경우에는 문헌 자료의 부족으로 관련 연구, 참고문헌 등이 간략해졌음을 독자들이 양해해 주시기 바란다.

이 책의 체제를 구상하고, 집필진을 구성하고, 원고를 수합하는 과정에서 상당한 시간이 흘러 이제야 빛을 보게 되었다. 향후에는 이 책을 바탕으로 그리고 더 우수한 검사가 개발되어 학습자의 인지학습 특성에 대한 더 좋은 이해의 틀이 만들어지기를 기대한다. 이 책의 제작에 한국인지및생물심리학회는 재정적 지원을 해 주었으며, 그동안 전, 현 학회장들이 큰 관심을 기울여 주었다. 그리고 고맙게도 김경진 박사는 이 책의 초고를 검토하고 수정 의견을 주었으며, 대학원생 김인익은 초고와 교정지의 수정을 도와주었다. 끝으로 이 책의 출판을 맡아 준 학지사의 김진환 사장님과 편집을 맡아 수고해 준 박나리 담당자에게 감사의 뜻을 표한다.

집필자 대표 박창호

차례

서론

* 1부 '인지학습 심리검사의 기초'는 박창호 교수(전북대학교 심리학과)가 작성했다.

01 인지학습 심리검사의 기초

　심리학 전문가도 사람의 마음이나 행동 특성을 한눈에 알 수 있는 것은 아니다. 사람을 파악하기 위해서 보통은 많은 관찰과 면담과 분석이 필요하다. 그러므로 이를 대신해 줄 수 있는 심리검사가 있다면 매우 유용할 것이다. 실제로 많은 검사가 생활에서 그리고 직장, 심리치료센터 혹은 산업 장면에서 쓰이고 있다. 어떤 사람은 검사를 선반에서 적당히 골라 꺼내 쓰는 도구처럼 생각하기도 한다. 그러나 검사가 잘못 적용되면 심각한 오해를 불러일으킬 수 있기 때문에, 올바른 검사를 선택하고 검사를 제대로 실시하여, 그 결과를 적합하게 해석하는 것이 매우 중요하다. 이 장에서는 인지학습 심리검사를 중심으로 심리검사의 기초를 소개하고자 한다(각 검사에 대한 설명은 해당 장을 참조하라).

1. 심리검사와 인지학습

1) 심리검사의 정의와 용도

　심리검사는 피검사자의 심리 상태와 행동 특성을 파악하기 위하여, 표준화된 도구(검사지 등)를 사용하는 체계적인 조사의 일종이다. 어떤 의견을 묻거나 자신의 성향을 알려 준다고 하는 많은 질문지 혹은 설문지가 시중에 있지만, 이들이 모두 심리검사인 것은 아니다. 심리검사는 심리조사 중에서도 검사도구와 절차, 그리고 검사 결과의 해석 등이 체계화되어 있어서 상대적인 평가가 가능한 것을 말한다. 심리 및 행동에 대한 질문이지만 그 결과를 적절히 판단할 수 있는 표준적인 기준(혹은 규준)이 없다면 심리검사라고 할 수 없다.

　심리검사는 흔히 현재의 심리 상태나 능력을 평가하기 위해 사용된다. 지능검사나 성격검사가 대표적인 예인데, 이 외에도 각종 성취 검사, 수행 검사, 행동 평가 검사 등이 모두 여기 속한다. 이런 검사의 결과는 피검사자의 심리 및 행동 특성을 분석하고 이해하는 데에 도움을 준다. 그리고 어떤 문제행동 및 심리장애를 진단하기 위해서 사용될 수 있는데, ADHD 검사, 치매 검사 등이 그 예이다. 이에 관한 잘 확립된 진단 매뉴얼로서 DSM-5가 있다. 심리검사는 또한 피검사자의 장래 성취를 예측하기 위해 사용된다. 지능검사에도 그런 측면이 있지만, 대표적인 예는 적성검사로서 검사 대상자가 앞으로 학업에서 어떤 성취를 보일지, 혹은 어떤 직업군에서 유능할 것인지를 예측하고자 한다.

심리학 연구에서 심리검사는 심리치료 프로그램의 효과를 평가하는 데 종종 사용된다. 심리치료 프로그램의 실시 전에 얻은 심리검사 결과를 프로그램 실시 후에 얻은 심리검사 결과와 비교하면, 프로그램의 효과를 확인할 수 있다. 경우에 따라서는 프로그램 종료 후 일정 시간이 지난 다음 프로그램의 지속적인 효과를 확인하기 위해 심리검사가 실시된다. 인지학습 심리검사도 인지학습 프로그램의 전후에 사용되어 프로그램의 효과를 평가하거나 인지학습 역량의 변화를 모니터하는 데에 사용될 수 있을 것이다.

2) 심리검사의 분류

심리검사는 어떻게 구성되어 있는지, 어떻게 실시되는지, 어떻게 평가되는지 등에 따라 다양하게 분류될 수 있다. 다음 〈표 1-1〉은 검사의 형식에 대한 다양한 분류를 보여 준다(김미라, 2011).

〈표 1-1〉 심리검사의 형식상 분류

분류기준	내용	검사 예
검사 인원	개인검사	K-WAIS, K-WISC 등
	집단검사	성취검사, 집단 지능검사, 적성검사, 성격검사 등
채점방식	객관식 검사	진위형, 연결형, 선다형, 단답형, 완성형 등
	주관식 검사	서술형, 논술형 등
측정방법	역량검사	시간 제한이 없는 검사
	속도검사	반응속도검사, 시간제한검사
문항형식	언어적 검사	대부분의 심리검사
	비언어적 검사	TAT, Army-β, Rorschach Test 등
피검사자의 반응양식	실기(도구)검사	Army-β, 동작성 지능검사 등
	지필검사	연필과 종이를 사용하는 대부분의 심리검사
문항의 대표성	징후검사	표준화된 심리검사
	표집검사	수능검사, 성취검사 등
참조체제	규준지향검사	상대평가 검사
	준거지향검사	절대평가 검사
수행양식	최대수행검사	지능검사, 성취검사 등
	전형수행검사	성격검사, 흥미검사 등
검사제작자	표준화검사	대부분의 심리검사
	개인제작검사	

출처: 김미라(2011). 일부 생략.

검사 방법과 관련하여 부언하면 예전에는 지필검사가 널리 사용되었다. 지필검사는 주로 문장 형태의 질문과 몇 개의 선택지가 제시되고(언어적 검사) 피검사자는 그중 하나를 선택하는 형태로 되어 있다. 지필검사이지만, 특정 도형에만 체크 표시를 빨리 하게 하거나, 도형에 대응하는 숫자를 쓰게 하는 비언어적 수행검사도 있다. 요즘은 검사지를 모니터로 제시하고 키보드의 단추로 반응을 받는 방법이 널리 쓰인다. 컴퓨터나 기구를 써서 수행을 측정하는 검사도 있다. 예컨대, 컴퓨터를 이용해서 도형, 기호 혹은 소리 등을 재빠르게 제시하고 이에 대한 반응을 수집하는 것이다. 이런 검사로 반응의 정오뿐 아니라, 반응 속도(혹은 반응 시간)까지 측정하여 더 자세한 분석이 가능하므로, 컴퓨터를 이용한 검사가 늘어나고 있다.

어떤 검사의 결과는, 예컨대 우수, 양호, 보통, 미흡과 같이 언어적으로 혹은 등급으로 표시되며, 이 결과는 다른 사람의 결과와 무관하게 결정되는 절대 평가를 낳는데, 가령 적성검사가 그렇다. 반면에 다른 검사의 결과는 어떤 범위의 양적 점수로 표시되고, 그 점수의 의미는 다른 사람의 결과와 비교해서 '상대적으로' 판정되는데, 대표적인 것이 지능검사이다. 이런 비교를 위해서는 원 검사점수의 표준화가 먼저 필요하고, 최종 점수는 변환된 규준 점수인 경우가 많다. 이때 검사 결과를 제대로 이해하기 위해 검사점수가 결정되는 원리에 대한 이해가 필요하다.

3) 인지학습 심리검사의 영역

심리학의 여러 분야가 있듯이, 성격검사, 지능검사, 발달검사, 태도검사, 문화심리검사, 언어검사, 임상심리검사, 산업조직 분야 검사, 공학심리검사 등 여러 분야의 심리검사가 있다. 이 검사들의 특성, 실시, 결과 해석 등은 관련 분야의 지식과 검사 관련 정보를 바탕으로 이해되어야 한다. 이 책에서는 인지학습과 관련되는 심리검사들을 살펴본다.

인지학습은 인간 학습의 특성을 일컫는 말로서 인지적 혹은 지적 능력에 기반을 둔 학습이다. 이 말은 '파블로프의 개'에서 보듯이 조건형성을 중심으로 연구된 동물 학습과 대비된다. 인간 행동도 조건형성이 되지만, 인간 학습(공부)에는 소위 지적·인지적 역량이 중요한 역할을 한다. 그러므로 학습자의 지적·인지적 역량과 학습과 관련된 심리 특성을 잘 파악하는 것이 학습 문제의 원인을 찾고 적절한 대책을 강구하는 데에 중요한 기여를 할 것이다.

학습 성과와 관련해서 쉽게 연상되는 것이 지능인데, 이 외에도 여러 요인이 학습에 영향을 준다. 박창호(2011)는 인지학습의 학습자 요인으로서 인지적 측면, 행동적 측면, 및 동기적 측면을 들었다(p. 14). 인지적 측면은 학습기술, 인지/학습 양식, 지능 등을 포함하는데, 이 중 학습 기술은 주의, 기억, 언어처리와 같은 심리과정에 따라 세분될 수 있고, 읽기, 쓰기, 듣기, 셈하기 등의 기초 기술에 따라 세분될 수 있다. 행동적 측면은 학습 습관과 더불어 자기조절학습과 같이 학습의 관리적 측면을 포함할 수 있다. 동기적 측면은 학습 동기와 적성을 포함하는데, 학습과 관련된 기분이나 정서도 동기에 큰 영향을 주므로 함께 포함시킬 수 있다. 이 외에도 성격 요인이나 환경 요인도 학습에 중요한 영향을 줄 수 있다. 이와 마찬가지로 인지학습 검사도 여러 영역에 걸쳐 있는데, 예컨대 김미라(2011)는 인지학습과 관련된 검사들을 크게 '인지영역' '정동영역' 및 '기타 영역'으로 구별하였다.

인지 역량을 알아보는 포괄적인 검사로 지능검사가 있다. 예를 들면, 중고교에서 집단으로 실시하는 지필식 지능검사인 Stanford-Binet 지능검사, 그리고 심리학 전문가들이 널리 쓰는 웩슬러 지능검사[한국판은 K-WAIS(성인용), K-WISC(아동용) 검사], 카우프만 아동용 지능검사 등이 있다. 예컨대, K-WISC-IV(4판) 검사는 전체 지능을 언어이해, 지각추론, 작업기억, 처리속도 등으로 나누어 전체 지능과 하위 성분에 대한 정보를 주지만(신민섭 외, 2005), 주의, 형태 인식, 집행 기능, 언어 처리, 문제해결 등 더 세밀한 인지기능에 대한 정보를 직접 주지는 못한다. 예를 들어, 지능검사에서 다루는 기억 검사는 주로 단기기억의 용량에 관한 것이어서, 여러 과제 수행을 조절하는 집행 기능에 관해서는 충분한 정보를 얻기가 어렵다. 그리고 학습에 중대한 영향을 주는 비인지적 측면에 대한 정보도 필요하다.

인간 인지에 대한 연구 주제들은 지각과 형태재인, 주의, 작업기억, 장기기억, 개념과 범주화, 심상, 상위 인지, 사고와 문제해결, 추리, 언어지각, 언어이해, 언어산출, 인지발달 등으로 대별된다. 이런 인지과정들이 함께 작용하여 여러 가지 지적 활동을 수행한다. 예를 들면, 약속을 기억하기, 길 찾기, 물건 구입하기, 충돌을 피하기, 비밀번호를 기억하기 등의 일상활동들뿐만 아니라 교실에서 선생님에게 주목하기, 책 읽기, 노트나 메모하기, 마음속으로 순서를 정하기, 비교하기, 문제 풀기 등의 학업 활동의 배후에 이런 인지과정이 있다. 이런 인지과정은 흔히 지적 능력이라 부르는 것을 구성하는 성분들이다. 이 기본 인지과정이 제대로 작동하지 않으면, 이를 필요로 하는 여러 활동에 문제가 발생한다. 예를 들면, 주의 과정이 정상적이지 않으면, 사람을 주목하기, 교통 신호를 보기, 할 일을 확인하기, 중요하지 않은 소리를 무시하기, 충동적 행동을 억제하기 등을 제대로 하기 힘들다.

어떤 인지기능 혹은 성분은 지능과 높은 상관을 보이지만 다른 것은 비교적 덜하다. 그리고 어떤 인지기능이 우수한 사람은 지능검사의 관련 영역에서도 비교적 좋은 점수를 보인다. 그렇지만 지능검사가 제안하는 성분들 각각이 반드시 특정 인지기능(역량)과 일치하는 것은 아니다. 이러한 불일치는 지능지수가 인간의 인지 역량을 설명하는 데 목적이 있는 것이 아니라, 인간의 지적 기능 측면에서 사람들 간의 차이를 수량화하는 데에 주목적이 있기 때문이다. 그러므로 인간 인지를 종합적으로 이해하기 위해서는 지능지수나 지능의 하위 점수들만으로는 곤란하고, 인지기능의 상호관련성과 체계를 고려해야 한다. 다행히도 최근의 지능 이론은 기초적인 인지기능을 점차 반영하는 추세에 있다(16장 참조). 인지심리학의 발달과 더불어, 인지기능에 대한 세부 검사들도 함께 발달하였다. 예컨대, 선택 주의, 도형 변환, 집행 기능, 음운 인식, 인지양식, 유추, 창의성, 학습 관리 등에 대한 검사가 개발되어 왔다. 이 책에서는 학습과 관련된 주요 인지기능들을 다음 목록에서 보듯이 몇 개의 범주(부, part)로 묶어서 제시한다. 각 범주에 속하는 검사의 이름과 설명에 대해서는 해당하는 목차 혹은 부(part)를 참조하기 바란다.

- 시공간 지각
- 주의 및 행동제어
- 기억 및 작업기억
- 언어처리
- 지능 및 집행 기능
- 인지양식, 학습양식 및 창의력
- 학습동기 및 학습관리
- 기초학력 및 학습장애
- 학업 스트레스, 시험 불안 및 학습환경

검사 영역과 목적에 따라 일부 검사는 중복될 수 있다. 각 영역 간의 관계에 대해서는 좀 더 많은 이론적 검토와 경험적 연구가 필요하다. 세부 영역 및 검사는 제각기 따로 이해되기보다는 상호 보완적으로 이해되어야 한다. 앞서 언급한 영역들 외에도 인지학습 역량을 파악하는 데에 기초학습기술, 학습부진 등에 대한 검사가 유용한 경우가 있을 것이다. 인지학습 역량의 발휘는 종종 다른 요인의 영향을 크게 받을 수 있다. 학업에 대한 흥미나 동기가 그 예인데, 이와 관련해서는 학습 흥미, 학습 태도, 성격검사 등이 유용할 것이다. 또래나 교사와의 관계, 가족관계 등도 학업에 영향을 미치는 중요 요인이다. 이런 경우 자기상(개념), 가족관계나 교우관계에 대한 검사 등이 도움이 될 수 있다. 이 외에 적성이나 진로에 대한 검사가 보조

자료로 쓰일 수도 있을 것이다.

많은 분석적 검사가 개발되고 있지만, 검사가 모든 것을 밝혀 주는 것은 아니다. 검사는 표준화된 절차와 내용을 가지고 있으므로, 피검사자의 특수성이 적절히 혹은 충분히 고려되지 않는 경향이 있다. 예를 들어, 인지기능에서 어떤 특수한 결손의 원인을 효과적으로 분석할 수 있는 심리검사가 개발되어 있지 않을 가능성도 있다. 그런 경우, 인지학습의 검사는 아니지만, 신경계의 기능 이상을 탐지하는 Luria-Nebraska, Halstead-Reitan, 혹은 SNSB 등의 신경심리검사 결과가 유용할 수 있다. 어떤 경우에는 연구자가 기존 검사를 변형시키거나 조합하여 사용할 필요가 있을 것이다. 나아가 기존 검사로서 포착하기 어려운 점을 다루기 위해, 어떤 영역의 인지기능을 조사하기 위한 실험이나 체계적 검사 배터리를 개발해야 하는 경우도 있을 것이다.

4) 검사도구의 획득

검사의 타당도와 신뢰도가 어느 정도 있는(이 개념들에 관해서는 다음 절 참조) 믿을 만한 검사는 어떻게 구할 수 있는가? 한 방법은 심리학 연구논문이나 문헌을 통해서 전문 연구자들이 어떤 검사를 사용했는가를 살펴보는 것이다(고려대학교 행동과학연구소, 1998 참조). 다른 방법은 검사도구 전문 회사에서 판매하는 검사들의 목록을 살펴보는 것이다. 어떤 검사들은 인터넷 사이트에서 구할 수도 있다. 검사전문 회사나 인터넷 사이트에서 소개된 검사들 중에는 전문성이 떨어지는 것도 있으므로, 해당 검사들을 사용한 연구들을 검색해 볼 필요가 있다. 많은 검사도구가 질문지 형태 혹은 그 변형이지만, 최근에는 컴퓨터로 하는 검사 소프트웨어가 많아지고 있다. 다음과 같은 검사 전문 회사들이 있으며, 취급하는 검사도구에 관해서는 각 회사의 홈페이지를 참조하기 바란다. 필요하면 외국의 검사 전문 회사나 연구자에게 검사를 구입할 수도 있을 것이지만, 해외에서 만들어진 검사는 표준화의 모집단이나 학년 구별이 한국과 달라서 그 규준을 한국인에게 바로 적용할 수 없는 경우가 있다는 점을 고려해야 한다.

그 밖에도 검사의 실제적인 측면을 고려해야 한다. 검사를 하기 위한 요건, 예컨대 검사도구, 검사환경, 소요 시간, 검사 비용 혹은 대상자의 연령이나 기타 특성 등이 너무 제한되어 있거나 과도하다면 검사를 널리 적용하기 어려울 것이다.

- 도서출판 신경심리: http://www.neuropsy.co.kr
- 마인드프레스: http://www.mindpress.co.kr/
- 아이앤드디코리아: http://www.idk.co.kr
- 어세스타: http://www.assesta.com/
- 연우심리개발원: http://www.iyonwoo.com
- 인싸이트: http://www.inpsyt.co.kr
- 중앙적성연구소: http://www.cyber-test.co.kr/
- 테스트코리아(한국심리검사): http://www.testkorea.co.kr
- 한국가이던스: http://www.guidance.co.kr
- 한국심리자문연구소: http://www.psypia.co.kr
- 한국행동과학연구소: http://www.kirbs.re.kr

2. 검사의 요건: 타당도와 신뢰도

검사는 몇 개의 지표(혹은 문항)를 이용하여 직접 관찰할 수 없는 상태를 평가하려는 작업이다. 검사의 호오를 평가하는 기준으로 타당도와 신뢰도가 있다. 타당도는 검사가 목적한 바를 측정하는 정도를 말하고, 신뢰도는 검사를 되풀이할 때 그 결과가 안정적인 정도를 말한다. 흔히 재미 삼아 하는 혈액형 성격검사를 보자. 혈액형이 바뀌는 일은 거의 없으므로, 혈액형 성격검사의 결과는 매우 안정적(일관적)일 것인데, 다시 말해 신뢰도가 매우 높다. 그런데 중요한 문제는 혈액형으로 파악한 성격이 실제 성격에 부합하는 것인가이다. 주변에는 같은 A형이지만 성격은 판이한 경우가 종종 있다. 이것은 혈액형 성격검사가 모순적이라는 것을, 다시 말해 타당하지 않다는 것을 알려 준다. 혈액형 성격검사는 신뢰도가 높지만, 성격검사로는 타당하지 않은 것이다. 유사 심리검사의 경우 신뢰도가 높은 것(예, 검사점수가 일정하게 나온다)을 마치 그 검사의 타당도가 높은 것으로 착각하는 경우가 있는데, 이는 명백한 오류이다. 그러므로 검사의 신뢰도와 타당도를 잘 구별해야 한다.

검사 결과를 실제로 활용하기 위해서는 타당도와 신뢰도 외에도, 검사의 규준이 마련되어 있어야 한다. 규준(norm)은 적절한 표본으로부터 얻은 많은 수의 자료를 이용하여 검사점수의 높고 낮음(상대적 위치)을 판단할 수 있도록 만든 일종의 표이다. 70점의 의미는 그 자체로는 불확실한데, 규준에서 평균이 50점인지 80점인지에 따라 점수의 고저가 달라질 것이다. 규준을 적용하기 위해서는 검사가 표준화된 방법에 따라 실시되고, 채점되어야 할 것이다.

규준과 검사 및 채점 절차는 검사마다 다른데, 보통 각 검사의 매뉴얼(지침)을 참조하면 알 수 있다. 다음에서는 검사의 요건들 중, 타당도와 신뢰도 개념을 좀 더 자세히 살펴보고, 이에 대한 측정 방법을 살펴본다.

1) 타당도

골상학자 Gall은 두개골의 크기나 모양을 재고, 이것으로 피검사자의 지능이나 성격을 판정했는데, 지금은 그런 판정을 믿는 사람이 별로 없을 것이다. 현대의 관점으로 보면 Gall은 지능을 타당하지 않게 검사한 것이다. **타당도**(validity) 개념을 다른 말로 하면, 검사점수가 진실해야 한다는 것이다. 그런데 '진실'의 문제가 항상 그러하듯이, 무엇에 대해서 진실(타당)할 것인가가 논란이 된다. 예를 들어, 지능 검사의 경우, 지능점수가 대상자의 현재 지능(이 개념에 대한 정의도 여러 가지이다)을 진실하게 반영해야 하는가? 아니면 지능점수로부터 예측하고 싶은 대상자의 학업 성취, 혹은 성공 가능성을 진실하게 반영해야 하는가? 어느 경우이든 지능점수의 타당성을 입증하기는 쉽지 않다. 타당도에 관해서는 이와 같은 개념적 및 검증의 한계가 있기 때문이다. 이 때문에 학자들은 타당도에 대한 여러 가지의 개념을 제안했다(임인재, 김신영, 박현정, 2003; Cozby & Bates, 2015). 그중 검사와 관련하여 필요한 것을 살펴보도록 하자.

(1) 구성타당도

검사 문항들이 검사가 측정하고자 하는 구성개념을 적절하게 반영하는지를 말한다. **구성타당도**(construct validity, 구인타당도)가 좋으려면, 구성 개념이 정확하게 그리고 구체적으로 정의되어 있어야 한다. 예를 들면, 스트레스 검사는 스트레스 혹은 스트레스의 성분들이 구체적으로 정의될 때 그것을 제대로 측정할 수 있는 문항들을 만들 가능성이 높아진다. 그런데 구성 개념은 심리 현상을 설명하기 위한 가설적 개념이므로, 명확하게 정의하거나 양적인 정확도를 나타내기가 어렵다. 즉, '구성 타당도'의 정도를 객관적 지표로 표시하기가 쉽지 않다. 다음에 언급되는 여러 가지 타당도는 구성타당도를 나타내기 위한 여러 접근을 보여 준다.

(2) 안면타당도와 내용타당도

안면타당도(face validity)는 측정도구(검사지)가 의도한 대로 측정하는 것처럼 보이는지에 대한 것이다. 예를 들면, 스트레스 검사 문항으로서 "얼마나 큰 스트레스를 받고 있습니까?"와 같은 문항은 표면적으로(안면적으로) 스트레스를 측정하는 것처럼 보인다. 그러나 안면타당도는 검사 문항의 표면적인 서술을 기반으로 하므로, 종종 타당도에 대한 좋은 지표가 아닐 수 있다.

내용타당도(content validity)는 측정(검사) 문항이 구성 개념의 정의에 맞게 되어 있는지, 즉 검사 문항이 그것이 속하는 개념을 얼마나 잘 대표하는가를 말한다. 예를 들면, "어떤 사건을 겪은 후 병원을 찾는 확률이 얼마나 됩니까?"와 같은 문항은 일반인이 보기에는 스트레스와 무관해 보여도, 스트레스 전문가가 보기에는 스트레스에 대한 신체 반응의 지표로 이해될 수 있다. 문항의 내용 타당성은 해당 분야의 전문가에 의해 판단되므로, 내용타당도는 안면타당도보다 좀 더 적절한 지표라고 볼 수 있다.

(3) 준거타당도

타당도는 어떤 검사의 점수와 다른 관련 있는 검사의 점수 간의 상관관계를 통해 평가될 수 있는데, 이런 타당도를 준거타당도라고 한다. 이 중 한 방법인 공존타당도(concurrent validity, 공인타당도 혹은 동시타당도)는, 어떤 새 검사의 점수와, 기존 검사의 점수 간의 상관관계를 통해 평가된다. 예를 들면, 새로 개발한 스마트폰 중독 검사의 타당도를 알아보기 위해, 새 검사와 기존 검사를 동시에 실시하고, 두 검사 점수 간의 상관관계를 보는 것이다. 준거타당도의 다른 종류는 검사점수가 그 검사와 관련된 미래의 상태나 행동을 얼마나 잘 예언하는가에 관한 예언타당도(predictive validity)이다. 예를 들어, 수학능력점수는 학생의 대학 학업에 대한 예언적 지표가 될 수 있다고 생각된다. 적성검사도 마찬가지로 한 사람의 직무적 적성을 예측할 것으로 생각된다. 이때 두 점수 간의 상관계수가 예언타당도가 된다.

(4) 수렴타당도와 변별타당도

어떤 검사가 측정하는 구성 개념이 있을 때, 그 검사점수는 같은(혹은 유사한) 구성 개념을 측정하는 검사점수들과는 높은 상관을 보여야 하며(수렴타당도, convergent validity), 이와 무관한 다른 구성개념을 측정하는 검사점수들과는 상관이 낮아야 한다(변별타당도, discriminant validity). 예를 들어, 불안검사는 다른 불안 관련 검사들과 높은 상관을 보이지만, 시지각검사들과는 낮은 상관을 보일 것으로 기대된다.

2) 신뢰도

오늘 기온이 섭씨 7℃라고 하는데, 햇볕 좋은 창가에서는 따뜻하고, 뒷골목에서는 춥다. 이는 일기예보가 잘못된 것이 아니라, 어디에서 혹은 어떻게 재느냐에 따라 기온이 다르게 측정되기 때문이다. 기상대에서는 백엽상이라고 부르는 작은 나무집을 사용하여, 기온을 표준적으로 그리고 안정적으로 측정하려고 한다. 이처럼 같은 대상에 대한 측정값이 일관적이고 안정적이어야 검사 결과가 신뢰할 만한(reliable) 것이 된다. 신뢰도는 종종 타당도와 혼동되는데, 여기에서 '신뢰'라는 말은 진실하다는 뜻이 아니라, 일관적이라는 혹은 안정적이라는 말이다. 타당도에 비해서 신뢰도는 양적 지표로 표시하기가 쉬운데, 대체로 상관계수가 사용된다. 신뢰도의 경우에도 연구자에 따라 분류가 여러 가지임에 유의해서, 다른 책의 설명도 참조하기 바란다(송인섭, 2002; Cozby & Bates, 2015; Elmes, Kantowitz, & Roediger III, 2012 참조).

(1) 검사-재검사 신뢰도

검사-재검사 신뢰도(test-retest reliability)는 같은 사람을 대상으로 두 번 검사함으로써 얻어진다. 즉, 첫 번째 검사점수와 두 번째 검사점수의 상관계수이다. 두 번째 검사가 첫 번째 검사와 똑같을 경우 사람들이 첫 번째 검사에서 응답한 답을 기억해서 반응할 가능성이 있으므로, 두 번째 검사는 첫 번째 검사와 약간 다르게 구성될 수 있다.

(2) 동형검사 신뢰도

동형검사는 유사한 형식과 내용을 가지고 또 통계학적 특성이 비슷한, 두 검사를 말하는데, 둘 간의 유사성이 아주 높으면 평행검사라고도 한다. 동시에 실시하는 이 두 검사 간의 신뢰도가 **동형검사 신뢰도**(equivalent form reliability)이며, 만일 두 검사 가 같은 종류라면 동형검사의 신뢰도는 높을 것이다.

(3) 내적합치도 신뢰도

검사 항목들이 측정하는 것(구성 개념)이 동일한 것이라면, 그 항목들은 서로 비슷한 결과를 낳을 것인데, 즉 검사 내적인 합치성/일관성(internal consistency reliability)이 있을 것이다. 이런 원리에 따르면, 검사의 항목들을 두 부분으로 나누어도 검사 점수를 비슷할 것인데, **반분검사 신뢰도**(split-half reliability)가 그 지수이다. 일반적으로 내적 일관성과 관련한 지수로서 크론바흐 알파(Cronbach's alpha)가 많이 사용되는데, 이는 여러 문항으로 된 검사를 가능한 여러 방법으로 나누어 계산한 반분검사 신뢰도의 평균이다.

문항–전체 상관(item-total correlation)은 검사 내의 한 문항과 검사의 총점 간의 상관계수이다. 이 상관계수는 검사의 특정 문항이 다른 검사 문항과 얼마나 긴밀하게 상관하는지를 보여 준다. 이 상관계수가 낮은 문항은 다른 문항들과의 관련성이 낮다는 것을 가리키므로, 검사의 일관성을 높이기 위해 해당 문항을 제거할 수 있다.

(4) 평정자 간 신뢰도

면담이나 관찰을 통해 대상자의 반응을 체계적으로 평정하는 경우가 있다. 이때 평정자의 평정에는 주관적인 판단이 개입하거나, 사전지식이나 기타 요인에 의한 영향이 반영될 수 있다. 여기에서 평정의 정확도에 대한 자료를 얻기 위해 둘 이상의 평정자가 평정하고, 그 점수 간의 상관계수를 구하는데, 이를 **평정자 간 신뢰도**(inter-rater reliability)라고 한다. 평정자 간 신뢰도가 높을수록 평정절차가 더 신뢰할 만하다는 뜻이다.

3. 검사의 통계학적 기초

검사 결과는 주로 하위 검사 범주에 따른 점수로 표시된다. 예를 들면, 지능검사에서 '언어이해' 55점, '지각추론' 65점과 같은 식이다. 범주는 검사에서 서로 구별되는 영역을 가리킨다. 그러므로 (표준화를 거친 점수가 아니라면) 두 범주의 점수를 맞대 놓고 비교할 수는 없다. 한 범주 내의 점수의 경우에도 그 의미를 절대적으로 파악하기는 어려운 경우가 많다. 예컨대, 65점이 높은 점수일까? 낮은 점수일까? 무엇과 비교하느냐에 따라 판단이 달라질 것이다.

그러므로 검사점수의 의미를 제대로 파악하는 것이 중요하다. 이를 위해서는 통계에 관한 몇 가지 기본 지식이 필요하다. 이 절에서는 검사점수를 해석하기 위한 준비로서 필요한 기초적 통계학 개념을 소개한다. 더 상세한 내용에 관해서는 심리통계학 혹은 심리측정 문헌을 참조하라. 그리고 검사점수가 각 검사에서 뜻하는 바를 알기 위해서는 각 검사의 설명서를 참조해야 한다.

1) 점수의 의미

검사 결과, 피검사자의 반응은 어떤 점수로 계산되어 나온다. 어떤 검사의 결과가 '12'라면 그 뜻이 무엇일까? 12점, 12등, 12등급, 혹은 목록에서 12번째 그룹? 숫자 뒤에 단위를 붙여 보면, 숫자가 다양한 뜻을 가리킬 수 있다는 것을 알 수 있다. 즉, 같은 숫자라도 그 의미 그리고 그 역할은 서로 다를 수 있다. 이를 표시하기 위해서 통계학에서는 척도(scale)라는 개념을 쓴다.

척도는 명명 척도, 서열 척도, 등간(혹은 동간) 척도, 비율 척도 등 네 가지로 분류된다. 각각의 의미는 다음과 같다.

(1) 명명 척도

척도는 대상(혹은 사건)이 서로 구별되는 범주(부류)로 구성된다. 예컨대, 색깔, 지역, 남녀와 같이 집단의 분류 등이 여기에 속한다. 이런 분류를 숫자로 표시하더라도, 그 점수는 구별을 나타낼 뿐, 양적으로 많고 적음 혹은 높고 낮음을 뜻하지 않는다. 학년이나 연령대와 같은 어떤 분류는 명명 척도로도 해석될 수 있고, 서열 척도로도 해석될 수 있다.

(2) 서열 척도

척도상의 점수는 어떤 기준에서의 순서 혹은 정도를 나타낸다. 서열 척도(혹은 순서 척도)에서 점수 차는 등위의 차이를 나타낼 뿐, 어떤 양적인 의미를 지니지 않는다는 것이 다음에 언급할 등간 척도와의 차이점이다. 많은 질문지에서 사용하는 5점, 7점, 혹은 9점 척도의 점수는 서열 척도에 해당한다. 5점과 4점의 1점 차이는 4점과 3점의 1점 차이와 같다고 할 수 없다(두 경우에서 1점 차이의 의미가 다르다는 말이다. 점수를 등수로 바꾸어 보면 그 의미가 더 명확해질 것이다). 서열 척도 점수는 점수들의 척도화/표준화를 통해 등간 척도로 변환될 수 있다.

(3) 등간 척도

척도상의 점수가 일정한 간격(즉, 등간 혹은 동간)으로 배치될 수 있다. 대표적인 것이 지능 점수이며, 일상에서 쓰는 ℃ 온도도 여기에 해당한다. 이 척도의 점수는 더하거나 뺄 수 있으며, 점수 차가 일정한 의미를 지닌다. 그래서 115점은 100점보다 15점이 많고, 130점은 115점보다 15점이 많고, 이 두 개의 차이는 같다고 말할 수 있다. 등간 척도에는 영점('0'인 값)이 없는데, 그 차이는 영이 될 수 있으므로 등간 척도의 차이 점수는 비율 척도이다.

(4) 비율 척도

척도상의 점수가 일정한 간격(즉, 등간)으로 배치될 수 있을 뿐만 아니라, 측정값이 없는 점수의 영점이 있어서 점수를 곱하거나 나누는 것이 가능하다(여기에서 '비례'가 계산됨). 예컨대, 비율 척도인 길이나 무게는 0이 될 수 있지만, 등간 척도인 지능은 0이 될 수 없다. 온도계의 온도는 일정한 간격을 가지고 있으므로 등간 척도에 해당한다. 0℃를 영점으로 착각하기 쉬운데, 0℃는 온도계의 표시일 뿐이지 온도가 존재하지 않는다는 의미의 영점이 아니다(그러나 절대 0℃, 즉 −273℃는 영점이다).

네 척도 중에서 등간 척도와 비율 척도는 양적 의미를 가지고 있으므로, 이런 척도의 변인을 흔히 계량적 변인이라고 하는데 이 변인에 대해서는 t-검증, F-검증과 같은 모수 검증이 가능하다. 그러므로 점수에 대한 상세한 분석이 가능하다. 이 척도 중에 가장 많은 정보를 담고 있는 것은 비율 척도이다. 예를 들어, 다섯 사람의 100m 달리기 기록이 다음과 같다고 하자.

	기록(초)	체력지수	순위	분류
병팔	12.5	2	1	양호
을숙	13.2	3	2	양호
갑돌	13.6	3	3	양호
무순	15.1	5	4	보통
정삼	19.4	9	5	미흡

　달리기 기록을 알면, (기록−체력지수 변환표를 참조해서) 체력지수를 알 수 있고, 순위나 분류도 알 수 있다. 반면, 체력지수를 알면, 순위를 알 수 있고(애매한 경우도 있지만), 분류를 알 수 있다. 그런데 그 반대로는 잘 되지 않는다. 분류를 안다고 해서, 순위나 체력지수나 기록을 알 수 없다. 이런 차이는 측정값의 단위가 무엇인가에 달려 있다. 달리기 기록의 평균이나 체력지수의 평균은 의미가 있는 반면, '평균 3등'의 의미는 분명하지 않다. 누구와 같이 뛰었는지에 따라 3등의 의미가 크게 달라지기 때문이다. 분류의 경우도 마찬가지인데, 빨강, 초록, 노랑의 평균값을 낼 수 있는가? 이 예에서 알 수 있는 것은, 척도는 측정대상에 따라 자동적으로 결정되는 것이 아니라, 무엇을 단위로 측정했느냐(측정 방법)에 의해 결정된다는 것이다. 다른 예를 하나 더 들면, 별의 밝기는 (실제 밝기는 거의 일정하겠지만) 광도계로 재면 비율 척도가 되고, 육안으로 관찰하여 등급을 매기면(예, 3등성) 서열 척도가 되는 것이다. 그래서 측정에서 '점수'에 현혹되면 안 된다. 그것이 어떻게 측정되고 계산되었는지에 유의해야 한다.

2) 척도화

　앞에서 점수의 척도에 따라 점수의 성질, 점수에서 얻을 수 있는 정보가 다르다는 것을 보았다. 측정치가 비율 척도와 등간 척도인 경우에는 점수가 양적 의미를 가지므로, 점수에 여러 가지 수리(산술) 계산을 적용하는 데에 아무 문제가 없다. 측정치가 명명 척도의 경우에 얻어지는 자료는 특정 범주를 선택한 (혹은 소속되는) 사례들의 수(빈도)이다. 빈도 자료들끼리는 기본적으로 비율로 환산해서 비교할 수 있으며, 여기에는 적절한 통계 분석법이 있다. 가장 혼동되는 척도는 서열척도인데, 예컨대 동의하는 정도를 1(전혀 그렇지 않다), 2(별로 그렇지 않다), 3(보통이다), 4(조금 그렇다), 5(매우 그렇다)와 같이 1~5점 사이의 숫자로 표시하라는 문항의 경우에 점수는 등간 척도인 것으로 보이지만, 실제로는 서열 척도에 해당한다. 이 말은 각 점수 간의 간격이 일정하지 않고 단지 순서만을 내포한다는 뜻이다. 즉, 2점과 3점의 간격(1점 차이)이 4점과 5점의 간격(역시, 1점 차이)와 동등하지 않다. 만일 심리적인 수(數)직선이 있다고 할 때, 그 위에 두 척도의 점수들을 표시한다면(아래), 등간 척도의 점수들은 일정한 간격으로 배치될 것이지만, 서열 척도의 점수들은 그 간격이 일정하지 않거나 어느 한쪽에 몰려 있을 가능성도 있는 것이다.

(등간 척도의 간격은 일정)　　　1.....2.....3.....4.....5

(서열 척도의 간격은 예측 불가)　　1.........2....3...4......5

혹은　　1.....2.........3.....4...5

　서열 척도인 점수를 그대로 계량적인 통계 분석법을 적용하는 것에는 무리가 있다. 그렇다고 통계분석을 하지 않는다면, 질문지 혹은 검사지에서 얻을 수 있는 정보가 너무 제한된다. 그러므로 서열 척도 자료를 등간 척도 자료로 바꾸어 주는 작업이 필요한데, 이것이 **척도화**이다. 기본적인 원리는 서열 척도에서 점수 간의 간격이 일정하도록 조정하여, 새(변환) 점수를 부여하는 것이다. 이 과정에는 점수들의 분포를 계산하고, 일정한 비율에 따라 점수를 미세한 간격으로 분할하여, 점수 간 경계를 재배치하는 작업이 들어간다(상세한 과정에 대해서는 심리측정에 관한 문헌을 참고하기 바란다). 시중에 나와 있는 표준화된 검사는 이런 척도화 작업을 거친 것이라고 말할 수 있다.

3) 점수 분포

　통계학적으로 점수의 의미를 파악할 때 척도와 더불어 점수의 분포가 중요하다. 마치 85점은 초등학교에서는 별로 높은 점수가 아닐지 몰라도 고등학교에서는 아주 높은 점수가 되는 경우에서 알 수 있듯이, 점수의 고저는 다른 점수들의 값에 따라 달라진다. 점수 값을 가로축에 두고, 점수가 관찰되는 빈도를 세로축에 표시할 때, 여러 점수가 모여 있는 모양이 나타나는데, 그것을 점수의 분포라고 한다([그림 1-1] 참조).

　점수들의 개략적 분포를 파악하면 특정 점수의 상대적 위치 혹은 고저를 대략 알 수 있다. 잘 확립되어 있는 검사에서는 점수가 적절한 분포를 갖거나 그렇게 되도록 변환되어 있다. 반면, 개발 중인 검사에서는 점수들의 분포가 막연하여, 특정 점수의 고저 판단이 불확실하다. 특정 집단 내의 성원들을 비교할 때에는 특정 집단 내 점수들의 분포를 파악할 필요가 있을 것이다. 또한 분포는 어떤 점수가 통상적인 범위를 벗어난 특이한(혹은 극단적인) 값인지를 알려 준다. 특이한 점수가 진실한 경우도 있지만, 검사가 잘못 실시되거나 계산이 잘못된 결과인 경우도 있다. 이와 같이 분포는 자료의 패턴을 알려 주는 것 이상으로 연구 혹은 검사에 관한 전반적인 파악을 도와줄 수 있다.

　분포의 모양은 무한히 다양할 수 있지만, [그림 1-1]에서 보듯이 몇 가지를 구별할 수 있다. 분포에서 점수들이 많이 몰려 있는 부분을 봉우리라고 부른다. 그림에서 분포 (1)은 한 개의 봉우리를 중심으로 좌우가 비교적 대칭적인 모양을 이루고 있어서 통계적인 분석을 적용하기가 좋다. 분포 (2)에는 두 개의 봉우리가 있어서 평균값이 전체를 잘 대표하지 못한다. 분포 (3)의 점수는 크게 흩어져 있어서 평균값의 추정에 오차가 클 것이다. 분포 (4)의 왼쪽에 극단값이 있는데 그 원인을 파악

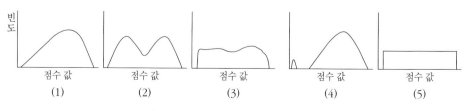

[그림 1-1] 여러 가지 모양의 분포

할 필요가 있으며, 분포 (5)에는 모든 값의 빈도가 동일하다(대표적으로 서열 척도의 경우).

4) 집중경향치와 변산도

점수들이 흩어져 있는 것을 분포라고 했는데, 분포의 모양은 너무 다양하다. 그러면 분포를 간단히 요약할 수 있는 방법은 없을까? 분포의 특성을 간단히 요약하는 값을 **집중 경향치**(central tendency)라고 하는데 평균이나 중앙값이 그 예이다(다음 설명 참조). 평균이나 중앙값은 하나의 값이므로, 다른 여러 점수가 얼마나 흩어져 있는지(즉, 변산도)에 대해서는 정보를 주지 않는다. **변산도**(variability)를 나타내는 데 표준편차나 사분편차 등이 쓰인다(다음 설명 참조). 그 밖에도 점수 봉우리가 분포의 왼쪽 혹은 오른쪽에 몰려 있는 정도를 가리키는 편포도와, 봉우리가 뾰족한 정도를 가리키는 용종도가 있다. 집중경향치와 변산도 지표 중 몇 가지를 좀 더 자세히 알아보자.

(1) 평균

점수들의 합을 점수의 수로 나눈 값이다. 각 점수에서 평균(값)을 뺀 값을 편차(deviation)라고 하는데, 평균 계산에 사용된 모든 점수의 편차를 더하면 그 합이 '0'이 된다. 평균은 아마 가장 널리 쓰이는 집중 경향치이지만, 극단값이 계산에 포함되면 평균이 크게 달라질 수 있다는 점을 유의해야 한다.

$$M(\text{평균}) = \frac{\sqrt{X}}{N},$$ 여기에서 X는 점수, N은 점수(사례)의 수

(2) 중앙값

점수들을 차례대로 늘어놓았을 때 중앙 위치에 있는 한 점수, 혹은 두 점수의 평균이다. 예컨대, 점수가 3, 3, 5, 6, 7, 24일 때 중앙값은 (5+6)/2 = 5.5이다. 극단값이 있을 경우 종종 평균 대신 사용된다. 이 예에서 24가 12로 바뀌어도 중앙값은 달라지지 않으나, 평균은 8에서 6으로 크게 달라진다. 그러나 중앙값은 여러 통계적 검증의 가정을 지키지 못한다는 점을 유의해야 한다.

(3) 최빈값

가장 빈번하게(많이) 관찰되는 점수이다. 분포에 여러 개의 봉우리가 있는 경우, 최빈값은 분포의 집중 경향을 잘 대표하지 못한다.

(4) 표준편차

개념적으로 각 점수가 평균으로부터 떨어진 거리(즉, 편차)의 평균을 말한다. 편차의 산술평균은 '0'이므로, 공식적으로는 편차 제곱합(각 점수의 편차의 제곱들을 합한 것)을 점수 수(N)로 나눈 값에 대한 제곱근이다. 점수가 조사 대상 전체(즉, 모집단)가 아니라 그 일부(즉, 표본)인 경우, 다음 식에서 N 대신 N-1을 사용한다.

$$SD(표준편차) = \sqrt{\frac{\sum (X-M)^2}{N}} \text{ , M은 표본의 평균, N은 점수(사례)의 수}$$

(5) 범위

점수 중 가장 큰 점수와 가장 작은 점수의 간격을 말하며, 극단값의 영향을 받을 수 있다.

(6) 사분위수 범위

점수들을 크기대로 배열했을 때, 아래로부터 25% 위치의 점수와 75% 위치의 점수 사이의 간격, 즉 중앙에 속하는 50% 점수들의 범위를 말한다. 범위보다 좀 더 안정적인 지표이다.

(7) 신뢰구간

흔히 여론조사는 일부 자료(즉, 표본)에서 얻은 결과를 전체(즉, 모집단)에 대해 추정하는 것이다. 그러나 표본의 평균이 항상 모집단의 평균과 일치하지는 않는다. 왜냐하면 모집단을 최적으로 대표할 수 있는 표본을 만드는 데에 한계(즉, 오차)가 있기 때문이다. 이 때문에 여론조사 결과는 실제 선거 결과와 차이가 날 수밖에 없다. 이 오차는 어쩔 수 없지만, 오차가 어느 정도일지를 통계학적으로 계산하는 것은 가능하다. 예컨대, 동일한 조사(혹은 검사)를 100번 반복할 때 그중 95회(95%)에 걸쳐 모집단 평균(μ)이 관찰될 범위를 계산할 수 있는데, 이것이 95% 신뢰구간이다. 그 공식은 다음과 같다.

$$M - t_{.05} \times SE \leqq \mu \text{의 신뢰구간} \leqq M + t_{.05} \times SE, \ t_{.05}: \text{양방검증 5\% 유의 수준의 } t \text{ 값}$$

여기에서 SE(표준오차)는 흔히 알고 있는 SD(표준편차)와 다른 것으로서, 한 모집단에서 여러 개의 표본을 만들 때, 그 표본 평균값들의 표준편차를 가리키며, 계산 공식은 $SD / \sqrt{N}$ 이다. 표본의 점수 수 N이 100보다 크면 양방검증 5% 유의수준의 $t = 1.645$이다. 만일 M이 65이고, SD가 10이면, $SE = 10/\sqrt{100} = 1$이다. 이때 모집단 평균인 μ의 95% 신뢰구간은 다음과 같다.

$$65 - 1.645 \times 1 \leqq \mu \text{의 신뢰구간} \leqq 65 + 1.645 \times 1, \ \text{즉 } 63.355 \leqq \mu \leqq 66.645 \text{이다.}$$

5) 점수의 상대적 위치와 표준화

어떤 검사를 여러 집단을 대상으로 실시했을 때, 그 대상자들의 점수는 여러 다양한 분포를 보이며, 또 평균이나 표준편차와 같은 분포 특성도 다를 수 있다. 그러므로 서로 다른 집단에서 나온 점수를 비교하는 것이 쉽지 않다. 예컨대, 만약 평균이 100이고 표준편차가 15인 수학 점수 분포에서 130점과, 평균이 200이고 표준편차가 50인 국어 점수 분포에서 150점 중 어느 것이 더 높은 점수인가? 이런 비교를 하기 위해서는 여러 점수를 일정한 기준에서 판정할 수 있어야 한다.

① 비교에 흔히 가장 많이 쓰이는 것은 **백분위**(percentile)이다. 백분위는 전체 대상자 중에서 어떤 점수 이하를 받은 사람의 비율을 가리킨다. 예컨대, 백분위가 90(혹은 90 백분위)인 점수가 63점이라는 것은 63점 이하인 사람의 비율이 90%라는 뜻이다. 백분위 혹은 백분위 점수는 순서로 결정되므로, 절댓값에 관한 정보를 주지 않는다. 백분위가 89인 점수와 백분위가 90인 점수 사이의 실점수 차이는 작지만, 백분위 90의 점수 백분위 91의 점수 차는 아주 클 수도 있다. 그러므로 백분위 점수는 계산하거나 이해하기가 쉽기는 하지만, 실제 차이에 대한 오해를 불러일으킬 수 있다.

② 다른 방법은 수학 점수와 국어 점수를, 어떤 기준에 맞추어 통일하는 것이다. 점수의 위치는 평균과 표준편차를 이용해서 이해될 수 있다. 예컨대, 평균이 100인 분포에서 점수 115의 편차는 15이다. 이 편차는 점수 단위의 영향을 많이 받으므로(예, 1.00m와 1.15m, 1000mm와 1150mm), 이 편차를 일정한 기준에 따라 조정할 필요가 있다. 이때 사용되는 것이 표준편차이다. 표준편차는 점수에 일정 값을 더하거나 빼도 변하지 않으며, 일정 값을 곱하거나 나누면 그만큼 표준편차도 변하는 특징이 있어서, 편차를 표준편차로 나눈 값은 단위에 관계없이 일정하다. 이렇게 만든 값이 **표준점수**이다. 대표적인 표준점수인 z-점수의 공식은 다음과 같다.

$$z = \frac{X - \mu}{SD},\ X: \text{원점수},\ \mu: \text{모집단 평균},\ SD: \text{표준편차}$$

여기에서 μ는 모집단(전체)의 평균을 가리키는데, 알려지지 않은 경우에는 그 대신 표본 평균(M)을 사용한다. 이 z 값의 평균은 0이고, 표준편차는 1이다. 그리고 점수 분포가 정상분포를 따른다는 가정 아래, z 값의 표를 참조해서 원점수(X)의 백분위 혹은 특정 백분위에 해당하는 점수(X)를 계산할 수 있다. z 값은 소숫점을 갖고 또 음수가 될 수 있으므로 일상적으로 쓰기에는 불편한 점이 있다. 그래서 T-점수가 만들어졌다.

$$T = 50 + 10 \times z = 50 + 10 \times \underline{(X - \mu)/SD}, \text{ 밑줄 부분은 } z \text{ 값이다.}$$

T-점수는 평균이 50이고, 표준편차가 10이 되도록 z-점수를 변환한 점수이다. z 값의 대부분은 $-3.0 \sim +3.0$ 사이에 들어가므로, T-점수는 20~80점 사이에 들어간다. T-점수가 많이 사용되긴 하지만, 여러 검사의 경우 z 값을 다르게 변환시켜 쓰기도 한다. 예를 들면, IQ 점수는 평균이 100, 표준편차가 15가 되도록 점수를 변환시켜 사용한다.

표준점수에 따라 원점수의 상대적 위치를 계산할 수 있다. 많은 자료를 이런 식으로 계산하여, 원점수의 상대적 고저 위치를 판단할 수 있도록 만든 것(흔히 표)이 검사의 **규준**이다.

6) 상관관계

키가 크면 몸무게도 많이 나가기 쉬우며, 기온이 높아지면 집안의 가스 소비량은 줄기 쉽다. 이처럼 둘 이상의 변인의 점수들이 서로 비례하거나 반비례하는 경우가 있는데, 이때 두 변인 간에 상관관계가 있다고 말한다. 상관관계를 계산하는 공식은 계산에 포함되는 변인들의 척도에 따라 여러 가지가 있다. 계량적 측정치들 간의 상관관계는 좀 더 전문적으로 Pearson 적률 상관계수라고 하며 'r'로 표시한다. 순위 척도를 가진 측정치(예, 등수) 간에도 상관계수가 계산될 수 있는데, 이를 Spearman 순위 상관계수라고 하며 'r_s'로 표시한다. 또한 셋 이상의 변인들 간에 계산되는 상관계수는 다중 상관계수라고 하며, R로 표시한다. 상관계수는 준거 타당도나 신뢰도의 측정에 종종 사용된다(2절 참조).

상관계수는 상관관계를 서로 비교하기 위한 지표인데, 흔히 두 변수 간의 상관계수가 $r=\pm.80\sim\pm1$이면 상관이 매우 높은 것으로, $r=\pm.20\sim\pm.40$이면 상관이 낮은 것으로 $r=.00\sim\pm20$이면 상관이 거의 없는 것으로 볼 수 있다. 여기에서 음수인 상관계수는 둘 간의 관계가 반비례하는 것을 나타낸다(역상관). 이때 두 변인에서 짝지어진 값들(예, 특정인의 키와 몸무게)을 x-y 좌표에 표시하면, [그림 1-2]와 같이 표시되는데 이를 산포도라고 한다. **산포도**를 통해 상관관계를 짐작할 수 있고, 보통의 상관관계를 벗어난 특이한 짝을 발견할 수 있다. 이 특이한 짝은 입력 오류의 결과이거나 비정상적으로 반응한 결과일 가능성이 있으므로 점검할 필요가 있다.

상관계수 $r=.50$일 때 그 의미는 정확하게 무엇인가? 점수가 50%만큼 비슷하다는 말인가? 사실 이것은 틀린 해석이다. 상관계수의 의미를 좀 더 구체화하기 위해서는 상관계수의 제곱, 즉 설명 변량 r^2을 구해야 한다. 설명 변량은 한 변수(예, 자녀의 지능)의 값의 변동성(점수가 높게 혹은 낮게 나오는 정도) 중 얼마나 많은 비율이 다른(설

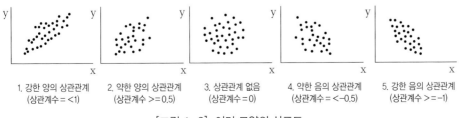

[그림 1-2] 여러 모양의 산포도

명하는) 변수에 의해 결정되는지를 나타내는 값이다. 앞의 예에서 $.50^2 = .25$이므로, 자녀의 지능의 변동성 중 25%는 부모의 지능에 의해 설명될 수 있다. 흔히 상관계수를 이 설명(변)량으로 오해하는 경우가 많은데, 둘 간의 차이에 유의해야 한다.

4. 검사의 실시

1) 검사 선정

한 개의 검사만을 실시하는 경우도 있겠지만, 면접 초기에는 대체로 여러 개의 검사를 묶어서 실시하게 된다. 특히 여러 (소)검사를 묶어서 함께 실시하는 검사들의 집합을 검사집(battery)이라고 한다. 어떤 검사는 널리 쓰이기 때문에 매 검사 장면에서 반복적으로 사용되는데, 예컨대 어떤 종류의 지능검사가 그렇다. 일반적으로 좀 더 정확한 심리 진단을 위해서, 여러 개의 검사를 실시하는 경우가 많다.

검사 목적에 맞는 적절한 심리검사의 선택이 중요한데, 여기에는 앞에서 언급한 심리검사의 기준(예, 타당도와 신뢰도, 표준화, 규준 등)을 고려해야 한다. 즉, 검사하려는 것을 검사해 주는 검사들 중, 신뢰도가 높은 것을 골라야 할 것이다. 선택하고자 하는 검사에 관한 지표나 문헌이 있는지를 확인할 필요가 있다. 검사 명칭은 그럴싸하지만 실제로는 그렇지 못한 경우가 종종 있으므로, 사용할 검사를 선정할 때 검사의 명칭에 현혹되지 말아야 한다. 검사의 측정 항목과 문항 그리고 산출 결과 항목을 주의 깊게 살펴야 한다. 검사 항목의 진술문이 피상적인 경우에는 피검사자들이 검사 목적을 너무 쉽게 파악하여 왜곡된 반응을 할 가능성을 염두에 두어야 한다. 비슷한 검사들이라면 검사 결과를 다른 검사와 비교 내지는 참조하기 좋은 것을 고르는 것이 좋다. 이 외에도 검사 실시 비용, 특수한 검사도구의 필요 등을 고려할 필요가 있을 것이다.

검사의 타당도의 다른 측면은 검사는 그것이 대상으로 하는 집단에 적용되어야 한다는 것이다. 예컨대, 5~8세용 검사를 10세 아동에게 실시하거나, 어떤 특수 집단용 검사를 일반 대상자에게 실시하는 것은 타당한 결과를 낳지 않을 것이다. 해외에서 개발된 검사를 국내에 적용할 때에는 점수의 비교 근거인 규준을 그대로 적용할 수 없다는 점을 고려해야 한다.

2) 검사 준비

검사가 무리 없이 진행될 수 있도록 검사 상황과 분위기 등을 점검한다. 검사 장소는 충분히 독립되고 안정적이어서 다른 사람이나 소음 등으로부터 방해를 받지 않는 곳이어야 한다. 검사시간은 미리 약속되어서 피검사자가 적절한 심리적 준비를 할 수 있는 여유가 있어야 하며, 검사에 걸리는 시간도 미리 고지되어서 다른 활동에 영향을 주지 않아야 한다.

검사도구에는 대체로 검사 실시 절차에 대한 안내문이 있는데, 검사자는 이를 숙지하고 준수해야 한다. 적절한 절차를 따르지 않은 검사 결과는 규준에 맞추어 해석하는 데에 문제가 생길 수 있다. 검사 절차의 세부 사항도 검사할 때마다 일정하게 하는 것이 좋다. 몇 개의 검사를 함께 실시할 때에는 검사의 순서, 각 검사에 할당되는 시간, 검사 간 휴식, 총 검사시간 등을 고려해야 한다. 이때 피검사자의 심신이 피로해지지 않도록 유의하여야 하며, 무리가 된다고 생각되면 검사를 며칠에 나누어 실시하는 것도 고려할 필요가 있다.

3) 검사 시작

피검사자가 검사실에 도착하는 순간부터 검사가 시작된다고 보아야 한다. 검사자 검사 장면에 익숙해져 있고 여러 가지 일을 처리하다 보면, 피검사자에 대해 세심하게 배려하지 못하는 경우가 생길 수 있다. 그러나 피검사자는 검사실의 분위기나 검사자의 작은 행동 하나하나에도 주의를 기울이고 멋대로 해석하거나 어떤 예단을 할 가능성이 있다. 특히 불편하거나 긴장되는 일이 발생하면, 후속되는 검사에 큰 영향을 주는 일도 생긴다. 그러므로 검사자는 피검사자가 안정된 상태에서 편안하게 검사를 받을 수 있도록 노력해야 한다. 특히 검사자와 피검사자 간의 심리적인 공감대(라포, rapport)가 검사 결과에 큰 영향을 줄 수 있다. 피검사자가 검사 내용을 오해하지 않도록 해야 한다. 피검사자가 검사의 목적을 오해 내지는 의심을 하거나 검사자에 대해 비판적이 되거나 검사 상황을 불편하게 여기면, 평소의 심리 상태나 특성이 제대로 드러나지 않을 가능성이 있다. 종종 피검사자가 검사 내용을 오해해서 엉뚱한 반응을 하거나, 혹은 의욕이 떨어져 성실하게 검사를 수행하지 않는 경우도 생긴다. 아동에 대한 검사에서는 특히 고려해야 할 점이 많다(곽금주, 2002 참조).

피검사자에 대한 기초적 인적 정보와 검사 경위 등을 기록한 다음, 검사를 실시하게 된다. 검사를 시작하기 전에 피검사자의 행동이나 발언에서 특징적인 점들이 있다면, 검사 기록지에 메모를 해 둔다. 이런 정보가 나중에 검사 결과 해석에 도움을 줄 수 있다. 검사 매뉴얼(지침)에 나와 있는 표준화된 절차를 따라 검사를 해야, 결과에 대한 타당한 해석을 할 수 있다.

4) 검사 중

어떤 검사에서는 피검사자가 의도적으로 엉뚱한 반응을 하는 경우도 있다. 이런 속임수는 자기보고식(checklist 종류) 검사에서 발생하기 쉽다. 피검사자의 반응을 유의해서 관찰하다 보면 이런 속임수를 알아차릴 수 있는 경우도 있다. 모든 속임수를 배제하기는 힘들지만, 속임수가 검사의 목적을 무산시키고 재검사를 필요로 할 수 있음을 주지시키는 것도 한 방법이다.

반대로 검사자가 자기도 모르게 검사의 평가기준을 누설하거나(예, "잘 했어요."라는 칭찬) 어떤 암시(예, 심각한 표정)를 주는 경우도 생길 수 있다. 피검사자는 질문을 하거나 어림짐작하여 검사자 혹은 자신이 기대하는 결과로 이어지는 반응을 하려 할 가능성이 있다. 그러면 검사는 오히려 실제를 왜곡하는 오류를 범하게 될 것이다. 이런 가능성도 검사자가 사전에 정해진 절차를 따라야 하는 이유가 된다.

특히 노약자나 장애인이 피검사자인 어떤 경우에는 검사 도중에 잠시 쉬거나, 피검사자에게 맞게 문제를 조금 변형시킬 필요가 있는데, 이때에는 사용하는 검사도구의 제한사항을 잘 고려해야 한다. 관련된 안내가 없다면 검사의 특성을 고려해서 필요한 조치를 해야 하며, 결과 해석에도 이런 개입의 역할을 고려해야 한다. 예를 들면, 휴식으로 인해 인지부하가 줄고 문제풀이에 여유가 생길 수도 있으며, 대체 문제가 원 문제보다 더 어렵거나 더 쉬운 것일 가능성도 있다.

피검사자가 심리검사를 끝낸 후에는 필요하다면 검사에서 누락된 것이나 잘못 표기된 것이 없는지를 점검하고, 검사 종료를 선언한다. 검사 결과를 알려 줄 시간과 방법을 논의하고, 피검사자를 돌려보낸다.

5) 채점과 결과 해석

피검사자에게 우호적인 혹은 비판적인 관점을 배제하고, 검사 매뉴얼(지침)에 나와 있는 절차에 따라 채점을 한다. 어떤 검사는 지필검사일지라도 판매처의 홈페이지에 접속하여 원점수를 넣으면 검사 결과가 즉각 출력되도록 되어 있다. 이처럼 검사점수는 즉각 확인할 수 있어도, 검사 결과에 대한 해석에는 종종 시간이 필요하다. 심리검사 매뉴얼에는 보통 검사점수(와 변환 점수)에 대한 간단한 해설이 딸려 있는 경우가 많다. 그러나 정확한 결과 해석을 위해서는 검사의 이론적 기초와 관련 자료 등을 파악할 수 있는 능력이 필요하고, 이를 위해 일정한 훈련 및 시험 통과와 같은 요건이 필요한 경우가 많다.

또 한두 검사 결과만으로 심리 상태와 행동 특성에 대한 정확한 파악이 어려운 경우가 많다. 이런 경우에는 여러 검사 결과를 종합하고, 관련 기록을 참조할 필요가 있을 것이다. 그러므로 단일 검사 결과를 확대 해석하여, 검사 목적이나 영역을 벗어나서 과잉 일반화하지 않도록 주의하여야 한다. 결과 해석에서 애매한 점을 해소하는 데에 피검사자의 행동에 대한 관찰 내용이나 자기 보고와 같은 보조적인 정보가 도움이 될 것이다.

인지학습심리검사들은 종종 지정된(제한된) 시간 내에 어떤 과제를 수행할 것을 요구한다. 즉, 최대(최고) 수행을 측정하는 경우가 많다. 최대 수행은 피검사자의 최대 역량을 측정하고자 하는 것인데, 이런 검사의 결과는 피검사자의 과제 이해 정도와 동기 수준에 의해서도 영향을 받는다. 비슷한 과제들에서 다른 피검사자에게서는 잘 관찰되지 않는 수행의 편차가 어떤 피검사자에서 관찰될 때, 그 이유는 무엇인가? 일시적 편차로 판단하거나 결과의 단순 평균을 구하기 전에, 피검사자가 검사 과제를 정확하게 이해하고 수행했는지를 포함해서, 피검사자의 수행에 영향을 줄 수 있는 가외 변인이 없었는지를 점검할 필요가 있다.

6) 윤리적 고려사항

심리검사는 피검사자의 인권을 보호하고 불필요한 사적 정보를 수집하지 않도록 제작되어 있는 편이다. 그렇지만 검사자는 검사 결과를 포함한, 피검사자의 사적 정보가 제3자에게 노출되거나 유출되지 않도록 유의하여야 한다. 연구용으로 자료를 수집하는 경우에도 이 점을 유의하여 해당 정보를 삭제하거나 익명 처리하거나 혹은 암호화할 필요가 있다.

검사 중에도 시간 제한이나 의사소통의 어려움 등 여러 이유로 피검사자에 심적 압박을 가하는 일이 벌어지지 않도록 유의하여야 한다. 연구기관이나 대학교에서 학위논문 작성이나 연구논문 출판을 목적으로 인간(human) 피검사자의 자료가 필요한 경우, 연구를 착수하기 전에 연구 계획에 대한 IRB(생명윤리위원회)의 심의를 받도록 하는 점도 유의할 필요가 있다.

5. 맺음말

검사는 사람의 특성을 알아보는(평가하는) 여러 가지 방법 중의 하나이다. 검사는 유용하지만 만능인 것은 아니며, 무작정 검사에만 의존하는 것은 문제가 있다. 여러 경우에 심리검사가 제공할 수 없는 측면을 충분히 고려하고, 면담이나 관찰 등 다른 방법으로 보완할 필요가 있다.

심리검사는 대상자의 심적 상태와 특성을 살피는 데에 매우 편리하고 유용한 도구이다. 그렇지만 대상이 되는 개개인의 특수성을 충분히 고려하지는 않으므로, 검사 실시와 결과 해석에 유의해야 할 점들이 있다. 무엇보다 심리검사 결과를 지나치게 포괄적으로 해석하거나, 일반화하는 오류를 범해서는 안 된다. 대부분의 심리검사는 특정 목적 혹은 용도로 개발되었으며, 반면에 지능검사나 성격검사와 같이 널리 쓰이는 일반 검사들은 세세한 하위영역에 대해서는 비교적 거친(대략적인) 정보를 준다는 점을 명심하여야 한다. 이런 점을 염두에 두고 적절한 검사를 올바른 절차에 따라서 실시하고 해석한다면, 심리검사는 대상자에 관한 심리학적으로 매우 유용한 정보를 줄 것이다.

　심리검사에 대한 이론, 그리고 심리 측정 및 검사 제작에 대한 세부적인 내용은 관련 전문서를 참조하기 바란다(AERA, APA, & NCME, 1995; 임인재, 김신영, 박현정, 2003). 지금까지의 언급은 지필이나 컴퓨터나 검사도구를 이용하는 심리검사를 위주로 한 것이다. 요즘 뇌파나 뇌 영상을 이용한 심리상태의 파악에 대한 관심이 높고 여러 연구가 수행되고 있다. 미래에는 피검사자가 학습 과제를 수행하는 동안에 벌어지는 심리과정 혹은 뇌과정을 좀 더 동적으로 측정할 수 있는 기법들이 발달할 것이고, 더 정밀한 검사가 가능하게 될 것이다.

2부

시공간 지각

* 시공간 지각 영역의 머리글과 K-DTVP와 K-WISC-IV 지각추론 지표의 해설은 박창호 교수(전북대학교 심리학과)가 작성했으며, 한 국판 Beery 시각-운동 통합 검사와 MVPT-3의 해설은 정우현 교수(충북대학교 심리학과)가 작성했다.

시공간 지각은 시각적으로('눈으로') 환경의 구조를 파악하는 것을 말하는데, 여기에서는 도형의 모양이나 도형들의 공간적 관계를 파악하는 것을 포함한다.

시각은 인간이 정보를 받아들이는 가장 주요한 통로 중 하나이며, 이를 통해 인간은 글자, 기호, 영상, 지도, 그리고 주변 사물의 배치, 공간적 이동 방향 등을 파악한다. 흔히 지능이라고 할 때 언어적 및 수리적 지능을 중시하는 경향이 있지만, 이런 지적 능력의 밑바탕에는 시공간적 지각 능력이 있다고 할 수 있다. 예를 들어, 주의를 줘야 할 방향을 지시하거나 모양을 가리킬 때, 사물의 특징적인 부분을 파악하고 비교해야 할 때, 공간적인 배치를 파악하거나 머릿속으로 조작해야 할 때 시공간적 지각 능력이 개입한다.

시공간적 지각은 웩슬러 지능검사에서 비언어성 지능 그리고 동작성 지능과 관련이 깊다. 그러나 시공간적 지각 능력을 측정하는 검사는 제한되어 있는 편인데, 보통 사람들이 지각 능력을 비교적 단순하다고 생각하는 경향과 관련이 있는 듯하다. 시공간적 지각 능력은 주의와도 관련이 깊고, 이런 능력이 저하될 경우 주의력이 떨어지거나 행동이 굼뜬 것처럼 보이거나 혹은 그 반대로 주의가 산만한 것처럼 보일 수 있다. 그리고 겉보기에는 이상이 없으나 시각 관련 신경계에 문제점이 있을 때에도 시공간 지각에 어려움이 생기게 된다. 문제의 원인을 찾기 위해서는 아동의 행동을 주의 깊게 관찰하고, 판단하기 어려운 경우 전문가에게 검사를 의뢰하는 것이 좋다.

2부에서는 MVPT-3, Beery VMI-6, K-DTVP, K-WISC 지각추론 지표를 다룬다. 앞의 세 검사는 시지각 능력과 시각-운동의 통합 능력에 관심을 두는 반면, 마지막 검사는 도형과 사물에 대한 심적 조작 및 추론 능력에 관심을 둔다.

MVPT-3(운동 무관 시지각 검사)는 손으로 그림을 그리는 동작 없이 시지각 능력을 측정하는 검사이다. 도형이나 형태의 변별, 탐지, 방향 판단, 완성 및 시각적 단기기억 능력을 측정한다. 언어, 운동 능력과 대체로 무관하게 도형(형태)의 지각 및 판단 능력을 검사하고자 할 때 유용하다. Beery VMI-6(시각-운동 통합 검사)는 앞의 검사와 달리, 시각과 운동의 통합, 협응 능력 그리고 운동 조절 능력을 검사한다. 통합 능력의 결함은 신경발달 장애와도 관련된다. 도형을 따라 그리거나, 지시에 따라 가리키거나 그리는 과제들로 구성되어 있다. K-DTVP는 운동 무관 시지각 능력의 검사와 시각-운동 통합 능력의 검사들로 구성되어 있어서 두 가지 지수를 비교할 수 있도록 한다. 소검사들은 앞의 두 검사와 비슷하다.

K-WISC-IV 지각추론 지표는 아동용 웩슬러 지능검사(4판)의 일부로 지각추론 능력을 검사한다. 도형(패턴) 구성, 사물들의 범주 판단, 도형의 배열로부터의 추론, 사물의 필수 성분 판단 등을 검사하는데, 말초적인 시지각 능력보다는 도형에 대한 심적 조작 혹은 사물과 관련된 지각적 지식 등을 측정하는 데 초점이 있다.

〈 02 〉 한국판 Beery 시각-운동 통합 검사

1. 검사 소개

1) 목적과 용도

시각-운동 통합 검사(The Beery-Buktenica Developmental Test of Visual-Motor Integration: Beery VMI-6)는 시각-운동 통합 능력, 시지각 능력, 운동협응 능력을 평가하기 위한 도구이다. 검사의 목적은 시각-운동 통합 능력, 협응 능력, 시지각 능력, 운동 능력

(손가락과 손 움직임)의 결함과 장해를 조기에 식별하고 검사 결과에 따라 적절한 개입을 제공하여 이후의 어려움을 예방하고 교정하는 것이다. 그 외에 위험군에 속한 아동들의 교육을 돕거나 교육적, 심리학적, 의학적 서비스의 효과를 평가하기 위해서 사용된다. 교육적 연구, 신경심리학과 같은 다양한 기초 분야의 연구에도 활용될 수 있다.

2) 검사의 배경

시각-운동 통합 능력을 측정하기 위해 주어진 자극을 그대로 모사하는 과제가 전통적으로 사용되어 왔다(Spirito, 1980). 1967년에 아동의 시각-운동 통합 능력을 측정하는 검사로 Beery-Buktenica Developmental Test of Visual-Motor Integration이 개발되었다(Beery & Beery, 2010). 이 검사는 도형모사 능력의 정상 발달 단계를

고려하여 고안된 24개 도형을 포함한다. Beery-Buktenica Developmental Test of Visual-Motor Integration 6판(이하 Beery VMI-6)은 1판 발표 이후 오랜 기간의 연구를 통해 여러 차례 개정된 표준화된 검사도구이다. Beery VMI는 대규모의 규준자료를 토대로 하여 심리측정적 속성이 탄탄하다고 평가받고 있으며, 현재 널리 사용되고 있는 검사이다(Nolin & Ethier, 2007).

이 검사는 한국심리주식회사(http://www.koreapsy.co.kr/)에서 구입할 수 있다.

3) 인지학습과의 관련성

시각-운동 통합 능력이란 시지각 능력 및 근육 운동 간의 협응을 통해 시각적으로 입력된 자료를 실제 행동으로 옮기는 능력이다. 시각-운동 통합 능력은 인간의 인지 역량을 결정하는 기초가 되며, 이후의 지능 및 학습 능력의 발달에 기초가 된다. 시각-운동 통합의 측정을 통해 시각-운동 통합 능력, 시지각 능력, 운동 능력(손가락과 손 움직임)의 장해가 있는 아동들을 초기에 선별할 수 있다. 시각-운동 통합 능력은 학령기 아동들의 학업성취도와 학습장애의 가능성과 관련된 지표이기도 하다(Aylward & Schmidt, 1986; Duffey, Ritter, & Fender, 1976).

이 검사는 신경발달장애의 진단과 지적 장애의 등급 판별에도 유용하다. 신경발달장애(neurodevelopmental disorders)는 생애 초기 뇌 손상 또는 뇌의 발달지연과 관련된 아동기 및 청소년기의 정신장애이다. 시각-운동 통합 능력은 인지기능의 기초이므로, 발달장애에 의한 인지기능 저하 여부를 판단하는 데 유용한 변인이다(김미애 외, 2013). 국내에서는 지적 장애를 판정할 때 전체지능지수가 최저득점으로 1급 또는 2급의 판별이 어렵거나, 피검사자가 너무 어려서 표준화된 지능검사가 불가능한 경우에 비언어적 지능 검사도구인 VMI가 추천된다(보건복지부, 2013). 현행 국내의 판정기준에 따르면 표준화된 개인용 지능검사를 실시했을 때 각 소검사의 점수가 해당 연령기준에서 최저점수인 경우, 전체지능지수(FSIQ) 만으로는 지적 장애의 1급과 2급의 판별이 어렵다(보건복지부, 2013). 이 경우 VMI와 같은 비언어적 지능검사도구가 지적 장애 판정에서 중요한 역할을 수행할 수 있다(김경원, 황순택, 김지혜, 홍상황, 2016).

2. 검사의 대상과 방법

1) 대상 집단

Beery VMI-6는 2세부터 99세까지의 규준을 제공하고 있다. 따라서 아동기와 청소년기의 개인들 외에도 성인기와 노년기의 개인들의 시각-운동 통합 능력, 시지각 능력, 운동협응 능력의 손상과 결함을 알아볼 수 있다.

2) 검사 방법

VMI-6에는 시각-운동 통합을 측정하는 검사(VMI)와 시지각, 운동협응을 각각 측정하는 두 가지 보충검사(VP, MC)가 있으며, 문항의 개수는 각각 30문항이다. 시각-운동 통합 검사(VMI)는 24개의 기하학 도형을 포함한 문항을 볼펜 또는 HB 연필로 모사하는 과제이다. 시지각 보충검사(VP)는 제시된 도형과 동일한 도형을 몇 가지 선택지 중에서 찾는 과제이다. 운동협응 보충검사(MC)는 제시된 윤곽선을 벗어나지 않고 도형을 따라 그리는 과제이다. 이들 과제의 수행을 통해 피검사자의 시각-운동 통합 능력, 시지각 능력, 운동협응 능력을 평가한다. 세 개의 검사를 모두 수행하는 경우 검사시간이 약 20분 정도 소요된다.

VMI-6는 검사 안내 및 실시에 성인의 감독이 필요하다. 검사는 원칙적으로 개인별로 실시하지만, VMI의 경우 피검사자의 연령이 5세 이상이라면 집단실시도 가능하다. 집단으로 실시하는 경우 피검사자 10명당 최소 한 명의 보조 검사자가 참여하여야 한다. 두 보충 검사(VP, MC)는 개인별로만 실시해야 한다.

3. 검사의 구성과 실시

1) 소검사 내용

(1) 시각−운동 통합 검사(Visual-Motor Integration Test: VMI)

VMI는 낙서 과제(scribbling) 2문항, 모방 과제(imitation) 4문항, 모사 과제(direct coping) 24문항의 총 30문항으로 구성되어 있다([그림 2-1] (a)). 문항 7~24번에서 사용되는 모사 과제는 단순한 도형(수직선)부터 복잡한 도형(별 입체도형)까지 총 24개 도형으로 구성되어 있다. 일반적으로 문항 7번(수직선 모사)에서부터 시작하지만, 피검사자의 기능 수준이 모사 단계에 미치지 못한 경우 문항 1~6번을 수행한다. 검사를 실시하기 위해 검사 실시용지와 지우개가 달리지 않은 연필 또는 볼펜이 필요하다.

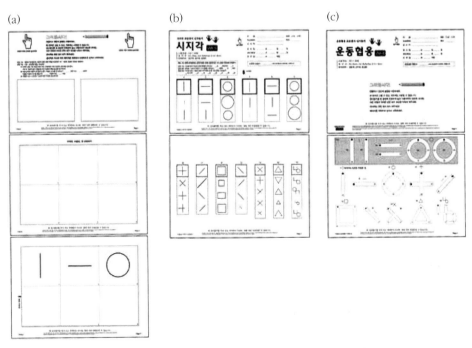

[그림 2-1] 한국판 Beery 시각−운동 통합 검사의 구성
(a) 시각−운동 통합 검사(VMI), (b) 시지각 검사(VP), (c) 운동협응 검사(MC)

- 1번: 낙서 모방 과제(imitated scribbling task). 검사자의 낙서 시범을 보고 따라 낙서하는 과제이다.
- 2번: 자발적 낙서 과제(spontaneous drawing or scribbling task). 검사자의 시범 없이 실시용지에 낙서나 표시를 하는 과제이다.
- 3번: 수직선 모방 과제(imitation task). 검사자가 그린 수직선을 따라 그리는 과제이다.
- 4~6번: 모방 과제(imitation task). 검사자가 그린 도형을 따라 그리는 과제이다.
- 7~30번: 모사 과제(direct copying): 검사자의 시범 없이 제시된 도형들을 따라 그리는 과제이다.

(2) 시지각 검사(Visual Perception Test: VP)

시지각 보충검사(VP)는 VMI를 실시한 후에 필요한 경우 개별적으로 실시하는 소검사이다. 이 검사는 모델 도형과 함께 제시된 2~7개의 선택지 중에서 모델 도형과 동일한 도형을 찾는 30문항의 과제로 구성되어 있다([그림 2-1] (b)). 첫 세 문항(신체부위 구별, 그림 윤곽 구별, 그림 부분 구별)은 5세 미만의 아동들에게만 실시한다. 검사를 실시하기 위해 실시용지, 그림자극, 지우개가 달리지 않은 연필 또는 볼펜, 초시계가 필요하다. 이 검사는 정확히 3분간 실시한다.

- 1번: 검사자의 지시에 맞는 피검사자 자신의 신체부위를 손으로 짚는 과제이다.
- 2, 3번: 그림자극이 제시되고 그림 속에서 검사자 지시에 맞는 부위를 손으로 짚는 과제이다.
- 4~30번: VMI의 각 문항과 동일한 형태의 자극 도형이 수록되어 있다. 2개(문항 4~9번), 3개(문항 10~13번), 4개(문항 14~16번), 5개(문항 17~21번), 6개(22~27번), 또는 7개(문항 28~30번)의 선택지 중 각 문항의 자극 도형과 동일한 도형을 지목하는 과제이다.

(3) 운동협응 검사(Motor Coordination Test: MC)

운동협응 보충검사(MC)는 VMI와 VP를 실시한 후 필요한 경우 개별적으로 실시하는 소검사이다. 첫 3문항(의자 기어오르기, 엄지와 손가락으로 연필 잡기, 종이 잡고 표시하기)은 어린 유아에게 실시한다. 나머지 27문항은 두 줄로 그려진 자극 도형의 윤곽선을 연필로 따라 그리는 검사로 구성되어 있다([그림 2-1] (c)). 각 문항에는 시작점, 윤곽선 등이 제공되어 과제의 수행에 필요한 시지각 능력을 최소화하였다. 지우개가 달리지 않은 연필 또는 볼펜과 초시계나 초침이 있는 시계가 필요하다. 이 검사는 정확히 5분 동안 실시한다.

- 1~3번: 행동과제(1번 의자에 앉기, 2번 연필 쥐기, 3번 한 손으로 종이를 고정시키기)로, 검사과정에서 이미 관찰된 경우 따로 실시하지 않아도 된다.
- 4~30번: VMI와 동일한 24개의 도형으로 구성되어 있다. 문항 4~30번은 도형 모양의 테두리를 벗어나지 않게 점들을 이어서 도형을 그리는 과제이다.

2) 검사 실시

검사는 VMI를 먼저 실시하며, 보충 검사를 실시하는 경우 VP, MC 순으로 실시한다. VMI의 수행이 저조한 경우 그러한 결과가 피검사자의 시지각 문제 때문인지, 운동협응의 문제 때문인지, 아니면 두 영역 모두에서의 결함 때문인지를 확인하기 위해 두 보충검사를 실시한다. 검사 실시 전에 검사자-피검사자 간 라포 형성이 필요하다. 검사자는 친절한 태도를 유지하면서 표준적인 실시절차를 준수해야 한다.

실시용지에 피검사자 정보(이름, 생년월일, 학교, 학년), 검사자 정보, 검사일 등을 모두 기입한다. 검사자는 피검사자에게 지우개가 달리지 않은 연필 또는 볼펜을 제공한다. 실시용지를 피검사자 쪽 책상변과 직각이 되도록 놓아 준다. 검사자는 피검사자가 실시용지를 한 손으로 고정시키도록 해 준다.

(1) 시각-운동 통합 검사(VMI)

① 5세 미만 아동의 실시: 4번 문항부터 시작([그림 2-2])

- 문항 4번. 모방 과제
  -검사자가 그린 수직선을 따라 그리는 과제이다.

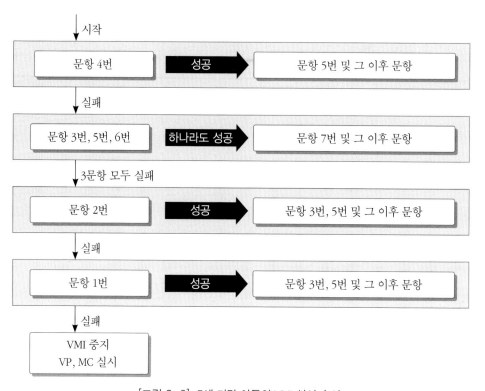

[그림 2-2] 5세 미만 아동의 VMI 실시 순서

    -피검사자가 문항 4번을 성공하면 문항 5번 및 그 이후 문항으로 진행한다. 성공하지 못하면 문항 3번을 실시한다.
- 문항 3번. 모방 과제(문항 4번의 재실시)
   -검사자가 그린 수직선을 따라 그리는 과제이다.
   -충분한 기회를 제공한 후, 피검사자가 문항 4번과 3번에서 실패했더라도 문항 5번과 6번으로 진행한다.
- 문항 5번, 6번. 모방 과제
   -검사자가 그린 수평선(문항 5번)과 원(문항 6번)을 따라 그리는 과제이다.
   -수직선(문항 4번과 3번), 수평선(문항 5번), 원(문항 6번) 세 가지 과제에서 하나라도 성공하면 모사 과제(문항 7~30번)를 실시한다.
- 문항 7번~30번. 모사 과제
   -문항의 도형을 빈칸에 따라 그리는 과제이다. 피검사자가 연속해서 5문항을 실패할 때까지 진행한다.

　　－피검사자가 문항 4번, 3번, 5번, 6번을 모두 실패했다면 문항 2번을 실시한다.

• 문항 2번. 자발적인 그리기 또는 낙서 과제

　　－빈칸 안에 그리고 싶은 것을 아무거나 그리는 과제이다. 피검사자가 낙서나 표시를 한다면 모방 과제(문항 3번, 5번, 6번)를 다시 실시한다.

　　－자발적인 낙서나 표시를 하지 않는다면, 낙서 모방 과제(문항 1번)를 실시한다.

• 문항 1번. 낙서 모방 과제

　　－검사자가 빈칸 중 검사자와 가까운 곳에 위아래로 낙서를 하고 피검사자가 낙서를 하도록 유도한다. 피검사자가 낙서나 표시를 한다면 모방 과제(문항 3번, 5번, 6번)를 다시 실시한다.

　　－피검사자가 여전히 실시용지에 낙서나 표시를 전혀 하지 않는 경우, 시각–운동 통합 검사(VMI)를 중지한다. 이후 필요에 따라 시지각 보충검사와 운동 통합 보충검사를 실시한다.

② 5세 이상 아동 및 성인의 개별 실시: 문항 7번부터 시작

• 문항 7~30번. 모사 과제

　　－문항의 도형을 빈칸에 따라 그리는 과제이다.

　　－문항 7번, 8번, 9번 중 한 문항이라도 성공하면 검사를 계속 진행한다.

　　－피검사자가 모사 과제를 이해하지 못했거나 문항 7번, 8번, 9번 중에서 한 문항도 성공하지 못한다면 5세 미만 아동의 개별 실시 절차를 시행한다.

　　－피검사자가 연속해서 5문항을 실패하면 검사 실시를 중지한다.

　　－피검사자가 최초로 득점한 과제 이전의 미실시 문항들도 모두 득점으로 기록한다.

③ 5세 이상의 아동 및 성인의 집단 실시

　　－모든 피검사자가 지우개가 달리지 않은 연필 또는 볼펜을 가지고 있는지 확인하고 실시용지를 나누어 준다.

　　－분필로 자극도형을 어떻게 그리는지 시범을 보여 준다. 검사에 포함된 실제 자극도형을 그려서는 안 된다.

　　－피검사자에게 7번 문항부터 순서대로 따라 그리도록 지시한다.

-모든 피검사자가 연속해서 5문항 이상 실패하면 검사 실시를 중지한다. 검사를 일찍 끝낸 피검사자들은 그림 그리기나 책 읽기 등 다른 활동을 하도록 할 수 있다.

(2) 시지각 검사(VP)

5세 이하 아동의 경우 연필이나 펜을 직접 사용하지 못하며, 검사자가 아동의 응답을 대신 표시한다.

① 5세 미만 아동의 실시: 문항 1번부터 실시
- 문항 1번. 아동 자신의 신체부위
  -눈 → 머리카락 → 귀 순서로 해당 신체부위가 어디에 있는지 짚는 절차이다.
  -아동이 하나 이상을 맞히거나 모든 부위에서 다 정답을 말하지 못할 때까지 같은 절차를 반복한다.
- 문항 2번. 동물 윤곽선 그림
  -동물 윤곽선 그림을 보고 고양이 → 개 → 돼지 순으로 해당 동물 그림을 짚는 절차이다.
- 문항 3번. 인형 신체부위
  -인형 그림을 보고 머리카락 → 코 → 귀 → 발 → 입 → 손 → 배 → 눈 순서로 인형의 신체부위를 짚는 절차이다.
  -8개의 인형 신체부위 중 6개를 맞힌 경우 득점으로 채점한다.

② 5세 이상 아동 및 성인의 실시: 문항 4번부터 실시
- 문항 4~6번
  -검사자가 가리킨 수직선(4번), 수평선(5번), 원(6번) 도형과 똑같은 선을 찾는 과제이다.
- 문항 7~30번
  -문항의 도형과 똑같은 도형을 찾는 과제이다. 문항 7번부터는 시작시간을 측정한다. 문항 7번을 시작한 시점부터 정확히 3분 0초가 지나면 검사를 종료한다.

−피검사자가 연속해서 여러 문항을 틀렸어도 검사를 중지하지 않는다.

(3) 운동협응 검사(MC)

- 문항 1~3번: 이전 과제를 실시하는 동안 아동의 수행을 관찰, 기록하지 못한 경우 실시한다.
  - −1번. 성인용 의자에 도움 없이 앉기
  - −2번. 엄지와 다른 손가락들 끝을 사용하여 연필 잡기(두 손가락만 사용해서는 안 됨)
  - −3번. 한 손으로 종이를 고정시키고 다른 손으로 낙서나 그림 그리기
- 문항 4~6번
  - −도형 모양의 테두리 안의 검은 점에서 회색 점까지 선을 그리는 과제이다.
  - −필요한 경우 시범−교육 절차를 반복한다.
- 문항 7~30번
  - −도형 모양의 테두리를 벗어나지 않게 도형을 그리는 과제이다.
  - −문항 7번부터 시간을 측정한다. 문항 7번을 시작한 후 정확하게 5분 동안 검사를 계속한다.
  - −피검사자가 여러 문항을 연속해서 틀렸어도 검사를 중지하지 않는다. 5분이 지난 후에도 실시하는 경우 5분의 시간 제한 내에 완성한 마지막 도형까지로 총점을 계산한다.

4. 결과와 해석

1) 검사 결과

　시각−운동 통합 검사(VMI), 시지각 검사(VP), 운동협응 검사(MC) 각각 원점수를 구한 후 변환한 표준점수와 백분위 점수, 등가연령을 결과 해설을 위한 자료로 사용한다.

(1) 원점수

- VMI: 각 문항에서 피검사자의 수행은 성공한 경우 1점, 실패한 경우 0점으로 채점된다. 자세한 채점 기준은 시각-운동 통합 검사(VMI-6) 요강에 제시되어 있다. 최대 총점은 30점이다.
- VP: 문항 4번부터 검사자가 정답을 가르쳐 주기 전에 한 첫 응답에 대해 채점한다. 3분 제한 시간 이내에 답한 정답에 대해 각 문항당 1점씩 채점한다. 문항 1번, 2번, 3번의 채점을 포함하여 최대 30점까지 득점할 수 있다.
- MC: 각 문항에서의 수행은 0점 또는 1점으로 채점된다. VMI의 득점 기준에 부합하지 않아도 되며, 확실하지 않다면 맞은 것으로 채점한다. 최대 총점은 30점이다.

(2) 표준점수

같은 연령대의 표준화집단의 원점수 분포를 평균 100, 표준편차 15로 환산한 분포에서 능력 수준을 보여 주는 점수이다. 홈페이지(www.koreapsy.co.kr)에 원점수를 입력하면 표준점수가 자동 산출된다.

VMI, VP, MC 세 소검사의 표준점수에 대한 기술적 범주를 제공한다. 표준점수의 기술적 범주(descriptive categories)는 보호자나 교사와 같은 비전문가와 소통하는 편리한 수단이 될 수 있다. 표준점수의 범위에 따라 사용되는 범주는 낮음, 약간 낮음, 평균, 약간 높음, 높음의 총 다섯 가지이다. 각 범주에 해당되는 점수의 범위는 [그림 2-3]과 같다.

표준점수	표준편차	기술적 범주	백분위 범위
131 이상	2.0 이상	높음	98%ile 이상
116~130	1.0~2.0	약간 높음	84~97%ile
86~115	−1.0~1.0	평균	18~83%ile
71~85	−2.0~−1.0	약간 낮음	3~17%ile
70 이하	−2.0 이하	낮음	2%ile 이하

[그림 2-3] 시각-운동 통합 능력, 시지각 능력, 운동협응 능력의 표준점수에 대한 기술적 범주

Beery VMI-6 한국표준화판

VMI-6 시각-운동 통합 검사

검 사 일 : 2016 년 07 월 18 일　이 름 : 김○○　성별 : ■ 남 □ 여

생년월일 : 1980 년 07 월 18 일　학교(최종학력):　학년 :

만 연 령 : 36 세 0 개월　검 사 자 : 김△△

요약

	VMI	시지각	운동협응
원 점 수 : (0 ~ 30)	27	28	26
표 준 점 수 : (M:100, SD:15)	96	92	87
백분위점수 :	39	30	19
등 가 연 령	13세4개월	12세1개월	10세1개월

프로파일

표준점수	VMI	시지각	운동협응	백분율
145	-	-	-	99.7
140	-	-	-	99.2
135	-	-	-	99
130	-	-	-	98
125	-	-	-	95
120	-	-	-	91
115	-	-	-	84
110	-	-	-	75
105	-	-	-	63
100	-	-	-	50
95	-	-	-	37
90	-	-	-	25
85	-	-	-	16
80				9
75				5
70				2
65				1
60				.8
55				.3
50				.07
45				.02
45미만				.01이하

한국심리주식회사 KOREA PSYCHOLOGY CO., LTD.

[그림 2-4] 한국판 Beery 시각-운동 통합 검사의 결과 예시

(3) 백분위 점수

백분위(percentile) 점수는 같은 연령대의 표준화집단에서 대상자보다 낮은 점수를 얻은 사람의 비율을 의미한다. 연령이나 영역에 관계없이 같은 의미를 가질 수 있다. 예를 들어, 시지각 능력 영역에서 84%ile로 채점된 75세 노인은 이 영역에서 일반적인 75세 노인집단의 84%보다 더 수행을 잘 함을 의미한다.

(4) 등가연령

등가연령(age equivalents)은 대상자의 수행이 어떤 연령의 평균적인 수행과 동등한가를 나타낸 값을 의미한다. 예를 들어, 시지각 능력에서 등가연령 5세 10개월이라면 그 대상자의 능력이 5세 10개월인 아동들의 평균적인 수행수준에 해당된다는 의미이다.

2) 결과 해석

원점수로부터 산출된 표준점수, 백분위점수, 등가연령 중 수행 점수를 해석하기 위해서는 표준점수를 먼저 고려해야 한다. 표준점수의 기술적 범주는 피검사자의 기능수준을 요약할 때와 소검사들 간 주목할 만한 기능 차이를 강조할 때 사용하기 편리하다. 백분위 점수 단위는 표준점수에 비해 이해하기 쉬운 장점이 있지만, 동질적이지 않다는 제한점이 있다. 등가연령은 표준점수나 백분위로 표현되는 것을 넘어서는 정보를 얻어 낼 수 있다는 장점이 있다. 하지만 등가연령 역시 척도단위가 동일하지 않기 때문에 상당히 많은 약점이 있으므로 조심스럽게 사용되어야 한다.

5. 기타 참고사항

1) 검사의 장단점

VMI-6를 사용할 수 있는 대상자의 연령은 2세부터 90세까지이다. 유아, 아동, 청소년, 성인, 노인을 포함하는 거의 모든 연령층의 사람들에게 사용할 수 있다는 장점이 있다. VMI-6는 시각-운동 통합 능력과 운동협응 능력, 시지각 능력, 또는 운동능력에 심각한 결함이 있는 개인을 확인하는 데 유용하게 사용할 수 있다. 이후의 어려움을 완화, 예방, 교정하기 위한 교육적, 의학적, 심리학적 개입에도 활용할 수 있다. 그러나 이 검사 결과만으로 진단을 확정하거나 치료계획을 수립할 수는 없다는 한계점이 있다.

2) 관련 검사

- BGT(Bender-Gestalt Test): BGT는 간단한 기하학적 도형이 그려져 있는 9개의 자극 카드들을 하나씩 보고 종이 위에 따라 그리는 검사이다. VMI-6와 마찬가지로 시각-운동 통합 능력 평가에 사용될 수 있다.
- K-DTVP(한국판 시지각 발달검사): 아동(K-DTVP-3)과 청소년(K-DTVP-A)의 시지각 능력 및 시각-운동 능력의 수준을 파악하기 위해 고안된 검사이며, 5~6개의 하위검사가 포함된다. 검사를 통해 측정되는 지수는 일반 시지각 지수(GVPQ), 운동감소 시지각 지수(MRPQ), 시각-운동 통합지수(VMIQ)이다.

3) 적용 사례

- 김경원, 황순택, 김지혜, 홍상황(2016). VMI-6(시각-운동 통합 검사)를 활용한 지적 장애 등급 판별. 재활심리연구, 23, 65-85.
- 박도란, 황순택, 김지혜, 홍상황(2016). 한국판 시각-운동 통합 검사(VMI-6) 표준화연구. 한국심리학회지: 임상, 35, 21-44.
- 한혜련, 황순택, 김지혜, 홍상황(2016). 한국판 시각-운동 통합 검사 6판(VMI-6)의 구인 타당도. 한국심리학회지: 임상, 35, 81-99.

03 MVPT-3(운동 무관 시지각 검사)

1. 검사 소개

1) 목적과 용도

MVPT-3(Motor-Free Visual Perception Test-Third Edition, 운동 무관 시지각 검사)는 운동기능을 사용하지 않고 시지각 능력을 평가하는 도구이다. 시지각 능력에 대한 검사, 진단, 연구를 목적으로 고안되었다.

시지각을 측정하는 많은 검사와 척도들은 도형이나 그림을 그리는 것과 같은 표현과정을 필요로 한다. 이러한 운동근육을 사용하는 과정은 순수한 시지각 능력의 측정에 혼동을 줄 수 있다. 보통 운동과 시지각 능력은 대체로 발달수준과 밀접한 연관이 있다. 그러나 운동 문제가 있는 사람이 반드시 시지각 문제를 동반하는 것은 아니다. 시각-운동 능력을 정확하게 평가하기 위해서는 시각·운동 통합검사뿐 아니라 시각적 능력만을 측정하는 MVPT의 결과를 함께 보아야 한다.

2) 검사의 배경

이전 MVPT 판에서 10세 이후의 전체점수 및 어려운 항목들에서 다양성이 보인다는 점이 발견되었다. MVPT의 평균점수는 10세 이후에 눈에 띄는 향상을 보였으며, 이 점은 시지각 능력의 조절이 10세쯤 완성됨을 나타낸다. 10세 이상의 성인들에게 MVPT를 사용할 때는 점수의 다양성을 제공하는 것이 필요했다. 또한 인지적 처리를 거치지 않고 즉시 인식되는 지각적인 특징이 고려된 과제가 필요했다. MVPT-3의 새롭게 추가된 항목들은 인지적 요소를 최소화하고 지각적으로 어려움을 주게 디자인되었다. MVPT-3는 성인과 아동의 시지각 능력을 동시에 검사하기 위해 고안되었다.

이 검사는 교사, 심리학자, 작업치료사, 특수교사, 검안사 등에게 유용하며 아동부터 성인까지의 전반적인 시각 처리 능력을 빠르고 효과적으로 평가할 수 있다.

3) 인지학습과의 관련성

시각변별, 시각탐색, 및 형태 인식 등의 다양한 시지각 능력은 서로 다른 발달적 변화를 겪는다. 아동들은 일상생활에서의 시지각 능력이 충분히 발달하지 않은 경우가 많다. 이 때문에 MVPT-3가 여러 가지 상황에서 다양한 목적으로 쓰일 수 있다. 특히 시지각 능력은 인지학습에 매우 중요한 연관성을 지니고 있다. 학습장애나 읽기장애를 가진 아이들에게서 나타나는 기능적 문제에 대한 특징과 정도를 결정할 때 지각적 능력의 평가가 필요하다. 학습에 어려움을 가지고 있는 아동들 중 상당수는 시력에 문제가 없지만 시지각 영역의 문제를 가지고 있다. 연구에 따르면 학습장애를 갖고 있는 사람은 시각적 탐색에 어려움을 가지고 있으며, 읽기장애를 보이는 사람도 형태와 방향에 대해 개념화하는 능력이 손상되었다고 보고된다.

이 밖에도 다음 용도로 유용하다고 생각된다.

① 아동의 시지각적 어려움을 탐지: 정상발달에서 시지각과 시각적 운동 통합은 뚜렷이 구분되는 기술이다. 그러나 협응 문제를 가진 아동들의 경우 둘은 잘 구별되지 않는다. 학습장애를 가진 아동들은 보통 아동에 비해 지각적 수행이 떨어진다. 이 검사는 시지각적 어려움을 탐지하는 데 널리 사용된다.

② 성인의 시지각적 능력평가: 뇌졸중이나 뇌 손상을 겪는 성인들의 시지각 능력을 판단할 수 있다. 이에 맞춰 재활훈련을 계획할 수 있어 유용하게 사용된다.

③ 운전자의 재면허시험: 운전면허를 재취득할 때의 평가로 MVPT 사용이 증가되고 있다. 운전기술은 여러 시지각 기술의 통합능력을 필요로 한다. 뇌졸중

이나 뇌 손상 후의 운동을 하기 위한 환자의 건강상태를 평가하고, 손상이 없
는 사람에게도 검사를 실시하여 운전을 할 수 있는 능력이 있는지 알아볼 수
있다.

MVPT-3는 현재 국내에서 구입할 수 없으며, 한국판으로 표준화되어 있지 않다.
검사를 구입하고자 하는 사람은 다음 사이트를 참조하라.

https://www.performancehealth.com/mvpt-3-motor-free-visual-perception-
test-third-edition-1

2. 검사의 대상과 방법

1) 대상 집단

MVPT-3는 4세부터 노인까지 사용 가능한 검사이다.

2) 검사 방법

MVPT-3는 검사지를 통해 이루어진다. 흰색과 검정색이 그려진 그림을 검사 자
극으로 사용한다. 검사지에 평행하게 나열되어 있는 네 가지 보기 중에서 답을 고르
는 방식으로 진행된다. 검사시간은 20~30분 정도 소요된다. 아주 어린아이라면 시
간을 적절하게 늘려 검사를 수행할 수 있다. 채점시간은 10분 미만이다.

MVPT-3 검사는 특별한 교육과정 없이 수행할 수 있지만, 능숙한 전문가의 감독
아래 수행되어야 한다. 해석은 검사에 대해 공식적으로 교육을 받고 검사의 한계와
충분한 지식이 있는 사람에 한해 행해져야 한다. 또한 검사자는 검사 도중 피검사자
의 행동양식을 관찰해야 한다. 이 관찰 정보는 결과 해석에 중요하게 고려해야 하는
사항이다.

3. 검사의 구성과 실시

이 검사는 총 65개의 항목과 13개의 예시 항목으로 구성되어 있다. 4세에서 10세 아동까지는 항목 1부터 항목 40까지 실시한다. 11세 이상부터는 항목 14부터 항목 65까지 실시한다. 65개 항목은 총 여덟 종류의 과제로 나뉜다. 검사는 다음의 순서로 진행된다.

1) 소검사 내용

(1) 시각 변별

시각 변별(visual discrimination)은 한 대상의 주 특징을 다른 대상과 구별할 수 있는 능력을 말한다. 예컨대, 위치, 형태, 색, 글자와 같은 특징을 구별하는 것이다. 검사지의 위쪽에는 하나의 도형(예, 원)이 있고, 아래쪽에는 네 가지 보기가 평행하게 나열되어 있다(예, A 삼각형, B 팔각형, C 사각형, D 원). 과제는 위의 그림을 보고 밑의 그림에서 같은 것을 찾는 것이며, 총 8개 항목으로 구성되어 있다.

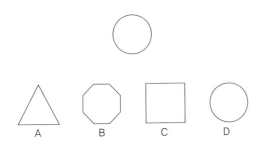

[그림 3-1] 시각 변별 과제의 예

[지시] 위 그림을 보고 밑의 그림에서 같은 것을 찾으시오.

(2) 형태 항상성

형태 항상성(form constancy)은 동일한 형태나 물체를 다양한 환경에서, 자세나 크기가 달라져도 똑같은 것으로 아는 능력이다. 검사지의 위쪽에는 하나의 도형이 그려져 있고, 아래쪽에는 네 가지 보기가 평행하게 나열되어 있는데, 과제는 위 그림을 보고 밑에서 같은 형태의 그림이 있는 보기를 고르는 것이다. 밑에 나열된 네 개의 그림 중 하나는 위의 그림과 크기나 색, 회전 정도가 다를 수 있지만 형태는 동일하다. 총 5개 항목으로 구성된다.

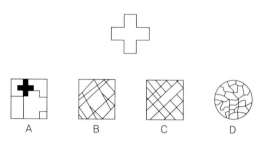

[그림 3-2] 형태 항상성 과제의 예

[지시] 위의 그림을 보고 밑의 그림에서 같은 것을 찾으시오. 밑의 그림은 크기가 크거나 작을 수도, 색이 칠해져 있거나 옆으로 회전되어 있을 수도 있다.

(3) 시각 단기기억 1

시각 단기기억(visual short-term memory)은 주어진 하나의 자극을 잠깐의 시간 동안 본 이후에도 그 자극을 기억하는 능력이다. 한 문제는 두 장(a, b)으로 구성되어 있다. 먼저, 가운데에 하나의 도형이 그려진 검사지(a)를 제시한다. 그다음 네 가지 보기가 나란히 나열된 검사지(b)를 제시한다. 하나의 도형을 기억한 후, 다음 검사지의 네 가지 보기에서 이전에 본 것과 같은 도형을 찾는 것이 과제이다. 8개 항목으로 구성된다.

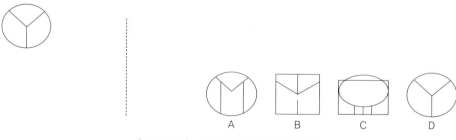

[그림 3-3] 시각 단기기억 과제 1의 예

[지시] (왼쪽: 앞장. 오른쪽: 다음 장) 제가 한 개의 그림을 보여 줄 것입니다. 잘 기억한 후에 다음 장에 있는 네 가지 보기에서 같은 그림을 찾으시오.

(4) 시각 완성 1

시각 완성 1(visual closure 1)은 시각 변별의 한 형태이다. 대상의 부분이 분리되어 떨어져 있을 때 전체 형상을 기억할 수 있는 능력이다. 검사지의 위쪽에는 선이 이어져 있는 하나의 도형 그림이 그려져 있다. 아래쪽에는 중간에 선이 끊긴 네 개의 보기가 나열되어 있다. 과제는 아래 보기의 그림에서 손을 떼지 않고 그림을 완성한다면 위의 그림과 같아지는 보기가 무엇인지 찾는 것이다. 13개 항목으로 구성되어 있다.

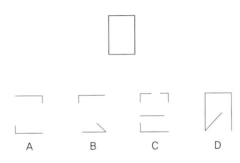

[그림 3-4] 시각 완성 과제 1의 예

[지시] 아래 보기의 그림에서 손을 떼지 않고 그림을 완성한다면 위의 그림과 같은 것이 되는 것은 무엇인지 찾으시오.

(5) 공간 정향

공간 정향(spatial orientation)은 공간 안에 있는 물체들 간의 관계를 인식하는 능력, 예컨대 물체가 거꾸로 되어 있거나 돌아가 있는 경우에도 같은 물체라고 인식하는 능력이다. 검사지의 보기에 있는 네 개의 그림은 모두 같은 그림이다. 하지만 이 중 셋은 방향이 같고 하나만 다른 방향을 하고 있다. 과제는 다른 세 그림과 방향이 다른 그림 하나를 고르는 것이며, 항목은 16개이다.

[그림 3-5] 공간 정향 과제의 예

[지시] 다음 보기에 있는 네 개의 그림은 모두 같은 그림이다. 하지만 이 중 셋은 방향이 같고 나머지 하나만 방향이 다르다. 방향이 다른 하나를 찾으시오.

(6) 형−바탕

　형−바탕(figure-ground)은 시각 변별의 한 형태이며 바탕(배경)에서 원하는 대상을 구별해 내는 능력이다. 검사지 위에는 모양과 크기가 다른 여러 개의 도형들이 겹쳐져 있는 그림이 있다. 과제는 아래의 도형 그림(예, 원)과 같은 것이 위의 그림에 몇 개가 있는지 맞히는 것이다. 크기만 다른 경우는 포함되지만, 모양은 다르면 안 된다. 총 5개 항목으로 구성되어 있다.

A	B	C	D
2	3	4	5

[그림 3-6] 형−바탕 과제의 예

[지시] 아래 그림과 같은 것이 위의 그림에 몇 개가 있는지 세어 보라. 단, 크기는 달라도 괜찮다. 그러나 모양은 같아야 한다.

(7) 시각 완성 2

　시각 완성 2(visual closure 2)의 검사지 위에는 내부가 채워진 그림이, 아래에는 내부에 빈 공간이 있는 네 개의 보기 그림이 그려져 있다. 과제는 아래 네 개의 그림이 빈 공간을 채웠을 때 위의 그림들과 같아지는 보기를 고르는 과제이다. 이때 검사지를 옆으로 돌려서는 안 된다. 총 5개 항목으로 구성된다.

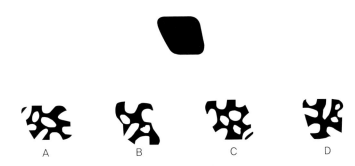

[그림 3-7] 시각 완성 과제 2의 예

[지시] 아래의 네 개의 그림들의 빈 공간을 채웠을 때 위의 그림과 같아지는 것을 찾으시오. 옆으로 돌려서는 안 된다.

(8) 시각 단기기억 2

시각 단기기억 2(visual short-term memory 2)의 절차는 시각 단기기억 1의 절차와 같다. 한 문제는 총 두 장(a, b)으로 구성되어 있다. 먼저, 가운데에 하나의 그림이 그려진 검사지(a)를 제시한다. 그다음 네 가지 보기가 평행하게 나열된 검사지(b)를 제시한다. 과제는 하나의 도형을 기억한 후 네 가지 보기에서 이전에 본 것과 같은 그림을 찾는 것이다. 총 5개 항목으로 구성되어 있다.

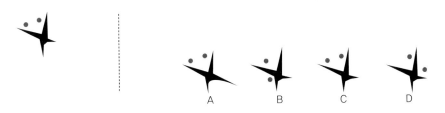

[그림 3-8] 시각 단기기억 과제 2의 예

[지시] (왼쪽: 앞 장. 오른쪽: 다음 장) 제가 한 개의 그림을 보여 줄 것입니다. 잘 기억한 후에 다음 장에 있는 네 가지 보기에서 같은 그림을 찾으시오.

2) 검사 실시

① 검사를 실시하기 전 검사자는 피검사자의 생년월일, 생활 연령(chronological age)을 계산한다.
② 피검사자가 편안하게 느끼는 높이의 테이블이나 책상에 앉는다. 기록용지는 앉은 자세에서 피검사자가 볼 수 없는 곳에 두어야 한다. 검사자는 피검사자

의 건너편 또는 대각선으로 앉는다. 피검사자가 검사환경에 대해 편안함을 느낄 때 검사를 시작한다.

③ 4~10세는 항목 1부터 40까지만 실시하고, 11세 이상은 항목 14부터 65까지 실시한다. 피검사자들은 설명을 듣고 네 개의 그림 보기(A, B, C, D) 중 정답을 말하거나 가리킨다. 검사자는 기록지에 피검사자가 선택한 답 문자를 기록한다.

④ 예제 항목들을 먼저 실시한다. 항목 1에서 45까지는 과제 종류 당 하나의 예시가 제시된다. 항목 46에서 65까지는 과제 종류당 두 개의 예제가 제시된다. 피검사자가 예제에 대한 대답을 정확하게 하지 않는다면 잘못 해석한 부분을 가리키면서 오류가 무엇인지 설명한다. 정확히 맞힌다면 다음 예제나 문제로 넘어간다. 피검사자가 과제를 완전히 이해할 때만 이 검사를 진행할 수 있다.

⑤ 이 검사를 실시한다. 피검사자가 답을 모른다고 말한다면 답할 수 있도록 북돋아 주고 반응을 촉진시킨다. 대답을 거부한다면 그 항목은 틀렸다고 채점한다. 피검사자가 자신의 응답이 정답인지 물을 때는 "지금처럼 잘 생각해서 답하면 됩니다." 등 모호하게 답변을 해 주어야 한다.

⑥ 총점은 실시한 항목 숫자에서 오류 개수를 빼서 계산한다. 4세부터 10세는 40항목, 11세 이상은 65항목이다(항목 13까지는 맞다고 가정). 예제는 점수에 포함시키지 않고 전체 점수에도 포함시키지 않는다.

⑦ MVPT-3 매뉴얼에 있는 표준화 도표를 사용하여 표준점수, 백분위점수, 등가연령으로 변환한다.

4. 결과와 해석

1) 검사 결과

검사한 총 문항 수에서 틀린 문항 수를 빼서 원점수(raw score)를 계산한다([그림 3-9]).

검사를 통해 얻은 원점수는 피검사자의 생활연령을 고려한, 표준점수, 백분위점수, 등가연령을 계산하는 데 사용된다.

ANSWER

Ages 4-10 start here

Ex. 1-8 (D)		
1	(A)	
2	(C)	
3	(C)	
4	(D)	
5	(B)	
6	(B)	
7	(D)	
8	(B)	
Ex. 9-13 (B)		
9	(C)	
10	(D)	
11	(A)	
12	(A)	
13	(B)	

Ages 11+ start here

Ex. 14-21 (D)		D
14	(B)	B
15	(D)	D
16	(A)	A
17	(D)	A
18	(A)	A
19	(C)	C
20	(D)	D
21	(A)	A
Ex. 22-34 (A)		A
22	(B)	B
23	(A)	A
24	(B)	B
25	(C)	C
26	(B)	B
27	(D)	D
28	(A)	A
29	(D)	D
30	(C)	C
31	(D)	D
32	(A)	A
33	(C)	C
34	(D)	B
Ex. 35-40 (A)		A
35	(B)	B
36	(C)	C
37	(C)	C
38	(B)	B
39	(C)	C
40	(A)	A

ANSWER

41	(C)	C
42	(A)	A
43	(D)	B
44	(C)	C
45	(B)	B
Ex. A 46-50 (A)		A
Ex. B 48-50 (C)		C
46	(D)	D
47	(A)	A
48	(B)	B
49	(A)	A
50	(D)	B
Ex. A 51-55 (A)		A
Ex. B 51-55 (B)		B
51	(B)	B
52	(C)	C
53	(A)	A
54	(C)	C
55	(D)	A
Ex. A 56-60 (C)		A
Ex. B 56-60 (D)		D
56	(A)	A
57	(C)	C
58	(A)	A
59	(B)	A
60	(C)	C
Ex. A 61-65 (C)		C
Ex. B 61-65 (A)		A
61	(D)	D
62	(B)	B
63	(A)	A
64	(B)	A
65	(D)	B

LAST ITEM: 65
#ERRORS: _ 14
RAW SCORE: 51

Do not score Examples

Section 4: Administration & Scoring　29

[그림 3-9] MVPT-3의 채점표

2) 파생 점수

원점수로부터 표준점수, 백분위점수, 등가연령 등의 파생 점수를 구하는데, 자세한 내용은 다음 [그림 3-10]을 참조하라.

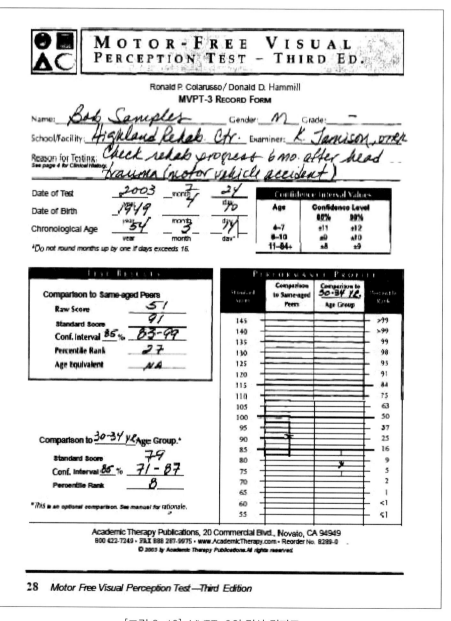

[그림 3-10] MVPT-3의 검사 결과표

각 파생 점수(〈표 3-1〉)는 다음 의미를 갖는다.

- 표준점수(standard score): 표준점수는 개인의 MVPT-3 수행이 같은 나이 수준의 평균 수행에서 벗어난 정도를 나타낸다. 각 수준에 대한 표준점수 분포는 평균이 100이고 표준편차가 15이다. 이 표준점수는 평균이 100이고 표준편차가 15인 다른 검사들의 표준점수와 비교할 수 있다.
- 백분위 점수(percentile rank): 나이 단계에서 다른 개개인들에 대한 참고사항으로 개개인의 상대적인 위치를 나타낸다. 백분위점수 50은 평균 수행을 나타낸다. 표준점수와는 달리 측정과 동일한 단위로 나타내지 않는다는 한계가 있다. 예를 들어, 백분위점수 91과 92의 시지각 능력 차이는 백분위점수 50과 51의 시지각 능력 차이와 같지 않다.
- 등가연령(age equivalent): 등가연령은 피검사자의 수행이 평균적으로 어떤 연령의 수행과 동등한가를 나타내는 값이다. 등가연령은 규준 집단을 참고한 개개인의 위치에 대한 정보를 알려 준다. MVPT-3 원점수가 32라면 생활 연령에 관계없이 개개인의 등가연령은 8년 6개월을 나타낸다.

〈표 3-1〉 파생 점수의 상호관계 비교표

언어적 서술	표준점수 범위	백분위 점수 범위	인구 비율
매우 우수	130 및 그 이상	98 및 그 이상	2
우수	120~129	91~97	7
평균 상회	110~119	75~90	16
평균	90~109	25~74	50
평균 하회	80~89	9~24	16
저하	70~79	2~8	7
매우 저하	69 및 그 이하	2 및 그 이하	2

3) 유의사항

MVPT-3는 단지 전체적인 지각능력 정도를 측정하며, 문제가 왜 존재하는지 혹은 어떤 시지각 과제 종류가 영향을 받았는지를 설명해 주지는 않는다. MVPT-3에서 낮은 점수를 받았을 때 검사자는 지각과제의 성공적인 수행에 지장을 주는 다른 요인들을 고려해야 한다. 예를 들어, 낮은 시력, 비정상적인 급속안구운동, 주의 무시 등이 MVPT-3에 영향을 줄 수 있다. 그리고 청각적 요소, 주의력 부족, 무관심 등 시지각 외의 다른 요소들도 부적절한 수행의 원인이 될 수 있음을 고려해야 한다.

5. 기타 참고사항

1) 검사의 장단점

MVPT-3는 전반적인 시각 처리 능력을 빠르고 효과적으로 평가할 수 있는 검사이다. 평가항목이 적은 만큼 검사시간과 채점시간이 짧아 시지각 능력에 대한 신속한 판단이 가능하다. 그러나 시지각 기술 각각에 대한 평가 항목이 적기 때문에 하위 영역을 세분화하여 더욱 구체적인 시지각 특성을 알아보지는 못한다. 그림으로 이루어진 검사도구이기 때문에 글자를 읽지 못하는 아동이나 성인도 실시 가능하다. 4세부터 노인까지의 규준이 존재하여 검사를 실시할 수 있는 연령대가 넓다. 시지각 능력과 관련된 학습, 인지, 뇌 손상 등 여러 결함을 알아볼 수 있다는 장점도 있다.

2) 관련 검사

- VMI-6(The Beery-Buktenica Developmental Test of Visual-Motor Integration): 시각-운동 통합 검사(VMI-6)는 시각-운동 통합 능력, 시지각 능력, 운동협응 능력을 평가하기 위한 도구이다. 더 자세한 사항을 보려면 앞 장을 참조하라.
- BGT(Bender-Gestalt Test): BGT는 간단한 기하학적 도형이 그려져 있는 9개의 자극 카드들을 하나씩 보고 종이 위에 따라 그리는 검사이다. VMI-6와 마찬가

지로 시각-운동 통합 능력 평가에 사용될 수 있다.
- K-DTVP-3(아동용) 혹은 K-DTVP-A(청소년용): 운동-감소 시지각 능력과 시각-운동 통합 능력을 평가하는 도구이다. 다음 장을 참조하라.

3) 적용 사례

- 이혜선(2011). 노인의 인지능력과 시지각 능력 상관관계. 고령자 · 치매작업치료학회지, 5, 55-63.
- 김은정, 양영애(2013). 지역사회 노인을 위한 시지각 검사의 필요성에 대한 연구. 고령자 · 치매작업치료학회지, 7, 26-32.
- Brown, T., & Elliott, S. (2011). Factor structure of the motor-free visual perception test-(MVPT-3). *Canadian Journal of Occupational Therapy*, 78, 26-36.

04   시지각 발달검사(K-DTVP)

1. 검사 소개

1) 목적과 용도

한국판 시지각 발달검사(K-DTVP)는 운동 개입이 최소화된 순수한 시지각 능력과 운동 기능이 통합된 시각-운동 통합 기능을 측정한다. 아동용 검사(K-DTVP-3)와 청소년용 검사(K-DTVP-A)가 있다. 이 검사를 통해 아동의 시지각 결함의 유무와 그 정도를 평가할 수 있다. 이 검사는 시지각 문제점의 진단에도 사용될 수 있지만, 시지각 훈련 프로그램의 효과를 평가하는 데에도 사용될 수 있다.

2) 검사의 배경

시지각 발달검사(Developmental Test of Visual Perception: DTVP)는 Frostig, Lefever 및 Whittlesey(1961)에 의해 아동용으로 개발되었다. 초판에 대해 제기된 표준화와 신뢰성 등의 문제를 개선하고 세 개의 하위검사를 추가하여 1993년 Hammill, Voress 및 Pearson에 의해 제2판(DTVP-2)으로 개정되었다. 제2판의 8개 소검사 중 3개를 제거한, 제3판(DTVP-3)이 같은 연구진에 의해 2013년에 나왔다. 한국판은 제2판이 문수백, 여광응, 조용태에 의해 2003년 한국판으로 표준화되었고, 제3판은 문수백에 의해 2016년 표준화되어 '한국판 아동 시지각 발달검사-3'으로 출판되었다. 청소년과 성인의 시지각 능력 측정을 위해 Reynolds, Pearson 및 Voress는 2002년 청소년 및 성인용 시지각 발달검사(DTVP-Adolescent and Adult: DTVP-A)를 개발하였다. 이 검사는 조용태에 의해 2011년 한국판으로 표준화되어 '한국판 시지각 발달검사-청소년용'으로 출판되었다.

한국판 아동 시지각 발달검사-3(K-DTVP-3) 및 한국판 시지각 발달검사-청소년용(K-DTVP-A)은 인싸이트(http://www.inpsyt.co.kr)에서 판매 중이다.

3) 인지학습과의 관련성

시력에 이상이 없어 보이면 시지각 능력의 문제는 잘 고려되지 않는 경향이 있다. 제대로 보기 위해서 시력에 이상이 없어야 하지만 시지각은 그 이상의 능력을 필요로 한다. 시지각은 시야에 들어오는 물체들의 상하좌우, 전후, 포함 등의 공간 관계, 무엇이 주목해야 할 형이며 무엇이 배경(바탕)인지, 관찰 조건에 따라 달라 보여도 같은 물체인지(항상성) 등을 판단하는 능력과 관련된다. 이런 능력은 인간의 지적 수행과 학습의 기초이다. 학습 혹은 기초적 수행에 어려움을 겪는 어떤 아동 혹은 성인의 경우 언어 지능이나 학습 동기가 저하되어 있는 것이 아니라면 시지각 능력에 문제가 있는 일이 종종 있다. 시지각 그리고 운동 능력에 문제가 없어도 시지각과 운동의 협응과제에 곤란이 있는 경우가 있다. 협응 과제는 뇌의 시각 처리 영역과 운동 영역 간의 원활한 연결과 조정을 필요로 한다. 특히 아동은 자신의 시지각 능력 혹은 시각-운동 협응 능력에서 문제점을 잘 의식하지 못할 가능성이 높다. 시지각 능력의 발달은 신경 발달과도 관련이 깊은 경우가 많으며, 이 경우에는 조기 진단이 매우 중요하다. 그러므로 아동이 인지 과제 수행에 초보적인 어려움을 보이거나 쉽게 이해하기 어려운 운동 반응을 보일 때 시지각 및 청지각 능력 등의 기초적 지각 능력을 점검해 보는 것이 필요하다.

2. 검사의 대상과 방법

1) 대상 집단

한국판 아동 시지각 발달검사-3(K-DTVP-3)가 적용되는 연령 범위는 만 4세부터 12세이다. 규준은 이 범위에 드는 1,800명의 아동을 기준으로 표준화되었다. 한국판 시지각 발달검사–청소년용(K-DTVP-A)의 적용 연령 범위는 만 9세부터 19세이다. 규준은 이 연령 범위에 있는 1,100명을 대상으로 하여 만들어졌다. 참고로 미국판인 DTVP-A의 연령 범위는 11세부터 74세까지이다.

2) 검사 방법

K-DTVP-3(아동용) 및 K-DTVP-A(청소년용)는 모두 개인용 검사이다. 검사는 조용하고 편안한 분위기의 방에서 주의를 흩뜨릴 요인을 제거한 다음 실시한다. 검사 전에 피검사자, 특히 아동과의 라포(rapport) 형성을 해서 피검사자가 불안하거나 초조해하지 않도록 한다. 피검사자가 검사자의 지시를 충분히 이해하는지를 확인한다. 본 검사는 청력 장애자에게도 실시할 수 있는데 수화나 손짓 등 부가적 도움이 필요하고 경우에 따라 예를 추가하는 것이 필요하다. 검사 중 아동이 힘들어할 때 아동을 격려하는 것은 좋지만 정답을 암시하거나 반응을 빨리하도록 다그쳐서는 안 된다. 피검사자가 피로해하면 잠깐 동안 휴식을 할 수 있다. K-DTVP-3의 검사 시간은 약 20~40분이지만 아동의 상태에 따라 더 걸릴 수 있다. K-DTVP-A의 검사 시간은 약 20~30분이다. 검사자는 아동과 심리검사에 대한 이해가 있으며, 적정한 훈련을 받을 필요가 있다.

3. 검사의 구성과 실시

1) 전반적인 구성

K-DTVP-3(아동용)는 5개의 소검사로 구성되어 있는데, 그것들은 눈-손 협응 (eye-hand coordination), 따라그리기(copying), 도형-배경(figure-ground), 시각통합 (visual closure), 형태 항상성(form constancy) 검사이다. K-DTVP-A(청소년용)는 6개의 소검사로 되어 있는데, 따라그리기, 도형-배경, 시각통합, 시각-운동 탐색(visual-motor search) 및 시각-운동 속도(visual-motor speed), 형태 항상성이다. 두 검사 간에 4개의 소검사가 중복된다.

K-DTVP-3(아동용)와 K-DTVP-A(청소년용)는 각각 소검사 점수들을 조합하여 만들어지는 시각-운동 통합 지수(Visual-Motor Integration: VMI)와 운동축소-시지각 지수(Motor-reduced Visual Perception: MRVP)를 산출하고, 이 둘의 종합 척도인 일반 시지각 지수(General Visual Perception: GVP)를 산출해 준다.

2) 소검사 내용

K-DTVP-3(아동용)의 소검사(5개)에 대한 설명은 다음 (1)~(5)이며, K-DTVP-A(청소년용)의 소검사(6개)에 대한 설명은 (2)~(7)이다.

(1) 눈-손 협응

쥐가 치즈를 찾아가거나(수평선), 벌이 꽃을 찾아가거나(곡선), 자동차가 경주하는(원형) 상황을 주고, 반응기록 용지에서 이동하는 길을 연필로 긋게 한다. 5개의 문항으로 되어 있다.

(2) 따라그리기

반응기록지에 제시된 선분, 도형, 혹은 패턴을 보고, 그 아래 빈칸에 똑같이 그리도록 한다. K-DTVP-3(아동용)의 경우

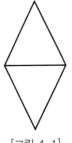

[그림 4-1]
따라그리기 그림의 예

18개의 문항으로 구성되어 있고, K-DTVP-A(청소년용)의 경우 비교적 더 복잡한 도형으로 된 12개의 문항으로 구성되어 있다.

(3) 도형-배경

2~3개 도형이 겹쳐져(숨어) 있거나 거꾸로 되어 있는 그림을 제시하고, 그 속에 있는 도형들을 아래의 5~10개 예시 도형 중에서 최대한 많이 찾도록 한다. K-DTVP-3(아동용)의 경우 간단한 패턴에서 점점 복잡해지는 패턴까지 총 23개의 문항으로 구성되어 있다. K-DTVP-A(청소년용)의 경우 14개의 문항으로 구성되어 있다.

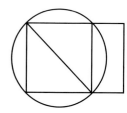

[그림 4-2] 도형-배경 소검사 그림의 가상적 예

(4) 시각 통합

K-DTVP-3(아동용)의 경우 상단에 있는 기준 도형(혹은 패턴)의 선은 이어져 있지만, 아래의 예시에 있는 3~5개의 도형(혹은 패턴)은 끊어진 선으로 되어 있다. 지시는 기준 도형의 선이 끊어진다면, 아래의 예시 중 어느 모양이 될지를 찾도록 하는 것이다. 간단한 패턴에서 점점 복잡해지는 패턴까지 총 26개의 문항으로 구성되어 있다.

K-DTVP-A(청소년용)의 경우 상단의 기준 도형은 그리다 만 미완성의 그림으로 제시되고, 이 그림이 완성되면 아래 예시 중 어느 도형과 같을지를 고르는 것이 과제이다. 16개의 문항으로 구성되어 있다.

(5) 형태 항상성

상단에 기준 도형이 제시되어 있고, 하단에는 3~5개의 예시 도형이 있다. 예시 도형 중 일부는 기준 도형의 음영(형-바탕 관계)이 바뀐 것이거나, 기준 도형을 포함하는 것이거나, 기준 도형의 무늬나 크기가 방향이 바뀐 것이다. 과제는 기준 도형과 같은 모양(크기나 무늬에 관계없이)을 가진 예시 도형을 모두 찾는 것이다. 예컨대, 기준 도형이 정사각형이라면 [그림 4-2]는 기준 도형을 포함하는 도형이다. K-DTVP-3(아동용)의 경우 간단한 패턴에서 점점 복잡해지는 패턴까지 총 24개의 문항으로 구성되어 있다. K-DTVP-A(청소년용)의 경우 19개의 문항으로 구성되어 있다.

(6) 시각-운동 탐색

반응기록용지에 숫자가 매겨진 원들이 어지럽게 흩어져 있는데, 피검사자는 그 원들을 번호 순으로 가급적 빨리 선으로 연결하도록 지시 받는다. 1개의 문항(25개의 자극)으로 구성되어 있다.

(7) 시각-운동 속도

예시에는 크거나 작은 원과 사각형과 같이 4개의 도형 중 2개 안에는 특정한 표시 (=, x)가 있다. 피검사자는 반응기록용지에 있는 도형들 중 예시와 같은 도형들을 찾아 가급적 빨리 많이 똑같은 표시를 해야 한다. 9개의 문항으로 구성되어 있다.

3) 검사 실시

검사자는 검사 실시 전에 검사 실시 요령과 중단 규칙, 그리고 채점 방법 등 매뉴얼을 숙지하도록 한다. 검사자는 예시를 이용해서 피검사자가 검사 수행 요령을 충분히 이해하도록 한다.

K-DTVP-3(아동용)의 소검사는 ① 눈-손 협응, ② 따라그리기, ③ 도형-배경, ④ 시각 통합, ⑤ 형태 항상성 순으로 실시한다. 눈-손 협응 및 따라그리기 소검사에서는 반응기록용지가 피검사자에게 반듯하게 놓이도록 한다.

K-DTVP-A(청소년용)의 소검사는 ① 따라그리기, ② 도형-배경, ③ 시각-운동 탐색, ④ 시각 통합, ⑤ 시각-운동 속도, ⑥ 형태 항상성 순으로 실시한다.

K-DTVP-3(아동용)와 K-DTVP-A(청소년용)의 소검사들은 첫 문항부터 시작한다. 대부분의 소검사는 마지막 문항까지 하도록 되어 있다. 그리고 대부분의 소검사는 피검사자가 연속 3개 문항에서 0점을 받으면 해당 소검사를 중단하게 되어 있다. 단, K-DTVP-3의 눈-손 협응 소검사는 예외이다. K-DTVP-A의 시각-운동 탐색 및 시각-운동 속도 소검사에는 반응 제한시간이 있는데, 각각 3분과 1분이다. 시각-운동 탐색 소검사에서는 완성 시간을 초 단위로 기록한다.

4. 결과와 해석

1) 채점

검사 매뉴얼에는 각 소검사별로 채점하는 기준이 설명되어 있고, 채점 기록용지에는 일부 검사의 채점표가 있다. 대체로 기준에 맞는 반응에는 1점, 그렇지 않으면 0점을 준다. 단 눈-손 협응의 경우 정확하게 반응한 정도에 따라 0~4점 사이의 점수를 주고, 따라그리기의 경우 0~3점 사이의 점수를 주며, K-DTVP-3(아동용)의 형태항상성 검사에는 정답 도형의 수(1~3)만큼 점수를 준다. 눈-손 협응이나 따라그리기 수행에서 선이 일부 벗어나거나 각도가 약간 어긋나거나 도형이 찌그러지는 경우를 주의해서 살피지 않으면 채점이 틀리기 쉬우므로, 세밀하게 주의를 줘서 반응을 검토해야 한다.

K-DTVP-3(아동용)와 K-DTVP-A(청소년용)는 인싸이트(http://www.inpsyt.co.kr)에 접속하여 원점수를 입력하면 검사 결과 보고서를 확인할 수 있다.

2) 결과 해석

K-DTVP-3(아동용)와 K-DTVP-A(청소년용)는 모두 일반 시지각 지수(GVP)라는 종합 척도를 산출해 준다. 이 종합 척도는 시각-운동 통합 지수(VMI)와 운동축소(감소)-시지각 지수(MRVP)로 구성된다. K-DTVP-3(아동용)의 시각-운동 통합 지수(VMI)는 눈-손 협응 및 따라그리기의 2개 소검사 점수로 계산되고, 운동축소-시지각 지수(MRVP)는 도형-배경, 시각 통합, 및 형태 항상성의 3개 소검사 점수로 계산된다.

K-DTVP-A(청소년용)의 시각-운동 통합 지수(VMI)는 따라그리기, 시각-운동 탐색, 및 시각-운동 속도 소검사 점수로 계산되고, 운동축소-시지각 지수(MRVP)는 도형배경, 시각 통합, 및 형태 항상성 소검사 점수로 계산된다.

K-DTVP-3(아동용)는 검사 결과를 연령 규준에 따라 비교한 연령지수('시지각연령')를 제공하지만, 표준점수와 백분위를 사용하는 것이 권장된다. K-DTVP-3(아동

용)와 K-DTVP-A(청소년용)의 표준점수(혹은 척도점수)는 소검사의 원점수를 평균이 10이고 표준편차가 3인 분포의 점수로 변환시킨 점수이다. 〈표 4-1〉의 첫째 열에 표준점수(a)가 있고 셋째, 넷째 열에 이에 대한 기술적 평정과 백분율이 제시되어 있다. K-DTVP-3(아동용)와 K-DTVP-A(청소년용)가 산출하는 일반 시지각 지수, 시각-운동 통합 지수, 운동축소 시지각 지수 등 3개의 종합 지수는 평균이 100이고 표준편차가 15인 표준점수로 변환한 것이다. 〈표 4-1〉의 두 번째~네 번째 열에 종합 지수(b)의 해석 기준과 백분율이 제시되어 있다.

〈표 4-1〉 소검사 표준점수(a) 및 종합척도 지수(b)의 해석과 백분율

표준점수(a)	종합 지수(b)	기술 평정	백분율
17~20	> 130	매우 우수	2.34
15~16	121~130	우수	6.87
13~14	111~120	평균 이상	16.12
8~12	90~110	평균	49.51
6~7	80~89	평균 이하	16.12
4~5	70~79	열등	6.87
1~3	< 70	매우 열등	2.34

　종합 지수 중 일반시지각 지수(GVP)는 5개(K-DTVP-3의 경우) 혹은 6개 (K-DTVP-A의 경우)의 소검사 점수가 모두 반영된 지수로서 피검사자의 '시지각' 능력에 대한 대표적 측정치이다. 이 점수가 높은 사람은 운동을 동반하지 않는 시지각 과제는 물론 시각과 운동의 통합(협응) 과제에서도 뛰어난 수행을 보일 것으로 예상된다. 일반시지각 지수가 평균 이하이면, 종합척도 중 하위 지수에 관심을 두어야 한다. 이 중 운동축소 시지각 지수(MRVP)는 운동 기능을 배제한 상태에서의 시지각 능력을 나타내며, 시각-운동 통합지수(VMI)는 눈과 손을 협응하는 상황에서의 시지각 능력을 나타낸다. 운동축소 시지각 지수와 시각-운동 통합지수의 차이가 통계적으로 유의하면, 시지각 문제가 순수한 시지각 능력과 운동 능력 중 어느 쪽에 더 크게 기인하는지를 판단하는 데 도움을 받을 수 있다.

　소검사의 표준점수들을 도표화하면 프로파일이 생기고, 특정 소검사 점수는 다른 것과 비교해서 높거나 낮아 보이는 경우가 있다. 이때 이런 차이가 유의하려면 다른 소검사 표준점수보다 얼마나 차이가 나야 하는지를 알 필요가 있는데, K-DTVP-2(아동용)와 K-DTVP-A(청소년용)는 그런 차이점수를 제공한다. 차이점수가 이보다 크면 두 소검사 점수는 .05의 유의수준에서 차이가 나는 것이다. 이 정보는 시지각 능력을 좀 더 분석적으로 파악하는 데 도움이 되지만, 소검사 점수는 상대적으로 불안정하다는 것을 염두에 둬야 한다.

3) 유의사항

소검사 표준점수는 종합척도 지수보다 더 분석적인 정보를 제공하는 반면에 신뢰도는 비교적 낮은 경향이 있다. 그러므로 특정 소검사 표준점수에 지나치게 의존하는 해석을 경계하고, 일반 시지각 지수(GVP), 운동축소 시지각 지수(MRVP), 시각-운동 통합 지수(VMI) 등의 종합척도에 더 큰 비중을 두는 것이 좋다. 특이한 반응이나 예외적 수행 결과에 대해서는 그런 반응이나 수행을 보이게 된 조건(상황)이 있는지를 살펴볼 필요가 있다. 특히 아동은 어른 검사자가 예상하지 못한 단서 혹은 이유를 바탕으로 지시를 오해하거나, 아니면 돌발적인 반응을 할 수 있기 때문이다. 가정이나 학교에서 평소에 아동이 보이는 수행 수준을 알아두는 것이 이런 경우에 유용한 정보를 줄 것이다.

5. 기타 참고사항

1) 검사의 장단점

시지각 능력 검사는 크게 운동-무관 시지각 검사(예, MVPT-3)와 운동-관련 시각-운동 통합 검사(예, VMI-6)로 구별될 수 있다. K-DTVP는 전자에 대해 운동-감소 시지각 척도를 산출하고, 후자에 대해 시각-운동 통합척도를 산출하므로, 두 측면의 시지각 능력을 비교하고 종합할 수 있는 도구로 사용될 수 있다. 한국에서 2판에 이어 3판까지 표준화됨으로써 관련 연구 자료가 축적되어 있어서 검사 결과를 해석하는 데 유리한 이점이 있다. 특히 3판의 규준은 많은 자료를 바탕으로 하였으므로 검사 점수를 좀 더 정확히 평정할 수 있다.

2) 관련 검사

다음 검사들 중 첫 3개는 2, 3장 및 해당 관련 검사 부분에 소개되어 있다.

- VMI-6(The Beery-Buktenica Developmental Test of Visual-Motor Integration)
- MVPT-3(Motor-Free Visual Perception Test Third Edition, 운동 무관 시지각 검사)
- BGT(Bender-Gestalt Test)
- DTAP(Developmental Test of Auditory Perception): 만 6세부터 18세 범위의 아동 및 청소년의 청지각 능력에 대한 발달 검사이다. DTVP-A를 제작한 Reynolds, Pearson, 및 Voress에 의해 개발되었다. 음운, 단어 변별, 운율, 성조패턴, 환경음 등의 다섯 가지 요소의 검사로 되어 있으며 언어성 청지각 지표와 비언어 청지각 지표를 산출해 준다. Proed(https://www.proedinc.com)에서 판매 중이며, 한국판으로 표준화되지는 않았다.

3) 적용 사례

- 김정희, 강병직(2007). K-DTVP2 검사를 활용한 미술표현 능력과 시지각 발달과의 상관성 연구. 미술교육논총, 21, 25-51.
- 문수백, 김정민(2017). 한국판 시지각 발달검사(K-DTVP-III) 측정모델의 연령 간 측정동일성 검정. 발달장애연구, 21, 177-201.
- 박도란, 황순택, 김지혜, 홍상황(2016). 한국판 시각-운동 통합 검사(VMI-6) 표준화연구: 신뢰도와 타당도를 중심으로. 한국심리학회지: 임상, 35, 21-44.
- 조용태, 유경미(2013). 한국판 청소년용 시지각 발달검사(K-DTVP-A)의 심리측정적 특성 분석. 발달장애연구, 17, 151-173.
- Eunhwi Kim, Young-Kyung Park, Yong-Hyun Byun, Mi-Sook Park, Hong Kim (2014). Influence of aging on visual perception and visual motor integration in Korean adults. *Journal of Exercise Rehabilitation, 10,* 245-250.

05 K-WISC-Ⅳ 지각추론 지표

1. 검사 소개

1) 목적과 용도

아동용 웩슬러 지능검사(K-WISC-IV)를 구성하는 4개의 영역 중 하나로서 지각추론 능력을 측정한다. 여기에서 지각추론은 주로 시각적, 공간적 자료의 지각, 분류, 변형, 관계성 판단 등을 포괄적으로 가리키는 말이다. 개인별로 실시하는 검사이다.

2) 검사의 배경

지각추론 지표는 K-WISC-IV의 네 지표 중 하나이다. K-WISC-IV의 배경과 구입에 관해서는 K-WISC-IV 개관(16장)을 참조하라.

3) 인지학습과의 관련성

아동용 웩슬러 지능검사(K-WISC-IV) **지각추론 지표**는 도형 패턴, 그림을 사용한다. 웩슬러 지능검사의 이전 2, 3판과 비교해서 제4판의 지각추론 지표는 시공간적 자료에 대한 추론적 능력을 좀 더 중점적으로 검사하는데, 이는 유동 지능(fluid intelligence)의 측정과 관련이 높다.

　대부분의 아동이나 성인은 시공간적 자료를 능숙하게 처리한다. 하지만 학습부진을 보이거나 시공간적 학습 자료의 처리에 어려움을 보이는 사람들은 지각추론 능력에 결함을 가지고 있을 수 있다. 지각추론 영역 검사는 도형 패턴과 그림을 사용하고, 지시를 말로 하므로 글(자)을 읽는 능력과는 상관이 없다.

　K-WISC-IV는 가장 널리 사용되는 개인용 지능검사도구이다. 연령을 세심하게 고려하고 있으며, 지능에 관한 최근 연구를 반영하도록 개정되었다. 지각추론 지표의 경우, 일반 지능검사와의 연계 속에서 지각추론 능력을 파악할 수 있도록 함으로써, 다른 인지기능과의 균형, 장단점을 파악할 수 있도록 해 준다.

2. 검사의 대상과 방법

1) 대상 집단

　K-WISC-IV의 규준인 6세 0개월부터 16세 11개월까지의 아동을 대상으로 한다. 세부 사항은 K-WISC-IV 개관(16장)을 참조하라.

2) 검사 방법

　K-WISC-IV의 여러 소검사 중 지각추론 지표에 속한 소검사들만 따로 실시하거나 K-WISC-IV 전체 검사의 일부로 실시할 수 있다. 그러나 검사 결과 보고서는 K-WISC-IV 전체 단위로 제공된다. K-WISC-IV의 전반적인 검사 방법, 준비 사항, 라포, 검사 진행 지침에 대해서는 K-WISC-IV 개관(16장)을 참조하라.

　지각추론 소검사 중, 공통그림찾기와 행렬추리 검사에는 엄격한 시간 제한이 없다. 그렇지만 각 문항에 대한 반응 시간은 대략 10~30초일 것으로 예상된다. 아동이 잘 반응하지 못하면 다음 문항으로 넘어간다. 반면에 토막짜기와 빠진곳찾기 소검사의 경우에는 지시문의 마지막 단어를 말한 후부터 시간을 측정하여 아동이 반응을 완료할 때까지의 시간을 초단위로 측정하여 기록용지에 기록한다. 신속하게 과제를 수행할 경우에는 '시간 보너스'를 부여하는데, 이에 관해서는 지침서를 참조한다.

　각 소검사의 대부분에서 유효한 검사를 시작하기 전에 연습문항이 제시되거나, 아동의 반응에 대해 지시를 정확히 이해하도록 '가르치는 문항'이 있다. 그 외 추가적인 도움은 허용되지 않으며 검사 결과를 왜곡할 수 있다. 어떤 소검사에서는 아동의 반응이 불완전하거나 모호할 때 검사자는 "무슨 뜻이죠?" 혹은 "그것에 대해서 좀 더 이야기해 주세요."와 같은 추가 질문을 할 수 있다. 추가 질문은 관련 소검사의 '지시' 부분에 표시되어 있다. 빠진곳찾기에서는 "빠진 다른 부분을 말해 보세요."라고 말한다. 또한 아동이 소검사의 지시를 제대로 이해하지 못한 듯이 보일 때는 지시를 상기시키는 '촉구'를 사용할 수 있는데, 이것도 각 소검사의 '지시'에 표시되어 있다. 어떤 소검사에서는 문항에서 지시문을 반복할 수 있으나, 다른 소검사에서는 문항 반복이 허용되지 않는다는 점을 유의해야 한다.

3. 검사의 구성과 실시

1) 전반적인 구성

다음 〈표 5-1〉과 같이 3개의 주요(core) 소검사와 1개의 보충(supplemental) 소검사로 구성되어 있다.

〈표 5-1〉 **지각추론 지표의 구성과 실시 순서**(진하게 처리된 글자는 소검사의 기호이다)

주요 소검사	보충 소검사
1. 토막짜기(**B**lock **D**esign) 2. 공통그림찾기(**P**icture **C**oncepts) 3. 행렬추리(**M**atrix **R**easoning)	4. 빠진곳찾기(**P**icture **C**ompletion)

　주요 소검사 중 '토막짜기'는 처리점수 계산에도 사용된다. 보충 소검사는 주요 소검사 중 하나를 실시하기 곤란하거나, 검사 실시에 오류가 발생하는 경우에 보완적으로 사용될 수 있다.

　　비록 K-WISC-Ⅳ 검사는 만 6세부터 16세 11개월 사이의 아동과 청소년을 대상
으로 하지만, 하위 연령 집단(예, 6~7세, 8~16세)별로 실시하는 문항들이 구별되어
있다. 연령에 따라 어디부터 검사해야 할지는 검사지에 표시되어 있다. 예컨대, 검
사지에 '8−16'이라고 표시되어 있는 경우, 여기부터는 만 8세 이상의 아동에게 해당
하는 검사라는 뜻이다. 세부적인 것은 소검사에 따라 조금씩 다르지만, 지각추론 소
검사는 대체로 이 원칙을 따른다. 자세한 사항에 관해서는 지침서를 참조한다.

2) 소검사 내용

① '토막짜기'에서 토막(block)은 육면체의 면적 중, 절반이 빨간색으로 나머지 절
　　반은 흰색으로 칠해진 것이다. 아동은 소책자에 제시된 패턴을 보고, 주어진 토
　　막들을 정방형으로 조립하여 같은 모양이 되도록 하며(1번 문항 제외), 총 14개
　　문항으로 되어 있다. 처음에는 2(1번 문항), 4개의 토막으로 간단한 패턴을 만들
　　지만, 마지막 4개는 9개의 토막을 모두 사용해야 한다. 토막짜기 소검사 문항
　　들에서 연속적으로 3번 0점을 받으면 더 이상 검사를 계속하지 않는다(중지 규
　　칙). 마지막 6개 문항에 대해서는 토막짜기를 빨리 완성할 때 '시간 보너스'를
　　주게 되어 있다. 이 검사는 시각 자극의 분석 및 조직화 능력, 시각−운동 협응
　　능력을 측정한다.
　　토막짜기의 경우, 아동에게 토막의 빨간색 혹은 흰색 면을 보여 준다. 토막짜
　　기에서 위에서 내려다보면 면이 그림과 일치하도록 만들면 된다고 말해 준다.

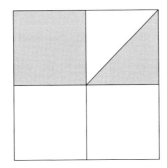

[그림 5-1] 4개의 토막으로 된 토막짜기 예

(위에서 내려다본 모습, 이 예는 실제 검사에 사용되지 않음). 그림에서 음영은 빨간색을 나타낸다.

아동이 만든 토막 구성이 애매하지 않도록, 토막들이 책상의 수평, 수직 방향과 평행하도록 지시한다.

② '공통그림찾기'의 각 문항(그림)에는 한 줄에 2~4개씩 있는 그림이 2줄 혹은 3줄로 배치되어 있으며(즉, 4~12개의 그림), 예시 문항에 총 28개의 문항이 있다. 아동은 공통 특성으로 묶이는 그림을 각 줄에서 하나씩 골라서 이름 혹은 그림 번호를 말하거나 손가락으로 가리켜야 한다. [그림 5-2]와 같은 가상적 예를 들면, 그림의 첫 줄에 책상과 도마뱀이 있고 둘째 줄에 기타와 의자가 있다면, 정답은 '책상'과 '의자'가 될 것이다. 이 검사는 추상화 및 범주적 추론 능력을 측정한다.

[그림 5-2] 공통그림찾기의 가상적 문항

공통그림찾기에서 아동이 각 줄에서 한 개의 그림만을 말하거나 가리키도록 지시하고, 필요할 때마다 촉구한다.

③ '행렬추리'에서 각 문항은 그림 혹은 도형이 일렬 혹은 2×2나 3×3의 정방형 행렬로 나열된 패턴에서 어느 한 칸이 없는 것이다. 아동은 빠진 것을 추리하여 아래의 5개의 반응 선택지 중에서 골라야 한다. 35개 문항으로 되어 있으며, 반복 혹은 분리된 패턴의 완성, 분류, 유추 및 순차 추론 유형의 행렬이 사용된다. 이 검사는 유동 지능(능력)을 잘 보여 준다.

행렬추리에서도 아동이 자신이 가리키는 것을 명확히 하도록 한다. 예시문항에 대해 아동이 틀릴 경우에는 적절한 추리에 대해 설명을 제공한다.

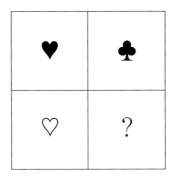

[그림 5-3] 행렬추리의 예

아동은 2×2 행렬에서 '?' 표가 있는 곳에 들어갈 것을 5개의 선택지(제시되지 않음) 중에서 골라야 한다(이 예는 실제 검사에 사용되지 않음).

④ '빠진곳찾기'에서 그림은 통상적인 상태로 볼 때 어느 한 부분이 빠져 있는 사물이나 동·식물 및 사물 그림들로 이루어져 있다. 가상적 예는 일요일이 표시되어 있지 않은 달력 그림이다. 아동은 그림에서 빠진 중요한 부분의 이름을 말하거나, 해당 부분을 손가락으로 가리키도록 지시받는다. 총 38개 문항으로 되어 있으며, 이 검사는 시지각 조직화 및 재인 능력, 집중력 등을 측정한다.

빠진곳찾기에서 아동이 빠진 곳을 명확히 가리키거나 정확한 말을 하도록 지시한다. 빠진 곳은 그림 안에 있으며, 빠진 것들 중 가장 중요한 것을 가리켜야 한다고 지시한다.

3) 검사 실시

K-WISC-IV의 지각추론 지표 소검사의 실시 순서는 〈표 5-1〉에 표시된 번호와 같다. K-WISC-IV의 전체 소검사를 실시할 때에는 K-WISC-IV 개관(16장)에 언급된 순서대로 한다. 아동이 특정 소검사에 흥미를 느끼지 않는 경우, 해당 소검사를 건너뛴 다음 다른 소검사를 먼저 하고 적당한 기회에 건너뛴 소검사로 되돌아올 수 있다. 이때 관련 사항을 기록지에 기입한다. 보충 소검사는 주요 소검사를 실시한 다음에 필요하다고 판단될 때 한다.

검사 실시와 동시에 채점이 진행된다. 채점은 언어적 유창성이나 신속도가 아니라, 아동이 선택한 반응을 기준으로 한다. 각 소검사에서 초기에 채점한 결과에 따라 시작점이 재설정될 수 있고(역순 규칙), 검사가 중지될 수 있다(중지 규칙). 지침서에 있는 채점 기준에 따라 채점하는데, 같은 난이도의 문항에 대해서는 같은 점수를 얻는 것이 일반적이라는 점을 고려한다. 반응이 채점하기에 애매한 경우 추가적으로 답을 하도록 촉구할 수 있다. 한 문항에 대해 여러 가지를 대답하는 경우 가장 배점이 높은 반응을 기준으로 채점한다.

4. 결과와 해석

1) 검사 결과

K-WISC-IV 기록용지에는 각 소검사별로 총점을 용이하게 계산할 수 있도록 설계되어 있다. 기호쓰기, 동형찾기, 선택 소검사의 경우에는 채점을 용이하게 하는 채점판이 제공된다. 각 소검사별 총점(원점수)이 얻어지면, 이 결과를 구입처(인싸이트)의 온라인 채점 프로그램에 입력하면 검사 결과 보고서가 출력된다.

대략적인 처리 과정을 보면, 원점수는 각 연령집단에 따라 평균 10, 표준편차 3인 척도로 변환되는데, 이렇게 변환된 점수가 환산점수이다. 각 소검사별 환산점수(1~19점)를 기록용지의 '소검사 환산점수 프로파일'에 표시하면, 같은 지표에 속하는 소검사들의 프로파일과 전체 프로파일이 만들어진다. 연령에 따라 도출된 환산점수를 지표(언어이해, 지각추론, 작업기억, 처리속도)별로 합한 것이 합산점수이다. 상대적인 위치를 파악할 수 있도록 백분위(percentile)가 제공된다. 각 합산점수와 그 합계는 평균 100, 표준편차 15인 정상분포상의 한 위치로 변환·표시된다. 이때 각 합산점수의 합계가 전체 IQ(FSIQ)이다. 각 합산점수와 전체 IQ는 프로파일로 표시되어 상대적인 우열을 파악할 수 있게 해 준다.

다음 단계에서 각 지표들 간의 차이값을 분석해 주고, 차이값의 통계적 유의미성을 판정해 준다(지침서 부록 참조). 각 소검사 점수가 평균으로부터 얼마나 '유의미하게' 벗어났는지를 판정하고(지침서 부록 참조), 이로부터 각 소검사에서 피검사자의 강점과 약점을 판단할 수 있다.

2) 결과 해석

[그림 5-4]에서 지각추론 소검사의 점수들과 프로파일이 나타나 있다. 보충검사를 제외한 소검사 점수의 합은 34이다. 이때 지각추론 지표(PRI)는 109로서 백분위가 72.1%이며, 95% 신뢰구간은 99~116이다. 신뢰구간 안에 평균값이 들어가므로, 지각추론 능력은 대체로 평균적이라고 볼 수 있다.

지각추론 소검사들 중 토막짜기의 점수(14점)가 가장 높고, 빠진곳찾기(8점)의 점수가 가장 낮다. 토막짜기가 공통그림찾기와 행렬추리에 비해 4점 우수한 것과 빠진곳찾기에 비해 6점 우수한 것은 5% 유의수준에서 유의미하다(지침서 참조). 토막

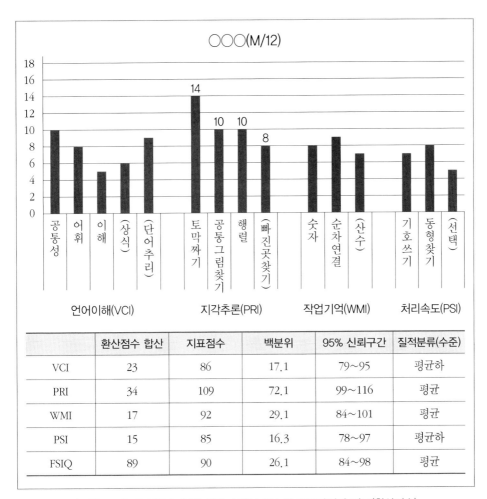

	환산점수 합산	지표점수	백분위	95% 신뢰구간	질적분류(수준)
VCI	23	86	17.1	79~95	평균하
PRI	34	109	72.1	99~116	평균
WMI	17	92	29.1	84~101	평균
PSI	15	85	16.3	78~97	평균하
FSIQ	89	90	26.1	84~98	평균

[그림 5-4] K-WISC-Ⅳ의 여러 소검사 점수의 프로파일과 지표(환산점수)

짜기는 그림으로 제시된 모형을 개별 육면체별로 분석한 다음, 각 육면체를 재조합하여 전체 그림을 만드는 과제이다. 이것은 공간적 분석 및 조직화 능력을 요구한다. 빠진곳찾기는 일상 사물이나 자연물에 대한 이해를 필요로 하는 과제이다(공통그림찾기와 행렬추론도 추론을 요구하는 과제이다). 이런 점을 고려할 때 아동의 공간적 처리 능력이 지각 추론 능력보다 우수한 편이라는 것을 알 수 있고, 이것은 아동이 공간 패턴에 주의를 많이, 잘 줄 수 있음을 뜻한다.

3) 유의사항

K-WISC-IV 중 지각추론 소검사는 지각적 분석과 조직화, 시각 대상에 대한 추론 능력과 관련이 깊다. 시지각적 처리는 시지각적 주의와 긴밀하게 관련되어 있으므로, 아동의 주의가 검사 중 산만하거나 다른 걱정거리에 의해 주의집중이 안 되었다면, 그 결과 지각추론 지표가 낮게 나올 가능성이 있다. 광범한 지각 능력을 3~4개의 소검사로 측정하므로, 낮은 지표 점수가 전영역에 걸친 지각 능력의 저하를 반드시 의미하지는 않는다. 시력, 청력 등의 감각기관의 문제가 결과에 치명적 영향을 줄 수 있으므로, 검사 전에 이에 관한 확인이 필요하다.

다른 지표의 경우와 마찬가지로, 소검사의 전체 결과를 두고 지각추론 지표를 해석하는 것이 바람직할 것이다.

5. 기타 참고사항

1) 검사의 장단점

K-WISC-IV의 일반적 장단점에 대해서는 K-WISC-IV 개관(16장)을 참조하라.

K-WISC-IV는 오랫동안 개발되면서 체계화, 표준화가 잘되어 있고, 검사의 신뢰도와 타당도가 확보되어 있다. 그리고 채점의 여러 단계에서 산출되는 소검사 점수, 합산점수(지표), 전체 IQ를 비교할 수 있는 규준을 제공하므로, 검사 결과를 활용하는 데 융통성이 높다. 또한 소검사 및 지표의 프로파일 분석, 차이값의 비교를 통해

하위 인지기능 간의 장단점을 파악할 수 있게 해 준다.

K-WISC-IV의 지각추론 지표는 이전 3판의 동작성 지능의 연장선상에 있으므로 이전 지능검사 결과와 비교가 가능하며, 이번 판에는 특히 유동 지능의 중요성을 강조한다.

반면에 K-WISC-IV의 검사 실시 및 해석에는 상당한 훈련이 필요하며, 피검사자의 언어 능력과 문화적 배경이 검사 결과에 영향을 줄 가능성이 있다. 그리고 검사 세트가 비싼 편이며, 매 검사마다 기록용지와 온라인코드를 구입해야 하는 비용 문제가 제기될 수 있다.

2) 관련 검사

연령에 따라 다음 검사 중, 대응하는 소검사를 사용할 수 있다.

- 한국 웩슬러 유아지능검사, K-WPPSI-IV(만 2세 6개월~7세 7개월 대상)
- 한국 웩슬러 성인지능검사, K-WAIS-IV(만 16세 0개월~만 69세 11개월)
- Kaufman 지능검사(K-ABC)의 동시처리 척도, 혹은 관련 소검사
- 한국판 시지각 발달검사(K-DTVP-3 혹은 K-DTVP-A)
- Benton Visual Retention Test

3) 적용 사례

- 김선은, 최종옥(2014). K-WISC-IV의 요인구조 분석. *Korean Journal of Clinical Psychology, 33,* 93-105.
- 송정남, 유지숙, 한인순(2005). 영재아동의 인지적 특성과 과흥분성에 관한 연구: KEDI-WISC와 TTCT를 중심으로. *Korean Journal of Clinical Psychology, 24,* 117-137.
- 이선주, 조혜수, 오상우(2014). 양육시설아동들의 인지능력 특성. 한국심리학회지: 건강, 19, 303-321.
- 한혜련, 황순택, 김지혜, 홍상황(2016). 한국판 시각-운동 통합 검사 6판(VMI-6)

의 구인 타당도: 지적 장애, 자폐스펙트럼장애, 및 ADHD 아동을 대상으로. *Korean Journal of Clinical Psychology, 35*, 81-99.

• 황순택, 전영순, 노은정, 조윤진, 여상우(2007). 인물화 지능검사의 타당도: 아동용 웩슬러 지능검사와의 비교. *Korean Journal of Clinical Psychology, 26*, 793-803.

Understanding Psychological Tests on Cognitive Learning

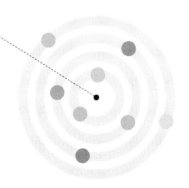

주의 및 행동제어

* 주의 및 행동제어 영역의 머리글과 다음을 제외한 검사의 해설은 정혜선 교수(한림대학교 심리학과)가 작성했으며, 연속 수행 검사의 해설은 박창호 교수(전북대학교 심리학과)가 작성했다.

주의 및 행동제어는 학습에서 중요한 역할을 한다. 주의는 학습 자료의 물리적 특성을 지각하는 것에서부터 시작해서 이를 바탕으로 그 의미와 관련성을 추론하는 것까지 학습의 전 과정에 관여한다. 한순간의 통찰이나 영감에 의존하는 학습도 존재하지만 대부분의 학습은 지속적으로 짧게는 몇 시간부터 길게는 몇 년이라는 기간 동안 학습 활동을 지속하는 것을 요구한다. 그동안 자극의 처리가 충분히 일어나도록 주의를 집중하고, 긴 시간 동안 학습 행동을 유지하는 것은 학습의 성공에 매우 중요하다. 주의력 집중 장애를 경험하는 ADHD 아동의 경우 주의산만과 행동제어의 어려움을 경험하는데, 그 결과 지속적인 학습 행동의 유지가 어려워지고 지능이 우수한 경우에도 종종 학습 부진을 경험하게 된다.

학습과 교육 현장에서 주의 관련하여 가장 큰 과제 중의 하나는 주의력의 문제를 지닌 아동을 판별하는 것이고 현재 개발되고 사용되는 대부분의 검사는 이들 아동을 진단하는 데 초점이 맞추어져 있다. 이로 인하여 정상 아동 및 성인을 대상으로 하는 인지학습 프로그램에서의 활용 가능한 검사가 다양하지 않고 검사의 해석과 규준이 명확하지 않다는 문제점이 존재한다. 동시에 기존 검사의 대부분은 설문의 형태를 띠는데, 그 결과 관찰과 보고가 가능한 행동 문제에 초점을 맞추게 되어 주의의 다양한 측면을 측정하지 못한다는 문제가 존재한다.

주의는 인지 연구에서 오랜 연구 전통을 가진 연구 주제로 다양한 과제가 주의의 성격을 연구하기 위해서 사용되었으나 이 중 일부만이 검사 목적으로 개발되었다. 연구 목적이 아닌 진단과 평가 목적으로 사용되기 위해서는 추가적인 규준 개발 등이 필요하기에 이에 대한 지속적인 노력이 필요한 상태이다.

3부에서는 다섯 개의 주의, 행동제어 관련 검사 및 도구를 소개한다. FAIR(Frankfurt 주의력 프로파일) 검사와 MFFT(Matching Familiar Figures Test)는 지필검사를 사용하여 자극의 세부사항에 대한 주의력을 측정한다. K-ARS(Korean-ADHD 평가척도)는 주의력 산만 아동을 변별하기 위한 검사로 부모 또는 교사 같은 아동 주위의 성인이 아동의 행동을 보고하는 검사이다. CPT(연속 수행 검사)와 멈춤 신호 과제(Stop Signal Task)는 행동제어력을 측정하는 과제인데, 행동을 해야 할 때와 하지 말아야 할 때를 변별하는 능력을 측정한다.

06 FAIR 주의집중력 검사

1. 검사 소개

1) 목적과 용도

FAIR(Frankfurt Attention Inventory) 주의집중력 검사는 단순한 과제를 오류 없이 지속적으로 수행할 수 있는 것이 주의력의 지표라는 가정하에 만들어진 검사이다. 주의 능력을 측정하기 위해서 지각적 도형 변별과제를 사용하는데, 단순한 기하학적 도형을 제시하고 목표 자극과 비목표자극을 얼마나 빠르고 정확하게, 지속적으로 변별할 수 있는지를 측정한다.

많은 주의력 검사가 주의의 여러 기능 중 하나인 선택적 주의집중 능력을 측정하는 데 반해, FAIR 검사는 선택적 주의집중력뿐만 아니라 자기 통제력 및 지속능력 등을 측정하여 전반적인 주의력 프로파일을 측정한다는 특징을 갖는다.

2) 검사의 배경

독일에서 Moosbrugger와 Oehlschlägel에 의해 개발되어 1996년 처음 출간되었고, 2011년에 FAIR-2로 개정되었다. 기존의 주의력 검사도구들 가운데 일부는 주의를 기울이지 않고 답을 찾을 수 있다는 한계가 있어, 이러한 부분을 보완하였다.

한국어 판은 오현숙(2002)이 번안하고 표준화하였다. 검사도구는 중앙적성연구소(www.cyber-test.co.kr) 및 기타 온라인 판매처에서 구입할 수 있다.

3) 인지학습과의 관련성

FAIR 검사에서 측정하는 선택적 주의집중 및 유지 능력은 학습의 여러 측면에 관여한다. 학습 과정에서 자극의 세부 특징에 주의를 기울이는 것이 필요한데, 예를 들어 글을 읽을 때 학습자는 철자를 처리해서 단어를 지각하고 이를 조합하여 문장을 구성하는 등의 처리를 하게 된다. 경우에 따라서는 세부 철자에 따라 단어의 의미가 달라지는 경우도 빈번한데, 이런 경우 정확한 글 이해를 위해서는 글자의 세부 특징에 대한 처리가 정확하게 일어나야 한다. 수학문제를 푸는 경우에도 이러한 세부적인 정보에 대한 주의가 중요한데, 숫자와 수학 기호에 대한 정확한 처리는 문제 풀이에 필수적이다.

주의의 집중은 본질적으로 선택을 수반하는데, 필요한 자극과 세부사항에 주의를 집중하는 것은 동시에 불필요하거나 무관련한 자극에 대한 주의를 억제하는 것을 의미한다. 실제로 많은 학습의 어려움은 무관련 자극에 대한 억제의 실패에 기인하는데, 무시해야 할 정보를 처리해서 잘못된 표상을 형성하는 것은 물론 필요한 자극의 처리에 사용되어야 하는 자원을 고갈시키는 결과를 초래한다.

일회적인 주의집중으로 학습이 충분한 경우도 존재하지만 많은 학습 활동은 지속적인 주의집중을 요구한다. 수학문제를 풀면서 해법의 각 단계 단계를 실행하고 점검하는 동안 문제풀이에 주의를 집중하고 이를 유지하는 것이 필요하며, 글의 도입부에서 읽은 내용을 나중에 제시되는 정보와 연결하고 통합하는 작업은 모두 주의의 유지를 요하는 작업이다. 이러한 주의의 지속은 짧게는 몇 초에서 몇 시간, 몇 달까지 걸리는 작업이다.

2. 검사의 대상과 방법

1) 대상 집단

FAIR 검사는 초등학생~대학생을 대상으로 한다. 시각 자극을 처리하는 검사이기 때문에, 피검사자가 검사에 불편이 없을 정도의 시력 및 교정시력을 가지고 있어야 검사 결과를 신뢰할 수 있다. 또한 피검사자가 검사에서 주어지는 과제의 특성과 지시를 충분히 이해할 수 있어야 한다.

2) 검사 방법

검사는 지필검사 방식으로 수행되며, 조용하고 외부 방해가 없는 환경에서 이루어져야 한다. 검사 준비물로는 FAIR 검사도구와 연필, 지우개, 초침이 있는 정확한 시계, 책상 등이 필요하다. 개인뿐 아니라 집단으로도 실시할 수 있으며, 아동의 경우 검사 안내 및 시행을 위해 성인의 감독이 필요하다.

피검사자가 검사지를 푸는 데 소요되는 시간은 6분이나, 검사 실시 전에 검사에 필요한 지시를 숙지하고, 연습문제 풀이 및 지침을 읽는 등에 추가적으로 요구되는 시간을 감안하여야 한다. 검사 도중에 특별한 문제가 발생하지 않는다면 총 검사시간은 대략 20분 이내이다.

3. 검사의 구성과 실시

1) 전반적인 구성

FAIR 검사는 크게 다음의 세 가지 주의 능력을 측정한다. 첫째, 주어진 시간 동안에 얼마나 많은 정보를 파악할 수 있는지의 선택적 주의 능력(performance value), 일정한 시간 동안 과제를 수행해야 할 때 얼마나 정확하고 빠르게 과제를 수행하는지

(quality value), 그리고 주의의 지속 능력(continuity value)을 측정한다.

　이를 위해 주어진 표적자극 및 그것과 무관한 자극을 얼마나 정확하고 빠르게 판별할 수 있는지를 측정한다. 시각적으로 유사한 형태를 가진 640개의 도형이 각 장에 20개 도형×16줄로 두 페이지의 지면에 걸쳐 제시되는데([그림 6-1] 참조), 피검사자는 그 가운데서 표적이 되는 도형을 정확하고 빠르게 탐지해야 한다.

2) 검사의 과제

　검사에는 총 4개의 도형이 사용된다. [그림 6-1]과 유사한 도형이 사용되는데 도형은 원 안에 동그라미 또는 네모가 있는지, 그 내부에 몇 개 있는지에 따라 달라진다. 특정 도형, 예를 들어 동그라미 내부에 세 개의 점이 있거나 또는 네모 안에 두 개의 점이 있는 도형을 찾는 것이 피검사자들의 과제가 된다.

　표적 도형은 전체 도형의 50%인데, 한 페이지마다 320개의 도형이 각각 20개씩 16개 행으로 나열된다. 피검사자들은 각 행의 처음부터 시작해서 차례로 표적자극을 찾아야 하며 표적자극을 탐지한 경우 밑줄로 표시한다.

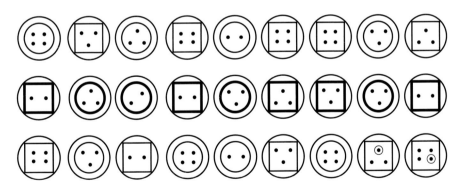

[그림 6-1] FAIR 검사에 쓰이는 도형과 유사한 도형들
연습효과를 피하기 위해 도형들의 배치가 실제와 다르게 조작되었다.

3) 검사 실시

　FAIR 검사는 다음과 같은 순서로 진행된다.

① 검사 준비물을 준비한다.

② 검사지에 피검사자의 인적사항을 적는다.

③ 피검사자의 검사 동의를 받는다(피검사자가 아동인 경우 부모의 동의를 받는다).

④ 피검사자의 권리를 알려 준다.

  • 검사 결과 및 사적 정보 접근에 대한 비밀 유지
  • 검사 중 자유롭게 검사를 철회할 수 있는 자유 보장

⑤ 피검사자는 지시문을 읽고 숙지한다. 이때 검사자는 피검사자에게 선 그리기가 꼭 각 행 시작에 위치한 연필 모양 그림에서 시작되어야 한다는 것과, 선은 매 행의 마지막까지 그려야 하는 것에 대해 설명한다.

⑥ 연습문제를 풀어 보고 질문이 있으면 답을 제공한다.

⑦ 피검사자가 준비가 되었다면 검사를 시작한다.

⑧ 검사지 1을 3분간 먼저 실시한다. 검사가 끝나면 검사지를 왼쪽에 덮어 두도록 한다.

⑨ 검사지 1 종료 후 쉬는 시간 없이 곧바로 검사지 2를 실시한다.

⑩ 검사지 2를 3분간 실시한다. 정확히 3분 후 검사를 종료하도록 한다.

4. 결과와 해석

1) 채점과 결과 분석

다음의 네 가지 점수를 기록한다.

• 총점(T): 어느 문항까지 작업했는지, 작업한 문항의 총수
• 선 그리기 오류(El): 피검사자가 작업을 완료한 문항 가운데 아래에 선을 그리지 않았거나 선을 그리는 원칙에서 심하게 벗어난 문항(예, 수정, 이중표시, 선 끊김 등)
• 간과 오류(Eo): 표적문항인데 표적문항으로 탐지되지 않은 문항
• 틀린 알람(Ec): 표적문항이 아닌데 표적문항으로 탐지된 문항

위의 점수를 바탕으로 다음과 같은 네 종류의 측정치를 계산한다.

- M(Mark value: FAIR-E): 검사 진행방법 이해도
- P(Performance value: FAIR-P): 주어진 시간 내에 처리된 정보의 양을 측정
- Q(Quality value: FAIR-Q): 정확하게 처리된 정보의 양을 측정
- C(Continuity value: FAIR-C): 지속적으로 사용된 주의 양을 측정

이상 수치를 계산하는 공식은 다음과 같다.

- $M = (T-El)/T$
- $P = (T-El) - 2 \times (El + Eo)$
- $Q = P/T$
- $C = Q \times P$

이 점수는 모두 규준표를 참고하여 백분위와 9간 척도로 표시하여 프로파일로 제시한다.

2) 결과 해석

작업지시이해도(M)를 제외한 나머지 3 측정치가 주의집중력의 측정치로 사용된다. M 값은 주의력 측정치의 신뢰도에 대한 지표인데, M 값이 .95 이하인 경우 검사의 신뢰도가 낮은 경우이므로 진단 결과의 해석을 보류한다.

3) 유의사항

언어에 의존하지 않는 검사이고 국내에 번안된 버전의 구입이 가능하나 독일에서 개발된 검사여서 영미권에서 개발된 검사보다 검사도구 및 관련 문헌에 대한 접근성이 떨어진다.

정상인을 위한 해석 기준이 존재하지 않는다. 그러나 이 검사는 집단 간의 차이를

알아보거나 처치 전후의 차이를 알아보는 데 유용하다. 예를 들어, 조현병 연구에서 약물이 주의 지속(sustained attention)에 미치는 효과를 알아보기 위해 사용되거나 또는 시각 훈련 프로그램이 지적 장애 아동의 주의 집중 능력에 미치는 영향을 알아보는 데 사용된다(유경미, 2004).

5. 기타 참고사항

1) 검사의 장단점

대부분의 주의력 검사가 주의의 여러 기능 중 하나인 선택적 주의 집중 능력만을 측정하는 데 반해, FAIR 검사는 선택적 주의 집중력뿐만 아니라 자기 통제력 및 지속능력 등을 측정하여 전반적인 주의력 프로파일 능력을 보는 데 유용하게 활용될 수 있다.

Moosbrugger와 Oehlschlägel(1996)에 따르면 검사-재검사 신뢰도가 .85~.91로서 매우 높은 편이다. 또한 주의가 일반 지능과 관련성이 높다고 가정되나, 검사에 따라서 유의한 상관을 보이지 않는 경우도 존재하는데 FAIR 검사 및 같은 원리를 바탕으로 구성된 FACT 검사의 경우 지능검사와의 높은 상관관계를 가지고 있음이 보고되고 있다(Neubauer & Knorr, 1998; Schweizer, Moosbrugger, & Goldhammer, 2005).

2) 관련 검사

• FACT(Frankfurt Adaptive Concentration Test) 검사가 존재한다. 동일한 측정 원리를 따르나 지필 검사가 아니라 컴퓨터로 실시된다는 점이 구분된다. 컴퓨터 화면에 자극 도형이 제시되면 목표 자극인지 아닌지를 특정 키(예, 목표 자극이면 '1'번 키, 아니면 '2'번 키)를 누른다. 총 검사시간은 6분으로 제한된다. 자극이 스크린에 제시되는 방식에 따라 동시제시(FACT-SP: Simultaneous Presentation)와 개별제시(FACT-IP: Individual Presentation) 버전이 존재한다. 동시제시 버전(FACT-SP)에서는 한번에 10개의 항목이 동시에 제시된다. 반응이 필요한 항목

의 아래에 화살표가 제시되고 피검사자가 반응을 하면 다음 항목으로 이동한
다. 개별 제시(FACT-IP) 버전에서는 한번에 하나씩 도형이 제시되고 이에 대해
서 반응을 하게 된다. 피검사자의 반응 시간에 따라 자극 제시 시간이 변화하
게 되는데, 피검사자가 틀린 반응을 하는 경우 제시 시간이 늘어나고 정반응을
하면 줄어든다. 항목 간에는 약 500ms 간의 휴지가 존재한다. FACT 검사에서
는 컴퓨터를 사용하기 때문에 반응의 정확성뿐만 아니라 속도를 측정하는 것
이 가능하다. 과제에 익숙해지는 데 시간이 걸리기 때문에 처음 일분 동안의
반응은 분석에서 제외된다.

3) 적용 사례

- 반지정(2012). 주의력 향상 프로그램이 ADHD 아동의 주의력과 학습동기향상
  및 학습태도에 미치는 효과. 심리행동연구, 4, 53-78.
- 유경미(2014). 시지각훈련프로그램이 지적장애아동의 주의집중에 미치는 효
  과. 발달장애연구, 18, 79-96.
- Schweizer, K, Zimmermann, P., & Koch, W. (2000). Sustained attention,
  intelligence, and the crucial role of perceptual processes. *Learning and
  Individual Difference, 12*, 271-286.
- Seidl, R., Tiefenthaler, M., Hauser, E., & Lubec, G. (2000). Effects of
  transdermal nicotine on cognitive performance in Down's syndrome. *The
  Lancet, 356*, 1409-1410.

⟨07⟩ MFFT-KC 충동성 검사

1. 검사 소개

1) 목적과 용도

MFFT-KC(Matching Familiar Figures Test-Korean Children)는 충동성을 측정하기 위해 개발된 검사이다. 충동성이 높은 경우 주의 집중의 어려움을 겪는 것은 물론 행동제어의 어려움을 겪는데, 하지 말아야 하는 행동을 하거나 성

급한 행동으로 학습의 어려움을 겪는 것은 물론 다양한 대인관계의 어려움을 겪는 원인이 되기도 한다.

MFFT 검사는 인지양식(cognitive style) 이론 중의 하나인 인지적 템포(cognitive tempo: conceptual tempo라고도 불린다) 이론에 기반하고 있는데, 이 이론에서는 충동성이 충동성(impulsivity)와 숙고성(reflexsivity)의 양 차원으로 이루어져 있다고 본다. **충동성**(impulsivity)은 대안을 충분히 고려하지 않고 선택을 하는 것을 지칭한다. 충동성은 종종 **빠른** 반응을 가능하게 하나 신중하지 못한 반응을 하도록 하는 원인이 된다. 반면, **숙고성**(reflectivity)은 실행해야 할 반응이 명확하지 않을 때 성급하게 결정하기보다는 결정을 미루더라도 대안을 꼼꼼하게 살펴본 이후에 결정을 내리는 것을 가리킨다. MFFT 검사는 주어진 인지 과제에서 반응의 신속성과 신중함을 통해서 주의 통제 능력의 개인차를 측정하는 것을 목적으로 한다.

충동성이 높은 아동을 조기에 발견하여 적절한 개입을 제공하려는 시도가 증가하

고 있는데, MFFT는 아동의 충동성 문제를 조기에 발견하는 목적으로 종종 사용된다. 이와 더불어 임상 장면에서의 ADHD 아동판별 및 기타 다양한 교육, 특수교육, 행동 교정 분야에서 인지 스타일, 성격 유형 등과 관련된 측정도구로 사용된다.

2) 검사의 배경

Kagan, Rosman, Day, Albert 및 Philips(1964)에 의해 개발되었다. 검사에서는 표준 자극 그림과 함께 일련의 보기가 제시되는데, 피검사자는 보기 중에서 목표 자극과 같은 것을 가능한 한 빠르게 골라내야 한다. 아동을 대상으로 하는 검사 버전과 성인을 대상으로 하는 검사 버전이 존재하는데, 대상에 따라 검사 구성이 달라진다. 예컨대, 아동 버전 검사지의 경우 선택지의 수가 6개이나 성인 버전은 8개이다(Yando & Kagan, 1968).

S형, K형, F형 등으로 이루어진 다양한 유형이 존재하는데 F형이 김남성, 오혜영(2004)에 의해 한국어 버전으로 표준화되었다(아동 버전 검사만 한국어로 표준화되어 제작되었기 때문에, 이 장에서는 아동 버전의 검사지에 대해서 살펴보도록 하겠다).

MFFT-KC 충동성 검사도구 세트는 한국가이던스 홈페이지(http://www.guidance.co.kr)에서 구입할 수 있다.

3) 인지학습과의 관련성

학습자가 외부에서 입력되는 자극에 대해서 신중하게 처리하고 반응하는지, 혹은 충동적으로 반응하는지의 여부는 학습의 결과 및 성패에 영향을 끼친다. 학습 난이도가 높아지면 다양한 차원의 입력자극을 보다 꼼꼼히 처리해야 할 필요성도 함께 높아지는데, 충동적으로 반응하는 경향이 높은 아동이나 성인은 이러한 고난이도 학습 상황에서 어려움을 겪을 가능성이 크다. 한편, 충동성은 공격적인 행동 및 대인관계의 어려움으로 이어질 수 있기 때문에, 학습 이외의 사회관계 및 정서적 영역에서도 중요한 역할을 한다.

2. 검사의 대상과 방법

1) 대상 집단

한국어로 번안된 버전의 검사 대상은 만 7~12세이다. 그림의 형태로 제공되는 검사이므로 주어진 문제를 풀어 나가는 데에 있어서 피검사자의 언어 능력이나 숫자 능력이 중요하지 않다. 피검사자가 본 과제의 지시 및 지침을 이해할 수 있는 한 언어 및 산수 능력이 부족한 아동에 대해서도 검사 실시가 가능하다.

2) 검사 방법

아동이 문제에 대해 반응을 보이기까지 걸린 시간을 검사자가 기록지에 표시하는 방식으로 검사가 진행된다. 검사도구 세트는 링 노트 형식으로 된 12개의 그림도판과 검사요강, 결과표 양식지 등으로 구성되어 있다. 검사 결과는 판매처의 온라인 페이지에 아동의 답안을 입력하고 출력된 결과를 보는 방식으로 알아볼 수 있다.

검사 준비물은 MFFT-KC 책자와 초시계, 기록지 및 연필이며, 검사에는 문항을 푸는 시간 및 기타 지시와 연습에 필요한 시간을 도합해 약 15분 정도가 소요된다. 초 단위의 정확한 시간 측정 및 이에 대한 기록 수행이 이루어져야 하므로, 성인의 감독을 필요로 한다.

개인의 반응 시간을 면밀히 측정하여야 하므로, 개인 단위의 검사 진행만 가능하다.

3. 검사의 구성과 실시

1) 검사의 과제

검사에서 아동이 수행해야 할 과제는 주어진 표적 그림과 동일한 그림을 선택지 중에서 골라내는 것이다. 검사에 사용되는 그림은 일상에서 흔히 볼 수 있는 대상들 (예, 고양이, 의자, 자동차 등)로 [그림 7-1]에서 볼 수 있듯이 각 표적 그림에 대해 6개의 선택지가 제시된다. 보기의 그림들은 한 개 혹은 그 이상의 세부 특징들에서 차이가 있다. 각 문제 항목을 정확히 풀어 내기 위해서는 아동 스스로 그림을 꼼꼼하게 검토하며 주어진 선택지들을 비교하여야 한다. 아동이 내놓은 반응이 정답이 아닌 경우에는 답을 맞힐 때까지 다시 골라내도록 유도한다.

아동이 첫 번째로 보인 반응의 시간과 보인 오답 개수를 측정한다. 이때 피검사자가 본인의 반응 시간에 대해 측정하고 있다는 사실을 인지하게 되면 검사 진행 및 결과에 영향을 줄 수 있으므로, 검사자가 스톱워치로 피검사자의 반응 시간을 측정하고 있다는 사실을 피검사자가 알지 못하도록 진행해야 한다. 총 12개의 문제가 주어진다.

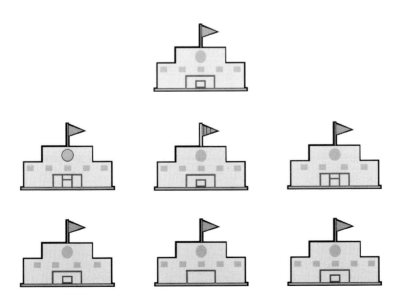

[그림 7-1] MFFT-KC의 검사 문항의 예

그림은 실제 검사에 사용되지 않는 것임.

2) 검사 실시

성인 검사의 경우 피검사자 혼자서 실시 가능하나 아동을 대상으로 하는 경우 성인 검사자의 함께 다음과 같은 순서로 실시된다.

① 검사 준비물을 준비한다.

② 검사지에 피검사자의 인적사항을 기록한다.

③ 피검사자의 검사 동의를 받는다(피검사자가 아동인 경우 부모의 동의를 받는다).

④ 피검사자의 권리를 알려 준다.
  - 검사 결과 및 사적 정보 접근에 대한 비밀 유지
  - 검사 중 자유롭게 검사를 철회할 수 있는 자유 보장

⑤ 피검사자에게 지시문을 제시하고 숙지하도록 한다.

⑥ 피검사자가 과제 해결 방식을 익힐 수 있도록 연습용 검사지를 통해 연습을 한 후 이 검사를 실시한다.

⑦ 피검사자에게 맨 위에 있는 표적 그림과 동일한 그림 하나를 아래 6개의 보기에서 골라 손가락으로 짚으라고 지시한다.

⑧ 검사지의 표지를 넘겨 '시작'이라는 명령어를 말함과 동시에 스톱워치를 작동한다. 이때 스톱워치를 사용한 반응 측정을 피검사자가 모르게 한다.

⑨ 피검사자가 손가락으로 하나의 그림을 짚어 내는 첫 번째 반응을 보이면 즉시 스톱워치를 정지시킨다. 이때 측정한 시간 및 오답 여부를 기록지에 기록한다.

⑩ 만일 피검사자가 첫 번째 반응에서 오답을 선택했으면, '틀렸으니 다시 정답을 찾아볼 것'을 지시한다.

⑪ 피검사자가 계속해서 오답을 짚으면 최대 여섯 번까지만 피검사자에게 반응을 유도한다. 이때 두 번째 반응부터는 별도로 시간을 측정하지 않는다.

4. 결과와 해석

1) 검사의 채점

각 문항을 해결하는 데 소요되었던 첫 번째 반응 시간을 합산 및 평균하여 '평균 반응 시간(latency score)'을, 전체 문제를 풀면서 나타난 오답의 수를 합산 및 평균하여 '평균 오류 수(error score)'를 계산한다.

2) 결과 해석

일반적으로 반응 시간과 반응 정확성 간에서 부적 상관이 존재하고 그 정도는 나이에 따라 증가하는 것으로 알려져 있다. 평균 반응 시간 및 오류 수의 백분위 값의 조합이 속하는 구간에 따라 아동이 어떠한 유형에 속하는지에 대한 해석이 이루어진다.

반응 시간과 오류 수의 분포에 따라서 피검사자를 다음의 4유형으로 나눌 수 있다. ① 느리지만 정확한 반응, ② 빠르지만 부정확한 반응, ③ 느리고 부정확한 반응, ④ 빠르고 정확한 반응 등이다. 이때 짧은 반응 시간을 가지면서 높은 오류 반응을 보이는, '빠르지만 부정확한 반응'이 높은 충동성의 지표로 간주되고, 반면 긴 반응 시간을 가지면서 낮은 오류 반응을 보이는, '느리고 정확한 반응'은 높은 숙고성의 지표로 간주된다(Kagan et al., 1964).

속도와 오류의 분포를 각 3구간으로 나눈 조합에 의해서 모두 9개의 유형이 존재하나 이 중 반응 시간이 빠르나 오류가 높은 구간에 대해서는 다시 3가지 유형으로 세분화되어 총 11개의 유형이 존재한다. 예를 들어, 1유형은 반응 속도가 30% 미만이고 지각오류가 30% 미만인 경우이다. 이 유형은 자신의 행동을 통제하는 능력이 있고 사려 깊고 신중한 유형으로 간주된다. 반면, 반응 속도가 70% 이상이나 지각 오류 또한 70% 이상인 경우 충동적인 것으로 판단되는데, 그 정도에 따라 9, 10, 11유형으로 세분화된다. 11유형은 속도 95% 이상, 오류 95% 이상인 경우이다. 이 유형은 잠시도 가만히 있지 못하고, 즉흥적이고 무계획적으로 행동하며, 자신에게 불리하거나 위험하더라도 충동적인 기분이나 행동을 제지하기 어려운 특징을 보인다.

3) 유의사항

MFFT-KC 검사에 대해서 낮은 신뢰도를 보고하는 경우도 있으나(Egeland & Weinberg, 1976) 전반적으로 신뢰도보다는 검사의 타당도에 대한 문제 제기가 크게 존재한다(Block, Gjerde, & Block, 1986). 검사가 기본적으로 가정하고 있는 정보처리 속도와 정확성 간의 상쇄(trade-off)가 반드시 성립되는지가 불분명하기 때문이다 (Dickman & Meyer, 1988). 또한 인지적인 충동성이 일반적인 충동성과의 관계가 모호하여 언어적 지능과의 관련성 및 학습 수행과의 관련성 또한 불분명한 상태이다.

수행은 충동성뿐만 아니라 개인의 지능(IQ), 인지 전략 등 다양한 요인에 의해서 영향을 받기 때문에(Block et al., 1986) 충동성에 대한 측정 결과가 반드시 해당 아동의 반응유형과 일치한다고 보기 어려운 측면이 있다. 도출된 검사 결과를 아동의 학습 및 사회관계 지도에 활용할 때에는 이러한 한계점을 반드시 유념하여야 한다.

5. 기타 참고사항

1) 검사의 장단점

검사시간이 비교적 짧아 주의 집중력이 낮은 아동들을 검사하는 데 적합한 도구라고 할 수 있다. 또한 검사 자극이 그림으로 구성되어 있기 때문에 검사 자체에 대한 아동들의 흥미를 유발하기가 쉽다. 언어능력 및 수리능력이 부족한 아동도 쉽게 검사를 수행할 수 있다는 장점이 있다.

반면, 앞서 언급된 바와 같이 검사 타당도가 높지 않기 때문에, 검사 결과를 단적으로 해석하기보다는 행동관찰 등의 기타 검사의 결과를 종합적으로 참고해 활용해야 한다.

2) 관련 검사

취학 전 아동(2~6세)을 위한 버전으로 KRISP(Kansas Reflection-Impulsivity Scale for Preschoolers)이 존재한다(Wright, 1973). 지필방식이 아닌 컴퓨터로 실시하는 버전이 개발되었으나(예, Glow et al., 1981; Hummel-Schluger & Baer, 1996) 상용화되었는지는 불분명하다.

3) 적용 사례

- 김준, 임현국, 정종현, 홍승철, 한진희, 이성필, 서호준(2012). 주의력결핍 과잉행동장애 환자의 치료 순응도에 영향을 미치는 부모 요인에 관한 예비 연구. 신경정신의학, 51, 225-232.
- 이정현, 추연구(2006). 충동적 인지양식의 고저에 따른 발달장애아의 시지각 발달검사 반응 특징. 발달장애연구, 10, 101-114.

08 연속 수행 검사

1. 검사 소개

1) 목적과 용도

연속 수행 검사(Continuous Performance Test: CPT)는 지속주의와 반응억제 등과 관련된 능력을 측정한다. 정상인뿐만 아니라 주의장애와 충동성과 연관되는 임상 집단 (예, ADHD)에 대한 신경심리 검사로도 활용된다. 예컨대, 연속 수행 검사의 일종인 Conners' CPT 3는 부주의, 충동성, 지속 주의 및 경계 수행을 측정한다고 주장된다.

연속 수행 검사의 한 종류인 CPT II

단순하게는 주의 문제와 관련하여 추가 검사가 필요한 사람들을 사전 선별(screening)하는 데에 CPT가 유용하게 사용될 수 있으며, 때로는 심리치료 혹은 약물치료의 개선 효과를 모니터하는 데에도 사용될 수 있다. 이 책에서 CPT 검사를 설명하되, 상세한 부분은 시판 중인 Conners' CPT를 중심으로 설명한다.

2) 검사의 배경

CPT(Continuous Performance Test)라는 명칭은 Rosvold 등에 의해 1956년에 경도 뇌전증 환자에게서 주의 과실(attention lapse)을 탐지하기 위해 만들어졌다. 초기 검사는 드물게 나타나는 표적 자극(들)이 (잇따라) 나타날 때 피검사자가 반응단추를 누르도록 지시하였다. 1957년 Mackworth가 경계(vigilance) 연구를 시작하면서

CPT 검사에서 신호 탐지 능력에 관여하는 여러 요인이 연구되었고, 여러 변수의 효과들이 탐구되었다. 그 결과 여러 연구자에 의해 개발된, 다양한 CPT 버전이 존재하게 되었다. 각 CPT 검사 버전에 따라 피검사자가 수행해야 할 과제가 다를 수 있다. 시중에서 판매되고 있는 CPT 검사 중 대표적인 것은 Conners' CPT인데, 이 검사는 MHS(Multi-Health Systems, Inc., http://www.mhs.com/)에서 개발·판매되고 있는 PC용 소프트웨어 검사이다. 현재 Conners' CPT 3가 시판 중이다.

3) 인지학습과의 관련성

CPT는 여러 가지의 주의 중 특히 지속적 주의 상황에서 주의 및 부주의와 관련이 깊다. 그리고 몇 가지 지표들은 반응의 충동성을 보여 준다. 이 때문에 CPT는, 수업 장면이나 독서와 같이 장기간의 주의 집중이 필요한 상황에서 과제 혹은 표적에 대한 민감도와 집중도를 보여 줄 것이다.

CPT는 학습 부진이나 주의산만 문제를 겪는 아동들에 대해서 그 원인을 파악하는 데에 사용될 수 있다. 그리고 주의의 한 지표로서 연구에서 종종 사용된다. 수행 패턴(프로파일)의 분석을 통해, 부주의, 충동성, 지속주의 문제 등 일반적인 주의 문제 파악이 가능하다.

2. 검사의 대상과 방법

1) 대상 집단

현재 시판 중인 Conners' CPT 3는 8세 이상의 아동 혹은 성인이 대상이다(이전 버전인 Conners' CPT 2는 6세 이상). 그리고 4~7세 아동용으로 Conners' Kiddie CPT 2(K-CPT 2)가 있다. 읽기를 포함하지 않는 검사이므로, 폭넓은 연령대의 대상자에게 실시될 수 있지만, 심각한 인지장애가 있거나 정신병적 증상이 있는 사람은 이 검사를 수행할 수 없다. 피검사자는 이 검사의 과제(지시)를 이해할 수 있어야 한다.

2) 검사 방법

연속 수행 검사(CPT)는 일련의 자극(문자 혹은 도형)을 몇 초의 시간 간격으로 연속해서 제시하므로, 지필로는 검사할 수 없다. 연구자가 검사 소프트웨어를 제작하여 사용하거나, Conners' CPT나 TOVA처럼 시판되고 있는 소프트웨어를 구입 후 PC에 설치하여 사용한다. 흔히 피검사자는 개인별로 검사를 받는데, 지시에 따라 PC 화면에 나오는 문자에 대해 키보드의 단추를 누르거나 누르지 않는 식으로 반응해야 한다. 피검사는 지시에 따라 가능한 한 빨리 반응을 해야 한다. CPT 소프트웨어를 이용하여 검사를 실시하는 데 약 15분이 소요된다.

CPT 검사를 안내하고 실시하는 데 성인의 감독이 필요하다. 검사자는 CPT의 원리와 한계를 숙지하고 있어야 한다. 특히 검사 결과의 해석은 숙련된 전문가가 수행해야 한다.

3. 검사의 구성과 실시

다양한 버전의 CPT 검사가 있으며, 각 검사가 사용하는 과제는 조금씩 다를 수 있다. 예컨대, 화면에 P, H, X, C, C, A, X, Y 등의 문자들이 순차적으로 나타난다고 하자. 다음과 같은 과제들이 가능하다.

① CPT-X 과제: X가 나타날 때마다 반응해야 한다.
② CPT-noX 과제: X가 아닌 문자들이 나타날 때마다 반응해야 한다.
③ CPT-double 과제: 같은 문자가 반복 제시될(예, CC) 때만 반응해야 한다.
④ CPT-AX 과제: X가 특정 문자(예, A) 다음에 나올 때만 반응해야 한다.

연구용으로 CPT를 제작(프로그래밍)할 경우에는 문자 대신 도형이나 그림을 사용하거나, 혹은 여러 CPT(하위) 과제를 조합할 수 있을 것이다.

1) Conners' CPT 3

Conners' CPT 3는 이전 버전과 같이 'X'를 제외한 어떤 문자든 나타나면 마우스 단추나 키보드의 스페이스바를 누르도록 하는 CPT-noX 과제를 사용한다. Conners' CPT 검사에는 자극(문자)이 나타나는 속도, 혹은 자극(문자) 간의 간격(즉, 자극 간 간격, Inter-Stimulus Interval: ISI)이 1초, 2초, 혹은 4초간으로 변동하는데, 이것은 피검사자의 주의 문제를 알아보는 데에 도움이 된다. 총 6개의 블록이 있으며, 각 블록은 20시행으로 구성된 3개의 소블록으로 구성되어 있다.

각 블록 검사 뒤 휴지 기간에 블록별 수행을 알아볼 수 있다. 그 결과 검사가 진행되는 동안 각 블록의 수행(반응 시간과 오반응)을 조사할 수 있다. CPT의 주요 측정치는 반응 시간(response time)과 오류(error)이다. 반응 시간은 밀리초(1/1000초, msec 혹은 ms로 표시) 단위로 측정되는데, 100msec 이하의 반응 시간은 보속(perseveration) 반응으로 간주된다. 보속 반응은 자극에 대한 정상적인 반응의 결과가 아니라, 자극의 출현을 예상하거나 단순히 같은 반응을 되풀이하기 때문에 발생할 수 있다.

오반응은 침범 오류(commission error, 오경보)와 누락 오류(omission error)로 구분된다. 침범 오류는 반응하지 않아야 할 때(예, 'X'가 나타났을 때) 반응하는 오류이며, 누락 오류는 반응해야 할 때(예, 'X'가 아닌 문자가 나타났을 때) 반응하지 않는 오류이다. 이런 자료는 피검사자의 신호탐지 민감도(d prime)와 반응편중(Beta)을 계산하는 데에 쓰인다.

2) 검사 실시

예컨대, Conners' CPT 3 검사는 다음 순서로 진행된다.

① 피검사자의 검사 동의를 받는다.
② 피검사자의 권리를 알려 준다.
- 검사 결과 및 사적 정보에 대한 접근에 대한 비밀 유지를 피검사자에게 알려 주기
- 검사 중 자유롭게 검사를 철회할 수 있음을 알려 주기 등

③ 피검사자가 검사 과제를 충분히 이해하도록 연습 검사를 실시한다.

④ 이 검사(CPT)를 실시한다.

• 검사에 대한 주요 지시사항을 숙지하도록 한다(예, "가능한 한 빨리, 그리고 정확하게 반응하세요.").

⑤ 피검사자에 검사 개요에 대해 설명한다(debriefing).

4. 결과와 해석

1) 검사 결과

CPT의 결과는 특정 CPT에서 채택한 과제들에 따라 조금씩 달라질 것이다. 그렇지만 많은 연속 수행 검사는 일반적으로 정확 반응 시간의 평균과 일관성(표준편차), 누락 오반응과 침범 오반응, 그리고 판단의 민감성(*d* prime)과 반응편중(Beta) 등을 계산한다. 이 외에도 원자료(raw data)를 적절히 가공한다면, 블록 단위별 수행의 변화, 보수적 대 관용적 지시에 따른 수행 변화, 표적의 제시 비율에 따른 수행 변화 등의 추가적인 분석을 할 수 있다.

CPT 3의 경우, 앞서 언급한 지표들은 T 점수와 백분위로 제시된다. 이 값들은 아동과 십대의 경우, 6–7, 8–9, … , 16–17 등 2년 단위의 동성(same sex)의 연령집단에 따라 산정된다. 여기에서의 T 점수는 평균이 50이고, 표준편차가 10이다. 50인 T 점수는 비교 집단의 평균을 나타낸다. T 점수가 65 이상이거나, 백분위가 90 이상이면, 주의문제가 있다는 뜻이다.

보고서는 각 측정치의 T 점수 프로파일을 일반 집단이나 ADHD(혹은 신경학적으로 손상된 집단의) 규준과 비교해서 제시해 준다. 그 밖에도 신뢰도 지수의 그래프, 원점수 표, 전체 표, 부주의, 충동성, 혹은 경계와 관련된 측정치 표 등을 제공해 준다.

Conners' CPT 3의 검사–재검사의 신뢰도 중앙값은 .67이라고 보고되었다.

2) 결과 해석

Conners' CPT의 경우, 결과 해석은 다음 단계들로 이루어진다.

① 검사 실시의 타당성 확인
- 반응 경향(베타 통계치): 피검사자가 신중하게 혹은 섣부르게 반응하는 정도를 나타낸다.
- 누락 및 보속 반응: 높은 수치는 검사를 성실하게 하지 않음을 나타낼 수 있다.
- 검사 중 관찰
② 전반적 프로파일 평가
Conners' CPT는 변별함수를 사용하여 응답자의 반응이 임상집단에 들어맞는 신뢰도 지수를 제공한다. 50% 이상이면 어느 정도 상응한다는 것을 나타낸다. 요약표에 나온 여러 지표의 T 점수가 60점 이상이면, 검사 수행에 문제가 있음을 가리키는 것으로 볼 수 있다.
③ 주의결핍 유형 조사
몇 개의 지표들이 높으면, 그 패턴에 따라 부주의, 충동성, 경계 등 주의 문제가 파악될 수 있다.
④ 측정치 조사(다음 측정치들은 Conners' CPT가 제공하는 것들이다. 자세한 것은 검사 지침서 참조)
- 누락 반응
- 침범 반응
- 적중 반응 시간
- 적중 반응 시간 표준오차
- 표준오차 변산성
- 탐지 능력(d prime)
- 보속 반응
- 판단 기준(Beta)
- 적중 반응 시간의 블록별 변화(경계 측정치)
- 적중 표준오차의 블록별 변화(경계 측정치)

〈표 8-1〉 CPT 검사의 결과 예(CPT-II 지침서에서 발췌)

피검사자의 T 점수와 신뢰도 지수

측정치	T 점수
Omissions(누락)	62.2
Commissions(침범)	60.6
Hit RT(적중 반응 시간)	68.9
Hit RT Std Error(적중 반응 시간 표준오차)	57.3
Variability(표준오차 변산성)	58.0
Detectability(*d* prime)(탐지 능력)	55.0
Response Style(Beta)(판단 기준)	50.5
Perseverations(보속 반응)	38.6
Hit RT Block Change(Hit RT의 블록별 변화)	40.2
Hit SE Block Change(Hit SE의 블록별 변화)	45.4
Hit RT ISI Change(Hit RT의 자극 간 제시 간격 변화)	59.3
Hit SE ISI Change(Hit SE의 자극 간 제시 간격 변화)	62.1
Confidence Index(ADHD) 신뢰도 지수: Clinical (ADHD 집단), 75%	

- 적중 반응 시간 ISI(자극 간 제시 간격) 변화(제시 속도 변화에의 적응)
- 적중 표준오차 ISI 변화(제시 속도 변화에의 적응)

⑤ CPT 검사 정보와 다른 정보(예, CRS-R, CAARS 등)의 통합
⑥ (적용 가능하면) 추적 검사를 통해 변화 모니터링

미국인 기준으로 검사 결과를 해석하는 기준(표)과 지침이 매뉴얼에 제시되어 있다.
〈표 8-1〉은 앞서 언급한 여러 지표에 대한 T 점수와 신뢰 지표를 보여 준다. T 점수는 점수의 정상분포에서 얻어지는 z 점수를 평균 50, 표준편차 10이 되도록 변환한 점수이다. 지표의 해석은 검사 지침서를 참조하기 바란다.

Conners' CPT는 신뢰도 지수(confidence index)를 백분위(percentile)로 제공하고, 또한 대응하는 임상 혹은 비임상 프로파일에 얼마나 근접한지에 관한 정보를 준다. 만일 지수가 50 이상이면 해당 프로파일이 임상 집단의 프로파일과 일치하기 쉽다는 뜻이다. 이런 정보는 변별 함수 분석으로 제공된다.

3) 유의사항

이 검사는 연속으로 제시되는 자극(낱자)에 대해 특정한 자극('X')의 출현 유무를 신속하고 정확하게 판단하는 능력을 검사한다. 이 검사는 주로 연속적인 정보 처리 상황에서 적절한 주의 태세를 유지하는 능력과 관련된다. 그러나 이 검사는 동시에 출현한 방해자극들 가운데 표적을 주의하는 능력인 선택주의 능력, 둘 이상의 과제 혹은 대상에 주의를 배분하는 능력인 분할(분리)주의 능력, 공간적으로 주의를 적절히 배분하는 능력 및 형태나 물체의 세부에 주의를 기울이는 능력을 직접 측정하는 것은 아니므로, 검사 결과가 주의 능력 일반에 대한 측정이라고 말할 수는 없다는 점을 유의해야 한다. 여러 자료가 제공되는 복합적 상황에서 주의를 유지 혹은 관리하는 능력, 그리고 물체나 장면의 세부 혹은 전체에 주의를 기울이는 능력을 평가하기 위해서는 추가적인 검사가 필요하다.

5. 기타 참고사항

1) 검사의 장단점

CPT의 장점 중 하나는 대부분의 CPT 검사는 PC에 설치하는 소프트웨어로 구현되어 있어서 짧은 시간 내에 검사를 실시하기 쉽다는 것이다. 여러 가지 측정치와 지표를 계산하기가 쉬우며, 상업용 검사는 이들을 자동으로 제공된다. 이 검사를 활용한 많은 연구가 있기 때문에, 검사 결과의 비교와 해석에 많은 도움을 받을 수 있다.

많은 CPT는 시각 위주의 검사로서 청각 주의 능력을 측정하지 못한다. 그러나 일부 CPT 검사는 청각 과제를 포함하거나 별도의 청각 버전이 있는 경우가 있다. CPT 검사는 주로 지속적 주의 능력과 관련된 검사로서 주의 일반을 포괄하는 것은 아니다. 그리고 Conner' CPT가 제공하는 규준은 미국인 기준이라는 한계가 있다. 여러 가지 주의 능력을 검토하기 위해서는 다른 주의 검사의 결과를 함께 참조할 필요가 있다.

다른 장점은 검사가 비교적 저렴하며, 소프트웨어를 한번 구입하면 여러 번 검사, 채점, 결과 확인이 가능하다는 것이다. Conner' CPT 검사 결과는 CRS-R(Conner's Rating Scales-Revised)과 CAARS(Conner's Adult ADHD Rating Scales)의 검사 결과들과 통합적으로 분석될 수 있다. 그러나 Conner' CPT 소프트웨어의 경우, 특정 PC에 한 번 설치한 후에는 다른 PC에 옮겨서 설치할 수 없다는 단점이 있다.

2) 관련 검사

- Conners' K-CPT(Kiddie Continuous Performance Test): Conners' CPT의 아동용 버전(버전 번호에 따라 대상 연령이 조금씩 다름).
- CATA(Conners' Continuous Auditory Test of Attention): Conners' CPT에 대응하는 청각 검사로서, 두 검사는 통합 분석될 수 있다.
- TOVA(Test of Variables of Attention)는 일종의 연속 수행 검사인데, 문자 대신 도형을 검사 자극으로 사용하여 언어적 제약이 비교적 더 낮다(http://www.tovatest.com/).
- ATA(Advanced Test of Attention): 홍강의, 신민섭, 조성준(2010)이 만든 연속 수행 검사로서 청각 과제도 포함되어 있다. 상업적 버전인 종합주의력검사(CAT)도 있다(http://www.ihappymind.com/).

3) 적용 사례

- 박성준, 장문선, 곽호완, 이상일(2017). 스마트폰 중독 경향군의 애플리케이션 사용유형에 따른 실행기능, 대인관계, 공감능력의 차이. 한국심리학회지: 인지 및 생물 29, 1-19.
- 손영숙(2000). 지속적 주의의 이해와 응용. 한국심리학회지: 일반, 19, 1-28.
- 오현숙(2005). 아동과 청소년 정신병리 집단들에 나타나는 실행 능력(Executive Function)의 문제. *Korean Journal of Clinical Psychology, 24,* 157-170.
- 현명호, 이장한, 김인영, 김재석, 김선일, 윤선영(2002). 가상환경을 이용한 인지훈련이 주의지속력에 미치는 효과. 한국심리학회지: 건강 7, 97-110.

• Epstein, J. N., Conners, C. K., Sitarenios, G., & Erhardt, D. (1998). Continuous performance test results of adults with attention deficit hyperactivity disorder(ADHD). *The Clinical Psychologist, 12,* 155–168.

09 멈춤 신호 과제

1. 검사 소개

1) 목적과 용도

멈춤 신호 과제(Stop Signal Task)는 개인의 반응 억제능력을 측정한다. 반응억제 (respnse inhibition) 능력은 실행 통제(executive control)의 핵심인데, 부적절하거나 불필요한 행동을 억제함으로써 주어진 상황에서 적절한 행동을 취할 수 있게 할 뿐만 아니라, 변화하는 환경 속에서 유연한 목표 추구를 가능하게 해 준다.

멈춤 신호 과제는 Logan과 Cowan(1984)의 모델에 근거하고 있다. 이 모델에서는 행동제어 능력이 집행 기능의 핵심 요소로 반응을 하는 과정(go process)과 억제하는 과정(stop process)으로 이루어졌다고 본다. 두 과정은 동시에 독립적으로 작용하는데, 각 처리를 신호하는 자극이 언제 제시되었는지 여부가 개인으로 하여금 반응을 적절하게 억제하지 못하는 일을 야기할 수 있다고 본다(Logan & Cowan, 1984; Logan, Cowan, & Davis, 1984).

멈춤 신호 과제는 실행 과제에서의 반응 억제 능력을 측정하는데 이런 점에서 MFFT-KC 검사와 같이 지각적 도형에서의 변별 능력을 알아보는 과제와 구분된다. 앞 장에서 살펴본 연속 수행 검사(CPT)에서 역시 이러한 반응억제 기능을 측정하지만, 사용하는 자극들이 대부분 단순하기 때문에 연령층이 높은 경우 변별력이 떨어진다는 한계를 갖는다. 멈춤 신호 과제는 이러한 한계점을 보완한 것으로, 연령이 높은 집단을 대상으로도 비교적 정확한 반응 억제력을 측정할 수 있는 검사이다.

멈춤 신호 과제는 실험실에서 반응억제 능력을 연구하기 위해서 개발된 과제이나 그 활용도가 높아져서 최근에는 충동성 문제를 보이는 ADHD 및 OCD 등의 임상집단에 대한 검사로도 활용되고 있다.

2) 검사의 배경

Logan 등(1997)에 의해 개발된 것으로, 실행능력의 일부로서의 행동 억제를 연구하기 위한 용도로 개발되었다. 이후 과제의 보급을 위하여 STOP-IT이라는 무료 프로그램이 개발, 배포되었고(Verbruggen, Logan, & Stevens, 2008), 결과 분석을 위한 ANALYZE-IT도 존재한다.

다음 사이트들에서 멈춤 신호 과제의 데모 버전을 체험해 볼 수 있다.

- https://www.psytoolkit.org/experiment-library/stopsignal.html
- https://www.millisecond.com/download/library/stopsignaltask

해외 온라인 판매 사이트들이 다수 존재한다. 다수의 연구자가 연구 목적에 따라 다양한 양식으로 과제를 직접 제작해 사용했기 때문에 관련 연구자에게 문의하여 검사도구를 구하는 것도 방법이다.

3) 인지학습과의 관련성

행동 억제에 대한 신호가 있을 때 개인이 반응 가능성을 적절하게 조절하는 능력을 갖는 것은 학습에 매우 중요한데, 주의 집중은 물론 학습활동의 지속에 관여한다. 행동 억제 능력은 또한 학습 이외의 영역에서도 중요한 역할을 하는 것으로 간주되는데, 감정 조정 능력과도 밀접하게 관련되어 제어능력의 결함은 대인관계의 어려움으로까지 이어질 수도 있다.

2. 검사의 대상과 방법

1) 대상 집단

성인, 아동에게 모두 실시 가능하다.

2) 검사 방법

검사의 실시와 반응 측정이 복잡하여 과제 실시와 측정에 프로그램 사용이 필수적이다. 검사 실시를 위해서 프로그램을 직접 만들거나 아니면 기존에 만들어진 무료 버전을 구해서 컴퓨터(데스크톱 또는 태블릿)를 사용하여 실시할 수 있다. 웹 실시도 가능하다.

개인별로 실시되며, 검사 안내 및 실시에 성인의 감독이 필요하다. 검사에 소요되는 시간은 과제에 포함된 시행 수에 따라서 달라지나 약 20~30분 내외 정도가 걸린다.

① 기기(PC, 태블릿)를 준비하고 프로그램을 설치한다.
② 피검사자의 인적사항을 기록하고 검사 동의를 받는다(피검사자가 아동인 경우 부모의 동의를 받는다).
③ 피검사자의 권리를 알려 준다.
  • 검사 결과 및 사적 정보 접근에 대한 비밀 유지
  • 검사 중 자유롭게 검사를 철회할 수 있는 자유 보장
④ 검사가 시작되면 프로그램에 피험자 아이디(ID)를 입력한다.
⑤ 피검사자에게 지시문을 제시하고 숙지하도록 한다.
⑥ 피검사자가 과제 해결 방식을 익힐 수 있도록 연습용 검사지를 통해 연습을 한 후 이 검사를 실시한다.
⑦ 본 시행을 실시한다.

3. 검사의 구성과 실시

1) 검사의 과제

이 검사는 기본적으로 시각적으로 제시되는 자극에 대해서 반응하는 과제로 구성된다.

시행은 진행시행과 정지시행으로 구성되는데, 진행시행에서는 제시 자극에 대한 신속하고 정확한 반응이 요구되나 정지시행임을 나타내는 신호가 제시되면(예, 특정 소리) 반응을 억제해야 한다. 반응경향성을 유지하기 위해서 정지시행은 시행의 과반수 이하에서 제시되는데 통상적으로 시행의 약 25%를 차지한다.

본 시행 전에 연습시행을 실시한다. 응시점 후에 자극이 1초간 제시된다. 예를 들어, [그림 9–1]에서처럼 피검사자는 자극으로 '♥(하트)'가 제시될 때는 '←(왼쪽 방향 화살표키)'를, '▲(세모)'가 제시되면 '→(오른쪽 방향 화살표키)'를 눌러 반응한다. 각 도형은 시행의 절반씩 균등하게 제시된다. 과제에 따라서 진행시행에서 제시되는 자극 및 반응의 수가 늘어나기도 한다. 예를 들어, 권중원 등(2011)의 연구에서는 4개의 도형에 대해서 4가지로 반응하는 과제가 사용되었다.

정지신호는 일반적으로 청각적으로 제시된다. 예컨대, 시각 자극과 함께 '삐' 소리가 나면 '←' 또는 '→' 키를 누르려던 반응을 억제해야 하는 식이다. 청각적으로 정지 신호가 제시되는 경우에는 검사 진행시 피검사자에게 헤드셋 착용이 요구되기도 한다. 한편, 시각적으로 제시되는 정지신호도 있다. 예컨대, 자극으로 주어지

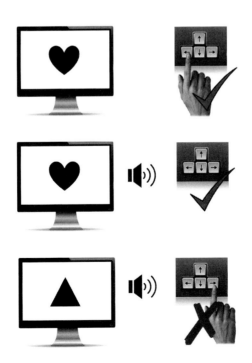

[그림 9–1] 멈춤 신호 과제의 설명

는 도형이 흰색 원 안에 들어 있는 형태로 나타날 때는 이에 반응하여 키를 누르되, 빨간색 원 안에 들어 있는 경우에는 반응을 억제하는 것이다.

이해를 돕기 위해 [그림 9-1]을 살펴보자. 첫 번째 자극인 '♥'에 피험자가 '←'를 누름으로 반응을 보인다. 두 번째에도 동일한 자극이 나타났으나 이와 동시에 정지신호 소리가 울리자 버튼을 누르지 않았다. 이 역시 성공적인 반응이다. 그러나 세 번째로 나타난 '▲' 자극에서는 정지신호 소리가 울렸음에도 피검사자는 '→'를 눌러 과제에 실패하고 만다.

정지신호는 자극과 동시에 제시되거나 간격을 두고 조금 후에 제시될 수 있다. 이전 시행에서의 반응정지가 성공/실패했는지에 따라 정지신호를 제시하는 지연시간이 달라지는데, 초기 정지신호지연시간은 통상 250msec로 설정되고, 과제가 진행됨에 따라 조정된다. 예를 들면, 제시된 자극에 대한 동작의 반응정지가 성공하였을 때에는 지연시간이 50msec 증가되나, 반대로 실패하였을 때에는 지연 시간이 50msec 감소되는 식이다(Logan et al.,1997).

2) 검사 실시

멈춤신호 과제의 실시 순서는 다음과 같다.

① 피검사자에게 과제에 대해 설명한다. 모니터에 특정한 문자/도형이 나타나면, 이와 맞는 쌍의 버튼을 누르도록 한다. 나타나는 자극에 할 수 있는 한 가장 빠르게 반응하되, 정지를 알리는 신호를 함께 받게 될 경우(예, '삐' 소리)에는 반응을 정지하도록 한다.

② 활용되는 기기 사용법에 대해 안내하고, 실제 기기를 활용하여 연습을 시행해 보도록 한다.

③ 피검사자가 연습을 통해 익숙해지면 본 시행을 시작한다. 본 시행은 60~120개의 시행으로 구성된 2~3개의 블록으로 이루어진다. 응시점이 제시된 후 각 시행이 시작된다.

④ 모든 시행을 마친 후 피검사자에게 검사의 개요에 대해서 설명한다(debriefing).

4. 결과와 해석

1) 검사 결과

진행시행(Go 시행)과 정지시행(Stop 시행)으로부터 반응 시간과 반응 정확성을 측정한다. 결과 측정에 STOP-IT과 같이 무료로 배포된 ANALYZE-IT 프로그램을 활용할 수 있는데, 다음과 같은 항목이 측정된다.

- 정반응 시간(GO signal Reaction Time: GORT): 'Go' 시행에서의 반응 시간
- 반응 정확성(GO accuracy): 'Go' 시행에서의 반응 정확성
- 정지시행 시간(Stop Signal Reaction Time: SSRT): 'Stop' 시행에서의 반응 시간. 총 반응 시간에서 지연시간을 빼서 산출함.
- 정지 정확성(STOP accuracy): 'Stop' 시행에서의 반응 정확성

이를 바탕으로 다음과 같이 분석한다.

- 정반응 시간(GO signal Reaction Time: GORT): 정보처리의 속도를 나타냄. 정반응 시간의 편차는 정보처리 속도의 일관성을 나타냄.
- 오경보(false alarm) 오류: 비표적 자극에 대해 반응한 경우, 즉 정지시행에서 반응한 경우를 나타냄.
- 누락(miss) 오류: 'Go' 시행에서 반응하지 않은 경우를 나타냄.
- 민감도: 오경보 비율에 대한 정반응의 비율, 표적자극과 비표적 자극을 변별하는 민감도를 나타냄.

2) 결과 해석

별도로 표준화된 해석 규준이 아직 마련되지 않아서 규준을 사용하기보다는 통제집단을 사용할 것이 권장된다. 멈춤신호 과제의 SSRT는 성인 ADHD 점수와 유의

한 상관을 보이며(원주용, 김은정, 2008), 도박행동과도 관련이 있는 것으로 보고되고 있다(이인혜 외, 2011). 또한 다양한 중재프로그램의 효과를 보는데 활용되기도 한다(권중원 외, 2011). 충동적인 피험자의 경우 GORT에서의 차이는 없으나 SSRT가 정상인보다 더 긴 것으로 보고되고 있다. 이는 활동 억제에 더 오랜 시간이 걸리기 때문으로 보인다.

3) 유의사항

더 긴 정지시행 시간은 더 큰 반응 억제를 나타낸다. 그러나 정상인의 정지시행 시간을 비교할 수 있는 규준이 없다. 그리고 피검사자가 정지시행을 예상하여 진행시행도 느리게 반응할 가능성을 점검해야 한다.

5. 기타 참고사항

1) 검사의 장단점

검사 절차가 표준화되어 있다. 검사를 활용한 많은 연구가 존재하여 검사 결과에 대한 비교와 해석에 도움을 받을 수 있다.

검사 실시에 컴퓨터와 같은 도구가 요구되기 때문에 지필검사보다 손쉽게 실시되기 어렵다는 제약이 존재한다.

2) 관련 검사

- Go/Nogo task: 유사하게 반응 억제 능력을 측정하나 난이도는 낮다. 한 자극에 대해서는 반응을 하지만 다른 자극에 대해서는 반응을 억제한다.
- Stroop negative priming 과제: 멈춤 신호 과제는 행동적 억제를 측정하는 데 반해서 인지적 억제기능을 측정하는 것으로 간주된다(이인혜 외, 2011).

3) 적용 사례

- 김영주, 이인혜(2010). 도박 중독 취약성과 억제 능력의 결함. 한국심리학회: 건강, 15, 817-840.
- 권중원, 남석현, 김중선(2011). 정지신호과제의 수행이 동작의 실행과 정지기능에 미치는 영향. 대한물리치료학회지, 23, 37-43.
- 원주영, 김은정(2008). 멈춤 신호 과제의 타당화 연구. 한국심리학회지: 일반, 27, 217-234.
- 이인혜, 김영주, 강성군(2011). 억제기능 결함과 도박 중독의 관계: 카지노 도박 중독자들을 중심으로. 한국심리학회지: 건강, 16, 501-520.

10 K-ARS(한국판 ADHD 평정 척도)

1. 검사 소개

1) 목적과 용도

K-ARS(Korean-ADHD Rating Scale)는 주의력 결핍 과잉행동장애(Attention Deficit Hyperactivity Disorder: ADHD)를 평가하는 검사도구인 ARS (ADHD Rating Scale)를 한국어로 번안 및 표준화한 검사도구이다. 이 검사는 부모나 선생님으로부터 얻은 정보를 바탕으로 ADHD를 판별하려는 목적으로 만들어졌다.

ADHD 장애를 가진 아동의 경우 학업 성취도가 낮고 또래 집단 관계형성에서 어려움을 겪을 가능성이 일반 아동들에 비해 높다. 이에 이러한 아동을 선별해 치료를 제공해야 할 필요성 또한 크다고 할 수 있다. 이 검사는 이러한 ADHD 아동을 조기 발견 및 진단하기 위해 사용되는 척도로써 그 활용성이 높다.

2) 검사의 배경

DuPaul(1991)이 개발한 아동용 행동평가 검사척도로서, 정신장애의 진단 및 통계 편람(DSM)에 제시된 진단준거들에 그 기초를 두고 있다. 초기에는 단일 차원의 14개 문항으로 구성되어 있었다. 이후 DSM-IV의 진단기준을 바탕으로, 두 개의 차원을 가진 18개 문항으로 개정된 ARS-IV가 현재 사용되고 있다.

　한국어로의 번안 및 표준화는 소유경 등(2002) 및 김영신 등(2003)에 의해 이루어졌으며 번안된 측정도구 또한 유용한 신뢰도 및 타당도를 갖는 것으로 밝혀졌고 포괄적으로 활용되고 있다.

　영문 버전의 경우 온라인 쇼핑몰 아마존(http://www.amazon.com), 길포드 출판사 홈페이지(https://www.guilford.com) 등에서 직접 구입이 가능하다. 한국어로 번안된 측정 문항은 별도 판매되지 않고 있는 것으로 보인다. 김영신 등(2003)의 문헌에서 제공된 부록을 통해 접근 및 활용이 가능하다.

3) 인지학습과의 관련성

　ADHD 아동의 경우 활동수준이 지나치게 높아서 한 가지 활동을 지속하지 못하고 산만하다. 그 결과, 학습에 필수적인 지속적 주의집중에 어려움을 겪거나 불필요한 자극에 반응하는 등 다양한 학습의 어려움을 경험한다. 단순히 주의력이 산만한 것이 아니라 임상적인 수준에서의 문제를 지니고 있는 경우 이들 아동들을 적절하게 판별하여 필요한 치료적 개입을 제공하는 것이 중요하며 이는 이들 아동들뿐만 아니라 이들이 속한 학급의 분위기를 위해서도 중요한 일이다.

2. 검사의 대상과 방법

1) 대상 집단

5~18세 아동에 대해 검사를 실시할 수 있다.

2) 검사 방법

　학부모 또는 교사가 평가한다. 영문판인 ARS의 경우 검사자에 따른 하위 버전(예, ARS-P는 부모 버전)이 별도로 존재하며 이에 따라 각각의 해석 지침이 상이하다. 한국판인 K-ARS의 경우 세부적인 측정 문항은 같으나, 평가자가 학부모인지 교사

인지에 따라 아동 행동 평정의 기준이 되는 기간이 달라지며, 또한 산출된 총점수에 대한 해석 기준이 달라진다. 학부모나 교사 대신 임상가가 이를 평정하기도 한다(Faries, Yalcin, Harder, & Heiligenstein, 2001). 검사 전에는 평가자인 학부모 및 교사에 대해 사전 오리엔테이션이 필요하다.

3. 검사의 구성과 실시

1) 전반적인 구성

검사는 총 18개(DSM 진단기준에 포함된 18개 증상별)의 문항으로 구성되어 있다. 문항들은 부주의(inattention) 및 과잉행동-충동성(hyperactivity-impulsivity)의 2개 하위척도로 구성되어 있는데, 홀수 번호 문항은 아동의 과제 수행이나 놀이 활동과 관련된 주의 수준(부주의)을 측정한다. 짝수 문항은 아동의 과잉행동과 충동성 수준을 측정한다.

2) 검사 문항

학부모는 최근 6개월 동안 자녀의 행동을 바탕으로, 교사의 경우 학년이 시작한 후의 시점부터 아동에게서 관찰되어진 행동을 바탕으로 빈도 평정을 실시하는데, 문항의 예는 다음과 같다.

- 예 1) "친구들과 놀이를 할 때 지속적으로 주의를 집중할 수 없는 일이 흔히 발생한다."
- 예 2) "시작한 놀이나 공부를 끝내기도 전에 다른 활동을 시작하는 일이 존재한다."

제시되는 각각의 문항은 아동의 구체적인 문제 행동을 나타내는 것들로, 피검사자는 아동이 보이는 문제행동의 빈도에 따라서 4첨 척도로 그 빈도를 평정한다. 즉,

'전혀 그렇지 않다/Never or rarely'(0점), '때때로 그렇다/Sometimes'(1점), '자주 그렇다/Often'(2점), '매우 자주 그렇다/Very often'(3점) 등이다.

3) 검사 실시

K-ARS는 다음과 같은 단계로 실시한다(연구 목적으로 자료가 수집되는 경우 해당 기관의 IRB 규정을 참고).

① 교사가 검사를 실시하는 경우 아동의 검사에 대한 부모의 동의를 사전에 받는다.
② 피검사자의 권리를 알려 준다.
   • 검사 결과 및 사적 정보에 대한 접근에 대한 비밀 유지
   • 검사 중 자유롭게 검사를 철회할 자유
③ 지시를 통해 검사의 주요 지시 사항을 숙지하도록 한다. K-ARS의 경우 최근 6개월간의 행동을 근거로 판단함을 숙지하고, 교사의 경우 학년 시작 후의 시점부터의 관찰을 토대로 평가해야 함을 인지하도록 한다.
④ 피검사자인 부모 또는 교사가 아동의 행동에 관한 18개의 측정문항에 대해 응답한다.
⑤ 응답한 설문지를 회수한 후, 결과 점수를 산출한다.

4. 결과와 해석

1) 채점과 결과 해석

총 점수, 부주의(IA) 점수(홀수 문항의 합), 과잉행동-충동성(HI) 점수(짝수 문항의 합)를 각각 계산한다. 총 점수를 기준으로 볼 때, 검사를 부모가 평정하였을 경우는 19점을, 교사가 평정하였을 때에는 17점을 절단점으로 보고, 절단점이 되는 점수 이상을 ADHD 고위험군으로 분류한다.
연령 및 성별에 따라 다른 준거를 사용한다. 연령 집단은 다음 4집단으로 구분된

다. ① 5~7세, ② 8~10세, ③ 11~13세 ④ 14~18세 등이다. ADHD 스크리닝 목적으로는 80 또는 90 백분위 점수를 사용하고 진단 목적으로는 93 또는 98 백분위 정보를 사용한다. 최종 진단에는 추가적인 검사 실시가 필요하다.

DSM-IV에 따르면 ADHD에는 복합형, 부주의형, 과잉행동-충동형의 하위 유형이 존재한다. K-ARS는 이와 관련된 진단 정보를 제공할 수 있는데, 예를 들면 6개 이상의 홀수 문항에서 '자주 그렇다' 또는 '매우 자주 그렇다'의 반응을 보이는 경우 아동은 ADHD 부주의형일 가능성이 존재한다.

2) 유의사항

학습에서 보이는 문제의 원인을 확인하기 위해서 ADHD가 의심되는지를 진단할 경우가 필요하고, K-ARS는 검사가 간편하여 일차적인 스크리닝 도구로서 유용하다. 보다 정확한 ADHD 진단을 위해서는 추가적인 정보가 필요하고(예, 7세 이전에 증상이 존재했는지, 2개 이상의 맥락에서 행동이 관찰되었는지 등), 검사 결과 ADHD가 의심되는 경우 정확한 진단 및 치료를 위해서 전문가에게 의뢰할 필요가 있다.

5. 기타 참고사항

1) 검사의 장단점

K-ARS는 검사가 간편하여 경제성과 효율성이 높으며, 일차적인 스크리닝 도구로서 유용하다. 또한 아동의 경우 자신들의 행동 증상을 정확하게 기술하지 못하기에 이들의 행동평가 척도를 얻기가 힘든데, 이 검사를 통해서는 부모 및 교사가 여러 생활 장면에서 직접 관찰한 아동의 행동에 대한 정보를 얻을 수 있다는 장점이 있다.

이 검사는 ADHD 아동 진단을 위해 병원, 학교 등 다양한 장면에서 활용되고 있다. 아동 집단과 정상 아동 집단에 대한 변별 도구로서 유용함이 보고되었고 검사를 활용한 많은 연구가 존재한다. 그러나 더 깊고 정확한 정보를 제공하지 못하기 때문에 더 정확한 평가를 위해서는 추후 검사나 관찰이 필요하다.

2) 관련 검사

- ADHD 평가를 위한 다양한 도구가 존재한다. 예를 들면, 아동용으로는 K-CBCL(Korean Children Behavior Check List), Conners' Rating Scale(K-CPRS: 학부모, K-CPTS: 교사) 등이 존재하고, 성인을 위한 도구로는 K-AADHDS (Korean-Adult ADHD Scale), CAARS(Conners's Adult ADHD Rating Scale) 등을 들 수 있다. 이들 대부분은 임상 장면에서 ADHD 아동의 진단을 위해서 개발된 척도들로, 많은 부분이 중복적이다.
- K-AADHDS는 Murphy와 Barkely(1995)에 의해 개발된 검사의 한국어판으로 김은정(2003)에 의해 대학생을 대상으로 타당화 연구가 실시되었다.
- CAARS(Conners's Adult ADHD Rating Scale) 또한 현장에서 많이 사용되는 평정 도구로 성인을 대상으로 Conners에 의해 개발되었으나 부모, 교사가 평가하는 아동용도 존재한다.
- 임상 장면에서 ADHD 진단 목적으로 사용되는 경우 모두 DSM의 진단기준을 기반으로 같은 행동을 측정한다. 예를 들어, DuPaul(1991)이 개발한 ARS (ADHD Rating Scale) 와 Murphy와 Barkley(1995)가 개발한 AADHDS는 모두 DSM-IV의 진단기준을 기반으로 한 것으로 번안과 지시문에 있어서의 차이가 있으나 측정하는 행동이 동일하다. ADHD 진단 관련 측정 도구에 대한 개관을 위해서는 Pelham, Fabiano 및 Massetti(2005) 참고하면 도움이 된다.

3) 적용 사례

- 김은정(2003). 한국형 성인 ADHD 척도의 타당화 연구. *Korean Jounal of Clinical Psychology, 22*(4), 897-911.
- 최혜원, 이문수, 임명호, 권호장, 하미나, 유승진, 김은정, 백기청(2012). 소아기 우울장애의 유병률 및 역학적 특성: 자가평가 연구. 소아청소년 정신의학, 23, 134-142.

• Park, J. I., Shim, S. H., Lee, M., Jung, Y. E., Park, T. W., Park, S. H., Im, Y. J., Yang, J. C., Chung, Y. C., & Chung, S. K. (2014). The validities and efficiencies of Korean ADHD Rating Scale and Korean Child Behavior Checklist for screening children with ADHD in the community. *Psychiatry Investigation, 11,* 258–265. http://doi.org/10.4306/pi.2014.11.3.258

Understanding Psychological Tests on Cognitive Learning

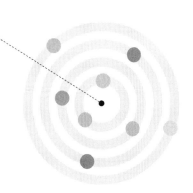

기억 및 작업기억

* 기억 및 작업기억 영역의 머리글과 검사의 해설은 김초복 교수(경북대학교 심리학과)가 작성했다.

장기기억과 작업기억은 인지학습 관점에서 가장 중요한 심리적 요소이며 따라서 이를 측정하는 검사들 또한 다양한 형태로 존재한다. 기억 혹은 장기기억을 측정하는 검사들은 피검사자의 지식이나 현재의 기억을 측정하는 것이 아니라 새로운 재료를 학습하고 일정한 시간이 지난 후 해당 학습재료들을 얼마나 많이 기억하고 있는지를 평가한다. 작업기억을 측정하는 검사는 이와 달리 주어진 학습재료를 짧은 시간 동안 기억한 후 이를 얼마나 많이 유지하는지, 그 재료들을 얼마나 융통성 있게 조작할 수 있는지를 평가한다. 따라서 현재 얼마나 많은 지식을 획득하고 있는가를 기억 인출을 통해 측정하는 지능검사의 소검사 등과는 다르게, 기억 검사는 기억의 전반적 능력을 직접 측정한다.

기억능력을 평가하기 위해 가장 많이 사용되고 있는 검사는 K-MAS와 Rey-Kim 기억검사(아동용 및 성인용)이다. K-MAS는 단어, 문장, 시각 패턴 및 얼굴 등에 대한 회상 및 재인 검사로 구성되는데, 기억에 관련되는 인지기능들인, 주의, 집중, 단기기억, 즉각기억, 지연기억 등을 평가한다. K-MAS는 기억기능을 포괄적으로 측정할 수 있는 기억검사 배터리로서 신경심리학적 평가에도 사용되며 임상집단의 기억기능을 평가하는 데에도 유용하다.

이 부에서 소개하는 아동용 Rey-Kim 기억검사는 성인용 Rey-Kim 기억검사를 바탕으로 개발된 개인용 기억검사이다. 이 검사는 단어에 대한 지연 회상이나 재인 검사인 언어기억검사(AVLT)와 도형에 대한 즉시 및 지연 회상 검사인 시각기억검사(CFT)로 구성되어 있다. AVLT와 CFT는 해외에서도 임상적으로 널리 알려진 검사들이며, 아동의 임상심리평가에서 널리 사용된다.

작업기억을 측정할 수 있는 검사로서 가장 많이 활용되는 검사는 한국판 웩슬러 아동지능검사 4판(K-WISC-IV)의 일부인 작업기억 소검사이다. 이 검사는 숫자, 순차연결, 산수 등의 세 가지 소검사를 통해 작업기억을 구성하는 다양한 능력, 예컨대 정보의 일시적인 조작 및 처리능력과 주의력 및 집중력 등의 능력을 평가한다. 검사 결과는 일차적으로는 작업기억을 평가하는 데 사용되지만 K-WISC-IV의 다른 지표(소검사) 점수를 참조하여 종합적인 인지능력을 평가하는 데에도 사용된다.

다른 인지능력을 측정하는 검사들과 마찬가지로 기억검사에서 검사자는 피검사자의 기억 능력을 정확하게 측정하기 위해 검사환경에 대한 세심한 주의가 필요한데, 이에 관해서는 검사 해설을 참조하기 바란다.

11 K-MAS(한국판 기억평가검사)

1. 검사 소개

1) 목적과 용도

한국판 기억평가검사(Korean version of Memory Assessment Scales: K-MAS)는 정상집단과 임상집단에서 기억기능을 평가하기 위해 개발된 검사로, 기억평가에 주요한 세 가지 영역의 인지기능 ① 주의, 집중, 단기기억, ② 학습과 즉각기억, ③ 지연기억을 평가한

다. 또한 일상생활에서 경험하는 기억 상황과 유사한 환경을 제공함으로써 기억기능을 포괄적으로 측정할 수 있는 기억검사 배터리이다. 산업 재해나 교통사고로 인한 뇌 손상 환자, 기질적 뇌 손상 환자, 혹은 노인의 신경심리학적 평가 및 기억 능력과 장애를 평가하는 데 사용된다.

2) 검사의 배경

K-MAS는 Williams(1991)의 MAS(Memory Assessment Scales)를 한국 실정에 맞게 이현수(2001)가 표준화한 개인용 배터리 기억검사이다. MAS는 원래 VMS(Vermont Memory Scale)로 불리던 검사로(Little, Williams, & Long, 1986), 임상심리학, 인지심리학, 신경심리학의 기억평가 문헌 고찰을 통해 Vermont 대학교(1981~1983), Memphis 대학교(1984~1988), Hahneman 대학교(1988~1990)의 세 대학교에서 9년

에 걸쳐 개발되었으며 Williams에 의해 확장되었다. Willams는 선행연구들에 대한 고찰(Loring & Papanicolaou, 1987; Mayes, 1986; Prigatano, 1977, 1978; Russell, 1981)을 통해 기존에 사용되고 있던 기억기능 평가 방법의 단점을 개선할 수 있는 제안들을 수렴하여, 잘 고안된 임상적인 기억검사를 구성할 수 있도록 신뢰도와 타당도가 입증된 방법 및 절차를 중심으로 MAS를 구성하였다. K-MAS는 많은 전문가가 실제로 직면하는 여러 임상적 상황과 제한들, 병상 실시의 용이함, 검사 실시 및 해석의 용이성, 신속히 제시되고 쉽게 전달되는 자료의 필요성, 손쉬운 채점 절차와 계산이 용이한 점수의 필요성 등을 고려하여 제작되었다.

　K-MAS는 한국가이던스(https://www.guidancepro.co.kr/)에서 구입할 수 있다.

3) 인지학습과의 관련성

　K-MAS에서는 언어적 주의와 비언어적 주의, 집중력, 단기기억, 언어적 혹은 비언어적인 학습과 즉각기억, 언어적 자료와 언어적 자료의 지연기억, 또한 재인의 측정과 언어적 학습 회상 동안의 간섭, 인출 책략을 측정한다. 이러한 다양한 능력들은 인지학습과 깊은 관련을 지니고 있다. 특히 주의집중능력은 수업 내용에 집중하거나 주요한 단어 혹은 개념의 출현을 주시하는 능력과 관련된다. 단기기억능력 및 즉각기억능력은 학습한 내용을 짧은 시간 동안 유지시키는 능력과 관련되며, 지연기억은 학습한 내용을 시간의 흐름에도 망각하지 않고 인출시키기 위하여 필요하다. 검사내용을 바탕으로 개인의 기억력과 인출 책략을 고려하여 이에 맞는 인지학습전략을 짤 수 있다.

2. 검사의 대상과 방법

1) 대상 집단

　K-MAS의 원판인 MAS는 18~90세의 성인용 기억검사로서 표준화되었으나 K-MAS의 표준화를 위한 사전 연구결과, 초등학교 고학년부터 적용되어도 검사의

실시와 해석에 문제가 없음을 밝히고 있다. 초등학교 고학년, 중학생, 고등학생들의 수행 점수는 19~29세의 성인 집단과 통계적으로 유의미한 차이가 없었다. 따라서 K-MAS는 10세부터 90세까지 검사가 가능하다고 할 수 있다.

K-MAS를 타당하게 실시하기 위해서는 검사 실시에 어려움이 없을 정도의 시력과 청력을 필요로 한다. 경우에 따라 안경과 보청기를 착용하였을 때의 상태를 기준으로 할 수 있다.

2) 검사 방법

편안하고 조용하며 방해가 없는 검사환경에서 지필검사의 형태로 수행된다. K-MAS 검사도구와 연필, 지우개, 초시계, 평평한 면(책상, 탁자, 클립보드 등 어떤 것이든 무방함)을 준비해야 한다. 검사에는 자극카드 세트와 기록용지가 사용되는데 자극카드 세트에는 하위검사 실시 순서에 따라 시각기억범위 자극카드, 시각재인 자극카드와 간섭카드, 시각재생 자극카드와 간섭카드, 얼굴기억 자극카드 5세트(한 세트당 10개의 자극카드로 구성)가 포함되어 있다. 기록용지는 16페이지로 이루어져 있으며 1쪽은 인구학적 정보와 K-MAS 하위검사 프로파일, 요약점수, 전체기억점수, 언어기억과정점수를 산출하도록 되어 있다. 3~11쪽은 검사 실시에 관한 간략한 지시문이 하위 검사 제시 순서에 따라 나와 있으며 각 과제에 대한 반응을 기록 및 채점하도록 되어 있다. 단어학습, 문장기억, 언어기억범위 검사의 자극 또한 여기에 제시되어 있으며 12쪽은 요약척도의 프로파일을 그릴 수 있도록 되어 있다. 반응기록지 2와 반응기록지 1은 각각 기록용지의 13~14쪽, 15~16쪽에 있는데, 검사를 좀 더 원활하게 실시하기 위해 2장의 반응기록지를 떼어 내는 것이 좋다. 이러한 경우 검사자는 피검사자가 반응기록지를 미리 볼 수 없도록 주의해야 한다.

검사시간은 대략 40~45분 정도가 소요된다. 특별한 문제가 발생하지 않는 경우 단어학습, 문장즉각회상, 단어회상, 단어재인, 언어기억범위, 시각기억범위, 시각재인, 시각재생, 얼굴즉각기억의 과제로 구성된 즉각기억과제를 실시하는 데 평균적으로 30~35분가량 소요되며, 단어지연회상, 문장지연회상, 시각지연재인, 얼굴지연으로 구성된 지연기억과제를 실시하는 데 10~15분 정도가 소요된다. 지연기억과제를 실시하기까지 소요된 30분가량의 시간은 30초 이상이면 임상에서의 지연기간으로 충분한 것으로 간주하는 선행연구(Shallice & Warrington, 1970)의 기준을 상당히 충족시킨다. 뇌 손상 환자의 경우 총 검사시간은 40~60분가량 소요된다.

　검사자는 검사 실시 동안 어떠한 방해도 없도록 주의를 기울여야 한다. 검사의 실시와 채점은 신경심리학, 임상심리학과 같은 관련분야에서 공식적인 훈련을 받지 않은 사람이라도 요강에 상술된 절차를 숙지한 사람이면 할 수 있다. 그러나 뇌 손상이나 뇌 질환으로 인해 청력 및 시력이 손상되거나 약화된 환자들은 예외로서 숙련된 검사자의 검사 실시 기술과 판단이 요구된다.

3. 검사의 구성과 실시

1) 전반적인 구성

검사는 다음과 같은 소검사들로 구성되어 있다.

- 단어학습 검사
  - 학습시행 1
  - 학습시행 2
  - 학습시행 3~6
- 문장기억 검사
- 단어회상 검사
- 언어기억범위 검사
  - 바로 따라 외우기
  - 거꾸로 따라 외우기
- 시각기억범위 검사
- 시각재인 검사
  - 예시문항
  - 문항 1~5
  - 문항 6~10

- 시각재생 검사
- 얼굴기억 검사
- 단어지연회상 검사
- 문장지연회상 검사
- 시각지연재인 검사
- 얼굴지연회상 검사

2) 소검사 내용

(1) 단어학습 검사

피검사자로 하여금 12개의 일상적인 단어를 회상하도록 하는 청각언어적 학습과제이다. 12개의 단어는 세 가지 범주로부터 각 네 개씩 추출된 것으로, 예컨대 과일, 곤충, 문구류의 세 범주라고 가정하면 사과, 잠자리, 지우개, 대추, 연필, 매미, 바나나 등의 단어로 구성된다. 단어 읽기를 끝마치면 피검사자는 기억하는 모든 단어를 순서와 상관없이 말한다. 목록을 6번 연습하거나 12개 단어 모두를 기억할 때까지 연습한다. 단어 목록의 단어들은 1초 간격으로 읽어 준다.

(2) 문장기억 검사

몇 개의 문장으로 이루어진 짧은 이야기를 회상하는 청각언어적 과제이다. 읽기를 끝마친 후 피검사자는 기억할 수 있는 한 많은 것을 이야기한다. 예컨대, 문장기억 검사의 이야기는 다음과 같이 구성될 수 있다.

'어제 저녁 일곱 시에 친구 두 명과 함께 저녁을 먹기 위해 식당에 들어갔다. 식당에는 12개의 저녁 메뉴와 다섯 개의 점심 메뉴가 있었는데, 그중에서 우리는 저녁 메뉴 중에서 볶음밥 두 개와 비빔밥 하나를 주문했다. 식사를 마치고 여덟 시에 식당을 나왔다.'

피검사자가 즉각적 자유회상을 마치고 난 후 즉각 단서회상 시행을 실시한다. 각 단서회상 시행이 끝나면 다음과 같이 이야기의 내용을 확인하는 질문을 하는데, 회상시행에서 정답이 이미 나왔더라도 모든 질문을 해야 한다. 질문은 다음과 같은 형태로 구성되며 전체 9개로 이루어져 있다.

- 몇 시에 식당에 들어갔습니까?
- 점심 메뉴는 몇 가지였습니까?
- 주문한 메뉴는 무엇이었습니까?
- 식당을 나온 시간은 몇 시였습니까?

(3) 단어회상 검사

피검사자는 단어학습 검사에서 배웠던 단어들 중 기억할 수 있는 단어를 모두 말해야 한다. 그다음 단어 중에서 과일이었던 것을 말하도록 한다. 마찬가지로 과일, 곤충, 문구류의 이름인 단어도 회상하게 한다. 마지막으로 단어 쌍들을 보여 준다. 단어쌍 중 한 단어는 학습한 단어이고 나머지 단어는 아니다. 피검사자는 들었던 단어에 동그라미 표시를 해야 한다.

(4) 언어기억범위 검사

피검사자가 점차적으로 길어지는 일련의 숫자들을 반복해야 하는 단기 청각적 기억과제이다.

바로 따라 외우기 시행에서는 숫자를 불러 준 후 말한 순서 그대로 말할 것을 요구한다. 1초당 한 개의 속도로 숫자를 읽어 주며 한 시행당 두 번의 숫자열을 실시하게 되어 있다. 두 시행을 모두 실패하면 중단한다. 숫자열은 두 개부터 아홉 개까지 제시되는데 각각에 대해 두 번 제시한다. 예컨대, 두 개의 숫자열은 2-6, 5-3과 같이 제시하며, 아홉 개의 숫자열은 7-5-8-2-4-5-3-8-7, 3-2-8-5-9-6-4-2-5와 같이 제시한다.

거꾸로 따라 외우기 시행에서는 숫자를 불러 준 후 반대되는 순서로 말할 것을 요구한다. 바로 따라 외우기와 마찬가지로 1초당 한 개의 속도로 숫자를 읽어 주며 만약 피검사자가 숫자가 제시된 순서대로 따라 하면, 거꾸로 따라 해야 한다는 점을 상기시킨다. 거꾸로 따라 외우기 또한 한 시행당 두 개의 숫자열로 이루어져 있고, 각 숫자열은 두 개에서 아홉 개의 숫자로 이루어져 있다.

(5) 시각기억범위 검사

언어기억검사와 동형검사로 비언어적 단기기억 검사이다. 검사자는 특정한 순서에 따라 자극 카드에 그려진 별을 1초에 한 개씩의 속도로 연필로 짚고 피검사자는 검사자가 수행을 마친 후 검사자와 똑같은 순서로 별을 짚는다. 각각의 순서쌍에 있는 별의 수는 두 번의 시행마다 하나씩 늘어난다.

(6) 시각재인 검사

기하학적(비언어적) 그림에 대한 재인기억을 측정하는 과제이다. 피검사자에게 시각재인 자극카드를 보여 준 후 그려진 도형을 기억하기 위해 노력하고 잊지 않도록 할 것을 요구한다. 5초 동안 도형그림을 보여 준다. 그다음 시각간섭 카드를 보여 준다. 시각간섭 카드의 상단에는 도형이 그려져 있으며 중앙부에는 다양한 도형들이 그려진 표가 있다. 간섭카드의 상단에 제시된 도형과 같은 도형이 몇 개나 있는지 셀 것을 요구한 후, 15초 동안 간섭자극 그림을 보여 준다. 이후 위의 모양과 같은 그림이 몇 개나 되는지 물어보고 다시 검사 자극을 보여 준다. 검사자는 피검사자에게 이전에 기억하라고 요구했던 그림과 검사 자극이 같은지 다른지를 말할 것을 요구한다. 문항 1부터 문항 5까지는 표적 그림과 검사 그림이 같은지 다른지를 물어보며 문항 6부터 문항 10까지는 검사 그림에서 나타난 5개의 그림 중 어떤 그림이 표적 그림인지를 물어본다.

(7) 시각재생 검사

기하학적(비언어적) 그림을 재생할 것을 요구하는 검사이다. 연필과 반응기록지 1을 준비하여 B면이 위로 가게 해서 피검사자에게 돌려준다. 시각재생 검사는 그림을 그리는 검사로, 피검사자는 검사자가 지시할 때 그림을 그려야 한다. 표적 그림을 10초간 보여 준 후 간섭자극을 보여 주고 위의 그림과 모양이 같은 그림을 세어 보라고 한다. 간섭자극을 15초간 보여 준 후 같은 그림이 몇 개인지 질문한다. 그 후 표적 그림을 그리게 한다. 피검사자는 제시된 그림과 유사한 그림을 자발적으로 그려야 한다. 피검사자가 그림을 기억할 수 없다고 보고하는 경우에도 그림에 대해서 기억할 수 있는 어떠한 것이라도 그리도록 격려한다. 그래도 피검사자가 전혀 기억을 하지 못한다면 시행을 반복해야 한다. 반복시행에서도 피검사자가 그림을 전혀 그릴 수 없다면 간섭과제를 실시하지 않고 검사를 시행한다.

(8) 얼굴기억 검사

언어적(이름) 재료와 비언어적(얼굴) 재료를 연합시키는 능력을 측정하는 검사이다. 피검사자에게 10개의 얼굴 사진을 보여 주면서 각 사람의 이름을 말해 준다. 10개의 얼굴을 모두 보여 준 후 사진을 다시 한 번 보여 주면서 그 사람들의 이름을 말할 것을 지시한다. 사진은 5초간 보여 준다. 학습 시행이 끝난 후 각 사진을 보여 주고 세 개의 이름을 불러 준다. 피검사자는 그중 어느 이름이 사진에 해당하는 이름인지 말해야 한다. 검사 시행이 끝난 후 다시 한 번 10개의 사진을 보여 주면서 각 사람의 이름을 말해 준다. 피검사자는 그 후 각 사진을 보고 바로 전에 한 것처럼 그 사진에 맞는 이름을 말한다.

(9) 단어지연회상 검사

피검사자는 검사를 시작할 때 학습했던 단어를 기억할 수 있는 한 많이 말해야 한다. 그 후 과일이었던 것을 말하도록 한다. 마찬가지로 곤충, 문구류에 해당했던 단어도 회상하게 한다.

(10) 문장지연회상 검사

피검사자는 문장기억 검사에서 들려준 짧은 이야기에 대해 기억할 수 있는 만큼 말해야 한다. 만약 피검사자가 이야기를 전혀 기억하지 못한다고 하면 식당에 대한 이야기였다는 것을 말해 준다. 피검사자가 이야기에 대해 기억하는 만큼 말하고 나면 문장기억 검사에서 질문했던 것과 동일한 9가지 질문을 한다.

(11) 시각지연재인 검사

피검사자에게 20개의 기하학적 그림이 제시되는데 이 중 10개는 시각재인 검사에서 제시되었던 그림이다. 피검사자는 이전에 봤다고 생각되는 그림에 '×' 표시를 한다.

(12) 얼굴지연회상 검사

얼굴기억 검사처럼 피검사자에게 각 사진을 보여 준 후 세 개의 이름을 불러 준다. 피검사자는 어떤 이름이 사진에 해당하는 이름인지를 말해야 한다.

3) 검사 실시

검사는 다음 단계에 따라 실시한다.

① 피검사자에게 검사의 적절성에 대해 충분히 설명한 후 검사 동의를 받는다.
② 피검사자의 권리에 대해 알려 준다.
- 검사자는 검사과정에서 얻은 피검사자의 정보에 대해 비밀을 보장할 의무가 있다.
- 검사자는 기록을 보관하고 파기할 때 비밀보장을 유지하여야 한다.
- 피검사자는 비밀유지를 기대할 권리, 자신의 기록에 대한 정보를 가질 권리가 있다.
- 피검사자가 원하지 않을 때는 언제든 검사를 철회할 수 있다.
③ 이 검사(K-MAS)를 실시한다.
- 검사에 대한 주요 지시사항을 숙지하도록 한다(예, "가능한 한 빨리, 그리고 정확하게 수행하십시오.").
- 각 소검사별 과제에 대해 지시한다.
④ 피검사자에 검사 개요에 대해 설명한다(debriefing).

4. 결과와 해석

1) 검사의 채점

단어학습 검사에서는 단어습득점수, 전체침입점수, 전체군집화점수, 단어군집화:습득점수가 측정치로 사용된다. 단어습득점수는 각 회상에서 정확하게 회상된 단어 수의 합이다. 전체침입점수는 제시되지 않았던 단어를 회상한 숫자이다. 동일한 의미범주의 단어들이 연속적으로 회상되었을 때 단어들 사이에 별표를 표시하는데 별표의 최대 수는 8이 된다. 이 별표의 개수를 센 것이 전체군집화점수이며 전체군집화 점수를 전체회상단어 수로 나눈 후, 소수점 셋째자리에서 반올림한 수치

가 단어군집화:습득점수이다.

문장기억 검사에서는 단서가 제시되는 9개의 회상 질문에 대한 반응이 측정치로 사용되며 정답 수를 합한 값이 측정치가 된다.

단어회상 검사에서는 정확하게 회상된 단어의 수(회상수)와 연속적으로 회상된 동일한 의미범주의 단어들 사이에 그린 별표의 개수(군집화 점수) 및 군집화 점수를 회상수로 나누고 소수점 셋째자리에서 반올림을 한 값(단어군집화:회상)이 측정치로 사용된다. 단어재인과제에서는 정확하게 동그라미가 쳐진 단어 수를 세어 이 수를 단어재인의 측정치로 사용한다.

언어기억범위 검사에서는 바로 따라 외우기와 거꾸로 따라 외우기가 실시되는 데, 각 시행에서 성공적으로 회상된 가장 긴 숫자 열의 수치와 두 시행의 수치를 합한 값을 측정치로 사용한다.

시각기억범위 검사에서는 성공적으로 회상된 가장 긴 열의 자릿수를 측정치로 사용한다.

시각재인 검사는 피검사자자가 정확하게 재인을 한 문항에서 2점을 주고 재인을 하지 못하는 경우 0점(문항 1~5), 1점 혹은 0점(문항 6~10)을 주어 전체 점수를 합산해서 측정치로 사용한다.

시각재생 검사에서는 그림 A와 그림 B가 제시되는데 각 시행별 점수는 0점에서 5점 중 하나가 된다. 높은 점수가 될수록 정확한 재생을 의미하며 그림 실력이 부족하여 선의 연결이 매끄럽지 못하거나 균형이 다소 맞지 않더라도 전체적인 모양이 채점 기준에 부합하면 그에 해당하는 점수를 준다. 만약 그림 A와 그림 B 중 어느 하나가 재실시되었다면 비례배분(계산)법을 이용해서 점수를 계산한다. 비례배분법으로 구해진 점수는 채점 가능한 그림의 점수에 2를 곱한 값이 된다. 두 그림 모두가 재실시되었다면 점수를 주지 않는다.

얼굴기억 검사는 검사 A의 모든 문항에서 정답이면 1점, 오답이면 0점을 주고 검사 B에 대해서 동일한 절차를 반복하여 검사 A와 검사 B의 점수를 합한 총점을 측정치로 사용한다.

단어지연회상 검사에서는 단어회상 검사와 마찬가지로 회상 수와 군집화점수, 단어군집화:지연회상 점수를 사용하며 단서회상시행에서 정확히 회상된 단어 수를 합하여 회상 수로 사용한다.

문장지연 검사는 문장기억 검사와 동일하게 단서가 제시되는 9개의 회상 질문에 대한 반응을 측정치로 사용한다.

얼굴지연회상 검사는 정답에 1점, 오답에 0점을 주어 각 문항의 점수를 합한 값을 측정치로 사용한다.

2) 결과 해석

각 검사의 원점수는 규준자료를 바탕으로 표준점수로 전환된다. 규준표는 연령별 규준표와 연령×교육 수준별 규준표가 각각 있어 둘 중 하나의 규준표를 사용할 수 있다. 요약점수는 언어기억범위와 시각기억범위의 점수를 합한 값을 단기기억점수로 채점하며 단어회상과 문장즉각회상점수를 합한 값을 언어기억점수로 채점한다. 시각재생과 시각즉각재인 점수를 시각기억점수로 채점하며 단어회상과 문장즉각회상, 시각재생, 시각즉각재인의 점수를 합한 값을 전체기억점수로 채점한다.

단기기억, 언어기억, 시각기억, 전체기억의 표준점수를 체크한다. 규준표는 한국판 기억평가검사(K-MAS) 실시 및 채점요강에 제시되어 있다.

3) 유의사항

전체기억의 표준점수가 언어기억과 시각기억을 단순히 합한 점수보다 극단적으로 나오는 경우가 있다. 이는 시각기억과 언어기억 점수가 모두 극단적으로 높거나 낮을 때 전형적으로 나타난다. 전체기억이 언어기억과 시각기억의 합의 형태로 분포할 수도 있지만 반드시 그런 것은 아니며 대부분의 경우, 언어기억 및 시각기억 각각이 고유의 분포양상을 보인다.

5. 기타 참고사항

1) 검사의 장단점

K-MAS는 아동, 청소년을 대상으로 학습장애의 유형을 평가할 수 있는 검사이며 뇌 손상, 치매, 경도인지장애, 노화 등에 따른 기억손상의 유무와 정도를 알아볼 수 있다. 뿐만 아니라 단기기억, 언어기억, 시각기억, 전체기억의 하위검사 점수로 뇌 손상 유형을 정확하게 변별할 수 있다. 또한 재활치료와 뇌 수술과 같은 치료 전후의 인지적 기능 수행을 비교 및 분석하여 효과적인 치료법을 계획할 수 있도록 해 준다.

K-MAS는 기억평가의 방법과 과제의 유형을 포괄적으로 측정하는 검사이다. 평가영역은 주의와 집중력, 학습과 즉각기억, 지연기억으로 이루어져 있으며 과제는 언어적 과제와 비언어적 과제가 제시된다. 기억방법은 회상/재인, 즉각/지연으로 나뉜다. 또한 일상생활에서의 기억상황과 유사한 환경을 제공해 주는 간섭과제와 얼굴기억 검사가 포함되어 있다. 얼굴기억 검사는 언어적 자료와 비언어적 자료가 연합된 검사이다. 자극은 이젤(easel) 형식으로 제시되어서 검사 실시가 간편하며 특히 병상(bedside) 실시에 탁월한 이점을 지닌다.

기억기능의 임상적 평가 목적은 크게 두 가지이다. 첫째는 피검사자의 기억능력 수준을 평가하는 것으로 이전 직업에의 복귀, 약물 관리, 계획한 것의 실행 등과 같은 일상생활의 요구에 대처할 수 있는가를 결정하기 위한 것이다. 두 번째는 뇌 질환이나 뇌 손상에 기인하는 기억장애의 구체적 진단을 붙이고자 하는 것이다. K-MAS는 두 목적을 잘 충족시키는 검사이며 표준화된 검사 절차와 상세한 규준을 지니고 있다.

2) 관련 검사

• Rey-Kim 기억검사(김홍근, 1999)가 유사한 과제들을 사용한다. Rey-Kim 기억 검사는 언어기억검사인 Auditory Verbal Learning Test(AVLT)와 시각기억검사

인 Complex Figure Test(CFT)를 포함하는 검사로, 기억장애의 유무와 기억장애의 구별 및 기억과정의 능력을 평가하는 검사이다. 언어기억검사인 AVLT는 K-MAS의 단어학습 검사, 단어회상 검사, 단어지연회상 검사와 유사하다. 시각기억 검사인 CFT는 K-MAS의 시각재생 검사와 유사하다.

• K-WISC-IV(곽금주, 오상우, 김청택, 2011)와 K-WAIS-IV(황순택, 김지혜, 박광배, 최진영, 홍상황, 2012)에서 사용되는 숫자과제와 K-MAS의 언어기억범위 검사가 동일한 절차와 측정치를 가지고 있다. 이 두 검사는 각각 아동과 성인의 지능을 측정하는 검사로 매우 널리 쓰이고 있다.

3) 적용 사례

• 도진아, 류설영, 김희철(2005). 외상성 뇌손상 환자들의 K-WAIS와 K-MAS 수행 패턴 비교. **생물치료정신의학**, 11, 165-171.

• 이현종, 이현수, 최성혜, 남민, 장순자, 정한영(2001). 알쯔하이머형 치매 집단과 노인 우울 집단의 기억. 한국심리학회지: 임상, 20, 641-661.

• 이혜원, 김선경, 이고은, 정유진, 박지윤(2012). 연령에 따른 인지 변화 양상. 한국심리학회지: 인지 및 생물, 24, 127-148.

• 정문용, 정화용, 유현, 정혜경, 최진희(2001). 외상후 스트레스 장애 환자에서 해마용적과 기억기능. **생물정신의학**, 8, 131-139.

• 최성혜, 이현수(2003). 외상성 뇌손상 환자의 기억기능 연구-뇌손상의 심각도에 따른 비교-. 한국심리학회지: 임상, 22, 33-56.

• 최승원, 안창일, 김용희(2003). 외상성 뇌손상 환자들의 잔류 인지문제 판단의 타당도 연구: K-MMSE와 K-MAS의 비교. 한국심리학회지: 건강, 8, 547-564.

12 아동용 Rey-Kim 기억검사

1. 검사 소개

1) 목적과 용도

아동용 Rey-Kim 기억검사(김홍근, 2005)는 성인용 기억검사인 Rey-Kim 기억검사(김홍근, 1999)를 바탕으로 아동에 맞게 형태를 개편하여 개발된 개인용 배터리 기억검사이다. 아동을 대상으로 하는 임상심리평가에서 기억검사의 필요성은 다음과 같다.

첫째, 임상 장면에서 기억장애를 앓고 있는 아동들이 상당히 많다. 기억장애는 기억에 중요한 역할을 하는 뇌 영역인 내측측두엽, 시상, 전뇌기저핵, 시상에 손상을 입은 아동들에게서 나타날 수 있다. 하지만 여러 뇌 영역에 손상을 입은 아동들에게서도 기억장애가 발생할 수 있다. 또한 기억장애는 이러한 뇌 영역 손상이 아니더라도 주의력결핍-과잉행동장애, 우울증, 품행장애와 같은 신경정신과적 질환을 가진 아동들에서도 종종 발견된다(Spreen, Risser, & Edgell, 1995).

둘째, 임상심리평가에서 중점적으로 봐야 할 주요 인지기능으로는 주의, 언어, 시공간, 기억, 관리기능이 있다. 하지만 현재 시판되고 있는 가장 대표적인 인지검사인 웩슬러 지능검사가 측정하는 영역은 언어, 주의, 시공간기능이다. 따라서 웩슬러 지능검사 이외에 기억기능에 초점을 둔 전문화된 기억검사를 독립적으로 실시하여야 한다.

셋째, 초등교육을 받는 시기에 있는 아동들에는 기억장애는 적응장애나 학습장애와 같은 이차적인 장애로 이어질 가능성이 있다. 이러한 이유로, 아동의 임상심리평가에서 기억검사가 반드시 필요하다.

2) 검사의 배경

Rey-Kim 기억검사는 임상심리평가에서 기억검사의 필요성에 근거하여 개발된 평가도구이다. 아동용 Rey-Kim 기억검사는 성인용 기억검사인 Rey-Kim 기억검사를 아동에 맞게 변형시켜 개발한 것이다.

Rey-Kim 기억검사는 언어기억검사인 Auditory Verbal Learning Test(AVLT)와 시각기억검사인 Complex Figure Test(CFT)를 기반으로 제작되었다. AVLT는 15개의 단어를 반복적으로 학습시킨 후 이 단어들에 대한 기억이 얼마나 잘 형성되었는지를 알아보는 검사로 지연회상시행과 지연재인시행으로 구성되어 있다. CFT는 복잡한 도형을 학습시킨 후 이 도형에 대한 기억이 얼마나 잘 형성되었지는를 측정하는 검사로 그리기 시행, 즉시회상시행, 그리고 지연회상시행 순으로 구성되어 있다. AVLT와 CFT는 해외에서도 임상적으로 널리 알려진 검사들인데, 예를 들면 AVLT는 8개의 언어기억검사 중 만족도가 1위였고, CFT 또한 7개의 시각기억검사 중 만족도가 1위였다. 한국 성인들을 대상으로 하는 기억검사인 'Rey-Kim 기억검사'의 경우에는 현재 국내 성인용 기억검사에서 널리 인정받고 있다. 이러한 점들을 고려해 볼 때, 아동용 Rey-Kim 기억검사 또한 한국 아동을 대상으로 하는 기억검사로서 유용하게 널리 사용될 것으로 여겨진다. 이 검사는 도서출판 신경심리(http://neuropsy.co.kr)에서 구입할 수 있다.

3) 인지학습과의 관련성

아동용 Rey-Kim 기억검사에서는 기억과정 중 등록, 유지 그리고 인출단계에 대한 평가와 시공간 기능과 시각기억의 역량을 측정한다. 이러한 모든 능력이 인지학습과 관련이 있다. 기억은 인지적 학습에 기본적 근거라고 할 수 있으며, 모든 인지과제에 불가결한 요소로서 사람의 이름을 기억하는 단순한 과제부터 언어를 이해하고 사용하거나 목표를 수립하는 등의 어려운 과제에 이르기까지 모든 것에 관련 되어 있다. 기억과정은 등록, 유지 그리고 인출로 구별된다. 등록은 새로운 정보가 학습되어 입력되는 과정이고, 유지는 입력된 정보가 파지되는 과정, 인출은 유지된 정보를 꺼내는 능력을 말한다.

　효과적인 학습을 위해서는 이 세 단계가 적절히 작동하는 것이 필요하다. 또한 시공간 기능과 시각기억은 여러 가지 과제의 수행 수준과 관련이 있다. 예를 들면, 기억력 증진에 효과적이고, 공간 정보처리의 속도가 빨라지며, 시각부호와 어문부호간 간섭을 줄일 수 있다. 따라서 검사 결과를 바탕으로 아동의 기억력과 기억 전략을 고려하여 아동에 맞는 효과적인 인지학습전략을 구축할 수 있고 부족한 부분을 보충할 수 있다.

2. 검사의 대상과 방법

1) 대상 집단

　아동용 Rey-Kim 기억검사는 7~15세의 아동을 대상으로 표준화되었다. 이 기억 검사의 점수체계는 큰 틀에서 원점수, 환산점수, MQ, 질적 점수의 네 가지로 구분된다. 원점수는 각 시행의 아동 반응을 채점 규칙에 따라 채점한 점수를 뜻하며, 환산점수는 시행별 원점수 10개를 각각 M = 10, SD = 3인 정규분포 점수로 변환한 것이다. MQ는 시행별 점수들을 총합하여 요약한 점수로 M = 100, SD = 15인 정규분포 점수단위를 사용한다. 질적 점수는 기억의 질적 측면을 반영하는 것이고 점수 단위는 백분위를 사용한다. 환산점수와 MQ는 7세, 8세, 9세, 10세, 11세, 12세, 13세, 14세, 15세의 각 연령별로 규준이 작성되어 있으나, 질적 점수들은 연령별 차이가 상대적으로 작은 점을 감안하여 7~9세, 10~12세, 13~15세의 세 집단으로 규준이 작성되었다.

2) 검사 방법

아동용 Rey-Kim 기억검사는 언어기억검사인 AVLT-C와 시각기억검사인 CFT-C로 구성되어 있다. 두 개의 소검사 중 어느 검사를 먼저 실시할지에 대한 특별한 제한은 없지만, 규준 집단의 검사에서는 AVLT-C를 먼저 실시한 후 CFT-C를 실시하였다. 따라서 특별한 이유가 없다면 이러한 순서로 실시하는 것이 바람직하다.

AVLT-C 검사에는 기록지, 필기구, 스톱워치가 필요하며, 15개의 단어가 AVLT-C 검사에 사용된다. AVLT-C의 시행은 5회 반복 시행, 지연회상 시행, 그리고 지연재인 시행의 순으로 실시된다. CFT-C 검사에는 CFT-C 도형, 기록지, 필기구, 스톱워치가 필요하다. CFT-C는 그리기 시행, 즉시회상 시행, 그리고 지연회상 시행의 순으로 실시된다. 아동용 Rey-Kim 기억검사는 개인용 검사로, 지연시간을 제외한 실질적인 검사시간이 30분 이하로 소요된다.

아동용 Rey-Kim의 실시와 채점은 신경심리학, 임상심리학 또는 관련 분야에서 공식적인 훈련을 받지 않았어도 수행 가능하나 실시와 채점에 대한 훈련 및 해석은 반드시 공식적인 자격을 갖춘 심리학자가 수행하여야 한다.

3. 검사의 구성과 실시

1) 전반적인 구성

두 검사와 그 시행은 다음과 같은 형태로 되어 있으며, 이 순서로 실시된다.

- AVLT-C
  - 시행 1
  - 시행 2
  - 시행 3
  - 시행 4
  - 시행 5

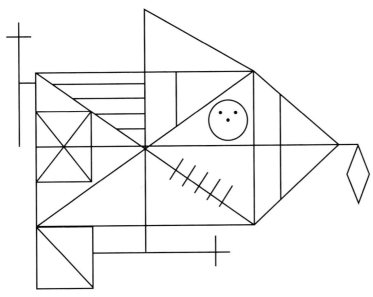

[그림 12-1] Rey CFT 검사의 카드 예(광고 사진)

　　－지연회상 시행
　　－지연재인 시행
　• CFT–C
　　－그리기 시행
　　－즉시회상 시행
　　－지연회상 시행

2) 소검사 내용

(1) AVLT–C

① AVLT–C 검사에 사용되는 단어는 총 15개이다. 15개의 단어는 예컨대 나무, 은행 등 평소 흔히 사용하는 일상어들로 구성되어 있다.

② AVLT–C의 첫 번째 소검사는 위의 단어들을 불러 준 다음 아동들에게 불러 준 단어들을 말하라고 하는 것이다. 이러한 시행 총 5번 반복한다.

③ AVLT–C의 두 번째 소검사는 지연회상 시행이다. 이 검사는 첫 번째 소검사를 다 끝마친 후에 20분의 지연시간을 가지고 아동들에게 첫 번째 소검사에서 들

은 단어들을 말해 보라고 하는 것이다.

④ AVLT-C의 세 번째 소검사는 지연재인 시행이다. 이 검사는 아동들에게 이전에 불러 준 단어들이 적힌 종이를 보여 주고 자신들이 본 단어들에 동그라미를 치도록 하는 검사이다.

(2) CFT-C

① CFT-C 검사에는 CFT 도형(예, [그림 12-1])이 사용된다.

② CFT-C의 첫 번째 소검사는 그리기 시행으로서 CFT-C의 도형을 보고 똑같이 따라 그리는 검사이다.

③ CFT-C의 두 번째 소검사는 즉시 회상시행으로 CFT-C의 도형을 보지 않고 그리는 검사이다.

④ CFT-C의 세 번째 소검사는 지연재인 시행이다. 즉시회상이 끝난 후 20분의 지연시간을 갖고 CFT-C의 도형을 그리도록 하는 검사이다.

3) 검사 실시

AVLT-C 검사에는 15개의 단어가 사용되는데 평소 흔히 사용되는 일상어들로 구성되어 있다. AVLT-C의 검사는 5회의 반복 시행, 지연회상 시행, 지연재인 시행의 순서로 이루어진다.

① 첫 번째 시행에 앞서 아동에게 다음과 같은 뜻으로 지시를 한다. "지금부터 내가 여러 개의 단어를 불러 줄 것이다. 너희들은 내가 말하는 것을 다 들은 후에 내가 어떤 단어들을 말했는지 나에게 말해 주면 된다. 너희들은 내가 말한 순서대로 단어를 말할 필요는 없고 생각나는 대로 말하면 된다." 아동들이 이해를 했다면 15개의 단어들을 정해진 순서에 의해 첫 단어부터 마지막까지 순서대로 불러 준다. 단어는 1초당 하나를 불러 주며 아동의 연령이나 건강 상태와 무관하게 이 속도를 항상 유지한다. 또한 단어의 발음은 분명하고 또렷해야 한다. 마지막 단어를 부른 후, "내가 무슨 단어들을 불렀는지 말해 봐."라고 말한다. 아동이 단어를 말하면 정답 유무에 상관없이 기록지에 모두 순서대로

받아 적는다. 이때 시간 제한은 없으며 아동이 다 말할 때까지 기다린다.

② 두 번째 시행에 앞서 아동에게 다음과 같은 뜻으로 지시를 한다. "지금부터 내가 좀 전에 불러 줬던 단어들을 다시 한 번 불러 주겠다. 내가 말하는 단어를 다 들은 후 내가 무슨 단어를 말했는지 나에게 다시 한 번 말해 주면 된다." 가끔씩 아동은 첫 번째 시행에서 기억하지 못해서 말하지 못한 단어들을 두 번째 시행에서 말해야 되는 것으로 잘못 이해하기도 하기 때문에, 아동들에게 앞서 말한 단어들도 모두 포함해서 전부 말해야 하는 것을 상기시켜 준다. 그리고 시행 1처럼 모든 단어를 불러 준 후 아동이 말하는 단어를 모두 순서대로 받아 적는다. 이러한 시행을 3회 더 반복하여 총 5회의 시행을 한다. 반복 시행, 지연회상 시행, 지연재인 시행의 순서로 이루어진다.

③ 5회 시행이 끝나면 20분간 지연시간을 가지고, 20분 후에 기억검사가 있다는 사실은 아동에게 알려 주지 않는다. 지연시간 동안에는 다른 신경심리검사 또는 CFT-C를 실시하는데, 다른 신경심리검사를 실시할 때 비언어적인 것을 하고 언어적 기억에 과도한 방해를 주지 않도록 주의한다. 20분이 흐른 뒤에는 아동에게 다음과 같이 지시한다. "20분 전쯤에 내가 불러 준 단어들을 지금 생각나는 대로 다시 한 번 말해 봐." 아동이 단어를 말하면 정답 유무에 상관없이 기록지에 모두 순서대로 받아 적는다. 이때 시간 제한은 없으며 아동이 다 말할 때까지 기다린다.

④ AVLT-C 지연회상 시행이 모두 끝나면 AVLT-C 지연재인 시행을 실시한다. 실시방법은 아동들에게 재인검사용 기록지를 주면서 실험자가 불러 준 단어들을 재인검사용 기록지를 보고 동그라미로 체크하라고 지시한다. 여기서 중요한 것은 아동이 체크한 동그라미 개수가 15개인지를 확인하고, 만약 동그라미가 15개보다 많으면 지우도록 지시하며 모자라면 모자란 만큼 더 체크하라고 지시하는 것이다.

CFT-C 검사는 그리기 시행, 즉시회상 시행 그리고 지연회상 시행 세 단계로 이루어져 있다. 단계별 실시 방법은 다음과 같다.

① 검사를 시작하기 전에 CFT-C 도형과 기록지의 5면을 아동 앞에 제시한다. 그

리고 다음과 같이 지시한다. "지금 보고 있는 그림과 똑같이 그려 보자. 나중에는 안 보고 그릴 것이지만, 지금은 그림을 보면서 그려 보자." 그리는 시간은 따로 제한이 없으며 아동이 그리기를 마칠 때까지 기다린 후 종결한다. 그림 그리기가 끝나면 CFT 도형과 기록지를 수거해서 아동이 볼 수 없는 곳에 놓아둔다.

② 그리기 시행이 종결되면 CFT-C 즉시회상 시행을 실시한다. 방식은 즉시 기록지의 7면을 아동 앞에 위치시키고 아동에게 그림을 보지 않고 그리라고 다음과 같이 지시하는 것이다. "지금부터 그림을 안 보고 생각나는 대로 똑같이 그려 보자." 여기서도 시간의 제약은 따로 없으며 그림 그리기가 끝나면 CFT 도형과 기록지를 수거해서 아동이 볼 수 없는 곳에 놓아 둔다.

③ 즉시회상 시행이 모두 끝나면 20분 동안 지연시간을 갖는데, 20분 후에 기억검사가 또 있다는 것을 아동에게 알려 주지 않는다. 지연시간 동안에 다른 신경심리검사 또는 AVLT-C를 한다. 만약 다른 신경심리검사를 할 경우에는 비시각적인 것을 하고 시각적 기억에 방해를 주지 않는 것을 실시한다. 20분이 지난 뒤 기록지의 9면을 아동 앞에 제시하고 20분 전에 그린 그림을 다시 그리도록 다음과 같이 지시한다. "20분 전에 네가 그린 그림을 여기에 다시 한 번 그려 보자. 생각나는 대로 그림을 그리면 된다." 역시 그림을 그리는 데 시간제한은 없다.

④ 각 시행별 원점수 산출은 CFT-C 도형을 18개의 요소로 구분하여 채점한다. 각 요소의 채점은 형태와 위치를 고려하여 채점한다. 형태와 위치가 정확하면 2점, 형태와 위치 둘 중 하나가 일치하면 1점, 형태와 위치 둘 다 부정확하지만 그린 흔적이 있다면 0.5점, 그린 흔적이 전혀 없다면 0점을 준다. 각 시행당 최고 원점수는 36점이고 최저 원점수는 0점이 된다.

4. 결과와 해석

1) 검사의 채점

아동용 Rey-Kim 기억검사의 주요 측정치는 다음과 같다.

첫 번째, AVLT-C의 주요 측정치는 아동이 올바르게 응답한 단어들의 개수이다. 따라서 각 시행마다 원점수는 최저 0점에서 최고 15점까지 될 수 있다.

두 번째, CFT-C의 주요 측정치는 CFT-C 도형을 18개의 요소로 구분하여 각 요소들의 형태와 위치를 고려하여 채점한다. 형태와 위치 모두 정확하면 2점, 형태와 위치 중 둘 중 하나가 정확하면 1점, 형태와 위차가 둘 다 부족하지만 그림을 그린 흔적이 있으면 0.5점, 그리고 그린 흔적이 전혀 없으면 0점을 준다. 각 요소당 최고점이 2점이고 최저점이 0점이므로 각 시행당 최고 원점수는 36점이고 최저 원점수는 0점이 된다.

CFT-C 각 요소들의 일반적인 채점규칙은 다음과 같다. 첫째, 직선으로 그려야 하지만 곡선으로 그릴 경우 정도에 따라 맞는 것으로 간주하거나 감점한다. 둘째, 연결된 선으로 그려야 하는 것을 두 선을 이어서 그렸을 때 이음새가 이어진 경우만 맞는 것으로 채점하고 틈이 있으면 감점한다. 셋째, 선과 선이 맞닿게 그려야 하는 것을 교차해서 그리거나 틈이 벌어지게 그린 것은 정도에 따라 맞는 것으로 간주하거나 감점한다. 마지막으로, 각 요소에 대한 채점은 독립적으로 실시하여 다른 요소의 점수에 영향을 미쳐서는 안 된다.

2) 결과 해석

(1) 환산점수

환산점수 등 여러 산출 점수의 목록은 〈표 12-1〉에 있다. 이 중 환산점수는 각 시행별 원점수를 평균=10, 표준편차=3인 정상분포 점수로 전환한 점수이다. 점수의 해석 기준은 일반적으로 적용되는 것이다. 예를 들어, '평균' 수준으로 분류되는 환산점수라 할지라도 아동의 현재 지능 또는 병전 수준이 상당히 높은 경우라면 기

⟨표 12-1⟩ 아동용 Rey-Kim 기억검사 각 점수 유형과 내용

종류	내용
환산점수	각 시행들의 수행 분석 점수
MQ	기억장애 및 심각성 평가
학습기울기	기억과정에서 등록 단계를 평가
기억유지도	기억과정에서 유지 단계를 평가
인출효율성	기억과정에서 인출 단계를 평가
그리기 및 기억 일치도	시공간기능과 시각기억을 비교하여 평가
언어기억 및 시각기억 일치도	전반적인 기억장애인지 부분적인 기억장애인지를 평가
지능 및 기억 일치도	일반 지능과 기억력을 비교하여 평가

억기능의 저하를 의미할 수 있다.

(2) MQ

MQ는 아동의 기억검사 수행을 전반적으로 종합하여 하나의 점수로 나타낸 것이다. MQ 점수를 산출할 때는 AVLT-C에서의 시행 1~5의 합, 지연회상 시행, 지연재인 시행, CFT-C에서의 즉시회상 시행, 지연회상 시행 총 5개의 원점수가 사용된다. 위의 5개의 원점수를 각각 평균=10, 표준편차=3인 연령별 환산점수로 변환하고 그런 다음 모두 더한다. 이러한 환산점수의 합을 평균=100 그리고 표준편차=15인 정상분포 점수 단위로 변환하면 MQ가 계산된다.

MQ는 다음의 ⟨표 12-2⟩를 기준으로 점수대별로 구분하고 해석해야 한다. MQ 해석 기준은 일반적인 것이기 때문에 유연하게 적용되어야 하는데, 예를 들어 '평균' 또는 '평균하' 수준의 MQ일 경우라도 아동의 현재 지능 또는 병전 지능 수준이 높은 편이라면 기억기능의 이상을 예상할 수 있다. 예컨대, 만약 Wechsler 지능검사 점수가 120인 아동의 MQ가 90이라면 기억기능의 이상을 시사할 수 있다.

MQ는 전체 검사의 결과를 종합한 지표라는 측면에서 아동용 Rey-Kim 기억검사에서 가장 중요한 지표 중 하나이다. 특히 간결하고 숫자화되어 있다는 점에서 검사 결과를 보고할 때 간결하다는 점이 유용하나, MQ에만 너무 의존하는 경우 결과 해석의 수행의 질적인 측면이 무시될 수 있다.

〈표 12-2〉 MQ의 해석 기준

MQ	백분위	해석
130 이상	98~100%	최우수
120~129	91~97%	우수
110~119	76~90%	평균보다 높음
90~109	25~75%	평균
80~89	10~24%	평균보다 떨어짐
70~79	3~9%	경계
69 이하	0~2%	기억장애

(3) 학습기울기, 기억유지도, 인출효율성

기억은 등록, 유지 그리고 인출의 세 단계로 이루어져 있다. 등록은 새로운 정보가 학습되어 입력되는 과정이고, 유지는 입력된 정보가 파지되는 과정, 인출은 유지된 정보를 꺼내는 과정을 뜻한다. 이러한 기억의 세 단계 중 어느 단계에서 결함이 있는가를 파악하는 것이 임상적으로 중요한 의미를 가진다. 아동용 Rey-Kim 기억검사에는 등록, 유지, 인출 단계에 대한 평가를 AVLT-C에서의 학습기울기, 기억유지도 그리고 인출효율성을 바탕으로 평가한다.

학습기울기는 등록과정에 대한 지표이다. 학습기울기의 점수는 시행 5와 시행 1의 원점수 차이를 백분율로 변환한 점수이다. 여기서 학습기울기 지표는 백분율이 낮을수록 반복에 따른 학습효과가 저조한 것을 뜻한다. 즉, 등록단계에서의 문제로 해석될 수 있다.

기억유지도는 유지과정에 대한 지표이다. 기억유지도의 점수는 시행 5와 지연회상 시행의 원점수 차이를 백분율로 변환한 것이다. 기억유지도의 지표는 백분율이 낮을수록 파지기간 동안 정보의 손실이 큰 것을 뜻한다.

인출효율성은 인출과정에 대한 지표이다. 인출효율성 점수는 지연재인 시행과 지연회상 시행의 원점수 차이를 백분율로 변환한 것이고, 이 백분율이 낮을수록 기억에 저장된 내용이 인출될 가능성이 낮은 것을 뜻한다.

(4) 그리기 및 기억 일치도

그리기 및 기억 일치도는 아동의 CFT-C 과제에서 기억기능과 시공간기능을 구별하는 데 중점을 둔 지표이다. 그리기 및 기억 일치도 점수는 그리기 시행과 즉시회상 시행의 원점수를 차이를 백분율로 변환한 것이다. 그리기 및 기억 일치도의 백분율이 낮을수록 그리기 시행에 비해 즉시회상 시행의 수행이 낮은 것을 의미한다.

정상 아동의 경우도 그리기 시행과 즉시회상 시행의 반응을 비교하면 그리기 시행이 즉시회상 시행보다 우수한 경우가 많다. 그러나 정상 아동은 두 시행의 차이가 비교적 작은 반면에, 기억장애 아동의 경우에는 두 시행의 반응 차이가 매우 크게 나타난다. 그리기 시행은 시공간기능을 반영하고 즉시회상 시행은 시공간기능과 기억기능을 동시에 반영한다. 따라서 두 시행의 반응 차이가 큰 것은 시공간기능에 비해 기억기능이 저조함을 뜻한다.

(5) 언어기억 및 시각기억 일치도

언어기억 및 시각기억 일치도는 아동의 기억장애가 전체적으로 나타나는 것인가 아니면 부분적으로 나타나는 것인가를 구별하는 데 초점을 맞춘 지표이다. 전체적인 기억장애란 언어기억과 시각기억 둘 다 낮은 상태를 의미하고, 부분적인 기억장애는 언어기억과 시각기억 둘 중 하나가 낮은 상태를 의미한다. 언어기억 및 시각기억 일치도 지표의 점수는 AVLT-C의 시행 1~5의 합과 지연회상을 더한 두 환산점수의 합과 CFT-C의 즉시회상 점수와 지연회상을 더한 두 환산점수의 합의 차이를 백분율로 변환한 점수이다. 언어기억 및 시각기억 일치도의 백분율이 낮을수록 AVLT-C와 CFT-C의 수행 차이가 크게 난다는 것을 뜻한다.

(6) 지능 및 기억 일치도

지능 및 기억 일치도는 아동의 인지장애가 기억에만 한정되어 있는 것인지 아니면 전반적인 인지기능에 걸쳐 나타나는 것인지를 변별하는 데 초점을 둔 지표이다. 지능 및 기억 일치도 지표의 점수는 웩슬러 지능검사의 FSIQ(전체지능)와 아동용 Rey-Kim 기억검사의 MQ 차이를 백분율로 점수화한 것이다. 이 백분율이 낮을수록 일반 지능에 비해 기억기능이 낮다는 것을 의미한다.

정상 아동의 지능점수와 MQ를 비교하면 MQ가 지능점수보다 낮은 경우와 이와 반대인 경우가 반반 정도이거나 어느 쪽이 높든지 그 차이가 매우 크지 않은 것이 일반적이다. 하지만 기억장애 아동의 MQ가 지능점수보다 낮은 경우가 훨씬 더 많으며 그 차이도 매우 크다. 이것은 다른 인지기능에 비해 기억기능이 특히 낮음을 의미한다.

지능 및 기억 일치도는 그리기 및 기억 일치도와 유사하는데, 이는 기억기능의 수준과 다른 인지기능의 수준을 비교하기 때문이다. 하지만 그리기 및 기억 일치도는 시각기억과 시공간기능이 얼마나 일치하는가를 평가하는 반면에, 지능 및 기억 일치도는 기억기능 전체와 일반 지능 전체가 얼마나 일치하는 가를 평가하는 점에서 지능 및 기억 일치도가 좀 더 종합적인 지표이다.

지능 및 기억 일치도 지표는 기억장애를 가장 종합적으로 반영하는 점에서 임상적 함의가 매우 크다. 특히 지능검사와 MQ가 여러 소검사의 종합점수이기 때문에 신뢰도가 높다. 따라서 그 차이점수도 상당한 신뢰성을 가진다. 하지만 지능 및 기억 일치도 지표는 기억의 절대적인 수준이 아니라 지능과 비교한 상대적 수준을 뜻하는 지표이다. 그러므로 지능 및 기억 일치도 점수가 낮은 경우에도 기억장애가 있을 수 있지만, 그렇다고 이 지표 점수가 높다고 해서 기억장애가 없다고 할 수 있는 건 아니다.

3) 유의사항

정상적인 아동의 경우에도 언어기억과 시각기억 수준이 정확히 일치하는 경우는 별로 없다. 일반적으로 언어기억과 시각기억의 수준은 어느 정도 차이를 보인다. 따라서 부분적인 기억장애의 진단은 언어기억과 시각기억의 수준 차이가 매우 큰 경우에만 내릴 수 있다.

등록, 유지, 인출의 세 단계는 기억장애의 원인으로 서로 독립적인 관계가 아니다. 기억장애 아동의 수행을 보면 특정 한 단계가 아닌 두 개 이상의 단계에서 동시에 문제점을 보이는 경우가 허다하다. 그러나 기억장애가 있지만 특정 한 단계의 결함도 보이지 않는 경우도 있다.

지능 및 기억 일치도에 사용되는 지능점수의 경우 일반적으로 K-WISC-III의 점수를 사용해야 된다. 만약 KEDI-WISC의 지능점수를 사용할 경우 규준이 변화하게 되어 지능점수가 과대 평가되는 문제가 발생한다. 그러므로 지능 및 기억 일치도의 백분율을 산출할 때 큰 영향을 미칠 수 있다.

5. 기타 참고사항

1) 검사의 장단점

아동용 Rey-Kim 기억검사의 주요 장점은 다음과 같다. 첫째, 아동용 Rey-Kim 기억검사는 다양한 기억과제를 사용한다. 기억기능을 한 가지 특정한 과제로만 측정하는 경우 기억기능을 과소 또는 과대 평가할 수 있는 위험이 따르는데, 아동용 Rey-Kim 기억검사는 언어기억검사와 시각기억검사의 두 과제를 사용하기 때문에 기억기능의 편향적 평가를 비교적 피할 수 있다.

둘째, 아동용 Rey-Kim 기억검사는 기억기능의 질적 특징을 평가한다. 아동들은 기억의 양적인 측면과 질적인 측면에서 차이를 보이는데, 예를 들어 기억의 등록 단계에서 취약성을 보이는 아동들이 있는 반면, 인출 단계에서 취약성을 보이는 아동들도 있다. 이러한 점을 고려하여 아동용 Rey-Kim 기억검사는 기억수행의 다양한 질적 특징들을 반영하는 점수들을 제공한다.

셋째, 아동용 Rey-Kim 기억검사의 결과는 웩슬러 지능검사의 결과와 직접적으로 비교가 가능하다. 기억평가에서 지능점수와의 비교는 상당히 중요한데, 기억기능만 선별적으로 낮은 아동들에게는 '기억장애'라는 용어가 적합하지만, 기억 및 모든 인지기능이 낮은 아동들에게는 적절치 않기 때문이다. 후자의 경우에는 '전반적 지능장애' 또는 '정신지체'라는 표현을 사용하는 것이 더 적합하다.

끝으로, 아동용 Rey-Kim 기억검사는 검사시간이 비교적 짧다. 아동용 심리검사에서는 긴 검사시간을 피하는 것이 특히 중요하고, 검사시간이 긴 아동용 기억검사는 임상적 활용도가 떨어질 수 있다. 따라서 아동용 Rey-Kim 기억검사는 지연시간을 제외한 나머지 실질적 검사시간이 30분 이하로 다른 검사에 비해 비교적 짧은 시간에 실시 가능한 점에서 임상 현장에서 유용하다.

2) 관련 검사

- 김홍근(1999)이 개발한 Rey-Kim 기억검사는 국내 최초로 개발된 표준화된 성인용(16~56세) 임상기억검사이다. 이 검사는 AVLT와 CFT 검사를 우리나라에 맞게 재개편하고 하나로 묶어 배터리로 만들었다. 따라서 임상적으로 매우 유용하고, 시행과 채점이 간편하며, 기억을 평가하는 데 필요한 다양한 측정치를 제공하고 있다. 최근에 김홍근이 개발한 Rey-Kim 기억검사-II는 Rey-Kim 기억검사보다 규준집단을 더 늘려 표준화함으로써 높은 검사-재검사 신뢰도와 다양한 준거 타당도를 가진다.

- K-MAS(이현수, 2001)는 전 연령층을 대상으로 하는 개인용 배터리 기억검사이다. 이 검사는 언어기억과 시각기억을 평가할 수 있고 얼굴기억과 같이 실생활에서 쓰이는 기억도 평가한다. K-MAS는 3단계기억, 3과제기억, 그리고 정보처리분석의 세 가지로 구성되어 있다. 3단계기억은 주의, 집중, 단기기억/학습과 즉각기억/지연기억을 측정한다. 3과제기억은 언어기억/시각기억/얼굴기억을 측정한다. 마지막으로, 정보처리분석은 회상재인형식/군집화와 침입/간섭과제로 이루어져 있다. 이 검사에 대해서는 앞 장을 참조하라.

- 최진영, 김지혜, 박광배, 홍상황, 황순택, 신민영(2012)이 표준화한 K-WMS-IV는 16~69세를 대상으로 다양한 기억과 작업기억을 평가하는 검사 배터리이다. 이 검사는 기억기능과 함께 간이 인지 상태 평가도 할 수 있다. K-WMS-IV는 7개의 소검사로 구성되어 있다. 7개의 소검사 중 3개는 WMS-III에 있던 논리기억, 단어연합 그리고 시각재생검사이고, 추가적으로 포함된 4개의 소검사는 간이 인지상태검사, 디자인, 공간합산 그리고 기호폭이다.

- 이 외에도 다양한 기억검사가 사용되고 있는데, 예컨대 Selective Reminding Test(SRT)(Buschke & Fuld, 1974; Strauss, Sherman, & Spreen, 2006)는 18~91세를 대상으로 하는 기억검사이며, 여러 단어로 구성된 목록들이 무선적으로 제시되고 제시된 목록들의 단어들을 회상하는 검사이다.

- Babcock Story Recall Test(Babcock, 1930; Babcock & Levy, 1940)는 Babcock-Levy의 이야기를 읽고 회상한 후, 그 이야기를 다시 읽고 이야기 중간에 회상이 요구되면 다음 내용을 말하도록 구성된 검사이다.

- Story Memory Test(Heaton, Grant, & Matthews, 1991)는 피험자에게 5시행까지 29개의 이야기를 무선적으로 들려주거나, 피험자가 최소 15점을 획득할 때까지 29개의 이야기를 무선적으로 하나씩 들려준 후 회상하는 검사이다.
- Continuous Visual Memory Test(Trahan, Quintana, Willingham, & Goethe, 1988)는 7~15세와 18~80세를 대상으로 하는 기억검사이며, 112개의 추상적인 디자인과 7개의 목표 그림을 동시에 2초 동안 여섯 차례 반복하여 보여 준 후 반복된 자극들 중 새로운 자극을 변별하는 검사이다.

3) 적용 사례

- 김도희, 김옥현, 여주홍, 이광길, 박금덕, 김대진, 정윤희, 김경용, 이원복, 윤영철, 정윤화, 이상형, 현주석(2010). 천연 소재 BF-7의 어린이 장·단기 기억력 향상 효과. 한국식품영양과학회지, 39, 376-382.
- 송찬원(2009). 학습장애아의 실행기능에 관한 고찰. 특수교육저널: 이론과 실천, 10, 129-149.
- 송찬원, 김길순(2009). 수학학습장애아의 신경 심리적 특성. 학습장애연구, 6, 67-83.
- 송창원(2011). 읽기학습장애아동 및 일반아동의 신경심리적 작업기억특성 비교: 아동용 Rey-Kim 기억검사를 중심으로. 학습장애연구, 8, 87-107.

13   K-WISC-IV 작업기억 지표

1. 검사 소개

1) 목적과 용도

한국 웩슬러 아동지능검사 4판(K-WISC-IV)
은 아동과 청소년의 인지적 능력을 평가하기 위
해 개별적으로 실시하는 지능검사도구이다. 전
반적인 지적능력(전체 IQ와 GAI) 그리고 광역 인
지능력을 나타내는 4개의 합산점수, 임상적 군
집표의 지표, 좁은 영역의 특정 인지영역을 나
타내는 소검사를 제공한다.

이 중 작업기억 지표의 소검사에서는 '숫자 바로 따라하기'와 '숫자 거꾸로 따라하
기' '가장 긴 숫자 바로 따라하기' '가장 긴 숫자 거꾸로 따라하기' 과제에서 처리점수
가 채점된다.

2) 검사의 배경

작업기억 지표는 K-WISC-IV의 네 지표 중 하나이다. K-WISC-IV의 배경과 구입
에 관해서는 K-WISC-IV 개관(16장)을 참조하라.

3) 인지학습과의 관련성

K-WISC-IV의 작업기억 소검사는 부호화 능력에서부터 정보를 계열화하고 조작

하여 처리하는 능력 및 주의력과 집중력까지 학습과 관련된 여러 작업을 포함하고 있다. 따라서 인지학습에 직간접적으로 관여하는 다양한 영역을 아우르는 검사라고 할 수 있다. 소검사 수행 패턴 및 소검사별 점수 차이 등을 상세하게 확인하고 여러 요인을 고려하여 어떤 기능이 강점 혹은 약점이 있는지, 나아가 학습을 보다 효율적으로 할 수 있는 방향은 무엇인지를 모색할 수 있을 것으로 여겨진다.

K-WISC-IV의 경우 가장 널리 사용되는 지능검사도구로 풍부한 사례와 보고된 연구가 존재한다. 일반 아동 대상뿐만 아니라 임상적 장면은 물론 학습부진이나 사회적 부적응과 같은 문제를 갖고 있는 아동 등 다양한 연구가 있으므로 현장에서 이러한 자료들을 참고하여 프로그램 연계 및 치료 계획 마련 등에 활용할 수 있을 것으로 기대된다.

2. 검사의 대상과 방법

1) 대상 집단

K-WISC-IV의 규준인 만 6세 0개월부터 16세 11개월까지의 아동을 대상으로 한다. 세부 사항은 K-WISC-IV 지침서를 참조하라.

2) 검사 방법

K-WISC-IV의 여러 소검사 중 작업기억 지표에 속한 소검사들만 따로 실시할 수 있다. 혹은 다른 지표의 소검사들과 함께 실시하거나 K-WISC-IV 전체 검사의 일부로 실시할 수 있다. K-WISC-IV의 전반적인 검사 방법, 준비 사항, 라포, 검사 진행 지침에 대해서는 K-WISC-IV 지침서를 참조하기 바란다.

숫자 소검사 중 '숫자 바로 따라하기'에서 검사자가 큰 소리로 읽어 준 것과 같은 순서로 아동이 따라해야 한다. '숫자 거꾸로 따라하기'에서는 검사자가 읽어 준 것과 반대의 순서로 아동이 따라해야 한다. 바로 따라하기 과제와 달리 거꾸로 따라하기 과제는 예시문항을 실시한 후 검사를 시작한다. 두 번 잇따라 0점을 받으면 검사를 중지한다.

　순차연결 소검사는 아동에게 숫자와 글자를 읽어 주고, 숫자가 많아지는 순서와 한글의 가나다 순서대로 암기하도록 한다. 아동이 소검사를 시행할 수 있는 기본지식을 가지고 있는지 아닌지를 평가하기 위해 숫자 세기와 한글 암기 검정문항을 실시한다. 만약 아동이 숫자 '3'까지 셀 수 없거나 한글 '다'까지 외우지 못한다면, 소검사를 실시하지 않는다. 예시문항에서 틀리면 즉시 교정하고, 모두 실패해도 소검사를 시행하도록 한다.

　산수 문제는 정확하게 시간을 재는 것이 중요하다. 문항 1번부터 5번의 경우 문항을 보여 주고 지시의 마지막 단어를 말한 후 각 문항의 시간을 재기 시작한다. 문항 6번부터 34번의 경우, 지시의 마지막 단어를 말한 후 각 문항의 시간을 재기 시작한다. 아동이 반응을 하거나 30초가 지난 후에 시간 재기를 멈춘다.

　작업기억 지표의 소검사에서 검사받는 아동의 연령이 낮거나 지적 결손이 의심되면 검정 문항을 실시한 다음 검사를 시작한다. 그리고 연령에 따라 시작하는 문항번호가 달라질 수 있다. 검사 초기에 0점을 받으면 이전 문항으로 되돌아갈 수 있다. 잇따라 0점을 받으면 검사가 중지된다. 이와 같이 여러 경우에 따라 검사를 진행하는 순서가 달라지므로, 검사자는 이 점을 숙지해야 한다.

3. 검사의 구성과 실시

1) 전반적인 구성

　〈표 13-1〉과 같이 2개의 주요(core) 소검사와 1개의 보충(supplemental) 소검사로 구성되어 있다.

〈표 13-1〉 **작업기억 지표의 구성**(진하게 처리된 글자는 소검사의 기호이다)

주요 소검사	보충 소검사
1. 숫자(**D**igit **S**pan) 2. 순차연결(**L**etter-**N**umber sequencing)	3. 산수(**AR**ithmetic)

작업기억을 측정하는 소검사로 숫자, 순차연결이 있고, 보충 검사로 산수가 있다. '숫자'는 '숫자 바로 따라하기'와 '숫자 거꾸로 따라하기'로 구성되고, '순차 연결'은 숫자가 커지는 순서, 그리고 가나다 순서로 암기하는 것을 요구한다. 산수는 구두로 제시되는 산수 문제를 암산으로 푸는 것이다. 작업기억 지표는 주의력과 집중력, **작업기억**(제시되는 정보를 효율적으로 처리하기 위해 짧은 시간 동안 정보를 능동적으로 유지하는 능력)을 측정한다.

2) 소검사 내용

(1) 숫자

숫자 소검사는 청각적 단기기억, 계열화 능력, 주의력, 집중력을 측정한다. '숫자 바로 따라하기' 과제는 2개의 숫자로 된 문항부터 시작해서 하나씩 개수가 증가하여 9개로 이뤄진 문항까지 구성된다. 각 문항은 2개의 문제로 되어 있다. 이 과제는 기계적 암기 학습과 기억, 주의력, 부호화, 청각적 처리를 포함한다. '숫자 거꾸로 따라하기' 과제도 '숫자 바로 따라하기' 과제처럼 구성되어 있는데, 예시 문항이 추가된다. 이 과제는 작업기억, 정보변환, 정신적 조작, 시공간적 형상화를 포함한다. '숫자 바로 따라하기' 과제에서 '숫자 거꾸로 따라하기' 과제로의 전환에는 인지적 유연성과 정신적 기민함이 요구되며, 각 과제는 정확하게 반응하는 정도에 따라, 0, 1, 2점으로 채점된다.

작업기억 처리점수는 난이도가 높은 '가장 긴 숫자 바로 따라하기' '가장 긴 숫자 거꾸로 따라하기' 과제에서 채점된다.

(2) 순차연결

아동에게 연속되는 숫자와 글자를 읽어 주고, 숫자가 많아지는 순서와 한글의 가나다 순서대로 암기하도록 한다. 예를 들어, '1-가-8-카'가 제시되면, '1-8-가-카' 혹은 '가-카-1-8' 순으로 말하는 것인데, 이때 숫자 덩어리와 글자 덩어리 중 어느 것을 먼저 말하는지는 중요하지 않다. 이 과제는 예시문항 외에 각각 3개의 시행으로 이루어진 10문항으로 구성되어 있다. 채점은 0, 1, 2, 3점 범위에서 한다. 이 소검사는 아동의 계열화, 정신적 조작, 주의력, 청각적 단기기억, 시공간적 형상화,

처리속도 능력을 측정한다.

(3) 산수

아동이 구두로 주어지는 34개의 산수 문제를 제한 시간 내에 암산으로 푼다. 0점 혹은 1점으로 채점한다. 연령에 따라 검사를 시작하는 문항 번호가 다르다. 이 과제는 정신적 조작, 집중력, 주의력, 단기기억 및 장기기억, 수와 관련된 추론 능력, 정신적 기민함을 측정하고, 여기에는 계열화, 유동적 추론, 논리적 추론 등이 포함된다.

3) 검사 실시

K-WISC-IV의 작업기억 지표 소검사의 실시는 숫자, 순차연결, 산수의 순으로 시행한다. K-WISC-IV의 전체 소검사를 실시할 때에는 K-WISC-IV의 개관(16장)에 언급된 순서대로 한다. 주요 소검사들을 먼저 실시하고 필요하면 이어서 보충 소검사를 실시한다. 소검사를 전부 실시하지 않을 경우에는 원하는 합산점수에 필요하지 않은 소검사들은 건너뛰고 계속해서 표준 순서대로 소검사를 실시한다. 이때 관련 사항을 기록용지에 기입한다.

4. 결과와 해석

각 소검사는 전문가 지침서에 채점 기준이 명확하게 설명되어 있으며 해당 기준에 따라 채점한다. 각 소검사에서 초기에 채점한 결과에 따라 시작점이 재설정될 수 있고(역순 규칙), 검사가 중지될 수 있다(중지 규칙). 또한 처리점수와 같이 추가적인 인지능력을 측정할 수 있는 지표도 지침서에 나와 있는 기준에 따라 채점하도록 한다.

각 소검사 수행 점수를 합산 및 변환하여 4영역의 지표를 환산한 표준점수를 구하고 전체 검사 지능지수를 구할 수 있다.

1) 검사 결과

(1) 표준점수

K-WISC-IV에는 연령에 따라 교정한 표준점수인 환산점수와 합산점수를 제공한다. 환산점수는 아동의 같은 연령 또래들과 비교했을 때, 상대적인 검사 수행을 나타낸다. 이 점수는 각 소검사들의 원점수에서 나오며, 평균 10, 표준편차 3의 측정 기준으로 환산한다. 환산된 처리점수들은 소검사 환산점수와 같은 방식으로 산출한다. 합산점수들은 여러 소검사 환산점수의 합계이다. 합산점수들은 평균 100, 표준편차 15의 측정기준으로 환산된다. 합산점수의 경우, 표준점수, 신뢰구간, 백분위와 기술적 범주를 보고한다. 소검사의 경우 아동이 얻는 환산점수와 환산점수에 대한 백분위를 보고한다. 검사자들은 표준점수에서 90%/95%의 신뢰구간 중 하나를 선택하고, 표준점수를 보고해야 한다.

(2) 백분위

K-WISC-IV는 검사 아동의 동일한 연령 집단에 대한 상대적 위치를 알기 위해 표준점수에 따라 연령 기반의 백분위 점수를 제시한다. 백분위 점수는 표준화 표본에 기초하여, 주어진 백분율만큼 아래에 놓여 있는 척도의 지점을 말한다. 백분위수는 주로 1에서 99까지의 범위를 가지며, 평균과 중앙치가 50이다. 예를 들어, 백분위수 25를 가진 아동은 같은 연령의 다른 25%의 아동들보다 더 높은 수행능력이 있다(또는 같은 연령의 다른 75%의 아동들보다 더 낮은 수행능력을 보인다).

(3) 표준오차와 신뢰구간

인지능력을 측정하는 검사도구의 점수는 관찰 자료에 기반을 두고 있으며 아동의 진점수를 예측한 것이므로 아동의 진정한 능력과 어느 정도의 측정오차들을 반영한다. 그러므로 아동의 진점수는 신뢰구간을 지정함으로써 더욱 정확해진다. 검사자는 합산점수를 둘러싼 신뢰구간을 보고하고, 검사 해석 시 이러한 정보를 사용하여 보다 정확한 해석을 해야 할 것이다.

2) 결과 해석

K-WISC-IV는 전체 지능을 측정하도록 고안된 검사 배터리이다. 그러나 이 책에서는 작업기억 지표(WMI)를 중점적으로 다루기 때문에 전체 지능지수해석과 각 지표별 비교 및 이를 통한 개인적 강점과 약점 선정, 소검사 군집의 임상적 비교 등의 과정은 생략하고 단일 지표 내에서 해석과정만을 설명하였다.

WMI는 주의력과 집중력, 집행기능 및 추론과 관련된 지표이다. 즉, 입력된 정보가 일시적으로 저장되고 계산 및 변환처리가 일어나며, 이 처리의 산물/출력이 일어나는 작업기억에 대한 정신적 용량을 측정한다. 작업기억은 학습의 핵심적인 요소이기 때문에 다른 지표와 작업기억 지표에서의 차이 및 작업기억 소검사별 수행의 차이는 주의력, 학습용량, 유동적 추론과 관련되는 개인차의 분산을 설명한다. 최근 연구들은 작업기억이 높은 수준의 다른 인지 과정의 중요한 구성요소이며, 성취 및 학습과 매우 관련성이 높다는 결과를 보여 주었다.

먼저, WMI 지표를 해석하기 이전에 해당 지표가 해석 가능한지를 판별하기 위해서 지표 내에서 2개의 소검사 환산점수들 간 크기 차이가 일반적이지 않을 정도로 큰지를 결정한다. 즉, '가장 높은 소검사 환산점수-가장 낮은 소검사 환산점수'의 값이 1.5SD보다 작은지를 확인한다. 이보다 작을 경우 WMI 지표가 단일하다는 가정에서 해석할 수 있으며 클 경우에는 WMI가 단일 능력을 나타내는 것으로 해석될 수 없다.

WMI 지표가 단일한 것으로 판단될 경우 규준적 강점과 약점을 지정할 수 있다. 일반적으로 1SD를 그 경계로 지정한다. 따라서 지표의 표준점수가 115점보다 크면 그 지표는 규준적 강점에 해당하고 지표의 표준점수가 85점보다 낮으면 규준적 약점에 해당한다. 지표의 표준점수가 85점과 115점 사이에 위치할 경우 그 지표는 정상범위 안에 있는 것으로 본다.

아동의 프로파일을 더 심도 있게 분석하기 위해 검사자는 소검사 내에서의 점수 패턴을 고려해야 한다. 예를 들어, 같은 수만큼 문항을 맞히고 중지 규칙에 따라 동일한 환산점수를 받은 아동일지라도, 맞힌 문항이 일정한 아동과 산발적인 아동은 그 해석을 달리해야 한다. 후자의 아동은 난이도가 쉬운 문제는 틀리지만 어려운 문제는 맞히는 경우일 수도 있다. 이처럼 여러 소검사에서 고르지 않은 점수 패턴을 보인 아동은 주의력 및 언어와 관련된 특정 문제점들로 인해 추후 평가 및 면밀한 해석이 요구되거나, 연령대보다 지능이 높아서 과제를 지루해하는 아동일 수 있다.

낮은 WMI 점수는 읽기장애와 언어장애 등 임상적 상태와 연관이 있을 수 있다. 작업기억 과정은 다양한 학업적 노력으로 학습을 용이하게 해 주며, 이러한 과제에서 낮은 수행을 보이는 것은 학습장애의 위험 요인으로 봐야 한다. 낮은 WMI 점수는 더욱 면밀한 학습장애 평가가 필요함을 나타내는 것일 수 있다.

3) 유의사항

K-WISC-IV는 전체 지능 및 언어이해, 지각추론, 작업기억, 처리속도 4영역의 지능을 알아보기 위한 배터리 검사로 단일 영역의 지능을 확인하기 위한 도구로 활용될 수도 있지만 포괄적인 지능의 전반적인 평가에 더 특화된 검사도구라고 할 수 있다. 따라서 단일 소검사만을 활용하여 검사 결과를 해석하기보다는 전체 배터리검사를 실시하여 해석할 것을 권장한다.

이 검사에서 낮은 점수를 받았을지라도 반드시 지적 기능이 낮음을 의미하는 것은 아니다. 낮은 IQ 점수는 대부분의 경우 학습장애와 같은 지적 손상을 반영하겠지만, 다른 요인이 원인으로 작용할 가능성을 고려해야 한다. 검사의 표준화 집단과 문화적, 언어적인 이질성, 주의산만 또는 불안, 검사자에 대한 거부, 자폐증이나 청각장애 등과 같은 요인이 포함될 수도 있다. 검사자는 지적 손상을 진단하기 이전에 이런 요소들을 고려하고 주의 깊게 제외시켜야 한다.

5. 기타 참고사항

1) 검사의 장단점

K-WISC-IV는 아동의 지능을 평가하기 위한 도구 중 가장 기본적인 도구로 여겨지며 널리 활용되는 검사도구이다. K-WISC-IV의 가장 큰 장점은 엄격한 표준화 과정을 통해서 신뢰할 수 있는 규준이 마련되어 있다는 것이다. 이 규준을 통해서 검

사 수행의 상대적 위치를 제공한다는 점과 각 지표를 환산점수로 변환하여 지표별로 비교 가능할 수 있다는 점에서 전반적인 지능을 포괄적으로 분석할 수 있는 검사 도구라는 장점을 가진다.

이 지능검사를 제작한 곽금주, 오상우 그리고 김청택(2011)에 따르면 심리교육적 도구로서, K-WISC-IV는 지적 영역에서의 영재, 정신지체 그리고 인지적 강점과 약점을 확인하기 위한 평가의 일부분으로 사용 가능하다. 검사 결과는 임상 장면 및 교육 장면에서 치료 계획이나 배치 결정을 내릴 때 지침으로 사용될 수 있으며, 신경심리학적 평가나 연구 목적에 대한 귀중한 임상적 정보로 제공될 수 있다. K-WISC-IV를 학교 수행과 적응 행동에 대한 객관적 측정치, 교사나 보호자로부터 얻은 정보, 전문가의 임상적 통찰과 함께 사용한다면, 아동에 대한 정확한 진단에 많은 도움이 될 것이다.

검사는 전체적으로 구두 설명으로 이루어지므로, 아동의 청력이나 기타 언어적 장애를 가진 경우 검사 실시에 어려움이 있다는 단점이 있으며, 다문화 가정의 아동과 같이 한국어가 능숙하지 않은 아동의 경우에도 검사 및 결과 해석이 주의가 필요하다. 마지막으로, 비용 문제도 여전히 존재한다. K-WISC-IV의 경우 검사 세트를 구입하는 것과는 별도로 기록용지와 온라인코드 등을 구입해야 한다.

2) 관련 검사

- Ruff-Light Trail Learning Test(Ruff, Light, & Parker, 1996; Ruff & Allen, 1999)는 16~70세를 대상으로 하는 기억검사이며, 피험자에게 구체적인 시공간 경로를 학습하고 그것을 회상하는 검사이다. 단기기억 및 장기기억 모두를 측정하도록 구성되어 있다.
- Cambridge Neuropsychological Test Automated Battery(CANTAB)(Robbins, James, Owen, Sahakian, McInnes, & Rabbitt, 1994; Sahakian & Owen, 1992)는 4~90세를 대상으로 하는 인지기능검사이며, 컴퓨터를 이용해 8개의 소검사를 수행하도록 고안된 검사로, 여러 기억 검사가 소검사로 포함되어 있다.
- Paced Auditory Serial Addition Test(PASAT)(Gronwall & Wrightson 1974; Gronwall, 1977)는 작업기억 검사로, 숫자계열을 듣고 앞 숫자와 뒷 숫자 둘을

더한 수의 목록을 말하는 것이다. 예를 들어, 검사자가 2, 8, 6, 3, 9를 말하면 피험자는 10, 14, 9, 12를 보고해야 한다.

3) 적용 사례

• 박지은, 안성우(2012). 수학 학습부진아동과 일반아동의 읽기능력과 작업기억 특성 비교. 특수아동교육연구, 14, 479-499.
• 이용기, 안성민(2014). 주의력결핍 과잉행동성장애(ADHD) 아동의 작업기억 과제 수행 시 fMRI 분석. 한국콘텐츠학회논문지, 14, 854-862.
• 조정숙, 이효신(2013). 아스퍼거 장애 아동과 ADHD 아동의 인지적 특성 비교: 지능과 실행기능을 중심으로. 정서 · 행동장애연구, 29, 39-59.
• 최은아, 송하나(2014). 유아의 의도적 통제와 작업기억이 정서조절에 미치는 영향: 성의 조절효과 검증. 아동학회지, 35, 65-78.

Understanding Psychological Tests on Cognitive Learning

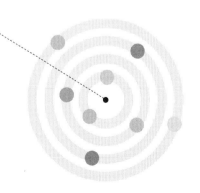

5부

언어처리

* 언어처리 영역의 머리글과 RA-RCP 검사의 해설은 박창호 교수(전북대학교 심리학과)가 작성했으며, K-WISC-IV 언어이해 지표의
  해설은 강희양 교수(호원대학교 심리상담치료학과)가 작성했다.

언어는 일상 활동 및 정보와 지식의 획득에 매우 중요한 수단이다. 지적인 활동의 상당 부분이 언어를 통해 이루어지기 때문에, 언어 능력은 지능의 주요 성분을 이루기도 한다. 언어 능력은 말과 글을 모두 수용하고 구사하는 능력을 포함하는데, 여기에는 여러 수준의 인지 과정이 개입하며 나아가 사회문화적 배경과 같은 비언어적 요인까지 영향을 미친다.

언어 능력의 배후에는 말소리와 글자의 지각 능력, 단어(어휘) 능력, 문법(통사) 처리 능력, 단어와 문장의 의미 처리 능력, 실제 상황에서 의미를 판단하는 화용적 능력 등이 있으며, 여기에 더해 언어의 배경 지식, 사회문화적 맥락의 고려 등이 관련된다. 흔히 언어 능력의 검사라고 할 때, 언어의 이해 능력을 위주로 생각하는 경향이 있지만, 방금 언급했듯이 언어 능력에 개입하는 여러 수준을 고려하지 못하면 언어 능력의 평가에 오판을 범할 수 있다.

예를 들면, 언어 이해력이 떨어지는 것처럼 보이는 아동이 사실은 청력이 떨어지거나 아니면 음운 인식 능력이 떨어져 언어를 수용하는 문제가 있지만, 이미 수용된 언어의 이해에는 아무 어려움이 없을 수 있다. 다른 예로는 난독증이 있다고 해서, 언어 이해력에 문제가 생기는 것은 아니다. 그러므로 언어 능력을 평가하고자 할 때에는 언어 자극(말소리나 글자 등)에 대한 시각적, 청각적 처리 능력에 문제가 없는지를 먼저 점검하여야 한다.

단어나 문장의 이해와 같이, 언어의 의미적 및 화용적 처리에는 단어의 사전적 의미 외에도 종종 단어나 문장이 쓰이는 맥락과 그것들의 사회문화적 배경이 중요한 역할을 한다. 그런데 어른과의 상호작용이 빈약하기 쉬운 결손가정의 자녀나, 한국 문화에 친숙하지 않은 다문화 가정의 아이들은 사회문화적으로 풍부한 입력을 받지 못했을 가능성이 있고, 그 결과로 언어 이해 능력에서 비교적 저평가될 가능성이 있다. 그러므로 아동의 언어 능력을 평가할 때에는 아동의 가정 혹은 양육 환경, 그리고 언어적 입력 조건이 어떠한지도 고려할 필요가 있다.

5부에서는 언어처리 검사로서 RA-RCP와 K-WISC-IV의 언어이해 지표를 제시한다. RA-RCP는 읽기 중심으로(듣기 일부 포함) 성취 수준과 인지처리능력을 검사한다. 예를 들면, 단어의 읽기뿐만 아니라 단어의 이해 능력도 측정한다. 단어나 글을 읽고 이해하는 능력과 그 배후에 있는 자모에 대한 지식, 음운의 기억, 문장 성분의 처리 능력 등을 알 수 있다.

K-WISC-IV의 언어이해 지표는 K-WISC-IV에서 산출되는 4개 지표 중 하나로, 언어적 개념 형성, 언어적 추론과 이해, 획득된 지식, 언어적 자극에 대한 주의력 측정치이다. 언어이해 지표는 전통적인 VIQ(이전판 웩슬러 지능검사의 언어성 지능) 점수보다 더 협소한 언어이해 기능을 측정하며 다른 인지기능(작업기억) 지표보다 덜 혼입되어 있어서 언어적 추론에 대한 더 순수한 측정치로 간주된다. 특히 언어이해 지표는 저조한 기억 기능 또는 언어성 지능에 기여하는 소검사들 간에 편차가 큰 상황에서 언어적 추론 능력에 대한 더 적절한 지표이다.

14 RA-RCP

1. 검사 소개

1) 목적과 용도

RA-RCP(Reading Achievement and Reading Cognitive Processes)는 초등학교 1~6학년 학생의 읽기 성취와 읽기와 관련된 인지처리 능력을 측정한다. 규준 지표를 이용하여 피검사자의 읽기 성취 및 읽기와 관련된 인지처리능력의 수준(지수, 백분위)을 파악할 수 있다. 이 검사 결과는 읽기 성취와 읽기 인지처리 능력의 평가 이외에도 읽기장애(난독증)의 진단에 활용될 수 있다.

2) 검사의 배경

읽기는 여러 지식과 기술을 동원하는 복합적 과정이며, 읽기의 바탕이 되는 능력에 관해서는 여러 연구가 있다. 연구들은 읽기에 관여하는 인지처리 능력이 단어, 유창성, 이해 등에 따라 상이하다는 것을 보여 주었다. RA-RCP 검사는 읽기의 성취와 읽기의 인지처리 능력을 구별하고, 각 부문에서 기여하는 요인들이 단어인지, 읽기유창성, 읽기이해로 분류된다는 연구에 기초하여 개발되었다. 이 검사는 김애화, 김의정, 황민아, 유현실이 연구, 개발하여 2014년에 발표한 것이다. 이 검사는 인싸이트(http://www.inpsyt.co.kr)에서 판매 중이다.

3) 인지학습과의 관련성

여러 학습 상황에서 글을 읽거나 말을 알아듣는 것이 필요하다. 언어이해 능력은 문법 지식이나 어휘력, 그리고 사고력과 깊은 관련이 있지만, 또한 글자 혹은 단어 읽기, 발음 알아듣기와 같은 기초적인 언어지각 능력을 바탕으로 한다. 특히 초등학생의 경우에 이런 문제와의 복합으로 언어이해력이 낮게 평가되거나 학습 부진을 보이는 경우가 있다. 그러므로 인지학습 능력의 적절한 진단을 위해 언어능력을 평가하는 것이 필요하다. 이 검사는 초등학생을 대상으로 읽기의 성취 수준과 인지처리 능력을 검사한다.

2. 검사의 대상과 방법

1) 대상 집단

초등학교 1학년부터 6학년 학생을 대상으로 실시하도록 개발되었다. 검사의 지시문을 이해할 수 있는 학생을 대상으로 실시하여야 하며, 특히 연습 문항을 이해하고 연습 문항에 올바른 반응을 할 수 있는 학생을 대상으로 한다.

2) 검사 방법

(1) 검사 실시 시간

검사에 포함된 3개의 읽기 성취 소검사와 6개의 읽기 인지처리 소검사를 실시하는 데 걸리는 시간은 학년 및 개인별로 차이가 있지만, 대략 1시간 30분~2시간 정도 소요된다.

한 번에 실시할 수도 있고, 두 번에 나누어 실시할 수도 있다. 두 번에 나누어 검사를 실시할 경우에는 가능한 한 1주일 이내에 실시하여야 한다. 한 번에 검사를 실시해야 할 경우에는 중간에 휴식을 취하여 학생의 주의를 환기시키는 것이 중요하다.

(2) 검사 실시 방법

검사자는 검사 실시 전 검사요강에서 제시한 내용을 숙지하고 연습해 봄으로써, 표준화된 절차에 따라 이 검사를 실시할 수 있도록 한다. 어휘 검사를 제외한 모든 검사는 개인별로 실시한다. 어휘 검사는 개인별 검사 또는 집단 검사를 실시할 수 있다. 가능한 한 모든 소검사의 진행 및 학생 반응을 녹음함으로써, 검사 채점을 확인하는 데 활용할 뿐 아니라 추후에 학생의 오류 분석 자료로 활용할 것을 권장한다.

검사자는 피검사자가 문항을 완전히 이해하고 지시를 수행할 수 있는지를 점검한 후, 검사를 실시하도록 한다.

3. 검사의 구성과 실시

1) 전반적인 구성

이 검사는 읽기 성취 검사와 읽기 인지처리능력 검사의 두 부분으로 크게 구성되어 있다. 각 부분 아래에 3개의 읽기 성취 검사와 6개의 읽기 인지처리 능력 검사 등, 총 9개의 소검사가 있다. 각 소검사에 대한 설명은 〈표 14-1〉을 참조하라. 각 소검사는 개인 검사인데, 마지막의 어휘 검사는 집단 검사로 실시 가능하다.

검사 자료에는 ① 전문가 지침서, ② 검사틀, ③ 학생용 소책자, ④ 학생용 어휘 검사지, ⑤ 기록지, ⑥ (듣기 이해 소검사용 자료 녹음) CD, ⑦ 초시계 등이 있으며, 각 소검사에 필요한 검사자료는 〈전문가 지침서〉에 표시되어 있다.

〈표 14-1〉 RA–RCP 검사의 구성과 소검사에 대한 설명

영역	소검사	하위검사	설명
읽기 성취 검사	단어인지	• 고빈도 음운변동 의미 단어 • 저빈도 규칙 의미 단어 • 저빈도 음운변동 의미 단어 • 규칙 무의미 단어 • 음운변동 무의미 단어	• 개별 단어를 얼마나 정확하게 읽는지 측정 • 하위검사는 단어의 빈도, 음운변동 유무, 의미 및 무의미 단어를 반영하여 구성 • 아동은 일련의 단어를 정확히 읽어야 한다.
	읽기 유창성	• 이야기글 • 설명글	• 글을 얼마나 빠르고 정확하게 읽는지를 측정 • 하위검사는 이야기글과 설명글로 구분 • 아동은 1분 동안 글을 빠르고 정확하게 읽는다.
	읽기이해	• 이야기글 • 설명글	• 글을 읽고 얼마나 이해하는지를 측정 • 질문은 내용 기억, 이해, 추론 등을 포함한다. • 글의 유형은 이야기글과 설명글로 구분된다. • 아동은 읽은 글을 보지 않고, 질문에 구두로 답한다.
읽기 인지 처리 능력 검사	자모지식	• 자음 이름 • 모음 이름 • 초성 소리 • 종성 소리	• 자모의 이름과 소리를 얼마나 정확하게 말하는지 측정 • 하위검사는 한글 자모 이름, 초종성 소리에 따라 구성 • 아동은 낱자의 이름과 소리를 정확하게 말해야 한다.
	빠른 자동 이름 대기	• 글자	• 장기기억에 있는 음운정보의 인출 능력을 측정 • 아동은 일련의 글자를 보고 빠르고 정확하게 읽는다.
	음운기억	• 숫자 바로 따라하기 • 숫자 거꾸로 따라하기	• 단기기억에 음운정보의 정확한 저장과 처리를 측정 • 하위검사는 따라하기의 순서에 따라 구성 • 아동은 검사자가 제시한 일련의 숫자를 바로 또는 거꾸로 따라해야 한다.
	문장 따라 말하기	• 문장 따라 말하기	• 의미나 통사처리(문법능력)와 같은 언어 능력과 음운정보의 저장 및 처리에서 정확도를 측정 • 아동은 검사자가 읽어 준 문장을 그대로 따라 말한다.
	듣기이해	• 이야기글	• 이야기를 듣고 이해하는 능력을 측정 • 질문은 내용 기억, 이해, 추론 등을 포함한다. • 아동은 이야기를 듣고, 질문에 대한 답을 구두로 한다.
	어휘	• 반대말 • 비슷한 말	• 어휘를 얼마나 많이, 깊이 이해하는지를 측정 • 아동은 반대말, 비슷한말을 검사지에 기록한다.

2) 소검사 내용

각 소검사에 대한 설명은 검사 내용의 대략적인 이해를 위한 것이므로, 자세한 것은 〈전문가 지침서〉에 있는 검사 실시의 유의사항, 도구, 중지점, 검사자의 대응 방식, 채점 방식 등을 참조한다. 각 소검사의 실시에 다음 사항을 유의한다.

- 필요한 검사자료: 검사틀, 학생용 소책자, 기록지, 음원 등
- 읽기이해와 듣기이해 검사를 제외한 모든 소검사는 연습 문항을 포함한다. 연습 문항은 필요시 반복할 수 있으나, 검사문항은 절대 반복하지 않는다.
- 검사자는 지시문을 문장 그대로 읽어야 한다.
- 단어인지, 자모지식, 빠른 자동 이름 대기, 음운기억, 문장 따라 말하기 등의 소검사에는 중지점이 있다. 중지점은 피검사자가 연속해서 틀릴 경우, 검사를 중지하는 지점을 말한다. 검사자는 각 소검사의 중지점을 확인한 후, 각 소검사를 실시하여야 한다(읽기유창성, 읽기이해, 듣기이해, 어휘 소검사에는 중지점이 없다).
- 읽기이해와 듣기이해 소검사에서는 추가 질문이 필요하다.

(1) 성취 검사 1: 단어인지 검사

검사자가 표에 있는 단어(총 40개)를 하나씩 가리키며 피검사자가 그 단어를 읽도록 하는 검사이다. 예컨대, '받는'이라는 단어를 가리킬 때 피검사자가 유음화에 따라 '반는'이라고 읽는지를 확인하고, 지침서에 있는 대로 언어적 반응을 한다. 표에 있는 단어를 5개 연속으로 틀리면 검사를 중지하며, 각 문항당 맞으면 1점, 틀리면 0점으로 채점한다.

이 검사의 유의사항은 예컨대 다음과 같다. 피검사자가 3초 이내에 단어를 읽지 않으면 다시 물어본다. 이때 스스로 교정하면 반응란에 SC(Self-Correct)라고 쓰고, 정답으로 처리한다. 만일 추가 질문에도 답하지 않으면 오답으로 처리한다. 필요하면 검사자가 손가락으로 각 문항을 짚어 가며 대답할 수 있도록 한다. 피검사자가 학생이 한 문항에 대해 답을 한 후 검사자를 응시하고 다음 문항으로 넘어가지 않을 경우에는 "계속하세요."라고 촉구한다.

총 5개의 하위검사가 있는데, 그것은 ① 고빈도 음운변동 의미 단어, ② 저빈도 규칙 의미 단어, ③ 저빈도 음운변동 의미 단어, ④ 규칙 무의미 단어, ⑤ 음운변동 무의미 단어들로 구성된 목록에 대해 읽기를 요구하는 과제이다.

(2) 성취 검사 2: 읽기유창성 검사

보통 책의 1페이지나 그 이상이 되는 긴 글을 제대로 읽는 능력을 검사한다. 피검사자의 학년별로 읽을 글이 다르기 때문에, 학생용 소책자에서 해당 학년의 글을 찾아 검사를 진행한다. 글은 이야기글과 설명글의 두 종류가 있다.

학생이 글(제목 제외)의 첫 글자를 읽음과 동시에 타이머를 누르고, 1분 동안 읽게 한다. 검사자는 지시문에 제시된 대로 글의 처음 시작 부분을 손으로 가리키면서, 여기부터 읽기 시작한다는 것을 명확하게 알려 줘야 한다. 학생이 제목을 읽거나, 글을 읽지 않거나, 글을 건너뛰거나, 틀리게 읽거나, 1분 내에 모두 읽을 경우, 지침서의 유의사항에 따라 처리한다.

읽기유창성 점수는 학생이 1분 동안 올바르게 읽은 어절 수로 산출한다. 즉, '학생이 1분 동안 읽은 '총 어절 수'에서 '틀리게 읽은 어절 수'를 빼서 산출한다.

(3) 성취 검사 3: 읽기이해 검사

읽기이해 검사는 읽기유창성 검사를 먼저 실시한 다음 바로 이어서 실시한다. 즉, 이야기글의 읽기유창성 검사를 한 다음 바로 이어서 읽기이해 검사를 하고, 설명글의 읽기유창성 검사를 한 다음 바로 이어서 읽기이해 검사를 한다. 각 글에서 읽기유창성 검사가 끝난 후, 피검사자들이 글의 처음부터 다시 소리 내지 않고 눈으로 읽은 다음, 글에 관한 몇 가지 질문에 대해 피검사들이 보지 않고 답을 하도록 한다.

질문의 내용은 대략적으로, "이야기에 나오는 인물 혹은 물건은?" "왜(어떻게) ○○일이 일어났는가?"와 같이 주요 사항의 기억과 요지 이해와 관련된다. 지문을 바탕으로 추론한 경우에는 정답으로 처리한다. 피검사자의 응답에 따라 추가질문이 필요하며, 이에 관한 유의사항은 지침서를 참조한다.

3개 연속으로 오답을 말할 경우 검사를 중지한다. 각 문항에 대해 맞으면 1점, 틀리면 0점을 준다.

(4) 읽기 인지처리 검사 4: 자모지식 검사

이 소검사의 검사목록은 피검사자의 학년에 따라 다르다. 초등학교 1~3학년은 4A 자음이름, 4B 모음이름, 4C 초성소리, 4D 종성소리로 검사받으며, 초등학교 4~6학년은 4C 초성소리, 4D 종성소리로 검사받는다. 자모이름 검사의 경우 검사자가 목록에 있는 자음, 모음(예, 'ㄱ' 'ㅠ')을 차례대로 가리키면 피검사자는 그 이름(예, '기역' '유')을 말한다. 초성, 종성 소리 검사의 경우, 검사자가 목록에 있는 낱자(예, 초성의 'ㄱ', 종성의 'ㄱ')를 차례대로 가리키면, 피검사자는 그 소리(예, '그' '윽')를 말한다. 3개 연속으로 오답을 말할 경우 중지한다. 기타 유의사항 및 채점은 단어인지 소검사와 유사하다.

(5) 읽기 인지처리 검사 5: 빠른 자동 이름 대기 검사

'가나다라'와 같이 받침 없는 글자의 이름을 빨리 대는 능력을 검사한다. 검사지는 10×10 행렬의 표이다. 연습문항은 5개의 글자인데, 피검사자가 이 중 하나라도 틀리게 말하면, 전체 글자를 다시 제시하고 피검사자가 전체 문항을 모두 정확하게 말할 수 있는지를 확인한다. 확인한 결과, 피검사자가 연습 문항 5개 중 3개 이상을 정확하게 말하지 못하는 경우에는 검사를 실시하지 않는다. 학생이 첫 문항을 말함과 동시에 타이머를 누르고, 1분 경과 후 종료 시점을 표시해 둔다. 유의사항은 읽기유창성 검사의 경우와 비슷한데, 구체적인 것은 지침서를 참조한다.

(6) 읽기 인지처리 검사 6: 음운기억 검사

숫자들(예, '3, 7, 4, …')을 바로 따라 하는 능력과 거꾸로 따라 하는 능력을 측정한다. 2개의 숫자를 올바로 혹은 거꾸로 따라 하는가를 확인한 다음 본 문항으로 검사한다. 바로 따라 하기 목록은 4~9개의 숫자들로 되어 있으며, 거꾸로 따라 하기 목록은 3~8개의 숫자로 되어 있다. 짧은 숫자 열부터 시작하여 긴 숫자 열로 단계적으로 이동한다. 거꾸로 따라 하기 연습에서 피검사자가 과제를 정확히 이해했는지를 충분히 확인한다. 본 문항은 1회 읽어 주면, 학생은 지시에 따라 수행한다. 검사자와 피검사자 모두 숫자들을 분명히 발음하도록 하며, 숫자들을 중간에 끊어 읽지 않도록 한다.

1번(각 과제에서 가장 짧은 숫자 열)부터 시작한다. 각 번호 세트 내 하위수행 1과 2를 모두 틀리면, 검사를 중지한다. 피검사자가 수행 1과 2 중 하나만 실패하면, 검사를 계속 진행한다. 각 문항당 맞으면 1점, 틀리면 0점을 준다.

(7) 읽기 인지처리 검사 7: 문장 따라 말하기 검사

40개가량의 문장(검사틀 참조)을 하나씩 읽어 주고, 피검사자가 문장을 정확히 따라 말하는가를 평가한다. 피검사자가 주의를 주고 있음을 확인한 다음, 검사자는 일정한 속도와 음량 및 발음에 유의하여 문장을 1회 읽어 준다. 피검사자는 따라 말하기에서 여러 가지 오류를 보일 수 있다. "겨울 동안 내리는 비와 눈이 봄 가뭄을 견디는 데에 도움이 된다."와 같은 예문에 대해, ① '봄'을 빠뜨리거나, ② '눈과 비'처럼 순서를 바꾸거나, ③ '견뎌 내는'처럼 삽입하거나, ④ '견디는'을 '이기는'으로 대치하거나, ⑤ 아예 새 문장을 만들거나, 그 밖의 오류가 가능하다. 이때 검사자는 오류의 양상을 가능한 한 정확히 기록하는데, 빠른 체크를 위해서는 오류를 표시하는 방법(예, 편집자의 교정 기호)을 숙지할 필요가 있다. 정확한 문장을 말할 때는 1점을 주는데, 조음 오류와 스스로 교정한 정반응은 맞는 것으로 처리한다.

(8) 읽기 인지처리 검사 8: 듣기이해 검사

읽기이해 검사의 듣기 형태인데, 이야기글로만 구성되어 있다. CD에 녹음된 글을 들려주거나 검사자가 지문을 읽어 준 후, 교사가 읽어 주는 질문에 대해 피검사자가 말로 대답한다. 검사자가 지문을 읽을 때에는 보통 속도를 유지하도록 한다(문장 따라 말하기 검사 참조). 읽기이해 검사의 경우처럼, 추가 질문이 필요할 수 있으며, 기타 유의사항도 읽기 이해 검사와 비슷하다. 모르는 단어나 기타 질문에 대해서는 '선생님의 도움 없이 스스로 최선을 다하도록' 지시한다. 각 문항당 맞으면 1점, 틀리면 0점을 준다.

(9) 읽기 인지처리 검사 9: 어휘 검사

주어진 단어에 대한 반대말을 쓰는 목록과 비슷한 말을 쓰는 목록으로 구성되어 있는데, 각 목록은 25개가량의 단어들로 구성되어 있다. 이 검사는 개별검사 또는 집단검사로 실시할 수 있다. 정답 어휘와 시제나 맞춤법이 다른 경우에는 정답으로 인정한다. 정답 어휘와 품사나 활용형이 다른 경우에는 부분점수(1점)를 준다(예,

'게으른'이 정답어휘일 때, '게으르다'라고 답하면 부분점수 1점 부여). 피검사자가 스스로 예문과 문항을 읽고 답을 '학생용 어휘 답안 기록지'에 '직접' 적도록 한다. 각 문항 당 맞으면 2점, 틀리면 0점이며, 부분점수(위 참조)는 1점이다.

3) 검사 실시

검사 실시 순서는 〈표 14-2〉의 8개 유형 중 선택하여 실시 가능하다. 예를 들어, 1형을 선택할 경우에는 1형에서 제시된 순서에 따라 검사를 진행하여야 한다.

〈표 14-2〉 RA-RCP의 소검사를 실시하는 유형들

1형	2형	3형	4형
① 자모지식	① 빠른 자동 이름 대기	① 읽기유창성/읽기이해	① 음운기억
② 빠른 자동 이름 대기	② 읽기유창성/읽기이해	② 음운기억	② 단어인지
③ 읽기유창성/읽기이해	③ 음운기억	③ 단어인지	③ 문장 따라 말하기
④ 음운기억	④ 단어인지	④ 문장 따라 말하기	④ 듣기이해
⑤ 단어인지	⑤ 문장 따라 말하기	⑤ 듣기이해	⑤ 어휘
⑥ 문장 따라 말하기	⑥ 듣기이해	⑥ 어휘	⑥ 자모지식
⑦ 듣기이해	⑦ 어휘	⑦ 자모지식	⑦ 빠른 자동 이름 대기
⑧ 어휘	⑧ 자모지식	⑧ 빠른 자동 이름 대기	⑧ 읽기유창성/읽기이해
5형	6형	7형	8형
① 단어인지	① 문장 따라 말하기	① 듣기이해	① 어휘
② 문장 따라 말하기	② 듣기이해	② 어휘	② 자모지식
③ 듣기이해	③ 어휘	③ 자모지식	③ 빠른 자동 이름 대기
④ 어휘	④ 자모지식	④ 빠른 자동 이름 대기	④ 읽기유창성/읽기이해
⑤ 자모지식	⑤ 빠른 자동 이름 대기	⑤ 읽기유창성/읽기이해	⑤ 음운기억
⑥ 빠른 자동 이름 대기	⑥ 읽기유창성/읽기이해	⑥ 음운기억	⑥ 단어인지
⑦ 읽기유창성/읽기이해	⑦ 음운기억	⑦ 단어인지	⑦ 문장 따라 말하기
⑧ 음운기억	⑧ 단어인지	⑧ 문장 따라 말하기	⑧ 듣기이해

읽기유창성 및 읽기이해(연속 실시) 성취 검사의 하위 검사는 다음 순서로 실시한다.

① 읽기유창성 성취 검사: 이야기글
② 읽기이해 성취 검사: 이야기글
③ 읽기유창성 성취 검사: 설명글
④ 읽기이해 성취 검사: 설명글

4. 결과와 해석

1) 검사 결과

기초적인 기록 외에도, 피검사자의 생활연령을 정확하게 계산하도록 한다. 여기에 지침서나 일자 계산 프로그램을 이용한다.

각 소검사(하위검사 점수는 합산)의 원점수를 계산한 다음, 검사 결과 기록지에 기록한다. 이 원점수를 인싸이트(http://www.inpsyt.co.kr)의 온라인 채점 프로그램에 입력하면 환산점수 및 영역별 환산점수(8개)가 자동으로 산출된다. 그리고 지수점수, 백분위, 신뢰구간이 자동 산출된다. 다음에 기록지와 산출되는 환산점수 및 지수점수의 표가 제시되어 있다.

RA-RCP 읽기 성취 및 읽기 인지처리능력 검사

연구개발 | 김애화 · 김의정 · 황민아 · 유현실

초등 2학년 기록지

검사자 이름	학교명	학년/반/번	학년 반 번	성별 남·여	학생 이름

학생 연령 계산

	년	월	일
검사일			
학생 생년월일			
학생 연령			
최종 학생 생활연령	세	개월	

검사 결과 기록표

소검사	원점수	환산점수
1 단어인지		
2 읽기유창성		
3 읽기이해		
4 자모지식		
5 빠른 자동 이름대기		
6 음운기억		
7 문장 따라 말하기		
8 듣기이해		
9 어휘		

	단어인지 성취	읽기유창성 성취	읽기이해 성취	단어인지 인지처리능력	읽기유창성 인지처리능력	읽기이해 인지처리능력
환산점수의 합						
	전체 읽기 성취		전체 읽기 인지처리능력			

지수점수, 백분위, 신뢰구간

	환산점수의 합	지수점수	백분위	__% 신뢰구간
단어인지 성취				
읽기유창성 성취				
읽기이해 성취				
전체 읽기 성취				
단어인지 인지처리능력				
읽기유창성 인지처리능력				
읽기이해 인지처리능력				
전체 읽기 인지처리능력				

지수점수 프로파일

	지수점수							
	단어인지 성취	읽기유창성 성취	읽기이해 성취	전체 읽기 성취	단어인지 인지처리능력	읽기유창성 인지처리능력	읽기이해 인지처리능력	전체 읽기 인지처리능력
150								
140								
130								
120								
110								
100								
90								
80								
70								
60								
50								

읽기장애 진단

지능지수 _____ (지능검사 도구명 _____)

	단어인지 읽기장애	읽기유창성 읽기장애	읽기이해 읽기장애
단어인지 성취	백분위 16이하 예□ 아니요□		
읽기유창성 성취		백분위 16이하 예□ 아니요□	
읽기이해 성취			백분위 16이하 예□ 아니요□
단어인지 인지처리능력	백분위 16이하 예□ 아니요□		
읽기유창성 인지처리능력		백분위 16이하 예□ 아니요□	
읽기이해 인지처리능력			백분위 16이하 예□ 아니요□
지 능	70이상 예□ 아니요□		

□ 단어인지 읽기장애 진단: 위의 '단어인지 읽기장애'의 세 기준에서 모두 '예'일 때
□ 읽기유창성 읽기장애 진단: 위의 '읽기유창성 읽기장애'의 세 기준에서 모두 '예'일 때
□ 읽기이해 읽기장애 진단: 위의 '읽기이해 읽기장애'의 세 기준에서 모두 '예'일 때
□ 중복 읽기장애 진단: '단어인지 읽기장애', '읽기유창성 읽기장애', '읽기이해 읽기장애' 중 하나 이상이 중복해서 나타나는 경우: _____

[그림 14-1] RA-RCP 검사의 기록지 예

	환산점수 합	지수점수	백분위	95% 신뢰구간
단어인지 성취	11	105	63	98~112
읽기유창성 성취	5	76	5	68~84
읽기이해 성취	7	84	14	68~100
전체 읽기 성취	23	86	18	76~96
단어인지 인지처리능력	32	89	23	77~101
읽기유창성 인지처리능력	16	93	32	84~102
읽기이해 인지처리능력	17	77	6	64~94
전체 읽기 인지처리능력	65	85	16	73~97

[그림 14-2] RA–RCP 검사에서 산출되는 점수들

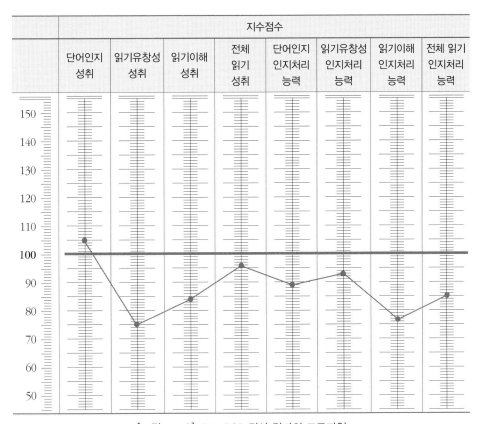

[그림 14-3] RA–RCP 검사 결과의 프로파일

2) 결과 해석

이 검사 결과 얻게 되는 환산점수는 다음 기준으로 해석될 수 있다.

〈표 14-3〉 검사 결과 해석 기준

		지수점수	백분위
상위 수준		111 이상	76 이상
정상 수준	평균 수준	97~110	40~75
	평균 이하 수준	86~96	17~39
위험 수준		85 이하	>16 이하

이 검사에 대한 요인분석 결과(참조: 읽기 성취 및 읽기 인지처리 능력검사 전문가 지침서), 이 검사에 측정하는 능력은 단어인지, 읽기유창성, 읽기이해의 3개 능력(요인)으로 파악될 수 있다. 이를 각 소검사와 관련지으면 다음과 같다.

〈표 14-4〉 읽기 성취와 읽기 인지처리 능력의 하위 요인들

읽기 영역				
	능력	단어인지	읽기유창성	읽기이해
읽기 성취 검사	소검사	단어인지	읽기유창성	읽기이해
	점수 (백분위)	단어인지 성취 지수점수 및 백분위 산출	읽기유창성 성취 지수점수 및 백분위 산출	읽기이해 성취 지수점수 및 백분위 산출
		전체 읽기 성취 지수점수 및 백분위 산출		
읽기 인지 처리 능력 검사	소검사	자모지식 빠른 자동 이름 대기 음운 기억 어휘	빠른 자동 이름 대기 어휘	문장 따라 말하기 듣기 이해 어휘
	점수 (백분위)	단어인지 인지처리능력 지수점수 및 백분위 산출	읽기유창성 인지처리능력 지수점수 및 백분위 산출	읽기이해 인지처리능력 지수점수 및 백분위 산출
		전체 읽기 인지처리능력 지수점수 및 백분위 산출		

전체 읽기 성취와 3개의 하위 영역(단어인지, 읽기유창성, 읽기이해) 성취 점수, 그리고 전체 읽기 인지처리 점수와 3개의 하위 영역(단어인지, 읽기유창성, 읽기이해) 인지처리 점수를 통해서 피검사자의 전반적인 읽기 능력을 파악할 수 있다. 이 검사는 일반학생을 대상으로 표준화한 검사이기 때문에, 읽기장애 및 읽기장애 위험군 학생뿐 아니라 일반학생의 읽기 성취 및 읽기 인지처리 능력을 파악하는 목적으로도 사용될 수 있다. 구체적으로 이 검사 결과는 다음과 같은 네 가지 측면에서 활용될 수 있다.

(1) 읽기 성취 및 읽기 인지처리 능력 파악
- 전반적인 읽기 성취가 어느 정도 수준인지를 파악할 수 있다.
- 소검사별, 즉 단어인지, 읽기유창성, 읽기이해 성취의 수준을 파악할 수 있다.
- 전반적인 읽기 인지처리 능력이 어느 정도 수준인지를 파악할 수 있다.
- 소검사별, 즉 빠른 자동 이름 대기, 자모지식, 음운기억, 문장 따라 말하기, 듣기이해, 어휘 등의 인지처리 수준을 파악할 수 있다.

(2) 읽기 영역별 읽기 성취와 읽기 인지처리 능력을 종합적으로 파악
- 단어인지능력과 관련한 성취와 인지처리 능력을 종합적으로 파악할 수 있다.
- 읽기유창성 능력과 관련한, 성취와 인지처리 능력을 종합적으로 파악할 수 있다.
- 읽기이해 능력과 관련하여, 성취와 인지처리 능력을 종합적으로 파악할 수 있다.

(3) 읽기장애학생을 진단
- 단어인지, 읽기유창성 및 읽기이해와 관련한 읽기장애를 진단할 수 있다.

(4) 적절한 교육적 지원을 계획하는 데 필요한 정보 제공

(3) 읽기장애학생의 진단과 관련하여, 지침서에 제시된 단어인지, 읽기유창성, 읽기이해 등의 읽기장애 진단을 위한 기준이 [그림 14-4]에 나와 있다. 예를 들어, 다음과 같은 체크리스트를 이용하여 읽기장애 진단을 할 수 있다. 그림에 있는 지능은 웩슬러 아동지능검사 점수를 말한다.

	단어인지 읽기장애	읽기유창성 읽기장애	읽기이해 읽기장애
단어인지 성취	백분위 25 이하 예☐ 아니요☑		
읽기유창성 성취		백분위 25 이하 예☑ 아니요☐	
읽기이해 성취			백분위 25 이하 예☑ 아니요☐
단어인지 인지처리능력	백분위 25 이하 예☑ 아니요☐		
읽기유창성 인지처리능력		백분위 25 이하 예☐ 아니요☑	
읽기이해 인지처리능력			백분위 25 이하 예☑ 아니요☐
지능	70 이상 예☑ 아니요☐	70 이상 예☑ 아니요☐	70 이상 예☑ 아니요☐

☐ 단어인지 읽기장애 진단: '단어인지 읽기장애'의 세 기준에서 모두 '예'일 때
☐ 읽기유창성 읽기장애 진단: '읽기유창성 읽기장애'의 세 기준에서 모두 '예'일 때
☑ 읽기이해 읽기장애 진단: '읽기이해 읽기장애'의 세 기준에서 모두 '예'일 때
☐ 중복 읽기장애 진단: '단어인지 읽기장애' '읽기유창성 읽기장애' '읽기이해 읽기장애' 중 하나
　　이상이 중복해서 나타나는 경우:＿＿＿＿＿＿＿＿

[그림 14-4] 읽기장애 진단의 기준

5. 기타 참고사항

1) 검사의 장단점

검사 절차가 표준화되어 있고 결과 해석이 용이하다. 그러나 초등학생의 언어 능력 검사용으로 개발되어 중·고등학생 및 대학생의 언어 능력을 검사에 적용하는 것은 어렵다.

2) 관련 검사

- 교보문고에서 개발한 독서진단검사로 READ(Reading Environment & Ability degree, 온라인 검사)가 있다. 유치원생에서 성인(대학생) 범위를 대상으로 어휘력, 독서행동, 독서력을 측정하고 리드지수를 산출한다. 이 검사와 달리 기초적 읽기 검사는 제공하지 않는다.
- 최광일과 김영진이 개발한 성인용 독서이해력 검사, AIRCA가 있다.

3) 적용 사례

- 김애화, 유현실, 황민아, 김의정, 고성룡(2010). 초등학생의 읽기이해 능력 예측 변인에 관한 연구. 언어청각장애연구, 15, 357-380.
- 김애화, 김의정, 황민아, 유현실(2014). 읽기 성취 및 읽기 인지처리 능력검사(RA-RCP) 전문가 지침서. 서울: 학지사.
- 황민아(2014). 읽기이해부진 아동의 작업기억 특성: 문장 따라말하기 및 비단어 따라말하기 검사를 중심으로. 학습장애연구, 11, 53-72.

15 K-WISC-Ⅳ 언어이해 지표

1. 검사 소개

1) 목적과 용도

K-WISC-Ⅳ(한국판 아동용 웩슬러 지
능검사)의 언어이해 지표는 K-WISC-Ⅳ
의 소검사 중에서 언어이해 능력을 나
타내는 지표로서 여기에 공통성, 어휘,
이해, 상식, 단어추리 소검사가 속한다.
이 지표는 전반적으로 언어적 개념 형
성, 언어적 추론, 환경으로부터 획득한

지식을 측정한다. 언어이해 지표를 단일한 지표점수로 해석하기 위해서는 언어지
표 점수에 포함된 각 소검사 점수를 소검사 점수들의 평균값과 비교하고 이들 간에
존재하는 차이의 유의미성과 빈도를 K-WISC-Ⅳ 지침서를 사용하여 분석하는 것이
기본적인 전략이다.

2) 검사의 배경

언어이해 지표는 K-WISC-Ⅳ의 네 지표 중 하나이다. K-WISC-Ⅳ의 배경과 구입
에 관해서는 K-WISC-Ⅳ 개관(16장)을 참조하라.

3) 인지학습과의 관련성

언어이해 지표는 개인의 결정 지능 수준을 알 수 있는 것으로 개인이 학습과 경험을 통해 문화에 노출됨으로써 얻어지는 문화적 경험을 폭넓게 반영하는 요인이다. 언어이해 지표의 소검사들은 주로 교육과 일상생활 경험을 거치면서 특히 언어적인 지식을 통해 획득되는 것으로 모든 인지학습에서의 기초가 되는 영역이다.

인지기능을 평가할 때 전 세계적으로 인지도가 가장 높은 WISC의 소검사들을 이용하고 있어서 어떠한 아동이든 심리검사 결과를 이용하여 언어이해를 평가할 수 있다.

2. 검사의 대상과 방법

1) 대상 집단

K-WISC-Ⅳ의 규준인 만 6세 0개월부터 16세 11개월까지의 아동을 대상으로 한다. 세부 사항은 K-WISC-Ⅳ 개관(16장)을 참조하라.

2) 검사 방법

K-WISC-Ⅳ의 여러 소검사 중 언어이해 지표에 속한 소검사들만 따로 실시할 수 있다. 혹은 다른 지표의 소검사들과 함께 실시하거나 K-WISC-Ⅳ 전체 검사의 일부로 실시할 수 있다. K-WISC-Ⅳ의 전반적인 검사 방법, 준비 사항, 라포, 검사 진행 지침에 대해서는 K-WISC-Ⅳ 개관(16장)을 참조하라.

질문-답변식으로 검사를 실시한다. 즉, 검사자의 질문에 대해 아동이 답한 내용을 용지에 기입하고 채점한다. 질문의 내용은 소검사에 따라 다르다. 예컨대, 공통성 소검사의 질문은 "A와 B는 어떤 점이 비슷한가요?"이며, 어휘 소검사의 질문은 "이게 뭐지요?"이며, 이해, 상식, 단어추리 소검사에서는 책자에 나와 있는 질문이나 문장을 소리 내어 읽는 것이다. 아동의 연령에 따라 소책자를 보여 주거나, 보여 주지 않는다.

이 검사에서는 검사자와 피검사자(아동) 간에 언어적인 상호작용이 자주 일어날 수 있으므로, 검사자는 검사를 실시하기에 앞서 아동에 대한 지시, 예시문항 처리와 시작점 설정, 추가 질문, 촉구, 반복 질문 등의 진행 절차 등을 숙지해야 한다. 이를 포함해서 아동의 상태에 따라 적합한 검사의 선택에 관해서는 K-WISC-IV 개관(16장)을 참조하라.

검사시간은 연령에 따라 차이가 있는데, 보통 공통성, 어휘, 이해, 상식, 단어추리를 완성하는 데 20~30분 전후가 소요될 수 있다. 검사 안내 및 실시에 숙련된 검사자가 전반적으로 주관하여 개인별로 실시한다.

3. 검사의 구성과 실시

1) 전반적인 구성

K-WISC-IV의 언어이해 지표는 〈표 15-1〉과 같이 3개의 주요(core) 소검사와 2개의 보충(supplemental) 소검사로 구성되어 있다.

'공통성'은 언어적 추론, 개념 형성과 언어적 문제해결을 측정할 수 있다. 부수적으로는 청각적 이해, 기억, 비본질적인 것과 본질적인 특성 간의 구분과 언어적 표현 정도를 알 수 있다.

'어휘'는 획득된 지식과 언어적 개념 형성을 측정한다. 또한 결정 지능, 축적된 지식, 언어적 개념화, 언어적 추론, 학습 능력, 장기기억과 언어 발달의 정도를 측정한다. 부수적으로는 청각적 지각과 청각적 이해, 언어적 개념화, 추상적 사고, 언어적

〈표 15-1〉 **언어이해 지표의 구성과 실시 순서**(진하게 처리된 글자는 소검사의 기호이다)

주요 소검사	보충 소검사
1. 공통성(**SI**milarities) 2. 어휘(**V**o**C**abulary) 3. 이해(**CO**mprehension)	4. 상식(**IN**formation) 5. 단어추리(**W**ord **R**easoning)

표현 능력을 평가할 수 있다.

 '이해'는 광범위한 일반적인 원칙과 사회적 상황에 대한 이해의 정도를 측정한다. 이 소검사는 언어적 추론과 개념화, 언어적 이해와 표현, 과거 경험을 평가하고 사용하는 능력, 언어적 문제해결과 실제적 지식을 발휘하는 능력을 측정한다. 부수적으로는 행동에 대한 관습적인 기준에 대한 지식, 사회적 판단력과 성숙도, 사회적 성향과 상식 정도를 알 수 있다.

 '상식'은 일반적이고 사실적인 지식을 획득하고, 유지하고, 인출하는 능력을 평가한다. 이 소검사는 결정성 지능, 장기기억, 학교와 환경으로부터 얻은 정보를 유지하고 인출하는 능력을 포함한다. 부수적으로는 언어적 표현 능력, 청각적 지각과 이해 정도를 알 수 있다.

 '단어추리'는 언어적 이해, 유추 및 일반적 추론 능력, 언어적 추상화, 특정 분야의 지식, 서로 다른 유형의 정보를 통합 및 종합하는 능력, 대체 개념을 만들어 내는 능력을 측정한다.

2) 소검사 내용

(1) 공통성
 두 개 단어를 제시한 후 동일 개념을 찾아 답하게 되어 있다. 예컨대, 코끼리와 토끼의 비슷한 점이 무엇인가를 질문한다. 23개 문항으로 되어 있는데 연령에 따라 시작점이 다르다. 아동의 반응이 명확하지 않을 경우에도 검사자는 단어를 임의로 변경해서는 안 된다. 답변이 정확한 정도에 따라 0점, 1점, 2점 등으로 채점한다.

(2) 어휘
 그림 문항과 말하기 문항으로 나뉜다. 그림 문항은 4개가 있는데, 소책자에 제시된 그림을 가리키며 "이게 뭐지요?"라고 질문하고, 정확한 답변에는 1점으로 채점한다. 아동의 반응이 명확하지 않을 때에는 추가 질문을 해서 답변을 명확하게 한다. 추가 질문이 필요한 상황에 대해서는 검사 요강을 참조한다.

 말하기 문항은 그림 문항에 이어서 검사하는데 32개로 되어 있다. 일상에서 흔히 쓰는 명사, 동사, 형용사 등의 개념을 질문한다. 예를 들면, "'연필'은 무엇입니까?" 혹은 "'부드럽다'는 무슨 뜻입니까?" 등처럼 다소 추상적이고 어렵다고 생각될 수 있는 단어도 일부 포함된다. 답변이 정확한 정도에 따라 0점, 1점, 2점 등으로 채점한다.

(3) 이해

사실이나 상황을 제시하는 문항으로서 21개로 구성되어 있다. 예를 들면, "학교가 있는 이유가 무엇입니까?" 혹은 "낯선 곳에서 길을 잃어버리면 어떻게 해야 할까요?" 등과 같이 그 이유나 대처 방법을 묻는 질문에 아동이 답을 하도록 한다. 각 문항을 아동에게 정확하게 읽어 주는데, 필요하면 반복하여 읽어 줄 수 있으나 다른 말로 대체하지 않는다. 만일 아동의 반응이 불명확하거나 너무 모호한 경우, "그게 무슨 뜻이죠?" 또는 "그것에 대해서 좀 더 얘기해 주세요."라는 식으로 좀 더 정확한 답을 촉구한다. 아동이 주저할 경우 "그래요." "또는 계속 하세요."라는 말로 격려해 준다. 아동의 첫 번째 반응이 일반적이어서 정확하지 않으면, "그것에 관한 몇 가지 이유를 좀 더 얘기해 보세요."라고 말하면서 아동의 또 다른 반응을 이끌어 낸다. 확실히 틀린 반응에 대해서는 더 이상 물어보지 않는다. 답변이 정확한 정도에 따라, 0점, 1점, 2점 등으로 채점한다.

(4) 상식

일반적 지식, 혹은 상식에 관한 33개의 질문으로 되어 있다. 예를 들면, "한국의 수도는 어디지요?" 혹은 "어느 왕이 한글을 발명하였지요?"와 같은 질문이 있다. 질문의 범위는 신체, 생활, 지리, 역사, 인물, 자연 등 여러 범위에 걸쳐 있다. 앞의 소검사와 마찬가지로, 문항은 반복 제시는 가능하나 다른 말로 대체될 수 없다. 아동이 실수로 다른 단어를 듣고 틀리게 반응하면 잘못 들은 단어를 강조하면서 문항을 반복한다. 아동의 대답을 용이하게 채점할 수 있도록 각 문항에 대한 예시 반응과 채점이 제시되어 있다. 채점은 0점, 1점으로 한다.

(5) 단어추리

검사자가 생각하고 있는 단어를 아동이 맞히는 검사로서 24개의 문항으로 되어 있다. 검사자는 기록용지에 있는 2~3개의 문장으로 되어 있는 단서(예, "이것은 빨리 갈 때 타는 거예요." "그리고 바퀴가 두 개예요.")를 읽어 준다. 처음에는 첫 번째 단서

만을 읽어 주고, 다음에는 첫 번째와 두 번째 단서를 연결하여 읽어 주는 식으로 단
서를 제시한다. 각 단서 제시 후 5초 이내에 아동이 정답을 말하는지를 기록용지에
표시한다. 단서가 모두 제시될 때까지 올바른 반응을 하면 1점을 받고, 그렇지 못하
면 0점을 받는다. 정답과 유사한 반응에 대한 채점 기준은 검사 요강에 제시되어 있
다. 앞의 소검사와 마찬가지로 필요하면 단서를 반복 제시를 할 수 있고, 반응에 필
요한 시간을 추가로 5초 줄 수 있다.

3) 검사 실시

타당한 결과를 내기 위해서는 표준화된 절차를 따라야 한다. K-WISC-Ⅳ의 언어
이해 지표 소검사의 실시 순서는 〈표 15-1〉에 표시된 번호와 같다. K-WISC-Ⅳ의
전체 소검사를 실시할 때에는 K-WISC-Ⅳ 개관(16장)에 언급된 순서대로 한다. 보
충 소검사는 주요 소검사를 실시한 다음에 필요하다고 판단될 때 한다.

처음 평가를 시작하기 전에 전문가 지침서의 단계를 숙지한 후, 절차에서 벗어난
모든 것은 기록용지에 기입하고 검사점수를 해석할 때 신중하게 고려해야 한다. 아
동에게 검사 절차와 시간에 대한 간단한 정보를 알려 준 다음 시작한다. 검사자들은
각 개인에 맞는 효율적인 절차를 찾아내야 한다. 전문가 지침서 혹은 기록용지에 있
는 정답이 아동에게 노출되지 않도록 한다.

4. 결과와 해석

1) 검사 결과

기록용지에는 검사 문항들에 대한 아동의 반응들을 기록하고 채점하기 위한 칸
이 있으며, 시작점, 역순 규칙, 중지 규칙 및 제한시간 같은 정보를 포함한다. 또한
기록용지는 검사자가 문항 수준과 소검사 수준에서 추가 정보를 기록하게 해 주는
데 이런 사항들은 점수 해석에 유용할 수 있다.

검사 실시와 동시에 채점이 진행된다. 채점은 언어적 유창성이나 신속도가 아니

구분	검사항목	원점수	환산점수
언어이해	공통성	9	10
	어휘	18	12
	이해	13	9
	(상식)	8	9
	(단어추리)	9	12

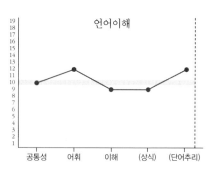

[그림 15-1] K-WISC-IV 언어이해 지표의 환산점수와 검사 결과 프로파일

라, 아동이 선택한 반응을 기준으로 한다. 각 소검사에서 초기에 채점한 결과에 따라 시작점이 재설정될 수 있고(역순 규칙), 검사가 중지될 수 있다(중지 규칙). 지침서에 있는 채점 기준에 따라 채점하는데, 같은 난이도의 문항에 대해서는 같은 점수를 얻는 것이 일반적이라는 점을 고려한다. 반응이 채점하기에 애매한 경우 추가적으로 답을 하도록 촉구할 수 있다. 한 문항에 대해 여러 가지를 대답하는 경우 가장 배점이 높은 반응을 기준으로 채점한다.

기록용지에는 아동의 연령 계산 및 소검사들에 대한 원점수, 환산점수, 환산점수의 합계 및 지표 점수 등의 기록을 위한 칸이 있다. 이에 더하여 소검사 및 지표점수의 프로파일을 그림으로 나타낼 수 있다. 기록용지의 분석 페이지는 지표 수준과 소검사 수준의 차이 비교, 소검사의 강점과 약점 평가, 처리점수 도출, 처리-수준간 차이 비교 등을 위한 칸이 있다. 기록용지의 마지막 페이지에서는 검사시간 동안 이루어진 행동 관찰 및 아동에 대한 타당한 정보의 기록을 위한 칸이 있다.

아동의 반응들을 각 문항에 대한 예시 반응 목록 및 각 소검사에 대한 일반적인 채점 기준들과 비교해 본다. 아동의 반응과 유사한 예시 반응이 없을 때는 일반적인 채점 기준들을 참고한다. 2점짜리 예시 반응과 동등하거나 그보다 우수한 반응에 대해서는 2점을 부여하고, 0점짜리 예시 반응과 동등하거나 그보다 열등한 반응에 대해서는 0점을 부여한다. 1점짜리 예시 반응과 질적으로 동등한 반응들에 대해서는 1점을 부여한다. 반응의 질은 아동의 언어적 표현의 내용을 바탕으로 판단한다. 언어적 반응에 대해 문법에 맞지 않거나 발음이나 조음이 서투르다는 이유로 채점을 불리하게 해서는 절대로 안 된다.

결과는 환산점수와 백분율로 환산하여 해석된다. 검사 판매처인 인싸이트(http://www.inpsyt.co.kr)에 들어가 채점한 원점수를 기입하면 환산점수와 백분율 점수가 산출되며, 최종적으로 검사 결과 보고서를 얻을 수 있다.

2) 결과 해석

원점수에 대응하는 환산점수와 이 환산점수가 관찰되는 백분율을 기초로 하여 결과를 해석한다. 환산점수가 규준과 비교하여 얼마나 높거나 낮은지를 판정한다. 이때 환산점수의 표준편차가 고려된다. K-WISC-IV 지침서에 이를 해석하는 기준표 및 해석 지침이 제시되어 있는데, 대략적인 사항은 제16장을 참고하라.

3) 유의사항

이 검사는 언어적 이해력과 표현력을 알아보는 검사이다. 따라서 기본적인 인지능력이 어느 정도 유지되는가에 따라 또는 단순히 언어 활용 능력만이 부진하거나 정서적 문제가 있는 경우에 따라, 다른 해석을 요구하므로 WISC의 모든 소검사를 검사하여 언어이해 정도를 개별적으로 그리고 상대적으로 평가하는 것이 종종 필요하다. 즉, 전체 인지기능 검사 후 언어이해 부분을 해석하는 것이 개인에 대한 정확한 평가가 될 것으로 보인다.

5. 기타 참고사항

1) 검사의 장단점

K-WISC-IV 언어지표 소검사는 언어이해력에서 유동적 추론의 중요성을 강조하였다. 단어추리의 경우 추상적 개념, 규칙, 일반화 등 언어적인 면에서의 유동적 추론 평가를 가능하게 하였다. 귀납적이고 유동적인 추론, 포괄적인 시각지능, 개념적 사고, 동시처리, 분류능력을 가장 잘 나타내는 지표 점수이다. CHC 이론가들은

유동추론 지표를 유동추론(Gf)의 측정, 특히 귀납추론과 일반적 순차추론의 협의의 능력으로 분류하고, 소검사 중 하나(예, 단어추리)를 광의적 능력의 2차적 측정으로 분류하고 있다.

신경심리학적인 면에서도 언어이해지표는 실행기능 영역(개념인식 및 생성, 문제해결, 인지융통성, 추론, 계획) 내에서 신경심리학적 구성개념을 측정한다고는 되어 있으나 문제해결력과 계획 능력을 충분히 측정하기에는 취약하다는 것이 단점이라 할 수 있겠다.

2) 관련 검사

- 언어이해 인지력 검사: 3세~5세 11개월에 해당하는 아동의 언어 이해력 및 인지력을 측정한다(장혜성, 임선숙, 백현정 공저, 서울 장애인 복지종합 복지관).
- KEDI-WISC의 언어성 검사: 5세~15세까지의 아동에게 실시한다(박경숙 외, 1989, 도서출판 특수교육).
- K-ABC-II: 만 3세~18세 아동을 대상으로 한다. 단어배열, 이야기 완성, 이름 기억, 표현어휘, 수수께끼, 언어지식 등을 측정한다(문수백, 2016, 인싸이트).
- 그 외에 표준화되지 않은 것으로는 그림 어휘력 검사, 취학적 아동의 수용언어 및 표현언어 발달척도(PRES), 영유아 언어발달검사(SELSI), 문장이해력 검사, 언어이해 인지력 검사, 언어문제해결력 검사, 한국 노스 웨슨턴 구문 선별 검사 등이 있다.

3) 적용 사례

- 허영애(2014). K-WISC-IV에 나타난 ADHD 고 위험군 아동의 인지적 특성에 관한 연구. 울산대학교 대학원 석사학위 청구논문.
- 권애란, 홍창희(2015). 주의력 문제를 호소하는 아동, 청소년의 K-WISC-IV 및 ATA특성. 정서 행동장애 연구, 31, 403-419.
- 이준석(2016). K-WISC-IV 지표와 전체 IQ 신뢰도에 미치는 보충 소검사 대체의 영향. 재활심리연구, 23, 803-814.

- 정애진, 이길재(2015). K-WISC-IV에 나타난 과학학습 부진아, 일반아, 과학학습 우수아의 인지특성 비교연구. 과학교육연구지, 39, 418-433.

- Mayes. S. D., & Calhoun, S. L. (2006). K-WISC-IV and WISC-III Profiles in Children With ADHD. *Journal of Attention Disorders, 9,* 486-493.

- Allen, D. N., Thaler, N. S., & Donohue, B. (2010). K-WISC-IV profiles in children with traumatic brain injury: Similarities to and differences from the WISC-III. *Psychological Assessment, 22,* 57-64.

6부

지능 및 집행 기능

---

* 지능 및 집행 기능 영역의 머리글과 다음을 제외한 검사의 해설은 강희양 교수(호원대학교 심리상담치료학과)가 작성했으며, WCST 의 해설은 정혜선 교수(한림대학교 심리학과)가 작성했다.

지능은 성격, 정서, 가치, 동기, 문제해결과 같은 여러 가지 특성과 함께 한 개인의 심리내적인 면을 총괄해서 설명할 수 있는 중요한 요소이다. Wechsler는 지능을 '개인이 목적에 맞게 활동하고 합리적으로 사고하며 자신을 둘러싼 환경을 효과적으로 처리해 나가는 종합적 · 총체적인 노력'이라고 정의하여 이전에 제안되었던 지능에 관한 여러 가지 정의들을 종합적으로 받아들이면서 지능에 지적 요소뿐 아니라 성격적 요소, 정서, 사회성, 운동 능력, 감각 등을 포함시켜 폭넓게 개념화하였다.

6부에서는 한국판 아동용 웩슬러 지능검사 4판(K-WISC-IV)을 중심으로 지능검사를 설명하고자 한다. K-WISC-IV는 최신 지능 이론 및 신경심리학적 지식을 반영해 IQ 산출 방식, 각 인지 지표의 구성 및 소검사 구성 등이 대폭 개정되었다. 각 지표에 해당하는 새로운 검사가 추가되거나 요인구조가 불분명한 검사가 폐기되었고, 기존 소검사의 실시 및 채점 방식이 수정되어, 최종 10개의 핵심 소검사와 5개 보충 검사로 구성되었다.

집행기능(executive function)은 '복잡한 목표 지향적 행동에 필요하며, 환경적 요구에 적응적으로 행동하는 데 필요한 능력'이라고 정의된다. Cattell의 유동 지능과 결정 지능 면에서 볼 때는 유동 지능으로 해석할 수 있다. 인지기능의 관점에서 관리기능(즉, 집행기능)은 주의, 언어, 시공간, 기억과 같은 하위 인지기능을 통제하는 상위 인지기능으로 이해할 수 있다. 성공적인 학습을 위해서는 환경의 변화를 적절하게 탐지하고 이에 적응하는 능력이 필요하며, 문제해결 능력과 더불어 인지적 유연성이 필요한데, 작업기억의 집행기능, 즉 전두엽 기능이 이와 관련된다. 집행기능과 관련해서 이 책에서는 전두엽 관리기능 검사와 Wisconsin 카드 분류 검사(WCST)를 소개한다. 전두엽 관리기능검사는 스트룹 검사, 단어유창성 검사, 도안유창성 검사 등 3개의 모듈로 구성되어 있는데, 전두엽 관리기능 지수가 도출된다. WCST는 상황의 변화에 맞추어 신속하고 적절하게 인지전략을 바꾸는 능력을 측정하는데, 인지적 유연성과 관련이 깊다.

K-WISC-IV의 네 개 지표지수 중 하나인 처리속도 지표는 단순한 시각정보를 빠르고 정확하게 훑어보고, 차례를 밝히고, 변별하는 수검자의 능력을 측정한다. 처리속도 지표를 구성하는 소검사들은 단순 반응 시간이나 단순 시각 변별을 측정하는 것이 아니라 인지적 의사결정이나 학습 요인을 포함하는 반응을 측정하는 것이다. 소검사 점수들이 상이할 때보다는 유사할 때 더 확신을 가지고 처리속도 지표를 해석할 수 있는데, 지표점수 간 상대적 평가를 통하여 인지기능에서 정신운동 민첩성을 파악하는 데 도움을 준다.

16 K−WISC−Ⅳ 개관

1. 검사 소개

1) 목적과 용도

심리검사의 중요한 기능 중의 하나는 인지능력을 평가하는 것이며, 그중 대표적인 검사는 지능검사이다. 대표적인 지능검사로 **웩슬러 지능검사**(WAIS)가 있는데, 아동과 청소년을 위한 버전으로 WISC(Wechsler Intelligence Scale for Children)가 있다. 웩슬러(Wechsler, 1939)는 지능을 기본적으로 '상호 관계성을 이해하는 지각능력'으로 설명하였고 이러한 능력을 측정하고자 지능검사도구를 개발하였다. 웩슬러 아동용 지능검사 4판(WISC-IV)은 6~16세까지의 아동을 대상으로 지능을 알아보고자 개발되었다.

WISC-IV를 사용하여 평가하는 목적과 기능을 다음과 같이 요약할 수 있다.

- 일반적인 지적 능력을 평가하기 위하여 지능검사가 사용된다. 지능 수준이 어느 정도인지, 인지적인 문제해결 능력은 어느 정도인지의 전반적인 지적 능력을 평가한다. 그리고 내담자가 문제를 어떻게 해석하는지, 그리고 인지적인 적응 능력은 어느 정도인지를 평가하고자 할 때에도 사용된다.
- 특수한 영역에서의 인지능력을 평가하기 위하여 지능검사가 사용된다. 예를 들어, 언어이해 능력은 어떠한지, 지각추리 능력은 어느 정도인지, 작업기억이나 처리속도 능력은 어느 정도인지 등 평가 목적에 맞게 살펴볼 수 있다.
- 인지능력의 결함이나 손상을 평가한다. 인지능력의 특수한 영역뿐만 아니라, 어느 특정 영역의 결함과 손상을 보이는지를 평가한다.
- 인지능력의 평가를 통한 심리진단을 하고, 이를 통해 내담자에 대한 치료계획

을 세우는 데 중요한 도구로 활용할 수 있다. 내담자의 전반적인 인지능력, 여러 인지능력 중에서 강점 영역과 약점 영역을 파악하여, 내담자에 대한 구체적인 치료계획을 세울 수 있다.

2) 검사의 발달

웩슬러 아동 지능검사(WISC)는 미국에서 1949년 제작된 이후 세계 여러 나라의 아동 및 청소년의 인지능력 평가 분야에서 가장 널리 사용되는 검사이며, 현재 WISC-V판이 개발되어 있다(2019년 1월 출판 예정). 한국에서는 이창우와 서봉연(1974)이 WISC를 바탕으로 K(한국판)-WISC를 제작하였다. 그 이후 KWIS, K-WISC(1974), KEDI-WISC(1987), K-WISC-III(2001) 등을 거쳐, K-WISC-III의 개정판인 K-WISC-IV가 2011년에 개발되었다. K-WISC-IV는 미국의 웩슬러 아동지능검사 4판(WISC-IV)을 한국 실정에 맞도록 한 표준화 및 타당화를 거친 것으로서, 임상과 상담 그리고 학교장면에서 주로 아동과 청소년의 지능검사로 사용되고 있다.

웩슬러 지능검사의 초기 버전은 지능을 언어성 지능과 동작성 지능으로 구분하였는데, 2, 3판을 거치면서 언어이해 지표, 지각 조직 지표, 주의집중 지표, 처리속도 지표를 구별하였다. K-WISC-IV에서는 지각추론, 작업기억, 언어이해, 처리속도 등 4개의 지표 점수를 제공한다. K-WISC-IV는 이전 판과 비교해서 유동 지능을 강조하는데, 유동 지능은 논리적 추론과 계산, 개념적 조작 등과 관련되는 지능의 측면을 말한다. K-WISC-IV로 발전하면서 처리속도와 작업기억, 유동 지능을 측정하는 소검사들이 보강되었다(〈표 16-1〉 참조). 4판의 여러 지표는 이전 판의 지표와의 연속선상에서 파악될 수 있는데, 지각추론 지표는 K-WISC-III의 동작성 IQ에 상응하며, 언어이해 지표는 K-WISC-III의 언어성 IQ에 상응한다.

K-WISC-IV로 개정하면서 이전 판과 비교해서 여러 가지 개선이 이루어졌다. ① 지능검사의 이론적 토대를 업데이트하였고, 유동적 추론, 작업기억 처리속도 측정을 개선하기 위한 새로운 소검사를 도입하였다. 예컨대, 3판에서는 언어성 검사와 동작성 검사 두 개 지표 지수만을 산출하였고 언어성 검사에는 상식, 공통성, 산수, 어휘, 이해, 숫자가 해당되었다. 동작성 검사에는 빠진곳찾기, 기호쓰기, 차례맞추기, 토막짜기, 모양맞추기, 동형찾기, 미로가 해당되었다. 4판에서 4개 지표지수

〈표 16-1〉 K-WISC 버전에 따른 지표와 소검사 구성의 변화

K-WISC-III			K-WISC-IV			K-WISC-V	
지표	소검사		지표	소검사		지표	소검사
언어성 지능	공통성		언어이해	공통성		언어이해	공통성
	어휘			어휘			어휘
	이해			이해			이해
	상식			상식			상식
	숫자		작업기억	숫자		작업기억	숫자
	산수			산수	변경	유동추론	산수
동작성 지능	기호쓰기		처리속도	기호쓰기		처리속도	기호쓰기
	동형찾기			동형찾기			동형찾기
	토막짜기		지각추론	토막짜기	변경	시공간	토막짜기
	빠진곳찾기			빠진곳찾기	제거		
	차례맞추기	제거					
	모양맞추기						
	미로찾기						
		추가	지각추론	행렬추리	변경	유동추론	행렬추리
				공통그림찾기			공통그림찾기
			작업기억	순차연결		작업기억	순차연결
			처리속도	선택		처리속도	선택
			언어이해	단어추리	제거		
					추가	유동추론	무게비교
						작업기억	그림기억
						시공간	퍼즐

로 산출되었고 그 변화과정은 〈표 16-1〉과 같다. ② 아동용 지능검사의 발달적 적합성을 증가시킴으로써 아동에게 지능검사를 수월하고 정확하게 실시할 수 있도록 하였다. ③ 검사 규준을 개정하여 현재를 좀 더 정확히 반영하는 검사가 되도록 하였다. ④ 검사자가 좀 더 편리하게 검사를 실시하고, 상황 변화에 융통성 있게 대처할 수 있도록 하였다.

2019년 현재 K-WISC-V(Korean Wechsler Intelligence Scale for Children-Fifth

Edition)가 K-WISC-IV의 개정판으로 출시될 예정이다. K-WISC-V는 K-WISC-IV
의 15개 소검사 중 2개를 제거하고 3개를 추가하여, 총 16개의 소검사로 구성된다
(〈표 16-1〉 참조). 지표의 경우에는 지각추론 지표 대신 유동추론 지표와 시공간 지
표가 추가되어, 언어이해, 작업기억, 처리속도, 유동추론, 시공간 등 총 5개의 지표
가 제공된다. 추가된 두 지표는 지각추론 지표와 밀접한 관계가 있는 것으로 보인
다. 그리고 K-WISC-IV의 일반 능력 및 인지효능 지표와 더불어 청각 작업기억, 양
적 추론, 비언어 지표 및 그 밖의 지수가 추가 제공된다. 이 장은 현재 널리 사용되
고 있는 K-WISC-IV를 중심으로 설명한다.

이 검사는 인싸이트(http://www.inpsyt.co.kr)에서 판매 중이다. 이 책에서 소개하
는 K-WISC-IV의 네 가지 지표, 즉 지각추론, 작업기억, 언어이해, 처리속도는 모두
K-WISC-IV 검사의 일부로 구성되어 있다.

3) 지능 이론과의 관계

K-WISC-IV 해석의 기본이 되고 있는 모델은 CHC(Cattell-Horn-Carroll 모델)이다
([그림 16-1] 참조). CHC 모델은 언어성 지능과 동작성 지능 체계에 반영된 2요인 이
론 및 지표 점수 체계에 반영된 4요인 이론 외에도 지능의 다양한 요인 분석 연구 결
과를 반영하였다. 그중 Cattell의 유동적 지능과 결정적 지능의 2요인 해석의 연장선상
에서 Horn의 수정 모델, Carroll의 3층 모델 및 이 둘을 통합한 Cattell-Horn-Carroll
모델에 근거한 해석이 주로 사용된다.

Horn의 수정 모델에서는 Cattell의 유동적 지능(Gf)과 결정적 지능(Gc) 개념을
9~10개의 광범위한 인지 영역으로 확장시켰다. 여기에는 Gf, Gc 외에도 단기기억,
시각적 지능, 청각적 지능, 장기기억, 인지적 처리 속도, 정확한 결정 속도, 양적인
지식 등이 포함된다.

Carroll의 3층 모델 역시 Cattell과 Horn 이론의 연장선상에 있는 매우 중요한 지
능 이론이다. 제1층에는 Horn의 이론에서 약간 벗어나 있는 매우 특수하고 협의의
여러 인지능력이 포함된다. 제2층에는 유동적 지능, 결정적 지능, 일반적인 기억 및
학습 요인, 광범위한 시지각 요인, 광범위한 청지각 요인, 광범위한 인출 능력, 광범
위한 인지적 처리 속도 요인, 반응 시간 및 의사 결정 속도 요인 등 Horn의 수정모

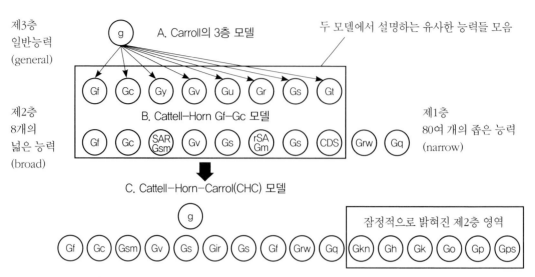

[그림 16-1] Carroll의 3층 모델, Carroll-Horn Gf-Gc 모델 및 CHC 모델

형과 용어나 개념적으로 매우 흡사한 인지능력이 포함된다. 제3층에는 Horn의 이론에서는 사용되지 않은 일반 지능이 포함된다.

　　CHC 모델은 Cattell의 Gf-Gc 모델에 기초하여, Horn과 Cattell이 제안한 광범위한 인지능력과 협의의 인지능력을 강조하나 Carroll 모델의 제3층에 해당하는 일반 지능 요인은 배제하였다. 광범위한 인지능력은 수많은 협의의 인지능력으로 구성된다. 예를 들면, 협의의 인지기능 중 어휘 지식, 구어 생성 능력 및 언어유창성 등은 결정적 지능과 관련이 있으며 귀납적 사고력, 수량에 대한 추론 능력 등은 유동적 지능에 포함된다.

4) 인지학습과의 관련성

　　웩슬러는 지능의 근원을 밝히는 이론 중 대량작용설(mass-action theory)을 선호하였는데 이는 추론능력을 많이 요구하는 일반적 지능(general intelligence: G 요인)의 측면을 설명하는 것으로 창의적 사고의 뿌리가 되고 있고 그다음에 각 직업영역, 즉 실생활 유지에 필요한 구체적 지능을 첨가하고 있다. 웩슬러 지능검사는 기초적인 인지영역부터 고난이도의 인지영역까지를 다루고 있어, 여기서 나오는 지능지수는 모든 과정의 인지학습을 총괄하는 것으로 보인다.

1950년대 전후로 대두된 인지주의가 심리측정학적인 접근법을 강조하던 지능의 연구에 영향을 미치게 되었다. **심리측정학적인 접근**이란 인간의 심리적 속성을 체계적이고 수량적으로 측정하는 것으로 검사를 통하여 측정 대상이 심리적 속성과 관련된 행동을 얼마나 많이 보이는지 수치로 나타내는 접근법을 말한다(곽호완, 박창호, 이태연, 김문수, 진영선, 2008). 심리측정 이론은 19세기 Galton으로부터 시작되었다. Galton은 악력, 시력과 같은 여러 정신물리학적인 지표와 지표 간의 관계로 지능을 이해하고자 시도하였으나 지표 간 상관이 높지 않았고 지적 능력을 나타낼 수 있는 지표와의 상관이 잘 나타나지 않았다. 그 후 Binet와 Simmon은 지능테스트를 개발하였고, 현재까지도 개정하여 사용되고 있다.

그 후 Spearman은 요인분석으로 모든 지능검사에서 공통적으로 측정하는 일반요인 g와 특정 지능검사에 독특하게 측정하는 특수요인 s로 구성되어 있음을 제안하였다. Thurston은 지능은 7개의 기본정신능력으로 구성되어 있다는 지능의 다요인론을 제안하였다. 언어이해, 수, 기억, 귀납추론, 지각속도, 언어유창성, 공간시각화가 여기에 해당된다.

Guilford는 Thurston의 이론을 정교화하여 180개의 지능요인을 제안하는 지능구조모형을 제시하였고 지능이 조작, 정신과정이 작용하는 내용, 정신과정이 내용에 작용한 결과로 나타나는 산출의 세 차원이 있다고 보았다([그림 16-2]). 조작 차원에는 인지, 기억 부호화, 기억 파지, 발산적 생산, 수렴적 생산, 평가의 6가지가 있고, 내용에는 시각적, 청각적, 상징적, 의미적, 행동적 영역이 있다. 산출은 단위, 유목, 관계, 체계, 변환, 함축의 6개로 분류되어 이것들이 모든 가능한 방식으로 조합된 결과가 180개의 다요인임을 말하고 있다. 그러나 이러한 180개의 다요인은 지능검사처럼 실용적 목적으로 적용되기에는 맞지 않다는 비판을 받게 되었다.

이후로 모델들은 요인의 이름들을 제시하기보다는 요인 간의 위계 모형을 제시하는 방식으로 Thurston의 다요인론을 발전시켰고 인간의 지능을 구성하는 요인이 독립적으로 존재하기보다는 일반적인 능력에서 보다 특수한 능력으로 상하 위계를 이루고 있다고 보고 있다.

한편, Carroll은 지능이 3개의 계측으로 구성되어 있다고 보고 계층 Ⅰ은 여러 개의 구체적인 능력으로 이루어져 있고, 계층 Ⅱ는 집단요인 능력으로 유동 지능, 결정 지능, 학습과 기억과정, 시지각, 청각 지각, 사고 산출의 유창성과 속도 등이 이에 해

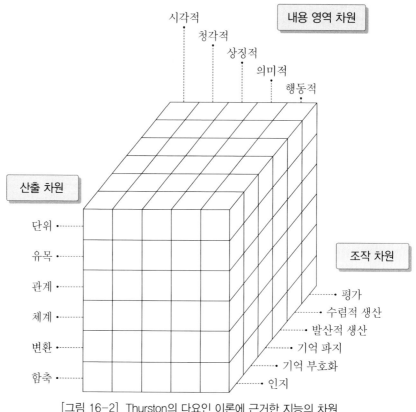

[그림 16-2] Thurston의 다요인 이론에 근거한 지능의 차원

당한다. 계층 III은 하나의 일반 지능으로 Spearman의 g 요인과 유사하다. Caroll의 위계 모형은 새로운 개념을 제안하기보다 기존의 이론을 방대한 양의 데이터를 통해 검증하고 통합했다는 점으로 주목받고 있다.

2. 검사의 대상과 방법

1) 대상 집단

K-WISC-IV 검사가 가능한 연령 범위는 만 6세 0개월~16세 11개월까지이다. 연령은 생일을 기준으로 경과한 년, 월을 계산한 다음, 한 달(30일 기준) 미만은 남은 날 수를 표시한다. 이 범위 이하의 연령을 대상으로 하는 유아용 검사(K-WPPSI)와

만 17세 이상을 대상으로 하는 성인용 검사(K-WAIS)가 별도로 있다.

일반적으로 검사를 신뢰롭게 실시하기 위해서는 검사의 답변에 어려움이 없을 정도의 언어 구사 능력이 필요하다. 피검사자가 검사자와의 라포를 잘 형성하면, 최대측정치 수준의 수행을 보일 수 있다. 다문화가정의 아동의 경우에는 검사 실시와 해석에 언어 및 문화적 이질성 문제를 고려하여야 하며, 이 외에도 검사 수행을 방해할 수 있는 불안과 주의산만 및 자폐적 성향 등의 요인을 유의하여야 한다.

다음 경우에는 적절한 검사의 선택에 특히 주의한다.

① 연령범위의 극단에 포함되는 아동: 6세 0개월~7세 3개월에 해당되는 아동 중 인지능력이 평균 상 또는 하로 추정되는 아동, 언어적 손상이 있는 아동, 언어 표현의 어려움이 있는 아동의 경우 전문가의 임상적 진단에 따라 K-WPPSI(웩슬러 유아용 지능검사)와 K-WISC-IV 중 한 가지를 선택하여 실시하도록 한다. 인지적, 언어적 수준이 비교적 낮은 아동에게는 상대적으로 쉬운 검사(K-WPPSI)를 사용하는 것이 적절한데, K-WISC를 사용할 경우 점수의 하한선보다 낮은 점수를 얻을 가능성이 있기 때문이다. 반대로 인지적, 언어적 수준이 높은 아동에게는 K-WISC를 사용하는 것이 적절할 것이다. 또한 16세 0개월부터 16세 11개월의 아동에게 검사자는 교육적, 임상적 판단에 따라 선택적으로 K-WISC-IV나 K-WAIS(웩슬러 성인용 지능검사)를 실시할 수 있다.

② 재평가 의뢰가 목적인 아동: 연습효과를 통제해야 한다. 따라서 동작성 소검사의 경우 1~2년 후, 언어성 소검사의 경우 약 1년 후에 실시하도록 하며, 재검사의 결정 또한 재평가의 목적과 아동의 심리적 상태에 의거하여 전문가의 판단이 필요하다. 짧은 기간 후 재검사를 필요로 하는 경우에는 보충 소검사를 활용하도록 한다.

③ 신경심리학적 평가가 목적인 아동: 복합적인 문제 징후들을 보일 경우 지적, 기능적, 신경심리학적 평가가 요구된다. 또한 지능검사는 일반적으로 심리학적, 인지적 기능의 다양한 영역을 측정하기 위한 검사 배터리의 일부분으로 실시되기 때문에 다른 신경심리학적 검사들과 함께 평가되어야 한다.

④ 특별한 어려움이 있는 아동: 인지검사에서 낮은 수행의 원인이 동작 곤란, 의사소통 곤란, 시력과 청력의 문제 때문일 수 있으므로 주의를 요한다. 이런 경

우 수정을 최소화하는 방식으로 표준 절차를 적용한다. 표준 절차를 따르지 않는 불이익은 검사 결과의 해석에 추가로 고려되어야 하므로, 이런 경우에 관해서는 전문 문헌을 참고하기 바란다. 청각장애의 경우 다른 장애의 공병률을 고려해야 한다.

2) 검사 방법

K-WISC-IV 검사는 여러 개의 소검사로 이루어져 있는데, 한꺼번에 모두 실시하거나 아니면 일부 소검사를 뽑아서 선별 실시할 수 있다. 예를 들면, 지각추론 지표혹은 언어이해 지표를 구성하는 소검사들만 뽑아서 따로 실시할 수 있다. 그러나 소검사 지표는 불안정할 수 있으므로, 소검사 지표를 전체 K-WISC-IV 검사에서 얻어지는 전체 IQ와 관련하여 해석하는 것이 바람직하다는 의견도 있다.

K-WISC-IV는 표준화된 임상 도구의 실시에 대한 전문적인 훈련을 받고 경험이있는 검사자에 의해 실시되어야 한다. 그리고 검사 대상인 아동의 발달 수준, 문화적 배경, 교육 및 의사소통 수준에 관한 경험과 이해가 있어야 한다. 수련 중인 검사자가 검사를 실시, 채점한다고 하더라도 검사 결과의 해석은 전문가 수준의 훈련을받은 사람이 해야 한다. 검사 요강에 나온 순서에 따라 각 소검사를 실시한다. 검사자는 피검사자의 반응 특징 및 소검사 수행을 살펴 기록용지에 표기한다. 이 결과를 검사 구입처인 인싸이트 사이트에 입력하면, 인싸이트는 결과 해석 프로파일을출력해서 보여 준다. 검사는 검사자의 주관하에 개인별로 실시된다. 일반적인 소요시간은 약 65~80분 정도이다.

(1) 일반적 준비사항

K-WISC-IV 검사도구(소책자, 초시계, 기록용지, 반응지 등), 연필, 지우개, 평평한면(책상, 침대탁자, 클립보드 등 어떤 것이든 무방함) 등이 필요하다. 검사를 하는 방은편안하고 방해 요소가 없고 밝기가 적당한 것이 좋다. 피검사자가 창밖이 내다보이지 않는 자리에 앉게 하고 주의를 끄는 물건들이 눈에 띄지 않도록 한다. 검사도구를 배치하는 책상과 아동이 앉는 의자의 높이가 적당한지를 살펴본다. 피검사자는검사자의 책상 건너편에 앉도록 한다.

검사도구와 그 내용이 아동의 주의를 끌지 않도록, 당장 사용하지 않는 도구는 책상 아래 의자 위에 놓아 둘 수 있다. 검사도구는 전면을 아동이 볼 수 있도록 세워 놓는다. 기록용지에는 정답 반응들이 포함되어 있으므로, 그 내용이 아동의 시선에 노출되지 않도록 클립보드를 사용할 수 있다. 다수의 소검사 지시문에도 정답이 연결되어 있으므로 전문가 지침서에 대해서도 유사하게 주의를 기울여야 한다.

(2) 라포 형성

아동과 검사자 간의 라포(상호 신뢰관계) 형성이 중요하다. 아동에 대한 접근은 연령, 검사가 실시되는 환경, 검사자와 검사 실시 상황 및 기타 관련 요인들에 대한 아동의 친밀도에 따라서 달라져야 한다. 검사를 실시하는 동안 라포를 유지하려면 아동에 대한 검사자의 충분한 주의가 필요하다. 검사를 시작할 때 처음에는 아동의 활동이나 흥미에 대한 가벼운 이야기로 시작하여 아동이 편안한 상태가 되도록 유도한다. 대체로 검사자는 자신 있고 친절한 행동과 언어를 사용한다. 반대로 과도한 호의나 친절은 검사에 방해 요인이 될 수 있다. 검사자는 아동을 존중하는 태도와 매너를 유지한다. 가급적 부모나 다른 보호자가 검사실에 들어오지 않게 하며, 불가피한 경우 아동 뒤편에 조용히 앉아서 검사 진행에 개입하지 않도록 한다.

(3) 기본 지침

일반적인 절차 및 각 소검사의 절차, 그리고 아동에 대한 지시 등을 주의 깊게 살펴보고 실시한다. 절차들을 벗어나는 모든 일은 기록용지에 표시한다. 각 소검사에 대한 과제 설명은 구두로 이루어지며 검사자는 피검사자의 과제 이해 정도, 수행 가능 능력을 파악하여 지침을 지키는 정도 내에서 피검사자의 특성에 맞게 검사를 진행하도록 한다.

검사는 일정 페이스를 유지하며 실시하되 아동의 기분이나 협조에 관한 변화를 주시한다. 아동의 노력을 칭찬하여 열의와 관심을 보여 주도록 한다. "좋아요." "맞아요."와 같이 검사 수행에 대한 평가의 의미를 지니는 표현 대신 "열심히 하고 있네요." "힘내세요."와 같이 노력을 칭찬하는 표현을 사용한다. 만일 아동이 검사를 어려워하거나 지루해하면, "그냥 최선을 다하면 돼요."라는 식으로 격려한다. 적당한 정도의 융통성은 라포 유지를 위해 허용될 수 있지만, 표준 검사 실시 절차를 확실히 지키도록 해야 한다. 휴식이 필요할 때에는 한 소검사가 끝난 다음에 취하도록 하고, 가급적 일정한 페이스를 유지하도록 한다.

(4) 몇 가지 검사 진행 지침

① 각 소검사에는 아동의 연령을 기준으로 검사를 시작하는 지점(시작점)이 있다. 보통 예시문항(피드백 제공)이나 연습문항이 포함된다. 그리고 어린 아동들이 소검사 과제를 완수하는 데 필수적인 기술을 가지고 있는지를 확인하기 위한 검정 문항이 있다.

② 시작점에서부터 몇 문항을 검사하는 동안 아동이 기준을 맞추지 못하면, 시작점 이전의 문항을 검사하는 역순 규칙이 있다.

③ 중지 규칙은 연속적으로 몇 문항에서 0점을 받을 경우 검사를 중지하는 규칙이다. 관련 규칙 및 채점 방식은 각 소검사에 따라 조금씩 다르므로 자세한 것은 지침서를 참조한다. 시작점, 역순 규칙, 중지 규칙은 검사지에 간략히 표시되어 있다.

④ 추가 질문: 아동의 반응이 불완전, 모호, 불분명할 때 추가 정보를 이끌어 내기 위해 사용한다. "무슨 뜻이죠?" "그것에 대해서 좀 더 이야기해 주세요." 등의 추가 질문을 할 수 있는데, 관련 사항은 소검사의 '지시' 부분에 표시되어 있다. 추가 질문을 하면, 기록용지에 Q와 함께 기록한다.

⑤ 촉구: 아동이 소검사의 지시를 제대로 이해하지 못한 듯이 보일 때는 촉구를 사용할 수 있는데, 이것도 각 소검사의 '지시'에 표시되어 있다.

⑥ 문항반복: 아동의 주의를 과제로 다시 돌리도록 하고, 문항에 대한 이해를 확실하게 하는 기능을 한다. 문항 반복이 허용되지 않는 검사의 경우에는 "그냥 최선을 다해 추측해 보세요."와 같은 표현으로 아동을 격려하고, 기록용지에 R과 함께 기록한다.

⑦ 시간 제한이 엄격하지 않은 소검사들에서는 조금 더 융통성 있게 응답 시간을 측정한다. 그러나 엄격한 시간 제한이 있는 검사에서는 초시계로 정확하게 시간을 측정한다.

3. 검사의 구성과 실시

1) 전반적인 구성과 내용

K-WISC-IV는 15개의 소검사로 구성되어 있는데(〈표 16-2〉 참조), 이 검사는 K-WISC-III와 동일한 10개의 소검사(토막짜기, 공통성, 숫자, 기호쓰기, 어휘, 이해, 동형찾기, 빠진곳찾기, 상식, 산수)와 5개의 새로운 소검사(공통그림찾기, 순차연결, 행렬추리, 선택, 단어추리)가 포함된다. 이 소검사들로부터 4개의 지표가 계산된다.

〈표 16-2〉 K-WISC-IV의 지표와 소검사(*표는 추가 검사를 가리키며, 영문자는 소검사 기호이다)

지표	소검사	설명
언어이해 VCI	공통성 SI	언어적 추론, 개념 형성과 언어적 문제해결 능력을 측정한다. 더불어 청각적 이해, 기억, 비본질적인 것과 본질적인 특성 간의 구분과 언어적 표현 능력도 측정한다.
	어휘 VC	획득된 지식과 언어적 개념형성, 결정 지능, 축적된 지식, 언어적 개념화, 언어적 추론, 학습 능력, 장기기억과 언어 발달의 정도를 측정한다. 더불어 청각적 지각과 청각적 이해, 언어적 개념화, 추상적 사고, 언어적 표현 능력도 측정한다.
	이해 CO	언어적 추론과 개념화, 언어적 이해와 표현, 과거 경험을 평가하고 사용하는 능력, 언어적 문제해결과 실제적 지식을 발휘하는 능력을 측정한다. 또한 관습적 행동 기준에 대한 지식, 사회적 판단력과 성숙도, 사회적 성향과 상식을 포함하여 측정한다.
	상식* IN	결정성 지능, 장기기억, 학교와 환경으로부터 얻은 정보를 유지하고 인출하는 능력을 측정하며, 언어적 표현능력, 청각적 지각과 이해와도 관련이 있다.
	단어추리* WR	언어적 추론 및 언어적 이해, 유추 및 일반적 추론 능력, 언어적 추상화, 특정 분야의 지식, 서로 다른 유형의 정보를 통합 및 종합하는 능력, 대체 개념을 만들어 내는 능력을 측정한다.
지각추론 PRI	토막짜기 BD	추상적 시각 자극을 분석하고 종합하는 능력을 측정한다. 또한 비언어적 개념 형성, 시지각 및 시각적 조직화, 시공간적 문제해결, 비언어적 추론, 동시 처리, 시각적 자극에서 전경과 배경을 분리해 내는 능력을 측정한다.
	공통그림찾기 PCn	추상화와 범주적 추론 능력을 측정한다.
	행렬추리 MR	유동성 지능, 비언어적 추론, 유추적 추론, 비언어적 문제해결능력, 공간적 시각화를 측정한다.
	빠진곳찾기* PCm	시각적 지각과 조직화, 집중력, 시각적 변별, 사물의 본질적인 세부에 대한 시각적 재인, 추리, 장기기억을 측정한다.

	숫자 DS	청각적 단기기억, 계열화 기술, 주의력, 집중력을 측정한다. 추가적으로 기계적 암기학습, 부호화, 청각적 처리, 작업기억, 정보 변환, 정신적 조작, 시공간적 형상화, 인지적 유연성, 정신적 기민함이 요구된다.
작업 기억 WMI	순차연결 LN	계열화, 정신적 조작, 주의력, 유연성, 청각적 작업기억, 시공간적 형상화, 처리속도를 측정한다.
	산수* AR	청각적 언어적 이해, 정신적 조작, 집중력, 주의력, 작업기억, 장기기억, 수와 관련된 추론 능력을 측정한다. 또한 계열화, 유동적 추론, 논리적 추론과도 관련이 있다.
처리 속도 PSI	기호쓰기 CD	시각-운동 처리속도, 단기기억, 학습 능력, 시지각, 시각-운동 협응, 인지적 유연성, 주의력, 동기, 시각적 순차 처리를 측정한다.
	동형찾기 SS	시각-운동 처리속도, 단기 시각기억, 시각-운동 협응, 인지적 유연성, 시각적 변별, 집중력을 측정한다.
	선택* CA	처리속도, 시각적 선택 주의, 각성, 시각적 무시를 측정한다.

2) 검사 실시

〈표 16-3〉은 K-WISC-IV의 각 소검사의 과제를 보여 주며, 이 표에 있는 번호 순으로 검사를 실시한다. 만일 피검사자가 어떤 소검사를 완수하지 못하면 같은 지표에 속하는 추가검사(〈표 16-3〉에서 '*'표로 표시)를 나중에 실시한다.

전체 IQ와 합산점수의 산출을 위해서는 핵심 소검사를 모두 다 실시해야 한다. 실시 과정에서 오류가 발생하거나, 피검사자가 해당 검사에 이미 노출된 경우, 그리고 신체적 제한이나 감각적인 결함, 수검 태도 등의 문제로 어떤 핵심 소검사의 점수가 타당하게 측정되지 못하면, 해당 지표의 추가 소검사를 실시한다. 추가 검사의 점수는 각 인지능력에 대해 추가적인 정보를 제공해 주므로 결과의 해석을 풍부하게 하고 피검사자의 인지능력을 더 자세하게 설명하는 데 도움을 준다.

각 소검사 실시 방법은 K-WISC 지표(언어이해, 지각추론, 작업기억, 처리속도)에 대한 설명을 참조하라.

〈표 16-3〉 K-WISC-IV 소검사의 순서와 과제 설명(*표는 보충 소검사를 표시한다)

순서	소검사	설명
1	토막짜기 BD	아동이 제한시간 내에 흰색과 빨간색으로 이루어진 토막을 사용하여 제시된 모형이나 그림과 똑같은 모양을 만든다.
2	공통성 SI	아동이 공통적인 사물이나 개념을 나타내는 두 개의 단어를 듣고, 두 단어가 어떻게 유사한지를 말한다.
3	숫자 DS	숫자 바로 따라하기에서는 검사자가 큰소리로 읽어 준 것과 같은 순서로 아동이 따라한다. 숫자 거꾸로 따라하기에서는 검사자가 읽어준 것과 반대 반향으로 아동이 따라한다.
4	공통그림찾기 PCn	아동에게 두 줄 또는 세 줄로 일어진 그림들을 제시하면, 아동은 공통된 특성으로 묶일 수 있는 그림을 각 줄에서 한 가지씩 고른다.
5	기호쓰기 CD	아동은 간단한 기하학적 모양이나 숫자에 대응하는 기호를 그린다. 기호 표를 이용하여, 아동은 해당하는 모양이나 빈칸 안에 각각의 기호를 주어진 시간 안에 그린다.
6	어휘 VC	그림 문항에서, 아동은 소책자에 있는 그림들의 이름을 말한다. 말하기 문항에서는, 아동은 검사자가 크게 읽어 주는 단어의 정의를 말한다.
7	순차연결 LN	아동에게 연속되는 숫자와 글자를 읽어 주고, 숫자가 많아지는 순서와 한글의 가나다 순서대로 암기하도록 한다.
8	행렬추리 MR	아동은 불완전한 행렬을 보고, 다섯 개의 반응 선택지에서 제시된 행렬의 빠진 부분을 찾아낸다.
9	이해 CO	아동은 일반적인 원칙과 사회적 상황에 대한 이해에 기초하여 질문에 대답한다.
10	동형찾기 SS	아동은 반응 부분을 훑어보고 반응 부분의 모양 중 표적 모양과 일치하는 것이 있는지를 제한 시간 내에 표시한다.
11	빠진곳찾기* PCm	아동이 그림을 보고 제한시간 내에 빠져있는 중요한 부분을 가리키거나 말한다.
12	선택* CA	아동이 무선으로 배열된 그림과 일렬로 배열된 그림을 훑어본다. 그리고 제한 시간 안에 표적 그림들에 표시한다.
13	상식* IN	아동이 일반적 지식에 관한 광범위한 주제를 다루는 질문에 대답한다.
14	산수* AR	아동이 구두로 주어지는 일련의 산수 문제를 제한 시간 내에 암산으로 푼다.
15	단어추리* WR	아동이 일련의 단서에서 공통된 개념을 찾아내어 단어로 말한다.

4. 결과와 해석

K-WISC-IV 검사에서 각 지표에 속하는 소검사의 점수, 즉 합산점수가 우선 산출된다. 그리고 유관한 소검사들의 점수를 결합한 조합 점수가 산출되는데, 조합 점수는 일반적인 인지적 능력을 나타내 주는 점수와 특정 인지영역의 지적능력을 나타내 주는 점수로 나뉠 수 있다. 다음은 채점과 결과 해석 과정에 대한 대략적인 설명인데, 자세한 내용은 검사 요강을 참조하라.

1) 합산점수

K-WISC-IV의 구성은 작업기억과 처리속도에 대한 관심이 높아진 것을 포함하여 인지능력 평가에 대한 최근의 이론과 실제를 반영하여 개정하였다. 그 결과, 검사의 구성과 합산점수(composites)에 대한 소검사 합산에 몇 가지 중요한 변화를 가져왔다.

K-WISC-IV에서는 다섯 가지 합산점수를 얻을 수 있다. K-WISC-III처럼 K-WISC-IV는 아동의 전체적인 인지능력을 나타내는 전체검사 IQ(FSIQ)를 제공한다. 또한 보다 분리된 인지능력영역에서의 아동의 기능을 나타내기 위해 추가적인 네 가지 합산점수인 언어이해 지표(VCI), 지각추론 지표(PRI), 작업기억 지표(WMI), 처리속도 지표(PSI)를 구할 수 있다. K-WISC-III에서 사용해 오던 언어성 IQ(VIQ)와 동작성 IQ(PIQ)라는 용어는 각각 언어이해 지표(VCI)와 지각추론 지표(PRI)라는 용어로 대체되었다. 검사의 구성과 구조에 대한 설명은 다음과 같다.

(1) 언어이해 지표

언어이해 지표(VCI)는 언어적 개념 형성, 언어적 추론과 이해, 획득된 지식, 언어적 자극에 대한 주의력의 측정치이다. 이 소검사는 전통적인 언어성 IQ 점수보다 인지기능의 더 협소한 영역을 측정하며, 다른 인지기능(작업기억)이 덜 혼입되어 있다. 따라서 VCI는 언어성 IQ보다 언어적 추론에 대한 더 순수한 측정치로 간주된다. 특히 VCI는 저조한 기억 기능 또는 언어성 IQ에 기여하는 소검사들 간에 편차가 큰 상황에서 언어적 추론 능력에 대한 더 적절한 지표이다.

(2) 지각추론 지표

지각추론 지표(PRI)는 유동적 추론, 공간 처리, 세부에 대한 주의력, 시각-운동 통합에 대한 측정치이다. 이 소검사는 처리속도에 덜 혼입되어 있으며, 저조한 처리 속도 능력을 가진 개인의 진정한 비언어적 추론 능력을 더 잘 반영한다.

(3) 작업기억 지표

작업기억 지표(WMI)는 입력된 정보가 일시적으로 저장되고, 계산과 변환처리가 일어나며, 계산과 변환의 산물/출력이 일어나는 곳에 대한 정신적 용량을 측정한다. 작업기억은 학습의 핵심적인 요소이기 때문에 작업기억에서의 차이는 주의력, 학습 용량, 유동적 추론과 관련되는 개인차의 분산을 설명한다.

(4) 처리속도 지표

처리속도 지표(PSI)에서의 수행은 개인이 신속하게 단순하거나 일상적인 정보를 오류없이 처리할 수 있는지를 보여 준다. 인지적 연구는 정보처리 속도가 g(일반 지능)와 유의미하게 상관되어 있음을 시사한다. 학습은 일상적인 정보처리와 복잡한 정보처리의 조합이기 때문에 처리속도가 약점일 경우 새로운 정보를 이해하는 데 시간이 더 오래 걸리고, 과제 수행에 어려움을 겪게 되며, 새로운 자료를 이해해야 하는 복잡한 과제를 수행하기 위한 정신적 에너지를 부족하게 만든다.

(5) 전체검사 지능지수

전체검사 지능지수(FSIQ)는 개인의 인지기능의 전반적인 수준을 추정하는 종합적인 합산점수이다. FSIQ는 핵심 소검사 10개 점수들의 합계이다. FSIQ는 보통 전반적인 인지적 기능(g)에 대한 가장 좋은 대표치로 간주된다.

합산점수는 아동의 수행 능력에 따라 더 질적인 용어로 기술되기도 한다(〈표 16-4〉). 질적 분류는 아동의 수행능력을 같은 연령의 또래 아동들에 대해 상대적으로 설명한다.

〈표 16-4〉 합산점수들의 전통적인 기술

합산점수	기술적 분류
130 이상	매우 우수
120～129	우수
110～119	평균상
90～109	평균
80～89	평균하
70～79	경계선
69 이하	매우 낮음

2) 결과 해석

K-WISC-IV를 실시해서 얻은 개별 소검사의 환산점수, 지표 지수, 전체 지능지수 등을 검토하고 해석하기 위해서는 매우 체계적인 절차가 필요하다. 여기에서는 최근에 출판된 Flanagan과 Kaufman(2009)의 저서인, 『Essentials of WISC-IV Assessment』에서 소개된 지침을 바탕으로 K-WISC-IV 검사 결과 해석의 대략적인 절차를 소개한다. 다음은 K-WISC-IV를 이해하기 위해 일반적인 해석 절차를 소개할 뿐이므로, 실제의 검사 결과 해석에 필요한 세부 지식은 소정의 훈련(워크숍, 전공 수업 등)을 통해서 획득하는 것이 바람직하다. 검사 결과 해석은 전문적인 수준의 훈련을 필요로 하며, 검사점수를 단편적으로 해석하는 것은 오해를 불러올 소지가 있다.

체계적인 해석 방법은 아동의 전반적인 지적능력을 요약할 최상의 방법을 결정하기 위해 K-WISC-IV 지표의 합산점수들을 분석하는 것으로부터 시작한다. 이어서 지표들 중 규준적 및 개인적 강점과 약점을 확인하고, 지표 프로파일에서 fluctuation(편차)의 해석을 통해 아동의 지적 능력에 대한 신뢰할 만하고 의미 있는 정보를 얻을 수 있다. 그리고 대안적 지표들인, 일반 능력 지표(GAI)와 인지 효능 지표(CPI)의 비교를 통해 아동의 인지능력을 더 깊이 파악할 수 있다. 적절한 훈련과 경험을 통해 검사자는 K-WISC-IV 점수들에 대한 더 세부적인 분석을 할 수 있을 것이다.

다음에 소개된 K-WISC-IV의 해석 절차의 특징은 일련의 절차를 통해 실무자가 의미 있는 방법으로 WISC-IV 자료를 조직화하고, 현대 이론과 연구의 맥락 안에서 수행을 해석하도록 도와준다는 것이다. 해석 방법은 규준적 분석과 개별적 분석을 연결시킨다. 즉, 산출된 검사 수치를 이용하여 일차적으로는 규준에 따른 분석을 하게 되지만 이차적으로는 아동의 개별적 상황(신체적 불편함 또는 심리적 상황 등)을 고려하여 종합적인 분석을 해야 한다. 이 방법은 ① 해석에서 개인의 소검사를 배제하고, ② 군집과 지표 점수 변이에 대한 임상적의미성을 평가하기 위해 기저율 자료를 사용한다. ③ 인지적 능력과 처리과정에 대한 CHC 이론을 기반으로 하며, 그리고 ④ 유의한 소검사 변이나 극단에 있는 점수들에 대한 가설들을 검증하기 위해 보충 소검사 사용에 대한 지침을 제공한다. 또한 WISC-IV 자료의 양적인 분석에 더하여, 질적인 요인들(산만함 또는 의기소침 등 심리적 요인을 의미함)은 아동의 검사 수행을 설명하도록 도움을 줄 것이다.

(1) 1단계: 아동과 청소년의 K-WISC-IV 합산점수와 소검사 환산점수를 보고한다

앞서 설명한 K-WISC-IV의 다섯 가지 합산점수를 보고한다. 이때 합산점수의 신뢰구간, 백분위와 기술 범주를 보고한다. 신뢰구간은 90%나 95% 수준 중 하나를 선택한다. 합산점수에 대한 전통적인 기술은 〈표 16-4〉와 같다. 그러나 보통 신경심리학자들, 임상 및 학교 심리학자들이 널리 사용하는 규준적 기술은 〈표 16-5〉와 같다. 소검사 점수를 보고할 때는 환산점수와 백분위만 보고한다.

〈표 16-5〉 K-WISC-IV의 규준적 기술 체계

표준점수 범위	기술적 분류	수행기술
131+	최상위	규준적 강점
116~130	평균상	> +1SD
85~115	평균 범위	정상 범위 내, 1 표준편차
70~84	평균하	규준적 약점
69 이하	최하위	< -1SD

(2) 2단계: 전반적인 지적 능력을 요약할 최상의 방법을 결정한다

아동의 전반적인 지적 능력을 요약하는 두 개의 합산점수는 전체검사 지능지수 (FSIQ)와 일반 능력 지표(general ability index: GAI)이다. GAI는 K-WISC-IV의 네 지표 중 언어이해 지표와 지각추론 지표를 구성하는 소검사 점수들의 합이다. 전반적인 지적 능력을 요약하기 위해서는 네 개의 지표들 간의 편차를 살펴봐야 한다. 예컨대, 가장 높은 지표(예, 처리속도)의 점수에서 가장 낮은 지표(예, 언어이해)의 점수를 뺀 차이 값이 1.5SD(표준편차)보다 작으면, FSIQ는 아동의 전반적인 지적 능력을 잘 요약한다고 볼 수 있다[*K-WISC-IV의 표준편차(SD)는 15점이며, 1.5SD는 1.5× 15≒23점이다].

만일 그 차이 값이 1.5SD(23점) 이상이라면, FSIQ는 전반적인 지적 능력을 요약하는 점수로 적절하지 않다는 뜻이다. 이때는 FSIQ의 대안으로 GAI를 고려하는데, GAI를 구성하는 언어이해 지표(VCI)와 지각추론 지표(PRI)의 차이가 1.5SD(23점) 이하라면 GAI가 아동의 전반적인 지적 능력을 요약한다고 볼 수 있다.

(3) 3단계: 4개의 지표가 단일하여 해석 가능한지 결정한다

합산점수의 해석 가능성을 검토한 다음 단계에는 각 지표가 해석 가능한지를 검토한다. 이를 위해 각 지표 단위로 소검사 점수들 간의 차이가 큰지 작은지를 판단하는데, 큰 차이가 발견되면 각 지표는 단일하게 해석하기 곤란하다고 판단한다.

각 지표(언어이해, 지각추론, 작업기억, 처리속도)를 구성하는 소검사에서 가장 큰 환산점수와 가장 작은 환산점수의 차이가 1.5SD(5점) 미만인지 아닌지를 계산한다. 예컨대, 언어이해 지표(VCI)의 소검사 중 가장 큰 값이 관찰된 '상식'의 환산 점수에서 가장 작은 값이 관찰된 '공통성'의 환산점수의 차이 값이 5점 미만이면 언어이해 지표는 단일하고, 즉 해석 가능하다고 판단한다. 즉, 언어이해 지표는 아동의 언어이해 능력을 요약하는 점수로 볼 수 있다. 같은 방식으로 나머지 지표에 대해서도 환산점수의 최댓값-최솟값의 차이가 5점 미만인지를 판정한다(*환산점수의 1.5SD 는 5점 미만이다).

만일 각 지표가 모두 해석하기 곤란하다면, 소검사의 조합들을 살펴보게 되는데 이와 관련된 판정은 이 책의 범위를 벗어나고 전문적 수련을 필요로 하므로 생략한다.

(4) 4단계: 지표 프로파일에서 규준적 강점과 규준적 약점을 결정한다

앞의 지표 분석에서 해석 가능하다고 판정되는 (단일한) 지표들이 규준적으로 강점인지 약점인지를 판정하는 단계이다. 합산점수의 정상 범위는 85~115점인데, 이것은 평균(100점)의 ∓1SD 범위 내이다. 지표의 표준점수가 이 범위를 초과하면 (115점 초과) 규준적 강점이며, 이 범위에 미달하면(85점 미만) 규준적 약점이다(〈표 16-5〉 참조).

(5) 5단계: 지표 프로파일에서 개인적 강점과 개인적 약점을 결정한다

이 단계에서 K-WISC-IV의 (해석 가능한) 지표들 중에서 아동이 상대적으로 강점을 보이는 지표와 약점을 보이는 지표를 판정한다. 이를 위해 (해석 불가능한 것을 포함한, 전체) 네 지표의 표준점수의 평균과 표준편차를 구한다.

해석 가능한 지표의 표준점수에서 방금 구한 표준점수의 평균을 뺀 차이 값이, 1SD 이상으로 크면, 이 지표는 아동의 개인적 강점이다. 이 강점은 지능검사 모집단의 규준과 관계없이 개인 내의 여러 지표와의 상대적 비교 결과이다. 만일 차이 값이 1SD 이상으로 작으면, 이 지표는 아동의 개인적 약점이다. 이런 강점과 약점이 '비일반적'인지를 판정하는데 이에 관해서는 전문서를 참고하기 바란다. 그리고 개인적 강점과 약점이 규준적 강점 및 약점과 일치하는지도 관심사인데 이에 관해서도 전문서를 참고하기 바란다.

(6) 6단계: 아동의 지표 프로파일에 나타난 변동성을 해석한다

K-WISC-IV의 지표 소검사 점수들의 패턴을 보여 주는 것이 지표 프로파일이다. 앞에서 살펴본 개인적 그리고 규준적 강점과 약점의 판정을 고려하여 지표 프로파일을 살펴본다. 그리고 정상 범위에 드는 지표(의 의미)를 해석한다. 마지막으로 해석이 불가능한 지표(의 의미)를 고찰한다.

3) 유의사항

유동성 지능과 관련된 지표가 작업기억 지표(WMI)와 처리속도 지표(PSI)이다. WMI의 주요 소검사와 PSI의 주요 소검사의 환산점수 합이 인지 효능 지표(cognitive proficiency index: CPI)이다. 앞에서 언급한 GAI와 CPI를 비교함으로써, 아동의 전반적인 인지능력과 인지적 처리 능력에 대한 심층 이해가 가능하다. 이때 GAI와 CPI는 모두 해석 가능해야 하는데, 그것은 이 지표를 각각 구성하는 하위 2개의 지표의 차이값이 1.5SD(23점) 이하여야 한다는 것이다. 이에 대한 더 자세한 논의는 전문서를 참고하라.

5. 기타 참고사항

1) 검사의 장단점

K-WISC-IV는 최신 지능이론을 기초로 하여 수치화할 수 있는 검사이며 표준화되어 있어 웩슬러가 언급한 지능이라는 개념을 가장 잘 수치화한 검사라고 볼 수 있으나, 수치를 이용하여 맹목적 해석을 하기보다는 다른 검사와 병행하여 해석하는 것이 더욱 타당할 수 있다.

2) 관련 검사

- 한국 웩슬러 유아 지능검사, K-WPPSI(만 2세 6개월~7세 7개월 대상)
- 한국 웩슬러 성인지능검사, K-WAIS-IV(만 16세 0개월~만 69세 11개월)
- 한국 카우프만 아동지능검사 2(Kaufman Assessment Battery for Children-II: KABC-II): 만 3세~18세 아동과 청소년을 대상으로 하는 개인 지능검사이다. K-ABC는 전반적인 인지 능력 평가 및 신경심리학적 평가를 위해 개발되었고, 비언어성 척도가 있어서 제한된 언어 능력을 가진 아동의 평가에 유용하다. KABC-II에는 순차처리, 동시처리, 학습력, 계획력, 지능 등의 하위 검사가 있고, 검사 점수의 조합을 통해 여러 가지 지표 점수를 제공한다.

3) 적용 사례

- 허영애(2014). K-WISC-Ⅳ에 나타난 ADHD 고위험군 아동의 인지적 특성에 관한 연구. 울산대학교 대학원 석사학위 청구논문.
- 김선은, 최종옥(2014). K-WISC-Ⅳ 요인구조분석. *Korean Journal of Clinical Psychology, 33,* 93-105.

17 전두엽 관리기능 검사

1. 검사 소개

1) 목적과 용도

관리기능(executive function)은 '복잡한 목표 지향적 행동에 필요하며, 환경적 요구에 적응적으로 행동하는 데 필요한 능력'이라고 정의된다. Cattell의 유동 지능과 결정 지능의 구별 관점에서 볼 때 관리기능은 유동 지능에 속하는 것으로 해석될 수 있다. 인지기능의 관점에서 관리기능은 주의, 언어, 시공간, 기억과 같은 하위 인지기능을 통제하는 상위 인지기능으로 이해될 수 있는데, 관리기능의 이상(abnormal)은 전전두엽 손상 환자에게서 가장 분명하게 나타난다. '전두엽 관리기능'이라는 용어는 관리기능과 전두엽의 이러한 관련성을 강조하는 표현이다.

관리기능의 주요한 요소들은 다음과 같다.

- 인지적 유연성
- 창의성
- 계획력
- 추상적 사고
- 통찰력
- 자발성
- 억제력
- 적절한 정서
- 성격 및 사회적 행동

전두엽 관리기능 검사(Frontal lobe Executive Functioning Test)는 스트룹 검사, 단어 유창성 검사, 도안 유창성 검사로 구성되어 있다.

스트룹 검사는 전두엽에서 담당하는 억제과정의 효율성을 평가하기 위해 개발된 신경심리학적 검사이다. 아동용 스트룹 검사(스트룹 아동 색상-단어 검사, 2007, [그림 17-2])는 ADHD, 학습장애, 자폐장애, 틱장애 등 여러 가지 아동기 신경발달학적 장애를 진단하고 신경심리학적 결함의 정도를 평가하는 데 유용하게 사용할 수 있다. 특히 ADHD 진단과 치료 효과 평가에 추천되는 중요한 검사이다.

단어유창성 검사는 고차 인지기능 중 언어 영역을 파악하고자 하며, **도안유창성 검사**는 고차 인지기능 중 시공간 영역을 파악하고자 한다.

2) 검사의 배경

2001년 김홍근이 전두엽 관리기능의 손상에 초점을 맞추어 'Kims 전두엽 관리기능 검사'를 개발하였다. 이 책에서는 각 검사에 대한 이해를 높이기 위하여 스트룹 검사는 신민섭, 박민주(2007)가 번역한 스트룹 아동 색상-단어 검사를 소개하고, 단어유창성과 도안유창성 검사는 Kims 전두엽 관리기능 검사에서 사용하고 있는 검사를 소개한다.

스트룹 검사(Stroop Test)는 심리학자 카텔(Cattel)의 박사학위 논문(1886)에서 '빨강'이라는 글자를 읽는 것이 빨간색을 보고 "빨강"이라고 말하는 것보다 더 빠르다는 사실에 착안하여 스트룹(Stroop, 1935)이 색깔과 글자를 합쳐서 하나의 자극으로 만들어 개발한 검사이다([그림 17-1]).

단어유창성 검사는 Thurston(1938)에 의해 널리 보급되었다. 이 과제에는 여러 유형이 있는데 Kims-II 의 단어유창성 검사는 Benton(1968)의 것을 수정한 것이다. Benton의 과제는 'F' 'A' 'S'로 시작하는 단어들을 각 1분 동안 많이 말하는 것이다.

도안유창성 검사의 기원은 Regard, Strauss와 Knapp(1982)이 발표한 Five Point Test이다. 현재 여러 유형이 사용되고 있는데 이 도안유창성 검사는 Ruff, Light와 Evans(1987)의 것을 수정한 것이다.

전두엽 관리지능지수의 산출을 위해서는 스트룹, 단어유창성, 도안유창성 검사를 한꺼번에 실시해야 한다. 여기에 소개하는 전두엽 관리기능 검사 및 후속 버전인

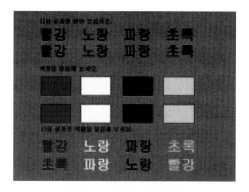

[그림 17-1] 스트룹 검사

[그림 17-2] 스트룹 아동 색상-단어 검사

Kims 전두엽 관리기능 검사도구는 도서출판 신경심리(http://www.neuropsy.co.kr)
에서 구입할 수 있다.

3) 인지학습과의 관련성

스트룹 아동 색상-단어 검사는 전두엽의 억제 기능과 선택적 주의력 측정에서 경합
하는(competing) 반응이 존재할 때, 이를 억제하고 간섭을 감소시키기 위해 주의 전
략을 발휘하는 실행기능을 평가하는 데 유용하다. 이 검사는 단어의 색과 글자가 일
치하지 않는 조건에서 자동화된 반응을 억제하고 글자의 색상을 말해야 하는 검사
이다. 이때 반응 시간이 느려지는 것이 전두엽의 억제과정을 반영하는 것이다. 이
검사를 통해 아동들 및 읽기 기술이 부족하고 덜 자동화된 사람들에게서 언어/읽기
체계의 상대적인 우세를 측정할 수 있다. 학습과 주의력, 문제 해결능력, 사회적 판
단 및 정서조절에 관여하는 인간의 고등인지기능인 전두엽 실행기능을 평가할 수
있고, 학교에서의 또래관계, 교사와의 관계 및 가족관계 등 실제 생활에 적응할 수
있는 능력을 예측하는 데 도움이 되는 정보를 준다.

단어유창성 검사는 일종의 어휘검사이므로 언어검사에 속한다. 인지적 유연성과
창의적 접근이 중요하다는 점에서 관리기능 의존도가 높은 언어검사로, '시옷' '이
응' '기역'의 세 철자를 사용한다.

도안유창성 검사는 그리기 과제라는 점에서 시공간검사에 속한다. 그러나 인지적 유
연성과 창의적 접근이 강조된다는 점에서 관리기능 의존도가 높은 시공간 검사이다.

Kims 전두엽 관리기능 검사는 학습과 주의력, 문제해결 능력, 사회적 판단 및 정서조절에 관여하는 인간의 고등 인지기능인 전두엽 실행기능을 평가하는데, 세 하위 검사에서 도출된 전두엽 관리지능 지수(EIQ)를 웩슬러 지능검사에서 산출된 지능지수와 비교하여 전두엽 관리기능 정도를 알아볼 수 있다.

2. 검사의 대상과 방법

1) 대상 집단

스트룹 검사의 대상 연령은 5세 1개월~14세 11개월이고, 단어유창성과 도안유창성 검사의 대상 연령은 6세에서 14세까지이다.

2) 검사 방법

검사지와 초시계, 지필도구를 이용해서 검사한다. 모든 세 개의 소검사는 개별적으로 혹은 집단으로 실시할 수 있다. 검사 소요 시간은 세 개 소검사 모두 5분 이내이다. 검사 감독자는 검사 결과를 보고 지도감독해 준다.

3. 검사의 구성과 실시

1) 전반적인 구성과 내용

(1) 스트룹 검사

아동용 스트룹 검사는 문항의 행렬이 일반적으로 10×10이나 5×50으로 구성되어 있다. 피검사자는 각 페이지의 행이나 열을 따라가며 읽도록 지시한다. 20개 문항이 5열로 구성된 버전을 선택하여 피검사자들은 열을 따라 내려가며 읽도록 지시받는다. 이것은 공간적으로 제시되는 상황에서 변화의 수와 난이도를 최소화할 수

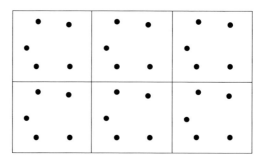

[그림 17-3] 도안유창성 검사에서 사용되는 것과 유사한 패턴

있다.

글자만을 읽는 단순시행(단어), 도형의 색깔을 읽는 중간시행(색상), 색깔이 잘못 칠해진 글자를 읽는 간섭시행(색상–단어)으로 되어 있다.

(2) 단어 유창성 검사

용지에 시옷, 이응, 기역이라고 적혀 있다. 용지에 아동들이 말하는 단어들을 적은 후 정반응에 해당하는 단어의 개수를 기록한다.

(3) 도안 유창성 검사

용지 I, 용지 II, 용지 III이 적혀 있고 연습문항 뒷장에 본 시행용지에 점들을 이용하여 도안을 그리게 되어 있다. 정반응에 해당하는 도형들의 개수를 기록한다.

2) 검사 실시

(1) 스트룹 검사

스트룹 검사를 개별적으로 하는 경우와 집단으로 하는 경우를 구분하여 실시 방법을 보면 다음과 같다.

① 개별 실시

피검사자에게 모두 세 페이지로 이루어진 검사지를 제시하는데, 한번에 한 페이지만 보여 준다. 검사지는 피검사자 바로 앞 평평한 책상 위에 놓는다. 피검사자는 그 검사지를 왼쪽이나 오른쪽으로 돌릴 수 있지만, 45° 이상으로 돌리거나 들어 올리면 안 된다. 색상–단어 페이지도 색상 페이지와 동일한 방식으로 제시되어야 하고, 색상 페이지가 조금도 돌리지 않은 채 실시되었다면, 색상–단어 페이지도 돌리지 않은 상태에서 실시되어야 한다. 각 페이지는 어떤 방식으로든 문항이 가려지면 안 된다(주의점: 5세나 6세 아동은 단어를 읽는 데 어려움이 있을 수 있음).

- 단어 페이지에 대한 지시

피검사자가 검사지를 받으면 다음과 같이 지시한다. "이 검사는 여기에 쓰인 단어들을 당신이 얼마나 빨리 읽는지 알아보는 검사입니다. 제가 '시작'이라고 말하면, 당신은 첫 번째 단어(가장 왼쪽 첫 번째 칸을 가리키며)부터 끝까지 칸을 따라 아래로 내려가며(가장 왼쪽 열을 손으로 죽 따라 내려가며) 읽어야 합니다. 그리고 나서 멈추지 말고 다음 열로 순서대로 넘어가서 다시 아래로 읽어 내려가야 합니다(두 번째 열, 다음은 세 번째, 네 번째, 다섯 번째 열을 따라 내려가며). 제가 '그만'이라고 말하기 전에 모든 칸을 읽었다면 첫 번째 칸으로 돌아가서 다시 시작하면 됩니다(첫 번째 열을 가리키며). 제가 '그만'이라고 말하기 전에는 읽는 것을 멈춰서는 안 되며, 가능한 한 빨리 큰 소리로 읽어야 합니다. 만약 실수하게 되면 제가 '틀렸다'고 말해 줄 겁니다. 그러면 틀린 것을 고친 후 멈추지 말고 다시 읽어 내려가면 됩니다. 질문 있나요?"

피검사자가 어떻게 수행해야 하는지 이해할 때까지 지시를 여러 번 반복해 주어야 한다. 그리고 나서 "준비되었습니까?"라고 질문한 후 "자, 시작하세요."라고 말한다. 피검사자가 첫 번째 반응을 말하기 시작하면(그 반응이 맞거나 틀리거나 상관없이) 시간을 재기 시작한다. 45초가 지난 후, "그만하세요. 방금 읽은 단어에 동그라미로 표시하세요. 그 페이지 전체를 다 끝내고 다시 시작한 거라면 동그라미 옆에 1이라고 쓰세요. 다음 페이지로 넘어가겠습니다."라고 말한다.

- 색상 페이지에 대한 지시

색상 페이지를 위한 지시는 첫 번째 문장을 제외하고는 단어 페이지와 동일하다. "이 장에서는 여기에 쓰인 색상의 명칭을 얼마나 빨리 말하는지 알아볼 것입니다." 만일 피험자가 단어 페이지의 지시를 일반적으로 이해했다면 나머지 지시는 간단하게 하면 된다. "이 페이지도 앞장과 같이 여기 첫 번째 열부터 시작할 것입니다. 가능한 한 빨리 큰 소리로 색깔을 말해야 합니다." 만일 피검사자가 지시를 이해하지 못한다면 전부 다시 설명해 주어야 한다. 단어 페이지에서와 같이 피검사자에게 45초 동안 실시한다.

• 색상-단어 페이지에 대한 지시

색상-단어 페이지를 시작할 때 다음과 같이 지시한다. "이 색상-단어 페이지는 당신이 조금 전에 끝냈던 것과 비슷합니다. 각 문항에서 단어는 무시하고, 단어가 인쇄된 색깔을 말하면 됩니다. 예를 들어(첫 번째 열의 첫 문항을 가리키며) 이게 첫 번째 문항인데, 뭐라고 말해야 할까요?"

피검사자가 맞게 대답했다면 다음 지시로 넘어간다. 그러나 틀렸다면 다음과 같이 말한다. "아닙니다. 그건 거기 적힌 단어를 읽은 것이죠. 그 단어가 인쇄된 색깔을 말해 주면 됩니다. 자, (같은 문항을 가리키며) 이 문항을 보고 뭐라고 말해야 되죠? 네, 맞습니다. (두 번째 문항을 가리키며) 그러면 이 문항은 뭐라고 말해야 할까요?" 만일 옳게 대답하면 검사를 계속 진행한다. 만일 틀리면 피검사자가 이해할 수 있을 때까지 혹은 검사를 지속하기가 불가능하다는 것을 확인할 수 있을 때까지 위의 지시를 반복해 준다. 그리고 다음과 같은 말을 계속한다. "잘했습니다. 이 페이지도 앞의 두 페이지처럼 할 것인데, 첫 번째 열부터 시작해서 할 수 있는 만큼 많이 열을 따라 읽어 내려가면 됩니다. 만일 실수한다면 바로 고쳐서 읽은 후 계속 읽어 가면 됩니다. 질문 있나요?" 다른 두 페이지와 마찬가지로 지시는 필요할 때까지 반복해 준다. "그럼 시작합니다." 45초가 되면 다음과 같이 말한다. "그만하세요. 방금 읽은 단어에 동그라미로 표시하세요."

② 집단 실시

집단 실시는 개별 실시와 유사하지만 '큰 소리로'라는 말을 '속으로 조용하게'로 바꾸면 된다. 모든 피검사자가 충분히 이해할 수 있도록 각 단어 페이지마다 상세하게 설명해 주어야 한다. 집단으로 실시되는 버전은 개별적인 도움이 필요하지 않은 피검사자들, 예를 들어 대학생이나 성인을 대상으로 한 연구 프로젝트에서 실시된다. 집단 버전은 심하게 손상된 집단(예, 뇌 손상, 만성 조현병 환자)에게 사용해서는 안 된다.

③ 재시행: 검사의 한 페이지를 재실시하는 경우

스트룹 검사는 중단되고 다시 시작할 수 있는데, 어느 페이지라도 피검사자가 머뭇거리거나 3초 안에 응답이 없을 경우, 검사자는 "중지하세요, 지시를 이해했나요?"라고 질문한다. 필요하면 지시를 반복해 준 후 다시 시작한다. 피검사자가 가능한 한 빨리 반응하는 것 같아 보이지 않으면 다음과 같이 말한다. "중지하세요. 단어나 색깔을 가능한 빨리 말해야 합니다. 다시 시작하겠습니다. 가능한 한 빨리 하세요."

모든 페이지에서 검사자는 피검사자가 문항을 손가락으로 짚을 수 있도록 허용한다. 그러나 어떤 경우에는 색상–단어 페이지에서 단어의 한 글자를 손으로 가려서 단어의 언어적 처리를 완전히 방해하기도 하므로 피검사자가 이렇게 할 경우에 검사자는 다음과 같이 말한다. "중지하세요. 단어를 손으로 짚을 수는 있지만 문항이나 글자를 손으로 가리면 안 됩니다. 다시 시작합니다. 문항이나 글자를 손으로 가리면 안 된다는 점을 기억하세요."

이와 동일하게 페이지가 45° 이상 돌아가거나, 책상에서 검사지를 들어 올리거나, 색상 페이지와 단어 페이지의 위치가 뒤바뀐 경우 다시 시작한다. 이렇게 위반된 것을 보면 바로 재시행해야 한다. 피검사자가 틀린 수행을 하고 있다면(주로 색상–단어 페이지에서 단어를 읽는 것) 수행을 멈추게 하고 피검사자에게 다시 지시한다.

매우 병리적인 특정 유형의 결과를 보인 피검사자들은 전체 검사를 다시 실시해야 한다. 문제가 있는 피검사자는 재시행에도 같은 유형의 오류를 보일 수 있고, 재시행은 다음과 같은 상황에서 실시한다. 색상 명명 원점수가 단어 읽기 원점수와 같거나 더 클 때, 색상–단어 원점수가 단어 읽기 원점수나 색상 명명 원점수와 같거나 클 때, 색상–단어 원점수가 20보다 작을 때(6세 이상에서), 검사자의 판단에 수행 점수가 의심스러운 상황일 때 재시행을 실시한다.

일상적으로 검사를 두 번 실시하는 것은 문제가 되지 않는다. 정상 집단이면 일반적으로 재검사에서 점수가 향상되는데, 기질적 문제가 있는 집단에서는 점수가 거의 변화를 보이지 않는다.

(2) 단어유창성 검사

각 시행당 제한 시간은 1분으로 '시옷' 시행에 앞서 아동에게 다음과 같이 지시한다. "내가 기역, 니은, 디귿과 같은 것들 중에서 하나를 말할 겁니다. 그러면 그것으로 시작하는 단어들을 내가 '그만'이라고 할 때까지 될 수 있는 한 많이 말하는 겁니다. 예를 들어, 내가 비읍이라고 말하면 비읍으로 시작하는 바다, 버리다 같은 단어들을 말하면 됩니다. 그러나 버리다, 버렸었다, 버리자 식으로 말끝만 바꾸는 것은 안 됩니다. 그리고 사람 이름이나 숫자 같은 것을 말해서도 안 됩니다." 내담자가 이해된다는 표시를 하면 "시옷으로 시작하는 단어들을 그만이라고 할 때까지 말해 보세요."라고 지시한다.

내담자의 반응은 모두 기록지에 받아 적는다. 만약 내담자가 규칙에 위반되는 단어(고유명사, 어미만을 변화시킨 단어)를 말한다면 그러한 반응이 허용되지 않음을 시행당 1회에 한하여 상기시켜 준다. 시행 도중 내담자가 상당 시간 동안 아무 반응도 하지 않고 있는 경우에는 적당한 말로 격려해 준다. 1분이 지나면 시행을 종결시킨다. 이응 시행과 기역 시행의 실시요령은 시옷 시행과 동일하다. 검사에 대한 내담자의 이해가 부족하다고 생각되는 경우에는 각 시행에 앞서 보충 설명을 실시한다.

(3) 도안유창성 검사

각 시행당 제한 시간은 1분이다. 먼저, 시행 1의 연습 면을 펼치고서 내담자에게 다음과 같이 지시한다. "먼저, 연습을 해 봅시다. 이 점들을 마음대로 연결해서 이 세 개를 각각 다른 모양으로 만들어 보세요. 점들 5개를 다 연결할 필요는 없습니다. 두 개를 연결하든 몇 개를 연결하든 마음대로 하면 됩니다. 이것은 두 개를 연결하고 이것은 세 개를 연결해도 됩니다. 다만, 이 세 개를 각각 다른 모양으로 만들면 됩니다." 연습 시행 도중 필요하면 보충 설명을 실시한다.

연습시행이 끝나면 주시행 면을 펼치고서 다음과 같이 내담자에게 지시한다. "내가 시작이라고 하면 이 점들을 마음대로 연결해서 이 세 개를 각각 다른 모양으로 만들어 보세요(손가락으로 하나씩 짚는다). 점들 5개를 다 연결할 필요는 없고 두 개를 연결하든 몇 개를 연결하든 당신 마음대로입니다. 이것은 두 개를 연결하고 이것은 세 개를 연결해도 좋습니다. 다만, 이 세 개를 각각 다른 모양으로 만들면 됩니다." 연습 시행 도중 필요하면 보충 설명을 실시한다.

　연습시행이 끝나면 주시행 면을 펼치고서 다음과 같이 지시한다. "내가 시작이라고 하면 이 점들을 모두 다 다른 모양으로 연결하세요. 내가 그만이라고 할 때까지 될 수 있는 한 많이 연결하세요." 피검사자가 이해된다는 표시를 하면 주시행을 시작한다. 만약 피검사자가 동일한 도안을 반복해서 그리는 것이 관찰되면 시행당 1회에 한하여 그러한 반응이 허용되지 않음을 상기시켜 준다. 시행 도중 피검사자가 상담 시간 동안 아무 반응도 하지 않고 있는 경우에는 적당한 말로 격려해 준다. 1분이 지나면 시행을 종결시킨다. 시행 1이 종결되면 시행 2를 실시하고 시행 2가 종결되면 시행 3을 실시한다. 시행 2와 시행 3의 실시 요령은 시행 1과 동일하다. 연습시행은 매 시행에 앞서 실시하며 필요한 경우는 검사에 대한 보충 설명을 실시한다.

4. 결과와 해석

스트룹 검사의 채점과 결과의 해석을 살펴보면 다음과 같다.

1) 검사의 채점

다음과 같은 원점수 등이 산출된다.

- 단어 원점수(Raw Word score): 단어 페이지에서 완성한 문항 수
- 색상 원점수(Raw Color score): 색상 페이지에서 완성한 문항 수
- 색상-단어 원점수(Raw Color-Word score): 색상-단어 페이지에서 완성한 문항 수
- 간섭점수(I) = 색상 점수(C)-색상-단어 점수(CW)

　오류 수는 채점하지 않는다(오류를 범하면 피검사자가 문항을 반복하느라 전체 점수가 낮아짐). 단어, 색상, 색상-단어 T 점수, 간섭 점수는 연령별 규준표에 입각하여 계산된다. 아동이 월반하거나 더 어린 나이에 입학한 경우 현 학년 수준의 능력을 알아보고 싶을 때, 연령규준보다는 학년규준을 사용한다(단순히 정상인지 아닌지를

알아보기 위함이면 연령 기준 사용). 아동이 늦게 입학, 유급된 경우 발달 수준을 알고 자 한다면 연령규준, 현 학년 수준을 알아보고 싶을 때는 학년규준을 적용한다. 연 령과 학년규준에서 차이가 있다면 연령과 학년규준 모두를 사용하는 것이 종종 유 용하다.

2) 결과 해석

스트룹 검사 결과는 다른 검사들과 통합되어 사용될 때 유용하여 검사 배터리의 일부로 많이 사용되고 해석된다. 다른 사항이 언급되지 않는 한 해석은 연령이나 교 육 수준으로 교정된 T 점수에 기초한다. 높은 T 점수가 더 좋은 수행을 나타낸다. 한 점수가 다른 점수보다 '더 낮다' 혹은 '더 높다'라고 기술될 때, 5~10세 아동의 경 우 최소한 T 점수가 15점 이상 차이가 나야 하고, 10세 이상 아동의 경우 T 점수가 10점 이상 차이가 나야 한다. 손상되었다고 기술되는 점수는 T 점수 30 혹은 그 이 하인 경우이다. 경계선 점수는 T 점수 31~39를 의미한다.

나이가 어린 5~10세 아동에 대한 해석 전략과 비교적 나이가 많은 11~14세 아 동에 대한 해석 전략이 다르다.

(1) 나이가 어린 아동들(5~10세)
- 높은 단어 점수는 언어적으로 우세한 아동이 아닐지라도 일반적으로 읽기 능 력이 더 우수함을 시사한다.
- 낮은 단어 점수는 전반적인 읽기 기술이 부족한 것과 관련되고 표현성 언어장 애와도 관련되어 있을 수 있으므로 해석을 하기 전 이런 가능성이 배제되어야 한다.
- 아동의 언어적 우세성과 읽기 기술이 발달함에 따라 단어 원점수가 색상 원점 수보다 높아지기 시작한다(늦어도 3학년 쯤~3학년 될 때까지 단어 원점수가 색상 원점수를 넘지 못하면 개입이 필요한 읽기 문제가 있음을 나타냄).
- 색상 점수가 단어 점수보다 유의미하게 높으면 읽기 기술 발달지체가 있을 가 능성이 있다.

- 단어 점수가 색상 점수보다 유의미하게 높을 때, 매우 잘 발달된 읽기 능력이나, 색맹 아동들에서와 같이 빈약하게 발달된 색상 인식 능력을 반영한다(특정 유형의 뇌 손상을 당한 아동에서도 나타남).

① 간섭
- 색상–단어 T 점수는 색상 T 점수나 단어 T 점수와 비슷해야 한다(색상–단어 T 점수가 30미만이라는 것은 과도한 간섭이 일어났음을 의미).
- 간섭 T 점수는 낮을수록 더 간섭을 많은 받는 것을 나타내므로(색상을 말하는 것보다 단어를 읽는 것이 더 우세) 색상과 색상–단어 점수는 T 점수 40을 경계선으로, 30점 이하를 결함이 있는 것으로 본다.
- 낮은 색상–단어 T 점수(<30)는 언어 기술에 과도하게 의존하거나, 비언어적 기술이 덜 발달한 언어적으로 뛰어난 아동에게서 나타날 수 있으며, 융통성 결여, 충동성, 불안과 우울의 존재를 반영하기도 하며 주의력 문제를 나타내기도 한다.
- T 점수가 30~40점 사이의 색상–단어 점수는 이런 영역에 문제가 있음을 나타내지만 정상적인 변산을 반영하기도 한다.
- 연령규준에서 예상된 것보다 높은 간섭 T 점수는 간섭이 예상보다 적게 일어났음을 의미한다.
- 간섭 T 점수가 70 이상이면 단어 읽기 체계가 충분히 우세하지 않음을 강하게 나타내며 이런 아동들은 주로 글을 읽는 속도가 느리거나 주저하는 경향을 보인다(읽기 속도가 정상이면 일반적으로 읽기 이해에 문제가 있음).

② 점수 유형의 중요성
- 연령이 8세 이상인 아동은 단어 원점수가 항상 색상 원점수보다 높아야 하고, 색상 원점수는 색상–단어 원점수보다 높아야 한다(이런 유형이 나타나지 않는 경우 검사가 시행, 채점 과정에서 잘못되었거나 아동이 충분히 협조하지 않았음을 반영).
- 정상적인 단어 점수와 낮은 색상 점수: 피검사자가 색상명을 모르거나 색맹이 아닐 경우, 낮은 색상 점수는 색상이 인지적 반응보다는 정서적 반응을 불러일으키는 정신과 문제를 가진 피검사자들에게 나타날 수 있다.

- 낮은 색상 점수와 낮은 단어 점수: 말하기에 장애가 있거나 지능이 낮은 것을 반 영한다(정상 지능 아동이 두 점수에서 모두 낮은 점수라면 꾀병이거나 노력의 결여 의 심. 색상 점수가 낮은 것은 측두–후두엽 영역과 우반구 후측에 문제가 있음을 반영).
- 정상 색상 점수와 낮은 단어 점수 그리고 색상–단어 원점수가 색상 원점수보 다 80% 이상 높은 유형: 후천적이거나 발달적인 난독증이 있을 가능성을 시사 한다(이런 유형은 읽기장애와 좌측 두정–측두엽 손상 시에 주로 나타남. 8세 이하에 서 나타난다면 장애라기보다 단순한 지체 나타냄).
- 낮은 색상 점수와 낮은 단어 점수 그리고 정상 간섭 점수: 별로 의미가 없다. 단 지 읽기를 잘하거나 언어적으로 우세하다는 것을 나타내지 않는다.
- T 점수가 30 이하의 색상 점수와 T 점수가 30 이하의 단어 점수: 실제적인 인지 적 손상을 시사한다.
- 정상 단어 점수와 낮은 색상 점수 그리고 낮은 색상–단어 점수: 색상을 명명하 는 데 어려움 또는 시각적 문제가 있음을 시사한다.
- 모든 점수가 정상 범주: 결과가 정상이라면 상대적으로 검사가 덜 유용하다.

(2) 나이가 많은 아동들(11~14세)

- 단어 점수는 기본적인 읽기 속도를 반영하고, 늦어도 15세부터는 성인 수준에 이르게 되는데, 낮은 단어 점수는 말하는 운동 속도 문제가 있음을 의미한다.
- 낮은 단어 점수는 읽기 기술이 덜 발달된 것을 반영하기도 한다. 이런 경우 말 하는 것 자체는 유창하지만 단어의 해부호화가 느려 전체 읽기 속도가 느려지 게 되기도 한다(선천적 학습장애, 단순히 읽는 것을 배울 기회가 없었던 것을 반영하 기도 함).

① 색상 점수의 중요성

- 정상 단어 점수와 낮은 색상 점수: 색상명을 모르거나 색맹 가능성이 있다(낮은 색상 점수는 인지적 반응보다는 정서적 반응을 불러일으키는 정신과 문제를 가진 피 검사자들에게서 나타남).
- 낮은 색상 점수와 낮은 단어 점수: 말하기 장애 또는 낮은 지능을 반영한다.
- 정상 지능이 낮은 색상 점수와 낮은 단어 점수를 보이는 경우: 꾀병이거나 노력

의 결여가 의심된다.

• 색맹이 아닌 경우 낮은 색상 점수: 측두–후두엽 영역과 우반구 후측에 문제가 있는 것을 반영한다.

② 색상–단어 점수의 중요성

• 정상 단어 점수와 낮은 색상–단어 점수: 전전두엽 병리나 정서적 혼란의 가능성을 시사한다.

• 색상–단어 T 점수가 색상이나 단어 T 점수보다 유의미하게 높은 경우: 충돌하는 반응을 억제하는 능력이 우수함을 의미한다.

③ 점수 유형의 중요성

• 색상과 단어 점수는 정상(T 점수 40점 이상)이고 색상–단어 원점수가 색상 원점수보다 80% 이상 높을 경우: 속임수를 쓰는 피검사자일 가능성이 있어 검사 재시행이 필요하다.

• 정상 색상 점수와 낮은 단어 점수 그리고 색상–단어 원점수가 색상 원점수보다 80% 이상 높을 경우: 후천적이거나 발달적인 난독증의 가능성을 시사한다.

• 낮은 단어 점수와 정상 색상 점수 그리고 낮은 색상–단어 점수: 단어 과제나 색상–단어 과제를 시행할 때 꾀병을 부리거나 동기가 결여된 것을 시사한다.

• 모든 점수에서 T 점수 30 이하는 정신지체나 좌반구 혹은 광범위한 뇌 손상이 있는 피검사자에게 나타난다.

• 정상 단어 점수와 낮은 색상 점수 그리고 낮은 색상–단어 점수: 우반구 손상으로 인해 색상 단서를 알아보지 못하거나 분류하지 못하는 것과 관련된다.

④ 간섭

• 정상 색상 점수와 정상 단어 점수와 낮은 간섭 T 점수(특히 T 점수 40 이하): 전전두 영역의 장애 가능성을 시사한다.

• 정상적인 색상, 단어 점수와 간섭이 없는 경우: 매우 융통성 있고 과제의 요구에 반응하는 능력이 우수함을 시사한다.

• 선별검사로 사용될 때 세 가지 스트룹 점수나 간섭 T 점수가 평균보다 1표준편

차 낮다면 추후 검사가 필요(이런 패턴은 인지장애 가능성 시사)하다.

⑤ 행동관찰

- 스트룹 수행 방식 관찰이 중요하다(예, 열을 따라 정확히 수행하려고 노력하나 그렇게 하지 못하는 것은 우반구 기능장애의 특징인 심각한 공간적 결함이 있음을 시사).
- 과제 수행 지속 거부 또는 생떼 부리는 등 좌절을 감내하지 못해 낮은 점수: 주로 정신과적인 장애나 급성 뇌 손상을 시사한다.
- 스트룹 검사 실시에는 교육적 배경의 영향이 적지만, 성인 피검사자들은 최소 한글을 읽을 수 있어야 한다는 사실에 유념해야 한다.

단어 유창성 검사의 채점과 결과의 해석을 살펴보면 다음과 같다.

1) 검사의 채점

정반응, 반복반응, 비어반응이 평가된다. 채점에서 내담자가 말한 단어들 각각에 대해 정반응 여부, 반복반응 여부, 비어반응 여부를 분류하는 것이 필요하다. 각 분류 방법은 다음과 같다.

첫째, 정반응에는 지시된 규칙에 맞는 모든 반응들이 포함된다. 고유명사는 원칙적으로 정반응이 아니지만 잘 알려진 지명이나 국명 등은 정반응에 포함시킨다. 그러나 특정인의 이름 등은 잘 알려진 것이라도 정반응에서 제외시킨다. 어떤 단어를 접두어로 합성명사를 계속 말한 경우는 그 합성명사가 잘 쓰이는 단어(집토끼, 집밖)라면 모두 정반응에 포함시킨다. 그러나 그 합성명사가 잘 쓰이지 않는 단어라면 정반응에서 제외시킨다. 단어가 아닌 문장형 반응은 모두 정반응에서 제외시킨다.

둘째, 반복반응에는 반복적인 요소가 있는 모든 반응이 포함된다. 반복반응의 주요한 유형들은 다음과 같다. 가난-가난하다, 산다-살다 등이다. 이전에 언급한 단어와 같은 접두어를 사용한 단어, 이전에 언급한 단어에 접두어를 붙인 단어, 이전에 언급한 명사에 명사를 덧붙여 합성명사로 만든 단어, 반복반응 여부의 분류는 정반응 여부의 분류와는 독립적으로 실시한다. 즉, 정반응이든 오반응이든 모든 반응에 대해 그것이 반복반응인지 아닌지를 분류한다. 그러므로 정반응이든 오반응이든 반복적인 요소가 있으면 반복반응으로 분류된다.

셋째, 비어반응에는 상스러운 욕이나 성적인 것을 연상시키는 단어들이 포함된다. 비어반응 여부의 분류 역시 정반응 여부의 분류와는 독립적으로 실시한다. 그러므로 정반응이든 오반응이든 비어적인 요소가 있으면 비어반응으로 분류된다.

단어유창성에는 정반응수 합, 반복반응수 합, 비어반응수 합 등 세 가지를 원점수로 사용한다.

2) 결과 해석

단어유창성의 결과를 의미 있게 해석하려면 관리기능 의존도가 낮은 언어검사와의 비교가 필요하다. 이 검사의 단어 유창성은 K-WISC의 '상식'과 비교하는 것으로 '상식'은 학습된 언어적 지식에 대한 일문일답식의 검사로 인지적 유연성이나 창의적 접근이 거의 필요하지 않다. K-WISC의 '상식' 소검사와의 비교로 언어영역의 관리기능 의존도 정도를 파악한다.

도안 유창성 검사의 채점과 결과의 해석을 살펴보면 다음과 같다.

1) 검사의 채점

도안유창성의 채점에서는 피검사자가 그린 도안들 각각에 대해 정반응 여부와 반복반응 여부를 분류해야 한다. 정반응에는 규칙에 맞게 그린 도안들 모두가 포함된다. 점과 점 간의 연결이 이루어지지 않은 선들을 포함하는 도안들은 정반응에 포함되지 않는다. 이전에 그린 도안과 똑같이 그린 도안은 정반응에 포함되지 않는다.

반복반응에는 이전에 그린 도안들과 똑같이 그린 도안들 모두가 포함된다. 그러므로 동일한 도안을 반복한 경우는 첫 번째 도안만 정반응에 포함되고 나머지는 반복반응에 포함된다. 정반응이 아닌 도안을 반복해서 그린 경우에도 두 번째 도안부터는 반복반응에 포함시킨다.

도안유창성에는 정반응 합, 반복반응수 합 등의 두 가지를 원점수로 사용한다.

2) 결과 해석

도안유창성의 결과를 보다 의미 있게 해석하려면 관리기능 의존도가 낮은 시공간 검사와의 비교가 필요하다. K-WISC-IV의 빠진곳찾기는 학습된 시각적 지식에 대한 구조화된 검사로 WISC의 지각추론 소검사들 중 관리기능 의존도가 가장 낮은 편에 속한다.

K-WISC-IV의 '빠진곳찾기' 소검사와의 비교로 시지각 영역에서의 관리기능 의존도 정도를 파악한다.

5. 기타 참고사항

1) 검사의 장단점

전두엽 관리기능 검사의 장점은 다음과 같다.

첫째, 세 가지 소검사를 사용하여 전두엽 관리 집행기능을 측정한다. 관리 집행기능은 매우 다양하며 어느 한 검사가 이 다양한 측면 모두에 민감하기란 사실상 불가능하다. 따라서 관리기능의 평가는 단일한 검사보다는 여러 검사 결과를 종합적으로 평가하는 것이 바람직하므로 세 가지 소검사를 이용하는 것이 타당하다고 볼 수 있다.

둘째, 수행의 질적인 측면을 점수화한다. 관리기능에 이상이 있는 아동과 정상 아동이 가장 큰 차이를 보이는 점은 수행의 양적인 측면이 아니라 오히려 질적인 측면인 경우가 많다. 예로 관리기능에 이상이 있는 아동들은 정상 아동들은 잘 하지 않는 특이한 종류의 오류 반응을 보일 수 있다. 이를 반영하여 이 검사에서는 수행의 양적 측면뿐 아니라 질적 측면을 반영하는 점수를 제시하였다.

셋째, 세 개 소검사의 결과를 이용하여 요약 점수를 산출한다. '요약 점수'란 지능 검사의 지능지수나 기억 검사의 기억 지수와 같은 점수들을 의미하며, 검사 결과의 해석 및 보고에서 매우 유용하다. 이 검사에서 산출하는 요약 점수는 관리지능 지수(Executive IQ)이다.

넷째, 웩슬러 지능검사와의 결과 비교가 용이하게끔 되어 있다. 관리기능의 평가에서는 관리기능에 민감한 검사뿐 아니라 웩슬러 지능검사처럼 관리기능에 둔감한 검사를 실시하여 결과를 상호 비교하는 것이 유용하다.

다섯째, 임상적 활용성이 높게 제작되었다. 아동의 심리검사에서 긴 시간을 요하는 검사는 아동의 특성상 실용성이 떨어진다. 이 검사의 전체 검사시간은 약 20분 내외로 짧고 필기구와 기록지를 제외한 다른 검사도구는 거의 필요하지 않다.

2) 관련 검사

- 성인용 Kims 전두엽–관리기능 신경심리검사-II: 16~69세를 대상으로 하는 집행기능 검사로 성인용 Kims 전두엽–관리기능 신경심리검사의 개정 신판이다. 이 검사는 스트룹 검사, 단어유창성, 도안유창성, AVLT 그리고 CFT의 다섯 가지 소검사로 구성되어 있다. 이 소검사들은 모두 전두엽–관리기능(executive function)을 측정하는 데 타당도와 유용성이 가장 잘 입증된 과제들이며, 이 소검사들을 모아서 한국 실정에 맞게 개편하고 단일 검사 배터리로 만들어서 임상적 유용성이 매우 높다. 또한 이 검사는 시행과 채점 과정이 단순하고 전두엽–관리기능을 측정하는 데 필요한 다양한 지표들을 제공하고 있다. 예를 들어, 전체 요약점수인 EFQ(Executive Function Quotient, 관리기능지수)는 전반적인 전두엽–관리기능을 평가하는 데 유용하고 FSIQ(전체지능지수)와 비교하여 상대적인 평가를 하는 데도 유용하다.

- 아동용 Kims 전두엽–관리기능 신경심리검사 II (김홍근, 2005): 7~15세를 대상으로 하는 집행기능 검사이다. 이 검사는 성인용 Kims 전두엽–관리기능 신경심리검사를 아동에 맞게 개정하여 만들었다. 인지적 측면에서 관리기능은 주의, 언어, 시공간 그리고 기억기능과 같은 하위 인지기능들을 통제한다. 이러한 하위기능에 이상이 없는 아동들도 관리기능에 이상이 발생하면 일상생활에 많은 부적응적 행동을 보이는 것에서 보듯이 관리기능은 인지기능에서 매우 중요하지만 기존 검사도구로는 제대로 측정하기가 어려웠다. 예를 들어, 임상 장면에서 가장 많이 쓰이는 Wechsler 지능검사에서는 정상적인 IQ를 보이는 아동이 일상생활에서 관리기능이 관련된 부적응적 행동을 보이는 경우가 종종

있다. 이 검사는 아동의 관리기능에 특화된 검사이기 때문에 이러한 아동들의 문제를 잘 측정한다. 또한 전체요약점수인 EIQ(excutive IQ, 관리지능지수)는 아동의 관리기능의 전반적 평가를 하는 데 유용하고 IQ와 비교하여 상대적적 평가도 가능하다.

3) 적용 사례

- 신민섭, 박민주(2007). **스트룹 아동 색상–단어 검사. 한국판 표준화.** 서울: 인싸이트.
- 민운정(2012). ADHD 성향을 보이는 학령기 아동의 언어능력 및 집행기능 특성. 대구대학교 대학원 석사학위논문.
- 서종만, 김효원, 여진영, 변은하, 정석훈(2012). 주의력 결핍 과잉행동장애의 실행기능: 종합주의력 검사와 스트룹검사, 아동 색선로 검사, 위스콘신 카드분류 검사의 관련성. *Journal of Korea Neuropsychiatry Association, 51*(2), 59-69.

18 Wisconsin 카드 분류 검사

1. 검사 소개

1) 목적과 용도

위스콘신 카드분류검사(Wisconsin Card Sorting Test: WCST)는 추리능력(abstract behavior) 및 주의 전환능력(set shift, 환경적 상황이 변화함에 따라 인지전략을 적절히 바꾸는 능력)을 측정하는 검사이다.

검사는 일련의 카드로 구성되는데 피검사자의 과제는 일차적으로 카드들이 함께 묶는 '규칙'을 찾아내는 것이다. 카드를 묶는 규칙이 주기적으

로 변화하기 때문에 규칙이 변화할 때 이를 적절하게 탐지하고 새로운 규칙을 파악하는 것이 중요하다. 규칙을 추론하는 능력 및 환경의 변화에 따라 규칙을 전환하는 유연한 사고능력을 알아보는 데 사용된다.

2) 검사의 배경

위스콘신 카드 분류검사 WCST는 Berg(1948)와 Grant 및 Berg(1948)에 의해 개발되었고, 이후 Heaton, Chelune, Talley, Kay 및 Curtiss(1993)가 검사 매뉴얼을 제작하였다.

한국심리연구소 홈페이지(http://www.koreapsy.kr) 및 아이소리몰(http://isorimall.com)등 온라인에서 영문 원판 및 매뉴얼, 기록지 등을 구입할 수 있으며, 그 밖에 해

외 사이트에도 다수의 판매처가 존재한다. 다음 사이트에서 데모 버전을 사용해 볼 수도 있다.

http://www.psytoolkit.org/experiment–library/wcst.html

3) 인지학습과의 관련성

Wisconsin 카드 분류 검사에서 피검사자가 카드를 하나씩 배열하는 과제는 카드 배열에 대한 규칙 또는 가설을 검증하는 과제에 상응한다. 검사 수행을 통해 규칙에 대한 추론 능력을 알아볼 수 있다.

한편, 성공적인 학습을 위해서는 환경의 변화를 적절하게 탐지하고 이에 적응하는 능력이 필요하다. 예고되지 않은 규칙의 변화를 적절하게 탐지하고 새로운 규칙에 따라 반응을 바꾸는 것은 문제해결 능력과 더불어 인지적 유연성과 관련되고, 작업기억의 집행기능, 전두엽 기능의 평가에 유용한 것으로 간주된다(Chan, Shum, Toulopoulou, & Chen, 2008).

2. 검사의 대상과 방법

1) 대상 집단

이 검사의 대상 집단은 7~89세이다.

2) 검사 방법

검사는 일대일 개인별로 시행하며, 검사 방식은 종이 카드를 이용한 면대면 방식 및 컴퓨터를 이용한 버전(Psychological Assessment Resources, 2003)이 모두 존재한다. 검사 실시에 소요되는 시간은 일반적으로 약 15~20분 내외이다. 검사 안내 및 실시에는 감독이 필요하다.

환자 집단을 대상으로 사용되는 경우 검사 실시의 절차가 바뀔 수 있다. 예를 들어, 통상적으로 피검사자가 10회의 정반응을 보인 다음에 규칙이 바뀌는데, 뇌 손상 환자의 경우 10회의 정반응을 보이기 이전에 카드 배열 규칙이 바뀌기도 한다. 이는 규칙 전환에 대한 환자의 반응을 더 많이 관찰하기 위해 이루어진다.

3. 검사의 구성과 실시

1) 검사의 과제

카드를 분류하는 규칙이 무엇인지 찾아내는 과제로, 검사에 사용되는 카드는 3개의 차원에서 4개의 값을 가지고 변화한다. ① 색(빨강, 파랑, 노랑, 초록), ② 모양(십자가, 원, 삼각형, 별), ③ 개수(1~4개) 등이다. 총 64개의 조합이 가능한데 64개 카드 세트 2개가 검사에 사용된다. 카드는 이 차원들 중 한 값을 기준으로 분류할 수 있는데, 예를 들어 색이 분류의 기준이라면 모양이나 도형 개수에 상관없이 같은 색의 도형이 있는 카드를 한 범주로 묶을 수 있다.

피검사자는 새로 제시되는 카드가 색, 모양, 개수 등의 세 가지 규칙 중 어느 규칙에 부합하여 나타난 것인지를 유추하여 찾아내어야 한다. 이때 규칙에 대한 다른 단서는 전혀 주어지지 않고, 오직 검사자의 피드백(컴퓨터로 실행하는 검사의 경우에는 화면에 긍정/부정을 나타내는 피드백이 별도 제공됨)을 통해서 추론해야 한다. 검사가 진행되면서 분류 규칙이 변경되는데, 규칙의 변화를 파악하고 가능한 오류를 적게 발생시키면서 정확한 규칙을 파악해 내는 것이 피검사자들의 과제이다.

2) 검사 내용

WCST 과제에는 서로 다른 4장의 자극카드가 보기로 제시된다([그림 18-1] 참조). 이들은 검사가 실시되는 동안 계속 고정적으로 제시된다. 매 시행에서 자극 카드 하단에 1장의 반응카드가 새롭게 제시된다. 이 카드가 색, 모양, 개수 중 어떤 규칙에 의거하여 나타난 카드인지를 유추하여, 4장의 자극카드 중 이 규칙에 부합하는 카드를 선택한다. 피검사자가 내린 선택에 대해서는 곧바로 '맞았다(긍정)' 또는 '틀렸다(부정)' 형태의 피드백이 주어진다.

　유추한 규칙이 맞으면, 피검사자는 다음에 새롭게 나타나는 1장의 카드에도 동일한 규칙을 적용하여 반응한다. 이러한 정반응이 10회(10장) 반복되면 평가자가 규칙을 바꾼다. 기존에 맞았던 규칙에 대해 틀리다는 피드백을 받게 되면, 피검사자는 새로운 규칙을 찾아내야 한다. 총 6개의 범주 유추를 완성하면에 성공하면 검사를 종료한다.

　이해를 돕기 위해 준비된 다음 [그림 18-1]의 상황을 살펴보자. 컴퓨터를 기반으로 진행되는 검사에서 피검사자는 파랑 별 3개가 그려진 카드가 제공되자(좌측 그림 참조), '모양'의 기준으로 카드가 제공되고 있다고 유추하였다. 이에 별 모양이 있는 두 번째 자극카드를 클릭하였는데, 정답을 의미하는 긍정적인 피드백을 얻었다. 이에 피검사자는 이후 나타나는 카드에 대해 계속하여 '모양'을 기준으로 반응한다. 한동안 이러한 시행이 반복되다 초록색 원 1개가 그려진 카드가 나타나자 앞서 그래 왔던 것들과 마찬가지로, '모양'의 기준이 적용되어 제시된 것으로 생각한다. 이에 같은 모양인 원이 있는 네 번째 자극카드를 클릭했으나 오답이라는 부정적인 피드백을 얻는다(우측 그림 참조). 즉, 카드 제공의 기준이 바뀐 것이다. '모양'이라는 기존의 규칙이 틀렸다는 피드백을 받았으므로, 이 경우 피검사자는 같은 '색' 범주를 가지고 있는 두 번째 자극카드 또는 같은 '개수' 범주인 첫 번째 자극카드를 선택할 것이다.

　이때 피험자가 다른 기준을 알아내는 데까지 얼마나 많은 오류를 범하는지, 이를 얼마나 지속하는지, 범주 규칙을 총 몇 개나 파악할 수 있었는지 등의 수치를 측정 및 계산하여 피험자의 추리 능력 및 주의 전환 능력을 평가한다.

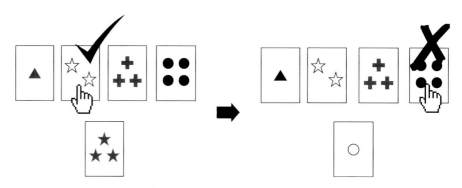

[그림 18-1] 위스콘신 카드 분류 과제의 설명(본문 참조)

3) 검사 실시

WCST는 다음 단계로 실시한다(*IRB 규정도 고려한다).

① 피검사자의 검사 동의를 받는다(피검사자가 아동인 경우 부모의 동의를 받는다).
② 피검사자의 권리를 알려 준다.
  • 검사 결과 및 사적 정보 접근에 대한 비밀 유지
  • 검사 중 자유롭게 검사를 철회할 수 있는 자유 보장
③ 연습 검사를 실시하여 피검사자가 과제를 충분히 이해하도록 한다.
  • 검사에 대한 주요 지시사항을 숙지하도록 함(예, 규칙이 중간에 변화한다는
    것, 규칙이 변화했을 때는 새로운 규칙을 유추해 보아야 한다는 것).
④ 검사를 실시한다.
⑤ 피검사자가 6개의 규칙 유추를 완성하면 검사를 종료한다.

4. 결과와 해석

1) 검사의 채점

진단 용도에 따라 다양한 반응이 분석에 사용되는데, 대표적으로 사용되는 채점
항목은 다음과 같다.

① 완성 범주 수: 범주 규칙을 총 몇 개나 파악했는지
② 전체 시행 수: 6개의 범주를 완성하기까지 시도한 전체 시행의 수
③ 총 오류 수: 전체 반응 중 틀린 반응 수
④ 정확 반응 수: 범주 규칙을 정확하게 유추하여 반응한 수
⑤ 총 보속 오류(preservation errors): 규칙이 바뀌어 부정적인 피드백이 주어졌는
   데도 이전 규칙을 적용하여 반응한 오류의 수
⑥ 비보속 오류: 기타 오류

⑦ 지속실패: 긍정 피드백을 얻은 후에도 같은 범주 내에서 유추에 실패한 수

2) 결과 해석

Heaton 등(1993)의 연구에 따르면, 완성 범주 수는 연역적인 추론 능력 및 문제해결 전략 능력을 측정한다. 총 오류 수는 피드백에 정확하게 반응하는 능력이 어느 정도인가를 측정한다. 총 보속 오류율은 인지적 전략 및 태도를 전환시키는 데 개인이 겪는 어려움을 나타낸다. 지속실패는 작업기억 기능의 비효율성을 의미한다고 볼 수 있다.

이 과제에서는 어떤 규칙에 의해 카드가 제시되는지 사전에 알 수 없기 때문에 규칙을 알아 가는 과정에서 오류를 범하는 것을 피할 수 없다. 특정 집단, 예를 들면 환자 집단의 경우 정상인보다 그 오류의 수가 많아지기 때문에 이를 감안하여 결과를 해석해야 한다.

3) 유의사항

대부분 임상 집단을 중심으로 사용되어 왔기 때문에 정상인을 대상으로 한 변별 기준이 거의 존재하지 않는다.

5. 기타 참고사항

1) 검사의 장단점

검사 개발 직후 아주 초기부터 전두엽 손상을 측정하는 신경심리검사로 활용되기 시작하였다. 두부 외상, 치매, 조현증 등 다양한 인지기능장애의 평가에 활용되고 있다. 예를 들어, 보속 오류가 17개 이상이면 전두엽 기능장애군으로 분류된다.

검사 절차가 표준화되어 있고 임상 장면에서 다양한 맥락에서 사용된다. 뇌 손상, 치매, 정신장애 진단을 목적으로 다양한 신경심리 검사 배터리에도 포함된다.

임상 집단에서 이 검사를 활용한 많은 연구가 있기 때문에, 검사 결과에 대한 비교와 해석에 도움을 받을 수 있으나 정상인의 수행을 판별하는 데 유용성이 떨어진다는 단점도 존재한다.

처치 전후의 변화를 알아보기 위해서 사용하기에는 부적절한 검사인데, 검사를 한 번 받아서 검사에서 요구되는 규칙의 추론과 규칙의 변화를 파악하게 되면 다시 검사를 수행하는 받는 것이 별 의미가 없다. 단, 기억이 손상되어 이전의 수행을 제대로 기억하지 못하는 경우 수행의 변화 또는 증상의 호전을 알아보기 위해 재검사가 실시될 수 있다.

2) 관련 검사

신경심리검사에서 실행기능을 평가하는 검사로 간주되는 유사 검사들로는 다음 검사들이 있다.

• 레이븐 누진 행렬 검사(Raven Progressive Matrices Test)
• 스트룹 검사(Stroop Test)
• 통제 단어 연상 검사(Controlled Oral Word Association Test)

3) 적용 사례

• 강희양, 오상우, 손정락(2000). 정신분열병 하위집단에 따른 지능 및 실행 기능 장애. 한국심리학회지: 임상, 19, 259-267.
• 박순말, 신민섭(2010). 주의력결핍 과잉행동장애, 불안장애 아동의 실행기능 비교. 소아청소년정신의학, 21, 147-151.
• 조수진, 이선미, 은헌정, 권혁철(2004). 정신분열병 환자에 대한 인지재활 훈련이 신경인지 기능과 사회적 기능에 미치는 효과. 한국심리학회지: 임상, 23, 559-579.

19 K-WISC-Ⅳ 처리속도 지표

1. 검사 소개

1) 목적과 용도

한국판 아동용 웩슬러 지능검사(K-WISC-IV)를 구성하는 4개의 영역 중 하나로서 정보처리의 속도를 측정하는 검사이다. 여기에서 처리속도는 주의 초점화 및 부호 (도형, 기호 등)의 변별(검색), 변환 등에서의 민첩성과 관련된다. 처리속도는 간단한 시각적 정보를 빠르고 정확하게 살펴보고, 배열하고, 구별하는 능력을 측정한다. 또한 단기 시각적 기억력, 주의력, 시각-운동 협응을 측정한다.

2) 검사의 배경

처리속도 지표는 K-WISC-IV의 네 지표 중 하나이다. K-WISC-IV의 배경과 구입에 관해서는 K-WISC-IV 개관(16장)을 참조하라.

3) 인지학습과의 관련성

정보처리의 속도는 정신적 용량, 읽기 기능의 수행과 발달, 인지적 자원의 보유에 의한 추론, 고차원의 유동적 과제에 필요한 작업기억의 효율적인 사용 능력 등과 긴밀하게 관련되어 있음으로 인해 인지학습에서 정보처리의 속도는 중요하다. 처리속도 지표를 이루고 있는 소검사들은 단지 단순한 반응 시간이나 시각적 구별을 측정하는 것만이 아니어서 이러한 과제 내에는 인지적 의사결정이나 학습요소가 포함되어 있다.

2. 검사의 대상과 방법

1) 대상 집단

K-WISC-IV의 규준인 6세 0개월부터 16세 11개월까지의 아동을 대상으로 한다. 세부 사항은 K-WISC-IV 개관(16장)을 참조하라.

2) 검사 방법

K-WISC-IV의 여러 소검사 중 처리속도 지표에 속한 소검사들만 따로 실시할 수 있다. 혹은 다른 지표의 소검사들과 함께 실시하거나 K-WISC-IV 전체 검사의 일부로 실시할 수 있다. K-WISC-IV의 전반적인 검사 방법, 준비 사항, 라포, 검사 진행 지침에 대해서는 K-WISC-IV 개관(16장)을 참조하라.

이 검사는 아동이 기호나 그림이 인쇄된 종이('반응지'라고 함)에 직접 표시를 하는 식으로 검사가 진행된다. K-WISC-IV 검사 세트 중에 반응지 1(기호쓰기, 동형 찾기), 반응지 2(선택)가 필요하다.

기호쓰기 소검사에는 A형과 B형이 있는데, A형은 6~7세 아동을 대상으로 하며, B형은 8~16세 아동을 대상으로 한다. 기호쓰기는 여러 도형 안에 적절한 기호를 넣어 표시하거나(A형), 나열된 숫자를 미리 정의된 기호로 바꿔 쓰는(B형) 과제이다. 검사자는 연령에 맞는 반응지 1, 혹은 2를 아동에게 제시하고, 예를 들어 "아래에 있는 네모 칸들에는 뒷부분에 숫자가 있지만 아래 부분은 비어 있어요. 비어 있는 네모 부분에 이렇게 기호를 그려 봐요."(B형)라고 예시 문항으로 표시하는 법을 설명한다. 아동이 검사 방법을 이해하였는지를 확인한 다음 검사를 시작한다. 문항을 순서대로 최대한 빨리 하도록 한다. 틀리게 표시했을 경우 지우지 말고 다음 문항을 계속 하도록 한다. 검사시간은 120초이며, 시간이 되면 "그만"이라고 말한다. 채점을 용이하게 하기 위한 채점판이 따로 있다. 완성 시간이 단축되면 보너스 점수가 제공된다.

동형찾기 소검사에도 A형과 B형이 있는데, A형은 6~7세 아동을 대상으로 하며,

B형은 8~16세 아동을 대상으로 한다. 동형찾기 소검사 반응지에는 표적 기호가 제시되고, 표적 기호를 탐색하는 범위인 반응 부분이 제시된다. 만일 표적이 반응 부분에 있으면, '예'라고 박스에 표시하고, 없으면 '아니요'라는 박스에 연필로 표시한다. 검사자는 연령에 맞는 반응지 1 혹은 2를 아동에게 제시하고, 기호쓰기 소검사의 경우처럼 예시 문항으로 표시하는 법을 설명한 다음 아동이 검사를 이해하는 것을 확인한 다음 검사를 시작한다. 문항을 순서대로 하도록 한다. 검사시간은 120초이며 시간이 되면 중지시킨다. 채점을 용이하게 하기 위한 채점판이 따로 있다.

선택은 반응지 2를 사용한다. 여기에 있는 2개의 문항을 모두 실시한다. 문항 1에서는 종이에 그림들이 불규칙적으로 배열되어 있고, 문항 2에서는 그림들이 좌우 정렬되어 있다. 두 문항 모두 배열되어 있는 그림에서 동물 그림을 찾아서 그 위에 줄을 그어 표시하는 것이 과제이다. 예시 문항과 연습 문항을 할 때 아동이 과제를 제대로 이해하지 못하면 정답을 알려 주며 잘못을 수정해 준다. 아동이 과제를 이해하지 못하면 문항 1을 실시하지 않는다. 각 문항의 제한 시간은 45초이다. 표적에 맞게 표시한 것을 맞는 것으로 채점하며, 다른 것에 표시한 것은 틀린 것으로 채점하는데, 검사자는 채점판을 사용하여 검사한다. 맞는 반응의 개수에서 틀린 반응의 개수를 빼서 이 차이를 총점으로 한다. 차이가 60 이상이고, 완성 시간이 짧으면 보너스 점수가 주어진다.

3. 검사의 구성과 실시

1) 전반적인 구성

다음과 같이 2개의 주요(core) 소검사와 1개의 보충(supplemental) 소검사로 구성되어 있다.

〈표 19-1〉 **처리속도 지표의 구성과 실시 순서**(진하게 처리된 글자는 소검사의 기호이다)

주요 소검사	보충 소검사
1. 기호쓰기(Co**D**ing) 2. 동형찾기(Symbol Search)	3. 선택(**CA**ncellation)

2) 소검사 내용

(1) 기호쓰기

기호쓰기는 처리속도 지수의 핵심 소검사이다. 이 소검사는 처리속도에 더하여 단기적 시각기억력, 학습능력, 정신운동 속도, 시각적 지각 능력, 시각 운동 협응 능력, 시각적 탐색 능력, 인지적 유연성, 주의력, 집중력, 동기 등을 측정한다. 또한 시각적 연결처리 능력과 유동적 지능도 수행에 영향을 줄 수 있다.

기호쓰기 A형(6~7세 아동용)은 예컨대 [그림 19-1]과 같이 도형(예, 육각형, 역삼각형, 하트 등) 안에 미리 지정된 기호(예, 십자가, 직선, 동그라미, 등)를 기입하는 형식이다. 도형과 기호의 종류는 5가지이다. 예시문항을 포함하여 총 64개의 도형이 제시된다.

[그림 19-1] 기호쓰기 A형(예의 도형은 실제 검사에서 제시되지 않음)

기호쓰기 B형(8~16세 아동용)에서 아동에게 숫자와 기호를 대응시키는 표([그림 19-2] 참조)가 제시되는데, 아동은 이 표를 이용하여 숫자 목록에 숫자와 짝지어진 기호를 옮겨 그려야 한다. 예시 문항을 포함하여 총 126개의 숫자가 제시된다.

1	2	3	4	5	6	7	8	9
∟	‖	X	⌒	‥	⊥	○	→	=

[그림 19-2] 기호쓰기 B형(예의 도형은 실제 검사에서 제시되지 않음)

(2) 동형찾기

동형찾기는 처리속도 지수의 핵심 소검사이다. 이 소검사의 수행에는 처리속도에 더하여 단기적 시각기억력, 시각운동 협응력, 인지적 유연성, 시각적 변별력, 정신운동 속도, 정신적 조작속도, 주의력, 집중력 등을 포함한다. 또한 청각적 이해력, 지각적 조직화 능력, 유동적 지능, 계획 및 학습능력 등도 포함한다.

동형찾기 A형(6~7세 아동용) 과제는 표적 부분([그림 19-3]의 왼쪽 첫째 칸)에 제시된 도형 혹은 기호가 반응 부분(그림에서 표적 부분 다음의 3개 도형)에 있으면, '예' 반응에 표시하고, 없으면 '아니요' 반응에 표시하는 것이다.

표적 부분	반응 부분			예	아니요

[그림 19-3] 동형찾기 A형의 예(그림 속 기호는 실제 검사에서 사용되지 않음)

동형찾기 B형(8~16세 아동용)에서는 표적 부분의 도형이 2개이고, 반응 부분의 도형은 5개로 늘어난다. 과제는 표적 부분의 2개 도형들 중 어느 하나라도 반응 부분에 있으면, '예' 반응에 표시하고, 둘 다 없으면 '아니요' 반응에 표시하는 것이다.

표적 부분		반응 부분					예	아니요

[그림 19-4] 동형찾기 B형의 예(그림 속 기호는 실제 검사에서 사용되지 않음)

(3) 선택

선택 소검사는 처리속도 지수의 보충 소검사이다. 아동에게 반응지 2가 제시되는데, 여기에는 여러 가지의 동물, 생활용품, 도구, 식물, 악기 등 아이들에게 친숙한 그림들이 컬러로 인쇄되어 있다. 선택 반응지 2의 1형에는 그림들이 정렬되어 있지 않은 채로 배열되어 있고([그림 19-5]), 2형에는 그림들이 (보이지 않는 줄에 맞추어) 수직, 수평으로 열이 맞게 배치되어 있다. 과제는 1형과 2형 모두에서 약 300개 이상의 그림들 중에서 동물 그림에만 선을 그어 표시하는 것이다. 이 소검사는 처리속

[그림 19-5] 선택 소검사의 반응지 2-1의 그림 배치의 예(반응지 2-2에서는 그림들이 좌우로 정렬
되어 있으며, 이 그림들 중 어느 것도 실제 검사에서는 제시되지 않음)

도, 시각적 선택 주의, 각성, 시각적 무시를 측정한다.

3) 검사 실시

K-WISC-IV의 처리속도 지표 소검사의 실시 순서는 〈표 19-1〉에 표시된 번호와
같다. K-WISC-IV의 전체 소검사를 실시할 때에는 K-WISC-IV 개관(16장)에 언급
된 순서대로 한다.

처리속도 지표 소검사에는 시간 제한이 있으므로 초시계를 준비한다. 아동은 제
한된 시간 내에 빨리 과제를 수행해야 하므로 과제 수행을 중간에 간섭하지 않아야
한다. 아동이 특정 소검사에 흥미를 느끼지 않거나 도중에 돌발적인 이유로 검사가

완료되지 못할 경우, 해당 소검사를 건너뛴 다음 보충 소검사를 할 수 있다. 이때 관련 사항을 기록지에 기입한다.

검사가 완료된 다음 채점을 한다. 채점에는 채점판을 이용하도록 한다. 지침서에 있는 채점 기준에 따라 채점한다. 수행이 제한 시간 전에 완료되면, 완료 시간을 초 단위로 정확하게 기록한다. 이 경우 완료 시간에 보너스 점수가 있는 소검사가 있으므로 유의한다.

4. 결과와 해석

1) 검사 결과

(1) 동형찾기

120초 제한 시간이 다 되기 전에 피검사자가 모든 소검사 문항을 완성한 경우 시간 측정을 종료하고 기록용지에 완성 시간을 초 단위로 기록해 둔다. 동형찾기 채점판을 이용하여 피검사자의 반응을 채점한다. 채점판에는 각 문항에 대해 표적기호와 탐색기호가 제시되어 있고 각 문항에 대한 정답반응은 음영으로 표시되어 있다. 채점판의 앞과 뒤 각 면에 반응용지 두 페이지의 정답반응이 표시되어 있다.

모든 페이지의 정답 반응의 수와 오답 반응의 수를 합한다. 이 총점을 기록용지에 옮겨 적는다. 정답 반응의 수에서 오답 반응의 수를 뺀 것이 원점수 총점이다. 원점수 총점이 0또는 그 이하이면 원점수 총점으로 0점을 부여한다.

(2) 기호쓰기

피검사자가 120초 제한 시간 내에 모든 검사문항을 완성한 경우 시각 측정을 종료하고 기록용지에 완성 시간을 초 단위로 기록한다. 피검사자가 제한 시간 내에 모든 검사문항을 완성하지 못한 경우 완성 시간을 120초로 기록한다. 피검사자의 반응에 대한 채점에는 기호쓰기 채점판을 사용한다. 채점판을 조절하여 정답반응이 피검사자의 반응 위쪽에 오도록 한다. 그렇게 하면 각 검사문항의 숫자가 채점판 위에 표시된다. 각 칸에 해당되는 기호를 정확하게 그렸거나 다소 부정확하더라도 분명히 적합한 기호인 것으로 확인되면 점수를 준다. 제한 시간 내에 완성한 각 정답 반응에 대해 1점을 준다. 피검사자가 실수를 깨닫고 자발적으로 그 옆에 또는 오답 반응 위에 겹쳐서 정답 기호를 그리는 경우 1점을 준다.

(3) 선택

피검사자가 45초 제한 시간을 초과하지 않고 검사문항을 완성하면 완성 시간을 초 단위로 기록한다. 피검사자의 반응을 채점하기 위해 선택 소검사 채점판을 사용한다. 채점판을 기록용지 위에 겹쳐 두고 모서리를 맞추고 상단의 음영 표시가 되어 있는 사각형 안에 기록용지의 표적 모양이 들어오도록 한 후 채점한다. 채점판의 왼쪽 위 모서리에 있는 상자를 통해 문항 번호가 잘 보여야 한다. 채점을 돕기 위해, 채점판은 4분면으로 나누어져 있다. 그리고 각 분변은 16개의 표적 동물들을 포함하고 있다. 채점판의 각 사각형은 표적 동물의 위치와 일치한다. 두 문항 모두에서 표적 동물들은 같은 위치에 있다. 표적 사물에 표시한 것은 맞는 것으로 채점한다. 표적 사물이 아닌 곳에 표시한 것은 틀린 것으로 채점한다.

2) 결과 해석

결과는 원점수에 대응하는 환산점수를 계산하여 규준집단과의 임계치 및 기저율을 비교함으로써 해석된다. K-WISC-IV 매뉴얼에 이를 해석하는 기준 표 및 해석 지침이 제시되어 있다.

판매처인 인싸이트(http://www.inpsyt.co.kr)에서 제공하는 온라인 채점 프로그램을 이용하여 결과 프로파일을 얻을 수 있다.

5. 기타 참고사항

1) 검사의 장단점

용지와 연필 그리고 초시계를 이용해서 매우 간편하게 할 수 있는 검사이고, 표준화된 검사 절차가 있다. 처리속도 지표 점수는 지표 내에 포함된 소검사 점수들이 비슷할 때 순수한 처리속도 지표일 수 있으므로 소검사들의 편차가 심할 때(환산점수 5점 이상) 임상가는 처리속도 지표에 대한 모든 시각-운동 협응 영향에 주의해야 한다.

2) 관련 검사

- K-WPPSI(한국 웩슬러 유아지능검사): 만 2세 6개월~7세 7개월 대상으로 하는 지능검사이며, 유아의 인지능력을 평가하기 위해 만들어진 검사이다.
- K-WAIS-IV(한국 웩슬러 성인지능검사): 16~69세를 대상으로 하는 지능검사이며, 청소년과 성인의 인지능력을 평가하기 위해 만들어진 검사이다.

3) 적용 사례

- 김송이(2015). 영재아동의 지능특성. 울산대학교 대학원 석사학위 청구논문.
- 허영애(2014). K-WISC-IV에 나타난 ADHD 고위험군 아동의 인지적 특성에 관한 연구. 울산대학교 대학원 석사학위 청구논문.
- Calhoun, S. L., & Mayes, S. D. (2005). Processing speed in children with clinical disorders. *Psychology in the Schools, 42,* 333-343.

Understanding Psychological Tests on Cognitive Learning

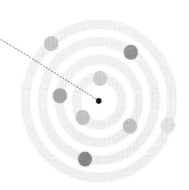

7부

인지양식, 학습양식 및 창의력

* 인지양식, 학습양식 및 창의력 영역의 머리글과 검사 해설은 안서원 교수(서울과학기술대학교 경영학과)가 작성했다.

인지학습과 관련하여 개인차 변인으로 제일 먼저 심리학자의 관심을 끌고 척도가 개발된 것은 지능이다. 지능은 인지능력(ability)의 개인 차이를 측정하는 것인데, 능력과는 다르게 나타나는 개인 차이에 관심을 가지게 되면서 소개된 개념이 양식(style) 이론이다. 정보를 처리하는 방식에 있어서 우선하거나 선호하는 개인의 성향을 양식으로 보고 이를 차원화하고 측정하는 척도들이 개발된 것이다. 예를 들면, 정보의 전체적인 양상을 우선적으로 더 잘 처리하는지, 시각적인 정보보다 언어적인 정보를 더 선호하고 잘 처리하는지와 같은 것이다. 인지양식 이론들은 지각과 인지과정에서 나타나는 개인차에 관심을 가진 실험 심리학자들에 의해 1940년대부터 소개되기 시작하였고, 1970년대에는 교육학에서 학습양식이론들이 보다 활발하게 소개되었다. 1970년대까지 활발하던 양식연구는 한동안 관심이 적어졌다가 1990년대 이후 교수법과 교육매체가 다양해지고 인지학습양식이 교육뿐 아니라 산업조직 분야에서도 다뤄지면서 다시 활발해졌다.

그렇다면 인지양식과 학습양식은 어떤 관계일까? Curry(1983)는 이 두 양식 이론 간의 차이를 이해할 수 있는 개념적 모델을 제시한다. 양파에 여러 층이 있듯이 양식 이론들도 이러한 층을 구성한다고 보았는데, 안쪽에 있을수록 안정적인 개인의 특성으로 변화가 어렵고 바깥으로 갈수록 환경에 적응적으로 변화할 수 있다고 보았다. 그는 성격 중심의 이론들이 가장 안쪽에, 그다음 층에 인지양식 이론들, 제일 바깥쪽에 학습양식 이론들이 위치해 있다고 보았다. 즉, 인지양식을 학습양식보다 더 고유한 개인 특성으로 보았다. 이는 Riding(1997)도 비슷한데, 그는 학습양식보다 학습전략(learning strategies)이라는 표현을 사용함으로써 학습양식이 환경의 요구에 적응적으로 학습되거나 수정될 수 있는 보다 변화 가능한 개념이라고 보았다.

창의성 역시 지능과는 구분되는 개인 특성으로 새롭고 유용한 무엇인가를 만들 수 있는 능력을 가리킨다. 인지심리학 분야에서는 창의적인 사고과정이 일반적인 사고과정과 다르지 않다고 보며, 대부분의 사람이 학습을 통하여 더 창의적으로 될 수 있다고 본다. 창의적 인물을 분석한 Weisberg(1993)는 창의적인 발견이 해당 분야에 대한 전문성과 창의적인 노력에의 몰입으로 나타난다고 보고한다. 창의성에 대한 연구는 네 가지 측면에서 이루어져 왔다. 창의적 인물의 성격적 특성, 창의적 산물, 창의적 사고, 창의성이 발현되는 사회문화 환경에 대한 것인데, 각 측면에서 관련 척도들이 개발, 소개되어 왔다. 7부에서는 인지학습과 관련하여 창의적 사고를 측정하는 대표적인 척도를 소개하고자 한다.

1. 검사 소개

1) 목적과 용도

인지양식이란 개인이 선호하는 사고방식으로 한 개인이 정보를 지각하고 기억하며 생각하고 문제를 해결할 때 전형적으로 또는 습관적으로 보이는 처리 방식을 가리킨다. 이는 지능과는 별도로 정보처리에서의 개인차를 설명하는 개념이다. 인지

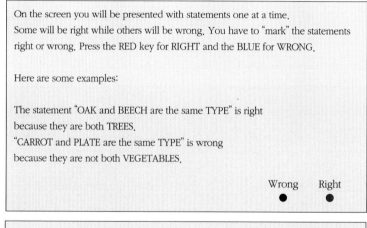

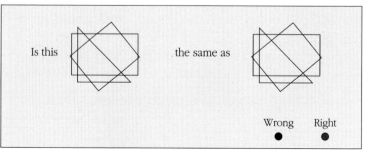

[그림 20-1] 컴퓨터 화면상에 나타나는 CSA의 지시문과 문항 예

양식 검사(Cognitive Style Analysis: CSA)는 개인의 인지양식을 진단해 주는 검사이다.

2) 검사의 배경

　1940년대 이후로 다양한 양식이론이 소개되었는데, Riding(1991)은 기존에 나와 있는 다양한 인지양식 이론을 정리하고 기존 이론에서 공통적으로 나타나는 보다 기본적인 차원을 제시하고자 하였다. 이것이 바로 '시각-언어' 차원과 '전체-분석' 차원이다. 시각-언어 차원은 정보를 언어 또는 심상(image)으로 표상하는 개인의 경향을 가리키며, 전체-분석 차원은 정보를 전체 또는 부분으로 조직하거나 구조화하여 처리하는 개인의 경향을 가리킨다. 각 차원은 연속선상에 있지만 편의상 전체 처리자 또는 분석 처리자, 시각 처리자 또는 언어 처리자로 구분하고 양극단의 특성을 모두 보이면서 연속선상의 중간에 위치한 사람은 두 가지 양식을 모두 가진 사람(bimodal)으로 구분하였다. 이 두 차원은 독립적이어서 한 차원에서의 위치가 다른 차원에서의 위치에 영향을 미치지 않으며 이 두 차원의 조합으로 한 개인의 독특한 사고양식이 나타나게 된다. Riding은 이 두 차원에서의 개인의 특성을 측정할 수 있는 도구인 인지양식 검사(Cognitive Style Analysis: CSA)를 개발하였다.

3) 인지학습과의 관련성

　학습양식과 마찬가지로 자신의 인지양식을 알고 있는 것은 학습자에게 큰 도움을 줄 수 있다. 최근에는 학습 자료가 다양한 방식으로 제공되고 교수방법도 다원화되고 있어 자신이 선호하는 정보처리방식을 알고 있고 자신이 보다 편하게 정보를 처리할 수 있는 방식으로 학습을 하는 것이 학습효과를 높이는 데 도움이 된다.

2. 검사의 대상과 방법

1) 대상 집단

질문을 읽고 이해하고 응답을 할 수 있는 학생과 성인 누구에게나 실시할 수 있다. 자신의 인지양식을 앎으로써 학습효과를 높이고자 하는 학습자가 주된 대상이라고 볼 수 있다. 개별적 검사가 가능하지만 실습실 컴퓨터를 이용하여 집단검사도 가능하다. 컴퓨터로 검사할 경우 인지양식 판정 결과도 바로 볼 수 있다.

2) 검사 방법

인지양식 검사는 정확한 답을 고르는지와 그 답을 고르는 데 걸린 반응 시간을 측정해서 인지양식을 구분하기 때문에 지필로는 시행이 어려우며 컴퓨터로 진행해야 한다. PC 단독으로 시행하거나 온라인상에서 시행될 수 있다. 검사시간은 20분 정도 소요된다.

컴퓨터로 진행되기 때문에 지시문을 읽고 개인별로 진행할 수 있다. 컴퓨터 실습실에서 집단으로 실시하는 경우 컴퓨터에 나오는 지시문을 잘 읽으면서 검사에 응하도록 하고 응답키를 확인시켜 줄 진행자만 있으면 된다.

3. 검사의 구성과 실시

1) 전반적인 구성

CSA는 '시각-언어' 차원과 '전체-분석' 차원으로 사람들의 인지양식을 구분하며 각 차원에 두 개의 하위 테스트가 있어 모두 네 개의 하위 테스트로 구성되어 있다. 시각-언어 차원을 측정하는 테스트에는 하나의 문장이 컴퓨터 화면에 제시되며, 피검사자는 그 문장의 진위를 판단하여 '예' '아니요'로 응답하고 반응키를 누르는

데 걸린 반응 시간이 측정된다. 첫 번째 하위 테스트에는 물체의 색깔을 묘사하는 문장이 제시되는데, 이 문장의 진위 판단에는 시각 처리자가 더 빨리 반응할 것으로 예상되는 반면, 두 번째 하위 테스트에 제시되는 개념적 범주에 대한 문장에는 언어 처리자가 더 빨리 반응할 것으로 예상된다.

전체−분석 차원의 첫 번째 하위 테스트에서는 복잡한 기하도형쌍을 제시하고 이들이 같은지 다른지를 판단하게 한다. 이 판단과제는 두 도형의 전체적인 유사성에 대해 빠르게 반응해야 하므로 전체 처리자가 더 빠를 것으로 예상된다. 두 번째 하위 테스트에서는 간단한 기하도형과 복잡한 기하도형이 제시되고 간단한 것이 복잡한 것에 포함되어 있는지를 판단해야 하는데, 이 과제에서는 분석 처리자가 더 빨리 반응할 것으로 예상된다.

2) 검사의 문항

(1) 시각−언어 차원의 문항 예
- 시각 처리자가 더 빨리 반응할 것으로 예상되는 문항(24문항)
  −피와 토마토는 같은 색깔입니까?   예   아니요
- 언어 처리자가 더 빨리 반응할 것으로 예상되는 문항(24문항)
  −자동차와 트럭은 같은 유형입니까?   예   아니요

(2) 전체−분석 차원의 문항 예
- 전체 처리자가 더 빨리 반응할 것으로 예상되는 문항(20문항)
  −다음 두 그림은 같습니까?   예   아니요

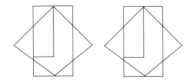

• 분석 처리자가 더 빨리 반응할 것으로 예상되는 문항(20문항)

　－앞의 도형은 뒤의 도형에 포함되어 있습니까?　　예　　아니요

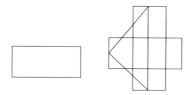

3) 검사 실시

컴퓨터에서 제시되는 대로 검사를 진행하면 된다. 맨 처음 지시문과 연습문제를 주어 어떤 식으로 문제를 풀어야 하는지 알게 하는 것이 좋다. 반응 시간이 중요하므로 가급적 정확하고 빠르게 응답하도록 한다.

4. 결과와 해석

1) 검사의 채점

각 문항에 대한 응답(예, 아니요)과 그 응답을 하는 데 걸린 반응 시간이 측정된다. 정확하게 응답한 반응에 대한 반응 시간만 인지양식을 계산하는 데 사용된다.

2) 결과 해석

각 하위 테스트에서 맞게 응답한 반응 시간의 평균을 구한 후 시각－언어, 전체－분석과 같이 반응 시간의 비율을 구한다. 반응 시간이 빠를수록 해당 양식을 가지고 있다고 가정되므로 시각/언어 반응 시간 비율이 0.98 이하이면 언어 처리자, 1.10 이상이면 시각 처리자로 분류되고 그 사이는 중간 처리자이다. 분석/전체의 반응 시간 비율이 1.02 이하이면 전체 처리자, 1.36 이상이면 분석 처리자, 그 사이는 중간

처리자이다. 기준이 되는 수치는 Riding이 다양한 연령과 성별 집단을 대상으로 표준화 작업을 한 후 제시한 것이다.

3) 유의사항

척도 개발자나 공동 연구자들에게 문의를 하여 검사 문항을 무료로 받을 수 있지만 원 문항이 영어이므로 번역을 해야 하고 컴퓨터로 프로그램을 만들어야 한다. 우리나라에서 본 척도를 이용하여 연구를 진행한 분들에게 문의하는 것도 방법일 수 있다.

5. 기타 참고사항

1) 검사의 장단점

자기보고식 설문이 아니고 정확한 답의 반응 시간을 가지고 인지양식을 검사하므로 보다 정확한 검사가 될 수 있다. 그러나 컴퓨터로 실시해야 하므로 프로그램을 가지고 있거나 문항을 프로그램으로 만들어야만 사용할 수 있다.

2) 관련 검사

- Witkin, Oltman, Raskin과 Karp(1971)는 장 의존성-독립성을 제안하였고 이를 측정하기 위해 Embedded Figures Test(EFT)와 Group Embedded Figures Test(GEFT)를 개발하였다.
- Allinson과 Hayes(2012)는 인지양식을 분석과 직관으로 구분하였고, 이를 측정할 수 있는 Cognitive Style Index를 개발하였다.

3) 적용 사례

- 안서원, 김미라, 안덕선(2010). 의예과 학생들의 인지양식과 학습양식의 관계. 한국의학교육, 22, 7-13.

- 이태연(2008). 범주학습에서 범주화 방략에 미치는 인지양식의 효과. 한국심리학회지: 인지 및 생물, 20, 339-355.

- 임성만, 손희정, 양일호(2011). 초등학생의 인지양식에 따른 자료해석 특성 분석. 한국과학교육학회지, 31, 78-98.

- Kozhevnikov, M. (2007). Cognitive styles in the context of modern psychology: Toward an integrated framework of cognitive style. *Psychological Bulletin, 133*, 464-481.

- Mayer, R. E., & Massa, L. J. (2003). Three facets of visual and verbal learners: Cognitive ability, cognitive style, and learning preference. *Journal of Educational Psychology, 95*, 833-846.

- Riding, R. (2001). *Cognitive Style Analysis-research Administration.* Birmingham: Learning and Training Technology.

1. 검사 소개

1) 목적과 용도

지적 능력과는 별도로 사람마다 선호하는 정보처리방식이 다를 수 있다. 학생들의 학업 성과가 낮은 경우 능력이 부족해서일 수도 있지만 학생이 선호하는 정보처리방식과 학습 내용이 제시되는 방식이 맞지 않아서일 수도 있다. 학습양식 검사(Index of Learning Styles: ILS)는 개인이 선호하는 정보처리방식을 찾아내어 학습 효과가 보다 커질 수 있도록 도움을 주기 위해 실시한다.

```
NC STATE UNIVERSITY

              Index of Learning Styles Questionnaire

                          Barbara A. Soloman
                          Richard M. Felder

                      North Carolina State University

Directions

Please provide us with your full name. Your name will be printed on the information that is returned to you.

   Full Name
   [                    ]

For each of the 44 questions below select either "a" or "b" to indicate your answer. Please choose only one answer for each question. If both "a" and "b" seem to apply to you,
choose the one that applies more frequently. When you are finished selecting answers to each question please select the submit button at the end of the form.

  1. I understand something better after I
      ○  (a) try it out.
      ○  (b) think it through.

  2. I would rather be considered
      ○  (a) realistic.
      ○  (b) innovative.
```

[그림 21-1] 온라인 학습양식 검사 화면

2) 검사의 배경

노스캐롤라이나 주립대학교 Felder 교수는 똑똑하고 능력 있는 학생들의 일부가

공대에 들어온 후 자신의 능력을 발휘하지 못하고 학업에 어려움을 보이는 것을 보게 되었다. 이들은 낙제를 하는 일부 학생들이 능력이 부족해서가 아니라 그들의 학습양식이 공대의 일반적인 교수법과 일치하지 않기 때문이라는 통찰에서 학습에 어려움을 느끼는 일부 학생들을 돕기 위해 학습양식 검사를 개발하였다. 초기 모델은 감각/직관, 시각/청각, 귀납/연역, 활동/숙고, 순차/전체의 5개 차원으로 이루어졌으나(Felder & Silverman, 1988) 이후 시각/청각이 시각/언어로 바뀌었고 귀납/연역이 빠져서 4개의 차원으로 수정되었다(Felder, Silverman, & Solomon, 1996). 각 차원에 대한 설명은 〈표 21-1〉에 제시되어 있다.

　학습양식 검사는 각 차원당 11개, 총 44개의 문항으로 구성된 자기보고식 설문의 형태로 되어 있고 검사 개발자인 Solomon과 Felder가 인터넷에 원 검사를 개방하고 있어 누구나 자신의 학습양식을 측정할 수 있다. 우리나라에서도 번역되어 많이 사용되고 있다. 영문 검사가 공개된 사이트는 http://www.ncsu.edu/felder-public/ILSpage.html이다.

〈표 21-1〉 학습양식 검사의 네 차원과 그 특징

차원	특징
활동	정보를 능동적으로 사용함으로써, 즉 그것에 대해 토론을 하거나 적용하거나 다른 사람에게 설명을 함으로써 정보를 이해하고 그것을 자신의 것으로 만든다. 집단 활동을 선호한다.
숙고	정보에 대해 먼저 조용히 생각하기를 선호한다. 혼자 일하는 것을 선호한다.
감각	잘 확립된 방법을 통해 문제를 풀기를 좋아하고 문제를 푸는 과정에서 나타나는 복잡함이나 의외의 변수를 싫어한다. 세부사항과 사실의 암기에 강하고 실험을 좋아한다. 보다 실제적이고 주의가 깊다. 실제와 관련이 적은 과목은 별로 좋아하지 않는다.
직관	가능성과 관계를 발견하는 것을 좋아한다. 문제를 해결할 때 새로운 방법을 선호하고 암기와 반복적인 것을 싫어한다. 추상적인 것과 수학공식에 강하다.
시각	자신이 보는 것(예, 그림, 다이어그램, 흐름도, 영화, 시범자극 등)을 가장 잘 기억한다.
언어	언어(글이나 말)로 제시된 것을 잘 학습한다.
순차	논리적인 단계를 밟아 순차적으로 문제를 해결하거나 이해한다.
전체	사고의 도약을 보인다. 문제에 대한 큰 그림을 이해하면 아주 빠르게 새로운 방식으로 문제를 해결하곤 한다. 그러나 자신이 어떻게 했는지는 잘 설명하지 못한다.

3) 인지학습과의 관련성

이전에는 주로 교사가 수업을 하고 학생들이 필기를 하며 수업을 듣는 식으로 학습이 진행되었으나 최근에는 정보통신기술의 발달로 수업매체가 다양해지고 여러 교수방법이 사용되고 있다. 교사가 다양한 교수법을 사용함으로써 서로 다른 학습양식을 가지고 있는 학생들에게 학습이 보다 효과적으로 일어나도록 학생들이 스스로 자신의 학습양식을 파악하고 자신에게 맞는 식으로 학습내용을 받아들이게 할 수 있다.

학습 현장에서 쉽게 집단으로 실시가 가능하며 온라인상에서도 검사가 진행될 수 있다.

2. 검사의 대상과 방법

1) 대상 집단

글을 읽고 자기보고식 설문에 응답이 가능한 학생과 성인 누구에게나 실시할 수 있다. 특히 공부를 해도 학습효과가 잘 나타나지 않아 이를 개선시키고자 하는 학습자가 주된 대상이라고 볼 수 있다.

2) 검사 방법

ILS 검사는 지필이나 온라인, PC 단독으로 모두 시행될 수 있다. 모두 44문항으로 개인에 따라 5~10분 정도의 시간이 소요된다.

자기보고식 설문이고 검사 실시에 제한 시간이 없으므로 엄밀한 감독이 필요하지는 않다. 집단으로 실시하는 경우 검사지를 배포하고 수거하고 지시사항을 전달해 줄 수 있는 사람만 있으면 된다.

3. 검사의 구성과 실시

1) 검사의 문항

ILS 검사는 4개의 차원마다 11개의 문항이 있고 전체 44문항으로 구성되어 있다.

① 활동/숙고 차원의 문항 예

　　나는 무언가를 _____ 후에 더 잘 이해한다.

　　(a) 시험해 본　　　　　　　　　　(b) 곰곰이 생각해 본

② 감각/직관 차원의 문항 예

　　나는 _____인 편이다.

　　(a) 현실적　　　　　　　　　　　(b) 혁신적

③ 시각/언어 차원의 문항 예

　　내가 어제 한 일에 대해 생각할 때, 나는 거의 _____

　　(a) 그림 그리듯 묘사하는 편이다. (b) 설명하는 편이다.

④ 순차/전체 차원의 문항 예

　　나는 _____

　　(a) 세부적인 부분은 잘 이해하지만, 전체적인 구조에 대해서는 혼란스러워하
　　　는 편이다.

　　(b) 전체적인 구조를 잘 이해하지만, 세부적인 부분에 대해서는 혼란스러워하
　　　는 편이다.

2) 검사 실시

　검사방식(지필, 온라인, PC 단독 등)에 따라 검사지를 준비한 후 피검사자에게 문항을 잘 읽고 두 개의 답지(a, b) 중 자신에게 더 해당되는 내용을 선택하도록 한다. 정해진 검사시간은 없고 모든 문항에 답변을 했다면 종료하면 된다.

4. 결과와 해석

1) 검사의 채점

〈표 21-2〉를 보면 차원별 문항 번호가 나와 있고 해당 문항의 선택지 a나 b에 표시를 한 후 차원별로 표시한 a와 b의 개수를 세면 된다.

〈표 21-2〉 학습양식 검사 채점지

활동/숙고			감각/직관			시각/언어			순차/전체		
문항	a	b	문항	a	b	문항	a	b	문항	a	b
1			2			3			4		
5			6			7			8		
9			10			11			12		
13			14			15			16		
17			18			19			20		
21			22			23			24		
25			26			27			28		
29			30			31			32		
33			34			35			36		
37			38			39			40		
41			42			43			44		
a, b 개수			a, b 개수			a, b 개수			a, b 개수		
(큰 수-작은 수)+큰 수의 철자											
활동/ 숙고			감각/ 직관			시각/ 언어			순차/ 전체		

2) 결과 해석

해당 차원에서 a와 b의 개수를 센 후 〈표 21-2〉에 나와 있듯이 큰 수에서 작은 수를 뺀 후 큰 수의 철자를 붙이면 된다. 예를 들어, 어떤 학생이 활동/숙고 차원에서 a가 7개, b가 4개였다면 7-4=3에 a를 붙여서 예컨대 3a로 〈표 21-2〉의 해당 칸에 쓰면 된다. 그러면 이 학생은 숙고보다는 활동이 더 강한 학습양식을 가지고 있는 것으로 해석하면 된다. 이렇게 네 차원 각각에 대해 선호하는 양식을 찾는다.

3) 유의사항

검사지를 인터넷에서 쉽게 구할 수 있지만 원 문항이 영어이므로 번안이 필요하다. 우리나라에서 이 검사지를 사용하여 연구를 진행한 연구자들에게 문의해 보는 것도 검사지를 구하는 한 방법일 수 있다.

5. 기타 참고사항

1) 검사의 장단점

검사시간이 비교적 짧고 비용도 들지 않으며 결과를 해석해서 양식을 구분하기도 용이하다. 그러나 이 검사는 학습양식의 선호도와 관련 깊으며, 학습의 강점 혹은 약점을 가리키지 않는다는 점을 유의해야 한다.

2) 관련 검사

지금까지 발표된 양식이론은 무척 다양하다. 이 이론들은 크게 인지중심이론과 행위중심의 학습양식이론으로 구분될 수 있는데, 학습양식이론에서 제안된 다른 검사로는 다음이 있다.

• Kolb(1976)의 경험적 학습양식(Experiential Learning Style)

• 학습양식(Dunn, Dunn, & Price, 1981)

3) 적용 사례

• 김미라, 안서원, 이정모, 안덕선, 이영미(2006). 의과대학생의 학습양식의 특성 과 학업성취와의 관계. 한국의학교육, 18, 133-140.

• 신경희, 김초복(2013). 대상, 공간 및 언어 인지양식에 따른 작업기억 과제 수행 의 개인차. 한국심리학회지: 인지 및 생물, 25, 539-563.

• 정혜선, 편지영(2005). 대학생, 중년, 노인 집단의 이야기에 대한 기억과 해석. 한국심리학회지: 인지 및 생물, 17, 509-527.

• Cook, D. A., Gelula, M. H., Dupras, D. M., & Schwartz, A. (2007). Instructional methods and cognitive and learning styles in web-based learning: Report of two randomised trials. *Medical Education, 41*, 897-905.

22 한국판 Torrance 창의력 검사

1. 검사 소개

1) 목적과 용도

한국판 Torrance 창의력 검사(Torrance Tests of Creative Thinking: TTCT)는 유치원 아동에서 성인에 이르기까지 사람들의 창의력을 측정하는 검사이다. Torrance는 창의력을 정보처리적 관점에서 정의하며 창의적인 성취를 수행할 때 작용하는 '일반화된 정신 능력들의 집합'으로 정의한다.

2) 검사의 배경

Torrance는 유치원생에서 성인까지, 그리고 모든 문화권에서 사용할 수 있는 창의력 검사를 만들고자 하였다. 그는 창의적 사고를 ① 어려움이나 문제점, 어긋난 정보나 정보 사이의 빠진 부분 등을 감지하고, ② 이런 부족한 부분에 대해 추측을 하고 가설을 세우며, ③ 자신의 추측과 가설을 평가하고 검증하고, ④ 바로 검증되지 않는 경우 가설을 개선하여 재검증하며, ⑤ 최종적으로 그 결과를 타인이나 사회에 소통시키는 과정으로 보았는데, 이는 일반적 문제해결 과정과 비슷하다. 이런 정의에 기초하여 그는 창의적 사고의 요인으로 '문제나 결손에 대한 민감성' '유창성' '융통성' '독창성' '정교성' 및 '재정의' 등을 제시하였다. 그는 이런 식의 사고과정이나 요인이 적용될 수 있는 '활동'들을 찾아 이런 활동들을 통해 상이한 종류의 창의적 사고가 드러날 수 있는 검사를 만들고자 하였고, 그 결과 '언어' 검사와 '도형' 검사의 두 가지 종류를 제시하였다. 각 검사에 관여하는 요인을 찾는 요인분석 결과 언어 검사와 도형 검사의 결과가 상이하였는데, 이는 각각의 검사가 상이한 영역에서의 창의성을 측정함을 보여 준다. 언어 검사는 질문하기, 원인 추측하기, 결과 추측하기, 작품 향상시키기, 독특한 용도, 가상해 보기의 6개 활동으로 구성되어 있고 이런 활동들을 통해 개인의 유창성, 융통성, 독창성을 측정한다. 반면, 도형 검사는 그림 구성하기, 그림 완성하기, 선 그리기의 3개 활동으로 구성되어 있고, 개인의 유창성, 독창성, 제목의 추상성, 정교성, 성급한 종결에 대한 저항을 측정한다. 각 검사는 A형과 B형의 동형검사가 있다.

이 검사는 창의력 한국 FPSP(http://www.fpsp.or.kr)에서 구입할 수 있다.

3) 인지학습과의 관련성

창의력은 여러 관점에서 정의될 수 있는데 인지학습 분야에서는 창의적 사고가 일반적인 사고과정과 질적으로 다르지 않다고 본다. 즉, 보통 사람들도 학습을 통하여 더 창의적으로 사고할 수 있다고 보는 것이다. 최근 들어 여러 분야에서 창의적 사고능력이 요구되면서 사람들의 창의적 사고능력을 측정하고 이를 증진시킬 수 있는 방법에 대한 관심이 늘어 가고 있다.

한국판 Torrance 창의력 검사는 마련된 규준에 기초하여 표준점수와 백분위점수를 구할 수 있어 한 개인의 창의적 능력의 상대적 수준을 알 수 있다.

2. 검사의 대상과 방법

1) 대상 집단

유치원생에서 성인까지 다양한 연령대에 검사 실시가 가능하며 모든 문화권에서 사용 가능하다. 언어 검사의 경우 활동에 대한 자신의 반응을 글로 표현하는 것이 가능하면 검사가 가능한데, 초등학교 4학년에서 성인은 집단검사를 실시할 수 있으나 자신의 생각을 글로 표현하는 것이 다소 어려운 유치원생에서 초등학생 3학년까지는 개인별로 실시하는 것이 필요하다. 그림 검사의 경우 피검사자가 그린 그림에 대해 제목을 붙여야 하는 활동이 있는데, 피검사자가 아동이고 아직 글자를 쓰지 못하는 경우 검사자가 이 부분을 대신할 수도 있다.

2) 검사 방법

검사는 지필로 시행된다. 창의력 한국 FPSP(Future Problem Solving Program)[1]에서 제공하는 '한국 표준화 창의력 검사 토란스 TTCT 언어 A, B' '토란스 TTCT 도형 A, B' 중 필요한 검사지를 구입하여 사용하면 된다. 검사시간은 도형 검사의 경우 각 활동에 10분의 시간이 할당되어 검사 자체에 소비되는 시간은 30분이지만 검사에 대한 사전지시나 각 활동에 대한 구체적인 지시에 필요한 시간 등을 감안하면 대개 45분 내지 1시간 정도를 계획하는 것이 좋다. 언어 검사의 경우 각 활동에 5분 또는 10분의 시간이 할당되어 전체 검사에 소비되는 시간은 40분이지만 이 역시 1시간 정도를 계획하는 것이 좋다. 언어 검사와 도형 검사를 모두 실시하는 경우 두 검사 실시 사이에 휴식시간을 갖는 것이 필요하다.

검사 안내 및 실시에는 성인의 감독이 필요하다. 초등학교 4학년 이상부터는 집단으로 실시할 수 있고 집단의 크기는 15~40명이 적절하다. 유치원생에서 초등학교 3학년 사이의 아동은 개인별로 실시하는 것이 바람직하며, 그리기와 쓰기를 잘하지 못하는 아동은 교사나 보조원이 쓰기를 대신해서 검사를 진행할 수 있다. 검사자는 검사지, 연필 또는 크레용(도형 검사의 경우), 검사에 필요한 도구(예, 언어 검사의 활동 4에서는 실제 장난감 코끼리나 해당 그림을 보여 주는 것이 필요함), 스톱워치(또는 시계) 등을 미리 준비하고 피검사자들이 게임하듯이 생각하고 문제를 해결할 수 있는 분위기를 만들어 주어야 한다.

---

1) 창의력 관련 심리검사를 제작·관리하고 Torrance의 창의력 교육 프로그램 FPSP의 워크숍을 개최하는 전문연구·교육 기관이며 FPSPI(Future Problem Solving Program International, http://www.fpspi.org)의 한국 본부이다(http://www.fpsp.or.kr).

3. 검사의 구성과 실시

1) 전반적인 구성

이 검사는 다음과 같이 구성되어 있다.

(1) 언어 검사
- 6개의 활동으로 구성
  - 활동 1: 질문하기
  - 활동 2: 원인 추측하기
  - 활동 3: 결과 추측하기
  - 활동 4: 작품 향상시키기
  - 활동 5: 마분지 상자(예)의 독특한 용도
  - 활동 7:[2] 가상해 보기

(2) 도형 검사
- 3개의 활동으로 구성
  - 활동 1: 그림 구성하기
  - 활동 2: 그림 완성하기
  - 활동 3: 선 더하기

---

2) 활동 6도 있었으나 제외되었다. Torrance는 검사의 활동이 상이한 종류의 창의적 사고를 포함하여 각 활동이 창의력을 전체적으로 측정하는 데 고유한 기여를 하기를 기대하였다. 그래서 활동들 간의 상관은 낮고, 전체와의 상관은 높은 활동을 찾으려고 많은 자료를 수집·분석하였고, 그 결과 활동 6은 이러한 기준을 충족시키지 못하여 제외되었다.

2) 소검사 내용

(1) 언어 검사

• 활동 5: 독특한 용도(페트병)

"대부분의 사람은 빈 페트병을 내던져 버린다. 그러나 그것들을 재미있고 독특하게 사용할 수 있는 용도(사용처)에는 수천 가지가 있을 것이다. 이 면과 다음 면의 빈칸에 그러한 재미있고 독특한 용도들을 가능한 한 많이 생각하여 나열해 보라. 어떤 한 가지 크기의 페트병에 제한시키지 말라. 필요하면 페트병은 얼마든지 사용할 수 있다. 보았거나 들었던 용도(사용처)에 당신 스스로를 제한시키지 말라. 새로운 용도를 할 수 있는 한 많이 생각해 보라."

1. _____

2. _____

⋮

50. _____

(2) 그림 검사

• 활동 1: 그림 구성하기

"아래에는 사각형 모양의 형태가 하나 있다. 이 모양이 일부분이 되는 어떤 그림이나 물건을 생각해서 그려 보라. 아무도 생각해 볼 것 같지 않은 것들을 생각해 보라. 처음의 아이디어(생각)에다 계속하여 새로운 아이디어(생각)들을 더하여 그림이 담고 있는 이야기가 보다 재미있고 감동적인 것이 되게 하라. 그림을 모두 그린 다음에는, 그것의 이름이나 제목을 생각해 보고 그것을 쪽의 밑부분에 있는 빈칸에 적어 넣으라. 제목은 가능한 한 재미있고 독특한 것이 되게 하라. 그림을 이해하는 데 도움이 될 수 있는 제목을 만들어 보라."

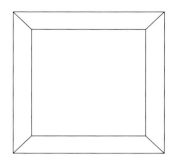

그림의 제목: _____

[그림 22-1] TTCT의 그림 검사(실제 검사 예와 다름)

3) 검사 실시

각 검사는 다음 단계로 실시한다.

(1) 언어 검사

① 사전지시

② 검사활동 실시를 위한 구체적인 지시와 활동 실시(제한 시간이 다 되면 '그만'이라고 말하고, 종료 1분 전에 '남은 시간 1분'이라고 말해 줄 수 있음. 제한 시간을 지키는 것은 검사의 신뢰도와 타당도에 매우 중요함)

- 활동 1: 질문하기(제한 시간 5분)
- 활동 2: 원인 추측하기(제한 시간 5분)
- 활동 3: 결과 추측하기(제한 시간 5분)
- 활동 4: 작품 향상시키기(제한 시간 10분)
- 활동 5: ○○○의 독특한 용도(제한 시간 10분)
- 활동 7: 가상해 보기(제한 시간 5분)

(2) 도형 검사

① 사전지시

② 검사활동 실시를 위한 구체적인 지시와 활동 실시

- 활동 1: 그림 구성하기(제한시간 10분)
- 활동 2: 그림 완성하기(제한시간 10분)
- 활동 3: 쌍의 두 직선-선 그리기(제한시간 10분)

4. 결과와 해석

1) 채점과 결과 해석

이 검사의 주요 측정치는 피검사자들이 검사지에 적거나 그린 반응이다. 언어 검사의 경우 해당 활동에 적은 응답의 개수와 내용을 검토하여 유창성, 독창성, 융통성을 평가하는데, 평가를 할 때는 채점지를 사용한다([그림 22-2] 참조). 그림 검사의 경우 해당 활동에 그린 그림의 개수와 표현된 방식을 보고 유창성, 독창성, 제목의 추상성, 정교성, 성급한 종결에 대한 저항을 평가하며, 역시 채점지를 사용한다

TTCT 채 점 지 / 언 어

A형 , B형

이 름: 학 교: 검사일:
연 령: 학 년: 성 별: 채점자:

적절한 반응의 수	활동 1		활동 2		활동 3		활동 4		활동 5		활동 7	
	독창성 점 수	융통성 범 주	독창성 점 수	융통성 범 주	독창성 점 수	융통성 범 주	독창성 점 수	융통성 범 주	독창성 점 수	융통성 범 주	이 동	독창성 점 수
1												
2												
3												
4												
5												
6												
7												
8												
9												
10												
11												
12												
13												
14												
15												
16												
17												
18												
19												
20												
21												
22												
23												
24												
25												
26												
27												
28												
29												
30												

점 수 요 약

	유창성	융통성	독창성	
활동 1				
활동 2				
활동 3				
활동 4				
활동 5				
활동 7				
총 점				평균점수
표 준 점 수				
백분위 점 수				

참 고:

창의력 한국 FPSP
Tel: 053) 766-5989 http://www.fpsp.or.kr
FAX: 053). 766-5989 E-mail: ijcps@hotmail.com

[그림 22-2] TTCT 언어 검사의 채점지

([그림 22-3] 참조). 채점을 할 때 채점자는 '우호적인' 태도를 가지고 피검사자의 반응 내용의 초점이 어디에 있는지 파악하여 피검사자의 잠재된 창의적 능력을 찾아내기 위해 노력해야 한다.

T T C T 채 점 지 / 도 형 (A형), B형

이 름: 학 교: 검사일:
연 령: 학 년: 성 별: 채점자:

		원점수	표준점수	백분위점수
1. 유창성: 활동 2 10 + 활동 3 12	=	22	92	41
2. 독창성: 활동 1 1 + 활동 2 8 + 보너스 0 + 활동 3 8 + 보너스 0	=	17	95	44
3. 제목의 추상성: 활동 1 2 + 활동 2 10	=	12	116	74
4. 정교성(1-6 가운데서 맞는 번호에 ○ 표)	=	8	85	35
활동 1: 1 (0-5) 2 (6-12) (3) (13-19) 4 (20-26) 5 (27-33) 6 (34+)				
활동 2: 1 (0-8) 2 (9-17) (3) (18-28) 4 (29-39) 5 (40-50) 6 (51+)				
활동 3: 1 (0-7) (2) (8-16) 3 (17-27) 4 (28-37) 5 (38-47) 6 (48+)				
5. 성급한 종결에 대한 저항: 활동 2 18	=	18	142	96
창의력 평균점수	=		106	69

창의력 요인	백분위 그래픽									
1. 유창성										
2. 독창성										
3. 제목의 추상성										
4. 정교성										
5. 성급한 종결에 대한 저항										
백분위점수	10	20	30	40	50	60	70	80	90	100

창의적 강점 체크리스트

____ 1. 정서적 표현(그림과 제목에서)
\+ 2. 이야기의 명료성(맥락, 환경)
\+ 3. 운동/행위(달리기, 춤추기, 뛰기, 떨어지기 등)
____ 4. 제목의 표현성
____ 5. 불완전 도형들의 종합(2개 이상 도형의 조합)
____ 6. 선들의 종합(2개 이상 세트의 조합)
____ 7. 독특한 시각화(위, 아래, 각도 등)
____ 8. 내적인 시각화(내부, 단면 등)
++ 9. 경계의 확대 또는 파괴
____ 10. 유우머
____ 11. 심상의 풍부함
++ 12. 심상의 다채로움
____ 13. 환상

창의력 지수(CI): 창의력 평균점수 106 + 보너스 6 = (표준점수) 112 , (백분위 점수) 55
비 고:

창의력 한국 FPSP
Tel: 053) 766-5989 http://www.fpsp.or.kr
FAX: 053) 766-5989 E-mail: ijcps@hotmail.com

[그림 22-3] TTCT 도형 검사의 채점지

(1) 언어 검사

언어 검사는 6개 활동 각각에 대해 3개의 요인 능력별 점수를 채점한다. 먼저, 피검사자의 반응이 적절한지를 보고 적절한 경우에만 독창성과 융통성을 평가한다. 유창성은 적절한 반응의 총수이다. 각 반응의 독창성과 융통성은 0점 또는 1점으로 평가하는데, 각 활동에서 어떤 반응이 0점에 해당하고 1점을 받을 수 있는지는 검사요강에 자세하게 제시되어 있다. 활동별로 반응 점수를 합산하여 요인별 점수를 구하고 활동별 요인 점수를 모두 합산하여 요인별 원점수를 구한다. 이후 검사요강 부록에 나와 있는 규준표를 보고 표준점수와 백분위점수를 구한다. 규준표는 초등학교 1학년부터 학년별로 제시되어 있으므로 피검사자의 학년에 맞는 규준표를 먼저 찾은 후 요인별로 표준점수(SS)와 백분위점수(PR)를 찾는다. 이후 표준점수와 백분위점수의 평균 점수를 구한 후 다시 규준표를 보고 평균 점수의 표준점수(SS/CI)와 백분위점수(SS/PR)을 찾아 기록한다.

(2) 도형 검사

도형 검사는 먼저 5개 요인 능력별 점수를 채점하는데, 유창성을 먼저 평가한다. 유창성은 활동 2와 활동 3에 대해서만 평가하며 '적절한 반응의 총수'이다. 반응이 적절하지 않다고 판단되면 다른 요인은 채점하지 않는다. 독창성은 3개 활동의 모든 반응에 대해 해당 반응이 통계적으로 보아 얼마나 드물게 일어나며 독특한 것인지를 평가하는 것이다. 흔히 일어나는 것은 0점, 드물게 일어나는 반응에는 1점을 주고 두 개 또는 그 이상의 도형을 하나의 이미지로 조합한 반응에는 보너스 점수를 준다. 제목의 추상성은 활동 1과 활동 2에 대해서만 채점하고 검사요강에 나와 있는 준거에 따라 0~3점으로 평가한다. 정교성은 3개 활동에 대해 모두 평가하는데, 세부내용이 얼마나 있는지에 따라 6단계로 구분되어 있다. 활동 1의 경우 세부내용 0~5개는 1점, 6~12개는 2점, 13~19개는 3점, 20~26개는 4점, 27~33개는 5점, 34개 이상은 6점을 준다. 성급한 종결에 대한 저항은 활동 2에 대해서만 채점하고 검사요강에 제시되어 있는 준거에 따라 0~2점으로 채점한다. 각 요인의 점수는 활동별 점수를 합산하여 구하고, 이것이 요인별 원점수가 된다.

원점수를 구한 후에는 검사요강 부록에 나와 있는 규준표를 보고 표준점수와 백분위점수를 구한다. 규준표는 유치원생부터 학년별로 제시되어 있으므로 피검사자의 학년에 맞는 규준표를 먼저 찾은 후 요인별로 표준점수(SS)와 백분위점수(PR)를 찾는다. 이후 표준점수와 백분위점수의 평균 점수를 구한 후 다시 규준표를 보고 평균 점수의 표준점수(SS/CI)와 백분위점수(SS/PR)을 찾아 기록한다.

　도형 검사는 5개 요인의 점수 외에 추가로 창의적 강점을 평가하게 되는데, 이는 모두 13개(정서적 표현, 이야기의 명료성, 운동 또는 행위, 제목의 표현성, 불완전 도형들의 종합, 선들의 종합, 독특한 시각화, 내적인 시각화, 경계의 확대 또는 파괴, 유머, 심상의 풍부함, 심상의 다채로움, 환상) 항목에 대해 검사요강에 나와 있는 준거에 근거해 강점이 있다는 증거가 1번 또는 2번 나타나 강점이 어느 정도 있다고 판단되면 '+'를, 증거가 3번 또는 그 이상 반복적으로 나타나면 '++'를 준다. 강점이 있다는 증거가 나타나지 않는 경우에는 0점을 준다. 이후 13개 항목에 대한 + 개수를 모두 합산하여 보너스 점수가 되고 창의력 평균점수에 이를 더하여 창의력 지수를 계산한 후 이 점수에 대한 표준점수와 백분위점수를 구하면 된다.

2) 유의사항

　이 검사를 실시한 학교에서 교사가 채점요강을 숙지한 후 채점을 할 수도 있고, 발행처인 '창의력 한국 FPSP'에서 채점을 받을 수도 있다. 채점자들이 숙련되지 않은 경우 채점요강에 있는 기준과 준거를 잘 이해하고 이에 따라 채점을 하는 것이 채점의 신뢰도를 위해 매우 중요하다. 초보 채점자의 경우 검사지 한 부를 채점하는 데 30분 이상이 걸리고 경험이 많은 채점자의 경우에도 대개 15~20분 정도가 소요된다. 채점자들이 숙련되지 않은 경우 미리 '채점 워크숍'을 실시하는 것이 도움이 될 수 있고, 발행처의 숙련된 채점자에게 채점을 의뢰하는 경우에도 한 부씩 채점을 해야 하므로 채점 및 결과 보고서 서비스를 받기 위해서는 적어도 2주 이상의 시간을 두고 의뢰하는 것이 좋다.

5. 기타 참고사항

1) 검사의 장단점

창의력 검사의 대명사처럼 전 세계적으로 사용되고 있고 다양한 연령대와 문화권에서 사용될 수 있다는 것이 이 검사의 큰 장점이다. 검사 절차와 결과 해석도 표준화되어 있고 한국판 채점기준과 규준도 마련되어 이에 따라 검사를 실시하면 된다. 다만, 검사 결과를 해석하는 데 있어 숙련되지 않은 채점자의 경우 시간이 다소 걸리고 채점자 간 신뢰도가 낮을 수 있다는 단점이 있지만 검사요강이 상세하게 준비되어 있어 이 내용을 숙지하면 된다.

2) 관련 검사

창의성과 관련된 검사는 지금까지 소개된 것이 많다. 개인의 동기나 성격 측면에서 창의성을 측정하는 검사들도 많이 소개되었고, 무엇인가를 만들게 한 후 그 결과물의 창의성을 측정하는 도구도 있다. TTCT의 경우 사고의 측면에서 창의적 능력을 측정하는데, 이처럼 사고 측면에서 창의성을 측정하는 다른 척도로는 다음과 같은 것이 있다.

- Guilford의 다른 용도 과제(Alternative Uses Task, 1967): 피검사자는 우리가 흔히 주변에서 볼 수 있는 물건들(예, 벽돌, 클립, 신문 등)의 다른 용도를 가능한 한 많이 제시하면 된다.
- Wallach와 Kogan(1965)의 척도: 특정한 요소(예, 바퀴, 둥그런 것, 시끄러운 소리를 내는 것)를 가지고 있는 물건을 가능한 한 많이 제시하면 된다.

이 두 검사와 TTCT는 주로 창의적 사고 중 확산적 사고(divergent thinking)를 측정하는 과제이고, 수렴적 사고(convergent thinking)를 측정하는 검사로는 다음이 있다.

• Mednick(1962)의 먼 연상과제(Remote Association Task: RAT): 세 개의 단어가 주어지고(예, cottage, blue, mouse), 이 세 단어에 공통적으로 연상되는 단어(예, cheese)를 적으면 된다. 연상의 난이도가 다른 세 개 단어쌍이 여러 개 제시된다.

3) 적용 사례

• 강윤정, 이순묵(2010). Torrance의 창의적 사고 검사에 대한 구성개념 타당도 분석. 한국심리학회지: 일반, 29, 461-488.

• 성은현, 김명소(2003). 확산적 사고력과 창의적 인성에서의 성차. 한국심리학회지: 여성, 8, 71-86.

• 송정남, 유지숙, 한인순(2005). 영재아동의 인지적 특성과 과흥분성에 관한 연구. 한국심리학회지: 임상, 24, 117-137.

• Rosenthal, A., Demers, S. T., Stilwell, W., Graybeal, S., & Zins, J. (1983). Comparison of interrater reliability on the Torrance tests of creative thinking for gifted and nongifted students. *Psychology in the Schools, 20*, 35-40.

• Torrance, E. P. (1972). Teaching for creativity. *Journal of Creative Behavior, 6*, 114-143.

• Torrance, E. P. (1988). The nature of creativity as manifest in its testing. In R. J. Sternberg (Ed.), *The Nature of Creativity* (pp. 43-75). Cambridge: Cambridge University Press.

8부

학습동기 및 학습관리

* 학습동기 및 학습관리 영역의 머리글과 검사 해설은 이태연 교수(한서대학교 보건상담복지학과)가 작성했다.

현재 학습전략 및 학습동기를 다루고 있는 검사들은 학습목표의 설정과 학습을 효과적으로 수행하기 위한 인지 및 초인지 전략 그리고 학습에 필요한 물적·인적 자원의 관리 등을 평가한다. 학습이 교사보다 학생주도로 이루어져야 효과적이라는 자기주도 학습관점이 보편화되면서 이러한 검사들이 상담이나 학교현장 그리고 학술연구에서 많이 사용되고 있다. 학습자가 자기주도적 학습능력을 얼마나 보이는지는 학습과정에 영향을 미치는 학습자의 동기, 인지, 행동적 특성으로 평가될 수 있다(Zimmerman & Martinez-Pons, 1990; Pintrich & De Groot, 1990). 동기특성에서는 학습을 시작하고 지속시키는 내적 동기를 얼마나 가지고 있는지를 평가하며, 학습과제를 수행할 때 보이는 자기효능감과 공부에 대한 목표의식 그리고 학습에 대한 내적 동기 등이 포함된다. 인지특성에서는 학습자가 새로운 자료나 정보를 이해하고 기억하기 위해 인지전략(cognitive strategies)이나 초인지전략(meta-cognitive strategies) 같은 학습전략을 얼마나 잘 활용하는지를 평가하며, 인지전략에는 시연이나 정교화, 조직화 등이 있고, 초인지전략에는 계획, 점검, 평가 등이 포함된다. 행동특성에서는 학습자가 공부를 잘하기 위해 주변의 환경이나 주변 인적 자원을 얼마나 잘 활용하는지를 평가하며, 공부에 적절하게 자신의 환경을 조절하거나 모르는 내용이 있을 때 친구나 교사 등을 활용하는지가 포함된다.

　　검사에 대한 해설을 시작하기 전에 몇 가지 고려할 사항이 있다. 첫째, 이 부에서 다루는 검사들 중 대다수는 개발자가 검사회사와 제휴하여 판매하고 있는 경우가 많으며 이 검사를 구매하려면 회사에서 운영하는 유료 프로그램을 수강하거나 일정한 자격조건을 갖춰야 하는 경우가 있다. 둘째, 몇몇 연구자는 기존의 검사 중 일부를 수정하여 사용하거나 외국의 유사한 검사를 번역하여 사용하는 경우가 있는데 이러한 검사의 사용은 연구목적일 경우에는 허용될 수 있지만 상업적인 목적으로 사용될 경우 법적인 문제가 생길 수 있음을 고려해야 한다. 셋째, SLT 자기조절 검사나 MLST 학습전략검사 등은 학습전략만이 아니라 학습동기 등 학습자의 인지적·동기적·행동적 특성을 함께 평가하고 있는데 학습자의 특정한 측면을 더 자세하게 평가해 보고 싶은 경우에는 그에 특화된 검사를 추가로 찾아봐야 한다. 가령, 학습자의 학습동기를 더 자세하게 평가해 보고 싶은 경우에는 이 부에 포함된 MST 학습동기유형검사를 활용할 필요가 있다. 셋째, 이 부에서 소개한 많은 검사가 표준화되었다고 판매하고 있지만 많은 하위척도를 가진 검사가 엄격한 표준화를 통해 만들어지기는 사실상 어려울 수 있으며 이에 대한 비판도 제기되어 있는 상태이다. 검사에서 얻은 표준화 T 점수를 지나치게 신뢰하지 말고 개인면담을 통해 더 자세한 정보를 얻을 수 있을 때 검사 결과에 대한 정확한 해석이 가능하다고 할 수 있다.

23 MSLQ

1. 검사 소개

1) 목적과 용도

학습동기 및 학습전략 검사(Motivated Strategies for Learning Questionnaire: MSLQ)
는 Pintrich, Smith, Gracia, 및 Mckerachie(1993)가 개발한 81문항으로 이루어진 대
학생의 학습동기와 학습전략 및 학습자원관리 행동을 묻는 자기보고식 검사로, 처
음에는 대학생의 학습방법에 대한 효율성을 검사하는 도구로 시작되었으나 개정을
통해 학습과 관련된 다양한 측면을 평가하는 도구로서 사용되어 왔으며 학습 장면
이나 학문적 연구에서 유용성이 입증되었다.

2) 검사의 배경

MSLQ 검사는 동기와 자기조절학습에 대한 사회−인지적 견해에 근거한 검사
로 학생의 동기는 그들의 자율적인 학습활동 및 학습과정 그리고 학습성취와 직접
적으로 연결된다고 가정한다. 이 견해에 따르면 동기와 학습전략은 학습자의 안
정된 특성이라기보다 역동적 특성이므로 자율적으로 학습될 수 있다. 이 검사에
는 아직 표준화된 규준이 제공되지 않고 있으며 MSLQ의 기반이 되는 사회−인지
모형에 따르면 문항에 대한 피검사자의 반응은 학습할 과목에 따라 서로 다른 수
준의 동기와 학습전략을 보일 수 있다고 가정하고 있다. MSLQ 검사는 Pintrich 등
(1993)이 「Reliability predictive validity of the motivational strategies for learning
questionnaire(MSLQ)」라는 논문에서 처음 제시하였고 확증적 요인분석을 통해 적
절한 요인타당도를 가지고 있음이 증명되었으며, 신뢰도도 .70 이상으로 적합한 수

준을 보이고 있다. MSLQ 검사지는 Pintrich 등(1993)의 검사를 번안하여 연구에 사용한 많은 석·박사학위논문들에서 발췌하여 사용할 수 있다.

3) 인지학습과의 관련성

학습자의 동기는 자율적 학습에서 필수적인 요소이며, 정보의 처리와 기억을 용이하게 하는 인지전략이나 학습과정에 대한 모니터링을 통해 학습의 효율성을 평가하는 상위인지전략 그리고 자신의 학습자원을 효율적으로 관리하는 행동은 학업성취에서 매우 중요한 역할을 한다. MST(Motivation Style Test) 검사나 AMT (Academic Motivation Test) 검사가 피검사자의 동기 수준을 평가하여 자율적 학습태도를 알아보는 데 초점을 두고 있다면, MSLQ 검사는 학습동기와 학습전략 그리고 학습자원관리 행동을 동시에 평가하여 피검사자가 효과적인 학습에 요구되는 동기와 전략을 함께 가지고 있는지를 평가한다. MSLQ 검사는 현장에서 다음과 같은 유용성을 가지고 있다. 첫째, 문항 수가 적어 빠르게 실시할 수 있으므로 나이가 어린 초등학생들의 경우에도 쉽게 실시할 수 있다. 둘째, 학습동기 및 학습전략에 포함된 다양한 하위요인을 평가할 수 있기 때문에 학습에서 피검사자가 가지는 문제를 더 폭넓게 확인할 수 있다.

2. 검사의 대상과 방법

1) 대상 집단

MSLQ 검사는 처음에 대학생을 대상으로 개발되었으며, 국내에서는 권용선 (2000)이 내용을 번안하여 타당도를 검증하였다. 번안된 검사는 청소년들에게 적합하며 윤화영(2008)은 초등학생용으로 내용을 수정하였다.

2) 검사 방법

MSLQ 검사는 전산화되어 있지 않으므로(일부 대학에서는 인터넷으로 서비스 중) 81개의 자기보고식 문항으로 이루어진 설문지를 피검사자에게 제시한 후 피검사자의 응답을 정해진 기준에 따라 채점하여 사용하면 된다. 검사 안내 및 실시에 감독이 필요하며 개인별로 실시한다.

3. 검사의 구성과 실시

1) 전반적인 구성

MSLQ 검사는 81개의 자기보고식 문항으로 이루어져 있으며 31개의 학습동기 관련 문항과 31개의 학습전략 관련 문항 그리고 19개의 학습자원관리 관련 문항을 포함하고 있다. 학습동기 문항은 내적 목표, 외적 목표, 과제에 대한 인식, 학습신념의 통제, 자기효능감, 시험 불안 등으로 이루어져 있으며, 학습전략 문항은 시연, 정교화, 조직화 등의 인지전략과 비판적 사고와 초인지전략을 묻는 문항, 그리고 학습자원관리 행동 문항은 학습시간의 관리, 노력의 규제, 동료학습, 도움 구하기 등 학습자원을 관리하는 능력을 묻는 문항으로 이루어져 있다. 학습동기나 학습전략 및 학습자원관리 행동은 함께 실시되거나 별도로 실시될 수 있도록 되어 있다.

2) 검사 문항

〈표 23-1〉 MSLQ의 구성

평가영역	영역별 소검사	평가문항 사례
학습동기 영역	내적 목표	도전감을 주는 학습 자료는 새로운 것을 배울 수 있어 좋다.
	외적 목표	코스에서 좋은 성적을 받는 것이 지금 나에게 가장 만족스러운 일이다.
	과제인식	나는 코스 내용에 관심이 있다.
	학습신념의 통제	코스 자료를 이해하지 못하는 원인은 나에게 있다.

	자기효능감	코스에서 다루어지는 기본적인 개념을 잘 학습할 수 있다고 확신한다.
	시험 불안	시험을 볼 때 내가 답할 수 없는 문제도 열심히 생각한다.
학습전략 영역	시연	학습 중 나는 스스로에게 반복해서 자료에 대해 말하는 연습을 한다.
	정교화	학습 시 강의, 읽기자료, 토론 등에서 다양한 정보 및 자료를 수집한다.
	조직화	자료를 읽을 때 사고의 조직화를 위해 자료의 개요를 잡아 본다.
	비판적 사고	코스 중 듣거나 읽었던 것들을 잘 이해하고 있는지 확인하기 위해 스스로에게 종종 질문을 해 본다.
	초인지	코스 중 다른 것을 생각하다가 가끔 중요한 부분을 놓친다.
학습자원 관리 영역	학습시간 관리	나는 주로 집중할 수 있는 장소에서 자료 준비 및 학습을 한다.
	노력 규제	공부할 때 나는 종종 지루하거나 게을러져 내가 계획했던 것을 다 마치지 못한다.
	동료학습	공부할 때 종종 학습자료에 대하여 급우나 동료들에게 설명하려고 시도한다.
	도움 구하기	학습 중 문제가 있더라도 다른 사람의 도움 없이 스스로 해결하려고 한다.

3) 검사 실시

① 피검사자의 검사 동의를 받는다.

② 피검사자의 권리를 알려 준다.

- 검사 결과 및 사적 정보에 대한 비밀 유지를 피검사자에게 알려 주기
- 검사 중 자유롭게 검사를 철회할 수 있음을 알려 주기 등

③ 설문지를 제시하고 내용을 읽어 보면서 응답하도록 한다.

④ 피검사자에 검사 결과의 개요에 대해 설명한다(debriefing).

4. 결과와 해석

1) 검사 결과

MSLQ 검사의 결과는 설문지에 대한 응답 결과를 수기로 채점하여 얻을 수 있으며, 아직 표준화된 T 점수가 제공되어 있지 않기 때문에 채점된 결과는 검사자가 주관적으로 해석해야 한다.

(1) 학습동기 영역

학습이 자신의 만족감이나 성취감 또는 자기존중감을 위해 이루어지는지를 평가하는 내적 목표 척도와 학습이 칭찬이나 성적 등 외적으로 주어지는 보상을 얻기 위해 이루어지는지를 평가하는 외적 목표 척도를 통해 피검사자가 학습목표를 어디에 두고 있는지를 평가할 수 있다. 또한 자신에게 주어진 학습과제에 대해 가지고 있는 목적의식과 태도를 평가하는 과제인식 척도 및 자신의 노력을 통해 수행을 변화시킬 수 있다고 보는지를 평가하는 학습신념의 통제 척도, 그리고 학습과 수행에 대한 자신의 능력에 관한 신뢰를 평가하는 자기효능감 척도를 통해 피검사자가 학습과 관련된 자신의 노력을 어떻게 인식하고 있는지 그리고 스스로 자신의 능력을 얼마나 확신하고 있는지를 평가할 수 있다. 끝으로 피검사자가 학습결과에 평가에 대해 얼마나 심각한 불안을 가지고 있는지를 시험 불안 척도를 통해 평가할 수 있다.

(2) 학습전략 영역

피검사자가 학습에서 암송 같은 시연 전략, 이미지 연결 같은 정교화 전략, 의미 범주화 같은 조직화 전략을 얼마나 활용하고 있는지를 시연 척도, 정교화 척도, 조직화 척도에서 확인할 수 있고, 학습내용의 논리성이나 타당성에 대해 의문을 제기해 보는 비판적 사고나 학습내용에 대한 자신의 이해를 점검하고 전략을 수정하는 초인지 전략을 얼마나 활용하고 있는지를 비판적 사고 척도와 초인지 척도에서 확인할 수 있다.

(3) 학습자원관리 영역

공부하는 시간이나 장소를 얼마나 효과적으로 관리하는지, 공부할 내용을 이해하기 위해 얼마나 인내심을 갖고 노력하는지, 잘 모르는 내용이나 새로운 내용을 이해하기 위해 동료나 선생님에게 물어보거나 함께 공부하는지를 학습시간 관리 척도, 노력규제 척도, 동료학습 척도, 도움 구하기 척도에서 확인할 수 있다.

2) 결과 해석

MSLQ 검사의 결과는 T 점수와 백분율이 제공되지 않기 때문에 검사자가 피검사자의 점수를 바탕으로 주관적으로 해석해야 한다. 따라서 점수만으로 피검사자의 학습동기나 학습전략을 단순하게 평가하기보다 상담을 통해 피검사자가 학습에 대해 어떤 감정과 태도를 가지고 있고, 학습에서 어떤 어려움을 느끼고 있는지를 확인한 후에 결론을 내리는 것이 바람직하다고 할 수 있다.

3) 유의사항

MSLQ 검사는 학습자의 동기 수준만이 아니라 학습 장면에서 사용하는 학습전략이나 학습자원관리 행동에 대한 정보도 제공하기 때문에 학습과 관련된 정서적·인지적 그리고 행동적 문제를 쉽게 평가해 볼 수 있다는 장점이 있다. 그러나 MSLQ 검사는 몇 가지 보완되어야 할 사항이 있다. 첫째, 하위척도의 수가 많은데 비해 각 하위척도에 포함되어 있는 문항 수가 충분하지 못하여 학습자의 장단점을 파악하는 데 어려움이 있을 수 있다. 많은 연구를 통해 그 유효성이 입증되긴 하였지만 학습자와의 개인면담을 통해 정보를 얻어야 검사 결과를 정확하게 해석할 수 있다. 둘째, 하위척도가 너무 많아서 하위척도가 의미하고 있는 바를 정확하게 이해하고 그 결과를 학습자의 수행변화에 반영하기 어렵다. 따라서 하위척도 중 개념적으로 유사한 척도들(가령, 내적 동기와 외적 동기, 신념의 통제와 자기효능감, 인지 전략과 초인지 전략, 학습시간과 동료학습 그리고 도움 구하기)을 함께 평가하여 그 결과를 피검사자들에게 설명하고 변화를 유도하는 것이 좋다. 셋째, 척도가 표준화되어 있지 않기 때문에 검사에서 얻은 점수만으로 피검사자의 수준을 다른 피검사자와 직접적으로 비교하기 어렵다. 따라서 면접이나 다른 검사에서 얻은 점수와 함께 피검사자의 수준을 평가하는 것이 필요하다.

5. 기타 참고사항

1) 검사의 장단점

MSLQ 검사의 장점은 다음과 같다. 첫째, 검사가 학습동기만이 아니라 학습전략과 학습자원관리를 함께 평가하기 때문에 학습에서 피검사자가 가지고 있는 문제를 비교적 상세하게 다룰 수 있다. 둘째, 문항 수가 많지 않아 손쉽게 다양한 장면에서 사용할 수 있으며 피검사자가 가지고 있는 전체적인 문제를 빠르게 이해하는 데 도움이 된다. 셋째, MSLQ 검사를 활용한 다양한 연구가 이루어져 있기 때문에 검사의 신뢰도와 타당도가 확보되어 있다. 넷째, 검사가 검사기관을 통해 제공되지 않고 공개되어 있기 때문에 누구나 쉽게 사용할 수 있다.

MSLQ 검사의 단점으로는, 첫째, 검사의 문항 수가 적어 각 하위영역에 대한 자세한 정보를 제공하지 못하기 때문에 개인 인터뷰를 통해 더 자세한 정보를 얻을 필요가 있다. 둘째, 검사에 대한 표준화된 규준이 제공되지 않기 때문에 검사 결과만으로는 피검사자가 특정 하위 영역 검사에서 어느 정도 수준에 있는지 판단하기가 쉽지 않다. 검사의 표준화가 이루어져야 MSLQ 검사가 현장에서 더 폭넓게 사용될 것으로 보인다.

2) 관련 검사

- MSLQ 검사와 유사한 검사로 국내에는 다음에 다룰 MST 검사, SLT 검사, MLST 검사 등이 있고, 국외에는 LSSI(Learning and Study Strategies Inventory)가 있다.
- LSSI 검사는 Weinstein, Schulte 및 Palmer(1988)에 의해 개발된 대학생을 위한 학습전략 검사로서 성공적인 학습과 관련된 사고, 행동, 태도를 측정하는 10척도 80문항으로 이루어져 있다. 현재 고등학생용도 제작되어 있으며 미

국의 많은 연구에서 활용되어 그 장점이 인정되고 있고 설문지와 온라인으로 서비스되고 있다. 이 검사에는 학업성취에 대한 흥미와 태도를 평가하는 태도(Attitude: ATT), 시간관리를 얼마나 잘하는지를 평가하는 시간관리(Time Management: TMT), 학업수행에 대해 갖고 있는 걱정이나 불안을 측정하는 불안(Anxiety: ANX), 학습에 주의를 유지할 수 있는 능력을 측정하는 주의집중(Concentration: CON), 학습자가 자신이 알고 있는 것과 새로운 정보를 연결하는 능력을 측정하는 정보처리(Information Processing: INP), 중요하지 않은 정보와 중요한 정보를 구분하는 능력을 측정하는 중심주제 선택하기(Selecting Main Ideas: SMI), 학습을 돕는 자원(밑줄 치기나 목차 등)을 사용하는 능력을 측정하는 학습보조(Study Aids: STA), 정보를 개관하고 이해 수준을 점검하는 능력을 측정하는 자기―검사(Self-Testing: SFT), 학습자가 시험을 준비하거나 시험을 치르는 능력(문제에서 요구하는 내용을 이해하는 것 등)을 측정하는 시험 전략(Test Strategies: TST) 등의 하위척도로 이루어져 있다.

3) 적용 사례

MSLQ 검사는 Pintrich와 De Groot(1990)에 의해 개발된 이후 다양한 연구에서 사용되고 있으며 국내 연구에서도 번역되어 사용되고 있다. 그 사례에는 다음 연구들이 있다.

- Rotgans, J. I., & Schmidt, H. G. (2012). The intricate relationship between motivation and achievement: Examining the Mediating role of self-regulated learning and achievement-related classroom behavior. *International Journal of Teaching in Higher Education, 24,* 197-208: 싱가포르 대학생을 대상으로 학생의 사전지식, 학업동기, 성취 관련 교실행동, 학습전략, 학업성취 간의 관계를 경로분석을 통해 분석하였다. 그 결과, 학업동기는 학업성취와 직접적으로 관련을 보이지는 않았으나 학습전략, 성취 관련 교실행동의 매개를 통해 학업성취에 영향을 미쳤다.
- 임병노(2006). 네트워크기반 교육용게임이 만족도, 성취도 및 학습동기·전략

향상에 미치는 영향. *Multimedia-Assisted Language Learning, 9*, 94-115: 직업 고등학교 학생을 대상으로 네트워크기반 교육용게임이 학생들의 학업 만족도, 성취도, 학습동기, 학습전략의 향상에 미치는 영향을 조사하였다. 그 결과를 보면 네트워크기반 교육프로그램을 수행한 집단은 학습만족도도 높았으며 긍정적인 반응을 보였고, 학업성취에서도 더 우수하였다. 그러나 MSLQ 검사에서는 '시간관리'와 '노력 규제' 외에 별 차이를 보이지 않았다.

- 윤화영(2008). 영재와 일반아의 수면유형에 따른 창의성, 학습동기, 학습전략과의 관계. 인천대학교 교육대학원 석사학위 청구논문: 영재아동과 일반아동의 수면유형 차이를 비교하고 각 집단별로 학습동기, 학습전략 그리고 창의성에서 어떤 차이가 있는지를 조사하였다. 그 결과, 영재아동과 일반아동은 수면유형에서 차이를 보이고 있으며, 이러한 수면유형의 차이가 학습동기, 학습전략 그리고 창의성과 상관관계를 보이고 있음이 발견되었다.

24 학습동기유형검사(MST)

1. 검사 소개

1) 목적과 용도

학습동기유형검사(Motivation Style Test: MST)는 학습자의 동기 수준과 유형 그리고 학습동기에 영향을 미치는 부모의 양육방식을 평가하는 검사이다.

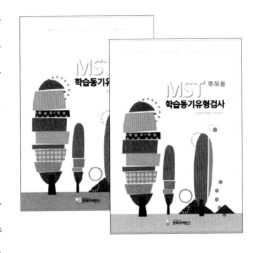

2) 검사의 배경

MST 검사는 한근영 한국몰입연구소 소장이 2013년 개발한 검사로, 학습자의 동기 수준에 영향을 미치는 요인을 성장지향 심리구조(growth mindset)와 고정지향 심리구조(fixed mindset)로 구분하고 이를 조합하여 내부 동기 수준이 높은지 외부 동기 수준이 높은지 아니면 무기력한지를 평가하고 이를 근거로 학습자의 동기 수준과 유형을 평가한다. 또한 학습자의 동기 수준에 영향을 미치는 부모의 양육방식과 가정 내에서 발생할 수 있는 부적응적 양육방식을 평가하여 이를 근거로 학습자를 어떻게 도울 수 있는지 제안을 해 준다. 만일 이 영역의 점수가 높다면 가정 내의 부적응적 양육방식으로 인한 정서적 문제를 보일 수 있고, 자신에 대한 만족감이 낮으며, 좌절상황에서 쉽게 포기할 가능성이 높은 등 부적응을 보일 수 있다. 이 검사는 한국가이던스(http://www.guidance.co.kr)에서 구입할 수 있다.

3) 인지학습과의 관련성

학습자의 동기 수준은 학습행동과 과정 그리고 결과에 분명한 영향을 미친다. 동기 수준과 학업성취도 간의 관계는 많은 연구에서 증명되고 있으며 상담자는 학습자의 동기 수준을 이해하고 동기 수준을 높일 수 있는 다양한 전략에 대한 깊은 지식을 가지고 있어야 한다. MST 검사는 현장에서 다음과 같은 유용성을 가지고 있다. 첫째, 청소년과 부모가 인식한 가정환경을 각각 평가하여 수준을 제시할 뿐 아니라 서로가 생각하는 가정환경의 차이를 제시해 주기 때문에 자녀의 학습에 미치는 가정환경의 영향에 대해 지금과는 다르게 인식하도록 해 준다. 둘째, 청소년과 부모의 동기 수준을 평가하고 유형화해 주기 때문에 학습에서 청소년 자신의 동기 수준도 확인할 수 있을 뿐 아니라 부모의 기대나 요구도 확인할 수 있다. 셋째, 가정에서 학습동기를 증진하기 위해서 어떻게 해야 하는지에 대한 구체적인 제언을 제공받을 수 있다. 넷째, 학습동기를 향상하기 위한 개입 프로그램을 계획했을 때 그 효과를 평가할 수 있는 도구를 제공받을 수 있다.

2. 검사의 대상과 방법

1) 대상 집단

MST 검사는 아동용, 청소년용, 대학생 및 성인용, 부모용 등으로 구분된다.

2) 검사 방법

검사는 OMR 답안지와 검사지를 활용하여 시행될 수도 있고, 온라인을 통해 이루어질 수도 있다. 검사에 소요되는 시간은 약 40분 정도이다. 그러나 한국가이던스의 정책에 따라 학습동기 전문가 과정을 이수하거나 상담 관련 학과 석사학위 이상이거나 심리검사를 사용하는 전문기관에서 3년 이상의 경력을 가지고 있거나 학교에서 진로지도 교사로 인증을 받았을 경우에만 구입이 가능하다. 검사 안내 및 실시에 감독이 필요하며 개인별로 실시한다.

3. 검사의 구성과 실시

1) 전반적인 구성과 내용

(1) 동기구성요소

학습자의 학습동기를 성장지향 심리구조와 고정지향 심리구조로 구분하고 각 하위요소의 조합을 통해 학습동기의 유형(내적 동기 또는 외적 동기 또는 무기력 수준)을 평가한다. 성장지향 심리구조에는 노력을 통해 자신의 능력이 변화될 수 있다고 보는 능력증진, 지적 호기심을 나타내는 지적 흥미, 과제수행에서 최적의 목표를 설정하는지를 나타내는 최적목표, 지속적으로 노력하는지를 반영하는 노력추구, 실패를 학습과정의 일부로 수용하는지를 나타내는 실패수용 등이 포함된다. 고정지향 심리구조에는 자신의 능력이 고정되어 있다고 보는지를 나타내는 능력고정, 남들과의 경쟁을 중요하게 여기는지를 나타내는 경쟁중심, 남들에게 보이는 모습에 관심을 보이는지를 반영하는 유능과시, 남들에게 무능한 모습을 보이기 싫어하는 무능회피, 실패를 학습과정의 일부가 아니라 자신에 대한 평가로 인식하는 실패회피 등이 포함된다.

(2) 가정환경

학습자가 인식하고 있는 동기증진 양육방식과 동기저해 양육방식을 평가하여 가정 내에서 발생할 수 있는 부적응적 양육환경에 대한 정보를 제공한다. 이 측면은 학습자가 어떤 환경 속에서 성장하였는지에 대한 정보를 제공하여 학습자의 현재 행동과 동기 수준을 이해하는 데 도움을 준다. 동기증진 양육방식에는 과제수행의 과정과 노력을 중시하는 과정중심 양육이 포함되며, 동기저해 양육방식에는 자녀의 정상적인 성장을 저해하는 부부불화, 과잉통제, 무시, 비일관성, 정서학대, 신체학대 등이 포함된다.

〈표 24-1〉 MST의 구성

평가영역		영역별 소검사	소검사 내용
동기 구성요소	성장지향 심리구조 (Growth Mindset: GMS)	능력증진	연습이나 노력에 의해서 자신의 지적인 능력이 변화될 수 있다고 믿는 정도를 평가하며 수준이 높을수록 노력지향적인 모습을 나타낸다.
		지적 흥미	지적인 호기심이나 관심을 평가하며, 점수가 높을수록 지적 흥미 수준이 높고, 다양한 영역에서 다양한 사안에 대해 관심을 가지고 있음을 나타낸다.
		최적목표	과제수행 시 적정한 수준의 목표를 설정하는지를 평가하며 적정한 수준의 목표를 설정하면 성공 가능성이 높아지는데, 이는 자신감이나 이후 동일한 행동을 수행할 가능성을 증가시킨다.
		노력추구	과제해결 상황에서 지속적으로 노력하는 특성을 평가하며, 점수가 높을 경우 다양한 방법으로 꾸준한 노력을 기울이려는 모습을 보이게 된다.
		실패수용	과제를 해결해 나가는 과정에서 경험하게 되는 실패를 학습 과정의 일부로 수용하는지를 평가하며, 점수가 높을 경우 실패를 적응적인 방식으로 수용한다.
	고정지향 심리구조 (Fixed Mindset: FMS)	능력고정	자신의 능력이 고정되어 있다고 믿는지를 평가하며 점수가 높을수록 학습이나 노력을 통해서 자신의 능력이 크게 변화되기 어렵다고 여기고 있음을 나타낸다.
		경쟁중심	자신의 수행 결과가 이유를 불문하고 남들보다 뛰어나기를 바라는 성향을 평가하며, 이 점수가 높을수록 경쟁에서 만족스럽지 못할 경우 좌절감과 분노감 같은 불쾌 감정을 경험할 가능성이 높고, 수행 및 경쟁 상황에서 긴장수준이 증가하게 된다.
		유능과시	남들 앞에서 뛰어난 모습, 우수한 모습을 보이는 데 관심이 많고, 유능감을 과시하는 데 초점을 맞추는 경향을 평가하며, 점수가 높을수록 과시적이고 과장적인 태도, 과도하게 높게 목표를 설정하는 형태로 나타나기도 한다.
		무능회피	자신의 부족한 모습이나 무능하다고 여기는 모습을 타인들에게 보이고 싶어 하지 않는 경향을 평가하며, 자신이나 주변의 기대에 못 미친다고 인식하게 될 경우, 부정적인 생각이나 부정적인 감정들이 나타날 가능성이 높다.
		실패회피	실패나 시행착오를 자기(self)와 동일시하기 때문에, 실패를 학습의 한 과정으로 보는 것이 아니라, 고정된 결과로 보는 경향이 있는지를 평가하며, 이 경향이 높으면 남들 앞에 나서는 상황을 불편해 하고, 남들에게 자신의 실수가 알려지는 것을 매우 두려워한다.

가정환경	동기증진 양육방식	과정중심 양육	부모의 양육태도 중 과제의 수행 과정과 노력을 중시하는 태도를 평가한다.
	동기저해 양육방식 (부적응적 가정환경)	부부불화	부부간 갈등 및 불화의 수준을 평가한다.
		과잉통제	부모의 지나친 간섭과 통제 수준을 평가한다.
		무시	부모의 방임이나 무시하는 수준을 평가한다.
		비일관성	부모의 일관성 없는 훈육태도 정도를 평가한다.
		정서학대	부모의 정서적인 학대(욕설, 폭언) 수준을 평가한다.
		신체학대	부모의 신체학대(체벌, 폭행) 수준을 평가한다.

2) 검사 실시

① 피검사자의 검사 동의를 받는다.

② 피검사자의 권리를 알려 준다.

- 검사 결과 및 사적 정보에 대한 접근에 대한 비밀 유지를 피검사자에게 알려 주기
- 검사 중 자유롭게 검사를 철회할 수 있음을 알려 주기 등

③ 설문지를 제시하고 OMR 답안지를 작성하도록 하거나, 온라인에서 한국가이던스 홈페이지에 있는 검사 메뉴를 통해 온라인 설문지를 보면서 답안지를 작성하도록 한다.

④ 피검사자에 검사 개요에 대해 설명한다(debriefing).

4. 결과와 해석

1) 검사 결과

MST 검사의 결과는 온라인으로 즉시 제시되며, 신뢰도, 학습자의 목표지향/학습동기유형, 능력변화에 대한 신념, 학습동기유형 하위요소, 학습자가 인식한 보호자의 양육방식과 환경 등 하위영역별로 피검사자의 평가점수와 그에 대한 해석이 제

시된다. 그 내용을 영역별로 살펴보면 다음과 같다.

(1) 신뢰도

무응답이 있는지, 연속동일반응이 있는지, 내용이 유사한 문항에 대해 얼마나 일관성 있게 응답했는지, 지나치게 타인을 의식하는지를 평가하여 피검사자가 얼마나 성실하게 검사에 임했는지를 보여 준다.

(2) 학습자의 목표지향/학습동기유형

목표지향 수준과 학습동기 하위요소에 대한 정보를 제공한다. 목표지향 수준의 하위영역에는 학습지향, 과시지향, 회피지향이 있는데 각 하위영역별로 T 점수가 제시되어 피검사자의 수준에 전체 집단에서 어느 정도 되는지를 알려 주고, '학습지향이 높을수록 지적 호기심이나 흥미 수준이 높고, 자신이 하는 행동에 대해 만족하고 즐거워하며 가치 있다고 여긴다.'는 식으로 각 하위영역에 대한 간략한 설명도 함께 제시된다. 그리고 최종적으로 피검사자의 유형과 그 특성을 '과잉 타인의식형: 학습 자체에 대한 흥미는 낮으며 주위의 시선, 타인의 평가를 매우 의식하며 ~'와 같이 기술해 준다.

(3) 능력변화에 대한 신념

자신의 능력이 변화될 수 있는지에 대해 얼마나 신뢰하고 있는지를 평가해 주며 T 점수가 50이 넘으면 자신의 능력이 변화 가능하다고 생각하는 것이고, T 점수가 50 이하이면 자신의 능력이 고정되어 있다고 보는 운명론적인 시각을 가지고 있는 것이다.

(4) 학습동기유형 하위요소

능력증진, 지적 흥미, 최적목표, 노력추구, 실패수용 등 성장지향적인 하위요소와 능력고정, 경쟁중심, 유능과시, 무능회피, 실패회피 등 고정지향적인 하위요소에 대한 평가를 T 점수로 보여 준다.

(5) 학습자가 인식한 보호자의 양육방식과 환경

이 영역에서는 과정중심적 양육방식, 부적응적 양육환경에 대한 평가결과를 보여 주는데 과정중심적 양육방식이란 보호자가 학습자의 학업성취만이 아니라 학업과정에 대해서도 관심을 기울이고 자녀를 신뢰하기 때문에 자녀가 긍정적이고 실패를 잘 극복할 수 있는 것을 말한다. 또한 부적응적 양육환경은 부부간 불화, 과도한 간섭, 자녀에 대한 방임 또는 무시, 훈육의 일관성 부재, 신체적 학대, 정서적 학대 등을 말한다.

2) 결과 해석

MST 검사의 결과는 평균 50이고 표준편차가 10인 T 점수와 백분율로 환산하여 해석된다. 매뉴얼에 이를 해석하는 기준 표 및 해석 지침이 제시되어 있다. 일반적으로 보면 점수가 50점보다 높을 경우에는 평균 이상, 낮을 경우에는 평균 이하로 구분하며, T 점수 40~60점 사이에 전체의 68% 정도가 포함되어 있고, T 점수에서 70점 이상이거나 30점 이하인 경우에는 상하 3% 이내에 해당된다.

3) 유의사항

MST 검사는 학습자의 동기 수준 및 성장환경을 이해하는 데 도움을 줄 수 있는 검사이지만 검사의 실시 및 해석에서 몇 가지 유의사항이 있다. 첫째, 검사가 학습자의 민감한 측면을 다루고 있기 때문에 학습자가 방어적으로 응답할 가능성이 있다. 특히 부모님과 함께 검사를 하러 오거나 타인의 생각이나 기대에 민감한 학습자는 현재 자신의 상태를 표시하기보다 자기가 되고 싶거나 주변 사람들이 기대하는 바대로 응답할 가능성이 있다. 따라서 검사를 실시하기 전에 피검사자와 충분히 안정된 정서적 관계를 유지할 필요가 있다. 둘째, 검사에서 다루는 문항만으로 학습자의 양육환경을 그대로 이해하기보다 검사 결과를 바탕으로 한 학습자와 심층면담을 통해 학습자의 양육환경에 대해 더 알아볼 필요가 있다. 셋째, 초등학생의 경우에는 검사문항이 많아서 검사에 집중하기 어려울 수 있으므로 검사를 몇 영역으로 구분하여 휴식시간을 가지며 실시하는 것도 좋다.

5. 기타 참고사항

1) 검사의 장단점

MST 검사의 장점은 다음과 같다. 첫째, 검사 절차가 표준화되어 있고 기준이 T 점수로 제공되기 때문에 검사 결과를 직관적으로 확인할 수 있다. 둘째, 피검사자의 학습동기 수준만이 아니라 부모의 양육태도나 양육환경을 확인할 수 있어서 평가자가 현재 학습동기 수준의 원인을 평가할 수 있는 정보를 얻을 수 있다. 셋째, 검사의 시행과 결과 및 해석이 전산 처리되기 때문에 검사 실시가 용이하고 해석하기 쉽다. 넷째, MST 검사를 활용한 많은 연구가 있기 때문에, 검사 결과에 대한 비교와 해석에 도움을 받을 수 있다.

MST 검사의 단점으로는, 첫째, 검사의 구매와 실시가 검사기관에서 교육을 수료하거나 소정의 자격을 갖춘 사람에 한해서 가능하기 때문에 시간이나 비용이 소요될 수 있으며, 둘째, 검사에서 다루고 있는 영역이 넓고 영역 간의 인과성이 이론적으로나 경험적으로 분명하게 정의되어 있지 않아 보다 엄격한 검증이 요구된다.

2) 관련 검사

김아영 박사가 초등학생부터 대학생까지 학습동기를 진단하기 위해 개발한 검사로 AMT(Academic Motivation Test) 학업동기 검사가 있다. 이 검사는 동기변인 중 학습자가 자신의 수행능력에 보이는 기대나 신념인 학업적 자기효능감(self-efficacy)과 자신의 실패경험에 대해 건설적으로 반응하느냐를 나타내는 학업적 실패내성(failure tolerance)을 측정하며 모두 44문항으로 이루어져 있다. 하위영역으로는 학업적 자기효능감 영역에 자신감, 자기조절 효능감, 과제수준 선호 요인, 학업적 실패내성 영역에 감정, 행동, 과제 난이도 요인이 포함되어 있다. 인싸이트(http://www.inpsyt.co.kr)에서 구입 가능하다.

3) 적용 사례

MST 검사는 일반 논문에서는 아직은 잘 사용되지 않고 있으며, 주로 상담 현장에서 사용되고 있는 검사로서 다양한 검사 소개 프로그램과 관련된 상담 프로그램이 제공되고 있다.

일반 논문에서는 MSLQ 설문지 또는 AMT 학업동기 검사의 하위영역을 활용한 연구들이 많이 이루어지고 있으며 그 밖에도 다양한 학습동기 관련 검사가 국내 연구에서 다음과 같이 활용되고 있다.

- 김정숙(2003). 학습방법 프로그램이 고교생의 학습동기 및 자아존중감에 미치는 영향. 공주대학교 교육대학원 석사학위 청구논문: Vallerand와 Bissonnette (1992)의 학업동기 척도와 임은미(1998)의 학습동기 검사를 참고로 하여 학습동기 검사를 개발하였으며 하위검사로 무동기 상태, 실패회피 동기, 상대적 유능성 동기, 사회적 성공 동기, 사회적 가치동조 동기, 자기 유능감 동기, 지적 성장추구 동기, 지적 만족추구 동기 등 8개 영역에 걸쳐 총 64문항으로 구성되어 있다. 무동기 영역을 제외하면 점수가 높을수록 학습동기가 높은 것으로 해석할 수 있다.
- 김진희(2008). 학습동기 향상 프로그램이 초등학생의 학습된 무기력과 자기효능감에 미치는 영향. 경인교육대학교 교육대학원 석사학위 청구논문: 신기명(1990)이 고등학생용으로 제작한 학습무기력 진단척도를 초등학생용으로 수정한 검사로서 신기명(1990)의 척도는 7개의 하위척도 45문항으로 구성되어 있는데 이영선(1997)은 7개 하위척도에 34문항으로 구성되어 있다. 점수가 높을수록 학습된 무기력이 더 높은 것을 의미한다. 하위척도에는 자신감 결여, 우울-부정적 인지, 수동성, 통제력 결여, 지속성 결여, 과시욕 결여, 책임감 결여 등이 있다.
- 최승종(2014). 초등영재의 자기결정성과 실패내성이 자기주도학습능력에 미치는 영향. 대구대학교 대학원 석사학위 청구논문: AMT 학업동기 검사의 하위영역 중 학업적 실패내성 영역만을 활용한 연구로서 학업적 실패내성 중 과제 수준 선호와 행동 요인이 건설적일수록 자기주도학습 능력이 높게 나타났음을 보여 주었다.

25 자기조절학습검사(SLT)

1. 검사 소개

1) 목적과 용도

자기조절학습검사(Self-regurated Learning Test: SLT)는 자기주도학습에 필수적인 능력으로 중요한 자기조절능력을 평가하는 검사로서 인지조절, 동기조절, 행동조절 등 세 가지 차원의 자기조절 능력과 학습자 특성을 평가한다. 각 차원에서 학습자가 얼마나 자기조절 학습전략을 사용하고 있는지를 알 수 있고 학습자 특성에서는 동기적 정서적 특성을 알 수 있다.

2) 검사의 배경

SLT 자기조절검사는 양명희(2000) 박사가 중·고등학생을 대상으로 만든 검사로 Pintrich와 De Groot(1990)의 이론에 근거하여 자기조절능력을 인지조절, 동기조절, 행동조절 등으로 구분하고 각 하위영역에서 피검사자가 가진 능력을 평가하고 있다. 특히 자신감이나 흥미 같은 동기적 특성과 부정적 정서나 시험 불안 같은 정서적 특성을 함께 측정하여 자기조절능력과 함께 피검사자의 현재 상태를 체계적으로 분석할 수 있다.

SLT 자기조절 검사를 판매하는 한국가이던스(http://www.guidance.co.kr)에서는 저자가 개발한 자기조절학습검사 워크북을 제작하여 판매하고 있다. 대상은 초등학교 4학년부터 고등학생까지이며 교사용 매뉴얼도 함께 제공하고 있다. 자기조절학습 위크북은 1권 동기와 동기조절, 2권 정서와 정서조절, 3권 효과적인 학습전략, 4권 자기관리와 학습, 5권 시험준비와 시험전략 등 모두 5권으로 이루어져 있다. 한국가이던스에서는 SLT 자기조절학습검사를 활용한 학습 관련 프로그램을 운영하고 있다.

3) 인지학습과의 관련성

자기조절학습능력을 가진 학습자는 스스로 학습목표를 세우고, 자신의 의도나 계획에 따라 행동하고 부적절한 행동을 의도적으로 억제할 수 있으며, 학습방법을 포함한 정보를 스스로 획득하여 자신이 정한 학습목표를 스스로 달성한다. Pintrich와 De Groot(1990)은 자기주도학습에서 인지요인, 자원관리요인, 동기요인의 중요성을 강조하였는데 인지요인에는 학습과제의 시연과 정교화, 조직화가 포함되고, 자원관리요인에는 할당된 시간관리, 상황의 환경적 조건관리, 과제수행 노력의 분배관리, 도움요청 등이 포함되며, 동기요인에는 내적 지향, 과제의 중요성, 신념, 성공에 대한 기대를 포함하고 있다. 많은 연구에서 자기조절능력과 학업성취 간에 높은 상관이 존재하고 있음이 관찰된 바가 있다. SLT 자기조절 검사도 Pintrich와 De Groot(1990)의 접근에 근거하여 자기조절학습능력을 학습을 효율적으로 하기 위해 필요한 인지전략, 동기전략, 행동전략 영역으로 구분하여 평가하고 있다. 인지전략 영역에서는 학습과정에서 정보를 이해하고 기억하는 데 사용되는 기억전략, 이해전략, 상위인지전략을 평가하고 있고, 동기전략 영역에서는 학습에서 자신의 동기와 정서를 조절하기 위해 필요한 정서조절, 긴장유지, 동기유발을 평가하고 있으며, 행동전략 영역에서는 학습동기를 실제 행동으로 구현하는 데 필요한 실천전략, 시간환경관리, 자원활용 등을 평가하고 있다. SLT 검사는 이론적 근거도 비교적 잘 갖추어져 있고, 상담소나 학교 등 현장에서 많이 사용되고 있으며, 다양한 학습 관련 프로그램이 개발되어 활용되고 있기 때문에 현장에서 유용하게 사용될 수 있다.

2. 검사의 대상과 방법

1) 대상 집단

SLT 검사는 초등학생용, 청소년용 등으로 구분된다.

2) 검사 방법

검사는 OMR 검사지를 활용하여 시행될 수도 있고, 온라인을 통해 이루어질 수도 있다. 검사문항은 중등용은 178문항, 초등용은 124문항으로 구성되어 있으며 검사에 소요되는 시간은 중등용 45분 정도이고 초등용은 40분 정도이다. 한국가이던스의 정책에 따라 학습동기 전문가 과정을 이수하거나 상담 관련 학과 석사학위 이상이거나 심리검사를 사용하는 전문기관에서 3년 이상의 경력을 가지고 있거나 학교에서 진로지도 교사로 인증을 받았을 경우에만 구입이 가능하다. 검사 안내 및 실시에 감독이 필요하며 개인별로 실시한다.

3. 검사의 구성과 실시

SLT 자기조절학습검사는 크게 자기조절학습전략 영역과 학습자 특성 영역 등 두 하위영역으로 구분될 수 있다. 자기조절학습전략 영역은 자기조절학습능력과 관련된 인지전략, 동기전략, 행동전략을 평가하도록 되어 있고, 학습자 특성 영역은 동기적 특성과 정서적 특성을 평가하도록 되어 있다.

1) 전반적인 구성

(1) 자기조절학습전략 영역
학습전략은 학습자가 주어진 정보를 효율적으로 이해하고 기억하기 위해 활용하는 방법이나 전략을 말하는 것으로 학습전략에 익숙한 학습자는 학습 영역에 무관하게 새로운 학습에 학습전략을 활용하여 학업성취도를 높일 수 있다. 자기조절학습능력은 스스로 학습전략을 활용하는 능력이라고 할 수 있으며 SLT 검사에서는 이것을 인지전략, 동기전략, 행동전략으로 구분하여 평가하고 있다. 우선, 인지 전략에는 학습과정에서 자료를 기억하고 이해하는 데 사용되는 기억전략, 이해전략과 자신의 학습방법에 대한 점검과 평가를 나타내는 상위인지전략을 포함하고 있으며, 동기전략에는 학습에 대한 자신의 동기와 정서를 조절하는 정서조절, 학습효과를 높이기 위해 적절한 긴장감을 유지하는 긴장유지, 학습을 위한 동기를 유지하는 동기유발 등을 포함하고 있다. 또한 행동전략에는 학습 동기를 실제 행동으로 구현하고 실천하기 위한 는 동기전략 영역과 계획한 일을 스스로의 노력으로 해내려는 의지를 나타내는 실천전략, 시간을 효율적으로 관리하여 학습에 집중하는지를 나타내는 시간환경관리, 학습내용을 이해하기 위해 관련된 자료를 찾고 다양한 자원을 이용하는지를 나타내는 자원활용 등을 포함하고 있다.

(2) 학습자 특성 영역

학습자 특성은 학습과정에 영향을 미치는 학습자 개인의 동기적 · 정서적 특성을 의미한다. 동기적 특성에서는 학습에 대한 개인의 동기적 수준을 점검하는데, 여기에는 자기가 스스로의 힘으로 목표를 달성할 수 있다고 믿는 정도를 나타내는 자신감, 학교수업이나 공부를 가치 있게 여기는 정도를 나타내는 중요성 인식, 학습과 관련된 좌절상황을 이겨 내는 정도를 나타내는 탄력성, 배움 자체에 대한 호기심과 흥미를 나타내는 학습흥미를 포함하고 있다. 또한 정서적 특성에는 학습과정에 영향을 미치는 다양한 정서특성이 평가되는데 학습을 하면서 느끼는 즐거움이나 보람 등 긍정적 정서를 나타내는 긍정정서, 학습과정에서 느끼는 짜증이나 압박감 또는 좌절감을 나타내는 부정정서, 시험 때 느끼는 불안감이나 긴장감을 나타내는 시험 불안, 반복된 실패 경험으로 인해 생긴 자포자기나 무기력을 나타내는 무기력 등이 포함된다.

2) 검사의 문항

〈표 25-1〉 SLT의 구성과 문항 내용

평가영역		영역별 소검사	소검사 내용
자기 조절 학습 전략	인지 전략	기억전략	학습내용을 효율적으로 기억하고 유지하기 위해 구사하는 학습방법과 전략
		이해전략	학습내용에 대한 적극적인 이해, 핵심내용이나 관계분석 등 심층적 학습을 위해 스스로 구사하는 학습전략
		상위 인지전략	자신의 학습과정이나 인지적 과정을 계획, 점검, 조절하기 위한 전략
	동기 전략	정서조절	학습하면서 지각하는 좌절, 압박감 같은 부정적 정서를 통제하고 긍정적인 방향으로 변화시키는 데 활용하는 전략
		긴장유지	보다 나은 결과를 얻고자 자신의 학습과정에 스스로 적절한 긴장감을 불어넣고 유지하는 전략
		동기유발	보다 즐겁게 공부할 수 있는 방법을 모색하기 위해 스스로 활용하는 전략
	행동 전략	실천전략	계획한 목표를 달성하기 위해 자신의 사고, 정서들을 조절하여 행동으로 옮기는 전략
		시간환경 관리	학습에 집중할 수 있도록 자신의 시간과 환경을 효율적으로 관리하고 조정하는 전략
		자원활용	다양한 학습자원(또래, 교사, 인터넷, 참고자료) 등을 활용하는 능력
학습자 특성	학습 동기	자신감	학업수행에 필요한 노력과 행동을 해낼 수 있다는 자신의 능력에 대한 믿음의 정도
		중요성 인식	학교, 학습을 가치롭게 지각하는 정도, 그것의 중요성에 대한 인식
		탄력성	학습하면서 경험하는 여러 실패상황에서도 쉽게 좌절하지 않고 이겨 내는 능력, 어려움을 견뎌 내는 정도
		학습흥미	학습내용에 대한 내재적인 흥미와 호기심, 학습의 즐거움을 느끼는 정도
	정서	긍정정서	학습상황에서 보람, 자신감, 즐거움 등의 긍정적 정서를 지각하는 정도
		부정정서	학습과 관련하여 압박감, 좌절, 짜증 등의 부정적 정서를 지각하는 정도
		시험 불안	시험과 관련하여 불안, 긴장, 걱정하는 정도 및 시험에 대한 스트레스
		무기력	반복된 실패경험으로 인해 의욕적이지 못하고 침체나 우울을 지각하는 정도

3) 검사 실시

① 피검사자의 검사 동의를 받는다.

② 피검사자의 권리를 알려 준다.

- 검사 결과 및 사적 정보에 대한 접근에 대한 비밀 유지를 피검사자에게 알려 주기
- 검사 중 자유롭게 검사를 철회할 수 있음을 알려 주기 등

③ 설문지를 제시하고 OMR을 작성하도록 하거나, 온라인에서 한국가이던스 홈페이지에 있는 검사메뉴를 통해 온라인 설문지를 보면서 답안지를 작성하도록 한다.

④ 피검사자에 검사 개요에 대해 설명한다(debriefing).

4. 결과와 해석

1) 검사 결과

SLT 검사의 결과는 온라인으로 즉시 제시된다. 우선, 검사 결과를 해석하는 데 도움을 주는 결과 신뢰성 지표와 참고 지표가 제시되고, 성격적 특성, 정서적 특성, 동기적 특성, 학습전략 등 하위영역별 표준점수를 보여 주는 종합 프로파일과 자기주도 학습지수(LQ) 그리고 종합소견이 제시된다. 다음에 성격적 특성, 정서적 특성, 동기적 특성, 학습전략 등 하위영역별로 더 자세한 검사 결과가 제시되어 있다.

(1) 결과 신뢰성 지표와 참고 지표

피검사자가 유사한 문항에 대해 일관성 있게 응답을 하고 있는지, 문항에 대한 깊은 생각 없이 동일한 반응을 하는지, 타인에게 의도적으로 잘 보이려고 바람직한 문항에 응답하는지, 응답하지 않은 문항이 얼마나 되는지를 보여 주는 결과 신뢰성 지표와 무기력 점수와 부정적 정서 점수가 모두 70점 이상일 때 표시되는 심리적 불편감 지표가 제공된다.

(2) 종합 프로파일과 종합소견 및 나의 유형

인지전략, 동기전략, 행동전략 등의 자기조절학습전략과 동기적 특성과 정서적 특성 등의 학습자 특성에서 하위영역별로 피검사자가 얻은 점수의 T 점수가 제공되어 다른 학생들과 비교해 볼 수 있으며 이 하위영역 점수를 통합한 자기조절학습지수(SQ)를 통해 피검사자가 자기조절능력을 얼마나 가지고 있는지를 알 수 있다. 또한 종합소견에서는 각 하위영역에서 얻어진 T 점수를 바탕으로 피검사자의 장점과 단점을 언급하고 개선방향을 제시한다. 또한 나의 유형에서는 세 조절요인과 동기적 특성과 정서적 특성을 그래프로 제시하고 있다.

(3) 자기조절학습전략

인지전략, 동기전략, 행동전략 등 각 하위영역별로 피검사자가 하위요인에서 얻은 T 점수와 백분위가 제공되어 피검사자의 현재 상태를 보여 주며 이러한 피검사자의 상태에 근거하여 장점과 단점을 분석해 주고 종합소견에서는 각 하위영역을 종합한 개선방향을 제시한다.

(4) 학습자 특성

자신감, 가치인식, 강인성, 학습흥미 같은 동기특성과 긍정정서, 부정정서, 시험불안, 무기력 같은 정서적 특성별로 피검사자가 각 하위요인에서 얻은 T 점수와 백분율을 제시하고 각 특성별로 피검사자의 장단점과 개선방향을 제시한다.

2) 결과 해석

SLT 검사의 결과는 평균 50이고 표준편차가 10인 T 점수와 백분율로 환산하여 해석된다. 다른 검사와 마찬가지로 매뉴얼에 이를 해석하는 기준 표 및 해석 지침이 제시되어 있다. 일반적으로 보면 점수가 50점보다 높을 경우에는 평균 이상, 낮을 경우에는 평균 이하로 구분하며, T 점수 40~60점 사이에 전체의 68% 정도가 포함되어 있고, T 점수에서 70점 이상이거나 30점 이하인 경우에는 상하 3% 이내에 해당된다.

3) 유의사항

SLT 검사는 자기주도학습의 기초가 되는 인지적 요인, 동기적 요인, 행동적 요인 등의 자기조절학습능력을 평가할 수 있는 검사이지만 검사의 실시 및 해석에서 몇 가지 유의사항이 있다. 첫째, 검사가 자기조절학습 이론에 근거한 것이므로 자기조절학습의 의미와 자기조절학습능력과 학습수행 간의 관계에 대한 참고문헌을 미리 읽어 보고 충분히 이해한 후에 검사 결과를 해석하는 것이 필요하다. 둘째, 신뢰성 지표를 통해 검사 결과의 신뢰성을 높이려고 하였으나 검사문항이 학습자의 민감한 측면을 묻고 있기 때문에 학습자가 방어적으로 응답할 가능성이 있으므로 검사 결과만으로 피검사자의 상태를 정확하게 파악하기 어렵다. 따라서 검사 후 각 하위영역별로 개인상담을 통해 검사 결과의 신뢰성과 타당성을 높일 필요가 있다. 셋째, 초등학생의 경우에는 검사문항이 많아서 검사에 집중하기 어려울 수 있으므로 검사를 몇 영역으로 구분하여 휴식시간을 가지며 실시하는 것도 좋다.

5. 기타 참고사항

1) 검사의 장단점

SLT 검사의 장점은 다음과 같다. 첫째, 검사가 인지전략, 동기전략, 행동전략 등의 자기조절학습 능력만을 평가하지 않고 동기적 특성과 정서적 특성 같은 학습자의 개인적 특성까지 평가하기 때문에 피검사자의 자기조절학습능력만이 아니라 학습에 대한 동기나 정서를 전반적으로 이해하는 데 도움이 될 수 있다. 둘째, 검사 절차가 표준화되어 있고 기준이 T 점수로 제공되기 때문에 검사 결과를 직관적으로 확인할 수 있다. 셋째, 검사의 결과 및 해석이 전산 처리되기 때문에 검사 실시가 용이하고 해석하기 쉽다. 넷째, SLT 검사를 활용한 많은 학습행동 개선프로그램이 제시되고 있기 때문에 검사와 함께 피검사자의 학습행동을 효과적으로 개선할 수 있다.

SLT 검사의 단점으로는, 첫째, 검사의 구매와 실시가 검사기관에서 교육을 수료하거나 소정의 자격을 갖춘 사람에 한해서 가능하기 때문에 시간이나 비용이 소요될 수 있으며, 둘째, 검사에서 다루고 있는 하위영역이 자기조절학습 이론에 근거하고 있기 때문에 이론에 대한 충분한 지식이 없으면 해석에 어려움을 느낄 수 있다.

2) 관련 검사

- 자기조절검사는 이혜련(2010)이 학위논문에서 제시한 자기조절 검사로서, 전 사고 단계에서는 자기효능감, 내재적 가치, 목표 지향성 등 동기적 요인, 수행 단계 중 수행초기 단계에서는 과제에 집중하고 수행을 향상시키기 위한 인지 전략, 초인지전략, 학습행동전략, 수행지속단계에서는 동기를 조절하는 초동 기, 학습의 시작과 지속이나 수행결과에 대한 정서통제, 외부상황과 학습자의 내적 갈등을 통제하는 의지통제 요인을 평가한다.
- 허정경(2004)의 초등학생용 자기조절능력 검사는 Miller(2000)의 이론을 바탕 으로 기억, 지식, 정보의 부호화와 해석, 능력에 대한 신뢰, 과거 경험과의 연 계, 목표조정, 충동성, 또래 압력, 스트레스, 감정 등 10개의 하위 요인을 추출 하여 인지적, 동기적, 행동적 요인 등 세 영역으로 평가한다.
- 이석재, 장유경, 이헌남, 박광엽(2003)의 자기주도학습능력 검사에서는 발달단 계의 특성을 반영하여 초등학교에서 대학생까지 학습자의 자기주도학습능력 을 정의하고 자기주도학습능력에 대한 평가를 위한 초등학생용 진단도구를 제 시하였다.

3) 적용 사례

SLT 검사는 상담소나 학교 등에서 학습방법을 향상시키기 위한 프로그램의 한 부 분으로 사용되는 경우도 많지만 학술논문에서도 사용되고 있다.

- 양명희, 정윤선(2013). 자기조절학습 척도 개발 및 구조 검증-동기조절과 정서 조절을 중심으로-. 청소년학연구, 20, 239-266: 이 연구는 동기조절과 정서조절 을 포함하는 새로운 자기조절학습 측정도구를 개발하는 데 주목적을 두고, 자 기조절의 대상을 인지, 행동뿐 아니라 동기와 정서 차원을 포함하는 4차원으로

확장하여 모형을 제안하고 검증하였다.

- 문은식, 이종희, 김명화(2012). 고등학생의 자기조절학습과 영어 학업성취도 간의 관계. 현대영어영문학회, 56, 109-126: 자기조절학습이 영어 학습성취도에 어떤 영향을 미치는지를 다룬 연구로 자기조절학습능력을 측정하기 위해 SLT 자기조절학습검사의 일부를 사용하였다.

26 학습전략검사(MLST)

1. 검사 소개

1) 목적과 용도

학습전략검사(Multi-dimensional Learning Strategy Test: MLST)는 자기주도 학습과정에 관여하는 다양한 성격적, 정서적, 인지적 측면을 8개의 하위영역으로 세분화하여 그 수준을 평가하는 검사이다. 각 하위영역에서 피검사자의 장점과 단점을 제시하여 상담자나 피검사자가 학습행동의 변화를 모색하도록 돕게 된다.

2) 검사의 배경

MLST 검사는 박동혁 박사가 2006년에 개발한 검사로 학습자의 성격적 특성과 동기적 특성, 그리고 인지적 특성을 하나의 검사로 모두 평가할 수 있는 특징을 가지고 있다. 그동안 이러한 특성들은 개별적인 검사를 통해 평가되어 왔지만 MLST 검사는 하나의 검사로 학습과 관련된 대부분의 특성을 한번에 검사할 수 있다는 장점을 가지고 있다. MLST 검사는 검사를 개발하는 데 기반을 두었던 이론적 근거나 가정을 제시하지 않고 있는데 그것은 MLST 검사가 학습과 관련된 다양한 검사를 통합하려는 의도에서 만들어졌기 때문으로 보인다. 현재는 MLST 검사의 개정판인 MLST-II 검사가 인싸이트(http://www.inpsyt.co.kr)에서 판매되고 있다.

3) 인지학습과의 관련성

MLST 검사는 학습전략검사라고 되어 있으나 실제로는 학습자의 동기와 정서, 학습전략, 학습자원 및 환경 등을 폭넓게 다루고 있는 검사이다. 학습자의 동기 수준은 자기주도적 학습과 성취지향적 행동에 영향을 미친다는 것이 알려져 있으며, 학습자의 정서는 피검사자가 현재 경험하는 학업 관련 스트레스의 수준과 그에 대한 학습자의 대응 수준을 보여 준다. 또한 학습전략은 학습자가 새로운 정보를 처리할 때 얼마나 효율적인 방법을 사용하고 있는지를 보여 주며 학습자원 및 환경은 학습자를 둘러싼 주변환경이 학습에 얼마나 최적화되어 있는지를 보여 주는 지표를 제공한다. MLST 검사는 이론적 약점은 있으나 상담소나 학교 등 현장에서 많이 사용되다 보니 다양한 학습 관련 프로그램이 개발되어 활용되고 있기 때문에 유용하다.

2. 검사의 대상과 방법

1) 대상 집단

MLST 검사는 초등학생용, 청소년용, 대학생 및 성인용 등으로 구분되며 연령별 규준이 제공된다.

2) 검사 방법

검사는 검사지를 활용하여 시행될 수도 있고, 온라인을 통해 이루어질 수도 있다. 검사문항은 청소년의 경우 185문항이며 검사에 소요되는 시간은 약 45분 정도이다. 검사 안내 및 실시에 감독이 필요하며 개인별로 실시한다.

3. 검사의 구성과 실시

1) 전반적인 구성

이 검사는 다음 특성들을 측정하는 문항들로 구성되어 있다.

(1) 성격적 특성

성격적 특성에서는 자신이 원하는 학습결과를 얻기 위해 필요한 능력을 가지고 있다고 믿는 정도를 나타내는 자기효능감, 자신의 노력을 통해 더 좋은 학업성취를 이룰 수 있을 것이라는 확신을 나타내는 자신감, 계획한 일이나 해야 할 일을 스스로의 의지와 노력으로 해낼 수 있는지를 나타내는 성실성을 평가하는데, 효능감은 학습에 동기를 부여하고 전략적 사고를 제공하며, 자신감은 더 좋은 결과에 대한 기대로 노력을 증진시키고, 성실성은 보상이 없을 경우에도 학습행동을 유지하도록 한다.

(2) 정서적 특성

정서적 특성에서는 우울, 짜증, 불안 같은 정서적 특성이나 그 수준을 평가하는데 우울은 학습동기에 부정적인 영향을 미치며 불안은 시험이나 수업에서 집중력을 떨어뜨리고, 짜증은 우울이나 불안으로 인한 부정적 감정으로 학습의 효율성을 떨어뜨리는 역할을 한다.

(3) 동기적 특성

동기적 특성에서는 새로운 것을 배우는 것 자체를 중요하게 여기고 만족하는 내적 동기, 자신의 능력이나 성취를 과시하고자 하고 남들보다 앞서려는 경쟁동기, 자신의 열등한 모습이나 부족함을 타인에게 보이지 않으려고 과제나 수행을 회피하는 회피동기 등을 평가하는데 내적 동기는 실패를 하더라도 그것이 자기가치감을 위협하지 못하게 하고 도전할 수 있도록 동기화하며, 경쟁동기는 실패를 능력부족으로 귀인하도록 하여 쉽게 좌절하도록 유도하고, 회피동기는 실패에 대한 공포로 인해 학습이나 평가에 소극적인 태도를 보이게 한다.

(4) 행동적 특성

행동적 특성에서는 시간을 얼마나 효율적이고 계획적으로 사용하는지를 나타내는 시간관리, 공부하는 환경이 학습에 얼마나 최적화되어 있는가를 나타내는 공부환경, 수업에 대해 얼마나 적극적이고 수업내용을 얼마나 잘 이해하는지를 나타내는 수업태도, 수업시간에 노트 필기를 얼마나 효율적으로 하는지를 나타내는 노트필기, 공부를 하는 동안에 학습 내용에 얼마나 집중하고 집중력을 유지하는지를 나타내는 집중전략, 책을 읽을 때 얼마나 잘 이해하고 핵심내용을 파악하는지를 나타내는 책읽기, 새로운 정보를 효과적으로 기억하고 그것을 오래 유지하는 능력을 나타내는 기억전략, 시험을 효과적으로 준비하는지 그리고 시험도중 실수를 줄이는지를 나타내는 시험준비 등을 평가한다. 이러한 행동적 특성은 학습을 효과적으로 할 수 있는 인지전략과 자신에게 주어진 학습자원을 효율적으로 활용하는 능력 등을 평가한다.

(5) 부가정보

검사에서 얻어진 평가 결과를 현실적으로 분석하기 위해 성적, 학습시간, 성적만족도, 심리적 불편감 등 피검사자의 개인적 정보를 제공한다. 검사자는 MLST 검사의 각 영역에서 평가된 수준과 부가정보에서 얻은 정보를 통합하여 피검사자에 대한 정확한 이해를 할 수 있고 현실적인 대안을 제공할 수 있다.

2) 검사의 문항

〈표 26-1〉 MLST의 구성과 문항 내용

평가영역	영역별 소검사	소검사 내용
성격 특성	효능감	원하는 결과를 얻기 위해 필요한 노력과 행동을 자신의 힘으로 해낼 수 있으리라는 믿음과 신념의 정도를 평가
	결과기대	현재 자신의 노력을 통해 앞으로 분명히 더 좋은 결과가 있을 것이라는 확신과 기대의 정도를 평가
	성실성	계획한 일이나 해야 할 일을 스스로의 힘과 노력으로 끝까지 해내려는 의지, 책임감, 계획성을 평가
동기 특성	학습	내재적 동기의 크기, 배움 그 자체를 중요하게 여기고 공부하는 내용에 대한 흥미와 호기심, 만족감을 느끼는 정도, 좀 어렵더라도 새로운 것을 배우고 익히는 것에 대한 적극적인 태도를 평가
	경쟁	자신의 능력이나 성취를 다른 사람들에게 과시하고자 하는 욕구, 남들보다 앞서려는 경쟁심, 인정받고자 하는 욕구를 평가
	회피	자신의 열등한 모습이나 부족함을 보이지 않으려는 욕구, 과제 및 수행 기피 등을 평가
정서 특성	우울	우울, 불안, 짜증 같은 정서적 어려움이나 고통의 정도를 평가
	불안	
	짜증	
행동 특성	시간관리	시간을 얼마나 효율적이고 계획성 있게 사용하고 있는지의 정도를 평가
	수업듣기	수업에 대한 적극성, 수업을 통해 중요한 내용을 파악할 수 있는지의 여부를 평가
	노트필기	노트필기를 성실히 하는지 여부와 노트필기 요령, 노트 활용 정도에 대해 평가
	공부환경	자신의 주 공부장소가 얼마나 집중에 도움이 되는가의 정도, 혹은 집중에 방해되는 자극을 스스로 차단하는 능력을 평가
	집중전략	집중력의 정도, 집중을 유지할 수 있는 능력의 여부, 집중이 잘되지 않을 때의 대처방법에 대해 평가
	읽기전략	책을 읽을 때 읽은 내용에 대한 이해력, 기억의 정도, 핵심내용 파악능력, 교과서나 참고서의 활용능력에 대해 평가
	기억전략	정확한 기억과 기억한 내용을 오랜 시간 동안 유지하는 데 필요한 기억방법과 요령의 정도를 평가
	시험전략	계획적인 시험준비의 여부와 시험에서의 실수를 줄이기 위해 필요한 전략의 사용 여부를 평가

3) 검사 실시

① 피검사자의 검사 동의를 받는다.

② 피검사자의 권리를 알려 준다.

- 검사 결과 및 사적 정보에 대한 접근에 대한 비밀 유지를 피검사자에게 알려 주기
- 검사 중 자유롭게 검사를 철회할 수 있음을 알려 주기

③ 설문지를 제시하고 작성하도록 하거나, 온라인에서 인싸이트 홈페이지에 있는 검사메뉴를 통해 온라인 설문지를 보면서 답안지를 작성하도록 한다.

④ 피검사자에 검사 개요에 대해 설명한다(debriefing).

4. 결과와 해석

1) 검사 결과

MLST 검사의 결과는 온라인으로 즉시 제시된다. 우선, 검사 결과를 해석하는 데 도움을 주는 결과 신뢰성 지표와 참고 지표가 제시되고, 성격적 특성, 정서적 특성, 동기적 특성, 학습전략 등 하위영역별 표준점수를 보여 주는 종합 프로파일과 자기주도 학습지수(LQ) 그리고 종합소견이 제시된다. 다음에 성격적 특성, 정서적 특성, 동기적 특성, 학습전략 등 하위영역별로 더 자세한 검사 결과가 제시되어 있다.

(1) 결과 신뢰성 지표와 참고 지표

피검사자가 유사한 문항에 대해 일관성 있게 응답을 하고 있는지, 문항에 대한 깊은 생각 없이 동일한 반응을 하는지, 타인에게 의도적으로 잘 보이려고 바람직한 문항에 응답하는지, 응답하지 않은 문항이 얼마나 되는지를 보여 주는 결과 신뢰성 지표와 본인이 응답한 학교성적, 하루에 공부하는 평균시간, 학교성적에 대한 만족도, 심리적인 불편감 등 피검사자의 상황에 관한 정보가 제공된다.

(2) 종합 프로파일과 종합소견

성격적 특성, 정서적 특성, 동기적 특성, 학습전략 등 하위영역별로 피검사자가 얻은 점수의 T 점수가 제공되어 다른 학생들과 비교해 볼 수 있으며 이 하위영역 점수를 통합한 자기주도 학습지수(LQ)를 통해 피검사자가 얼마나 주도적으로 학습을 수행하는지를 알 수 있다. 또한 종합소견에서는 각 하위영역에서 얻어진 T 점수를 바탕으로 피검사자의 장점과 단점을 언급하고 개선방향을 제시한다.

(3) 성격적 특성, 정서적 특성, 동기적 특성, 학습전략

각 하위영역별로 하위영역에 포함된 척도의 T 점수와 백분위가 제공되어 피검사자의 현재 상태를 보여 주며 이러한 피검사자의 상태에 근거하여 장점과 단점을 분석해 주고 개선방향을 제시한다.

2) 결과 해석

MLST 검사의 결과는 평균 50이고 표준편차가 10인 T 점수와 백분율로 환산하여 해석된다. MLST 검사와 마찬가지로 매뉴얼에 이를 해석하는 기준 표 및 해석 지침이 제시되어 있다. 일반적으로 보면 점수가 50점보다 높을 경우에는 평균 이상, 낮을 경우에는 평균 이하로 구분하며, T 점수 40~60점 사이에 전체의 68% 정도가 포함되어 있고, T 점수에서 70점 이상이거나 30점 이하인 경우에는 상하 3% 이내에 해당된다.

3) 유의사항

MLST 검사는 성격적 특성, 정서적 특성, 동기적 특성, 학습전략 등 피검사자의 심리적 인지적 특성을 이해하는 데 도움을 줄 수 있는 검사이지만 검사의 실시 및 해석에서 몇 가지 유의사항이 있다. 첫째, 비록 결과 신뢰성 지표를 통해 검사 결과의 신뢰성을 높이려고 하였으나 검사문항이 학습자의 민감한 측면을 묻고 있기 때문에 학습자가 방어적으로 응답할 가능성이 있으므로 검사 결과만으로 피검사자의 상태를 정확하게 파악하기 어렵다. 따라서 검사 후 각 하위영역별로 상담을 통해 검사 결과의 신뢰성과 타당성을 높일 필요가 있다. 둘째, 검사가 특정한 이론에 근거하여 제작된 것이 아니라 학습 관련 요인을 임의적으로 통합하여 만들어진 것이며 피검사자의 상태를 깊이 이해하기에는 너무 많은 요인을 포함하고 있기 때문에 학습자의 전반적 상태를 확인하는 목적으로 쓰는 것이 타당하다. 셋째, 초등학생의 경우에는 검사문항이 많아서 검사에 집중하기 어려울 수 있으므로 검사를 몇 영역으로 구분하여 휴식시간을 가지며 실시하는 것도 좋다.

5. 기타 참고사항

1) 검사의 장단점

MLST 검사의 장점은 다음과 같다. 첫째, 검사 절차가 표준화되어 있고 기준이 T 점수로 제공되기 때문에 검사 결과를 직관적으로 확인할 수 있다. 둘째, 검사가 성격적 특성, 정서적 특성, 동기적 특성, 학습전략 등 다양한 학습측면을 한번에 평가해 주기 때문에 피검사자의 현재 상태를 전반적으로 이해하는 데 도움이 될 수 있다. 셋째, 검사의 결과 및 해석이 전산 처리되기 때문에 검사 실시가 용이하고 해석하기 쉽다. 넷째, MLST 검사를 활용한 많은 학습행동 개선 프로그램이 제시되고 있기 때문에 검사와 함께 피검사자의 학습행동을 효과적으로 개선할 수 있다. MLST 검사의 단점으로는, 첫째, 검사에서 다루고 있는 하위영역이 너무 많고 이론적 연결성이 부족하여 피검사자의 학습행동에 대한 깊이 있는 이해가 어렵다. 둘째, 검사가 여러 검사를 통합한 형태를 가지고 있기 때문에 연구에서 잘 활용되지 않고 있으며 그로 인해 검사 결과와 학습행동 간의 인과적 설명이 어렵다.

2) 관련 검사

- 김동일 박사가 개발한 ALSA(Assessment of Learning Strategies for Adolescent) 학습전략 검사는 학습전략 프로그램인 '알자(ALSA)와 함께하는 공부방법 바로 알기'와 연계하여 초등학교 고학년에서 중고등학교 청소년들이 학습동기를 높이

고 학습능력을 향상시킬 수 있도록 돕는다. ALSA 검사는 청소년들이 학습에서 활용하는 학습전략 만이 아니라 자아효능감과 학습동기를 동시에 측정함으로써 학습과 관련된 동기적 측면과 인지 측면을 모두 평가한다.

- U&I 연구소에서 개발한 U&I 학습전략검사는 학습자가 학습하는 동안 활용하는 전략을 측정하기 위한 검사로 학습에 대한 전반적 태도를 알아보는 학습전략 I 검사, 학습자의 구체적 학습전략을 알아보는 학습전략 II 검사, 학습자의 학습환경 및 관계양상을 알아보는 학습전략 III 검사로 이루어져 있다.
- LST(Learning Skills Test) 학습기술 진단검사는 변영계, 김석우 박사가 개발한 초등학생부터 고등학생까지 사용할 수 있는 학습방법을 점검하고 효과적인 공부방법에 대한 방안을 제시하기 위한 검사로, 학습목표를 정하고 그 목표를 이루어가는 과정을 계획하는 능력, 학습기술, 학습에 필요한 심리적 환경적 관리를 하는 능력 등을 평가한다.

3) 적용 사례

MLST 검사는 일반 논문에서는 아직은 잘 사용되지 않고 있으며, 주로 상담 현장에서 사용되고 있는 검사로서 다양한 검사 소개 프로그램과 관련된 상담 프로그램이 제공되고 있다. MLST 학습전략검사에 의해 학습자의 능력과 태도가 파악되면, LAMP WORKBOOK을 활용하여 잠재되어 있는 능력을 제대로 활용하지 못하거나 인식하지 못하는 문제를 가지고 있는 학생들의 학습능력과 태도에 긍정적인 변화를 가져오기 위해 만들어진 동기 및 목표 향상, 시간관리능력 향상, 집중력 향상, 정보처리 능력 향상 등 5가지 영역의 프로그램을 20회기 동안 운영할 수 있다.

Understanding Psychological Tests on Cognitive Learning

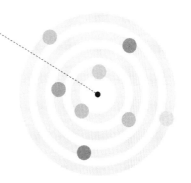

9부

기초학력 및 학습장애

* 기초학력 및 학습장애 영역의 머리글과 검사 해설은 박명숙 박사(전북대학교 심리학과 강의전담교수)가 작성했다.

이 영역에서 다루는 검사는 기초학습기능 수행평가체제(BASA)와 기초학력검사(BAAT), 그리고 학습장애 자가진단척도(LDST)와 한국판 학습장애 평가척도(K-LDES)이다.

기초학습기능 수행평가체제(BASA): 읽기검사는 CBM(Curriculum-Based Measurement)을 적용한 읽기 능력 진단검사로 아동의 현재 읽기 수행 수준을 명확하게 판단할 수 있어 학습부진이나 학습장애와 관련하여 읽기곤란이나 읽기장애를 진단하는 도구로 활용할 수 있다. 또한 교수 계획 및 개입의 효과를 평가하고 아동의 변화를 모니터링하는 용도로 사용할 수 있다. 기초학습기능 수행평가체제: 쓰기는 쓰기표현 능력의 진단과 형성평가에 활용될 수 있다. 기초학습기능 수행평가체제: 수학은 학령기 초기 아동의 수학학습 능력을 간단히 평가할 수 있으며, 수학 학습장애 혹은 학습장애 위험군 아동의 조기판별 및 초기 수학 준비기술 평가에 사용할 수 있다.

기초학력검사(KISE-BAAT)는 기초학력의 중요한 구성부분인 읽기, 쓰기, 수학을 모두 진단할 수 있는 표준화 검사도구이며 읽기, 쓰기, 수학 학습에 부진과 곤란을 나타내는 아동을 선별하고 진단하는 개인용 학력검사이다. 이 검사는 진단뿐 아니라 학습장애아동의 부진한 영역과 수준을 파악하여 이들의 교육 계획을 수립하고 적용하고 평가하는 형성평가 검사로도 활용할 수 있다.

학습장애 자가진단척도(LDST)는 학습/학교 적응에 심각한 어려움을 가지고 있는 학습장애아동들을 대상으로 기초적인 학업능력과 학교적응능력의 문제점을 알아보기 위한 자기보고 검사이다. 이 검사는 학생이 직접 자신의 상태를 보고하는 척도와 교사나 부모가 관찰하여 보고하는 척도로 이루어져 있다. 두 가지 척도를 통해 더 객관적이고 풍부한 정보를 얻을 수 있다. 또한 이 검사는 자신의 상태에 대한 학생들의 자가 보고를 통해 학습상황을 점검하므로, 교육 현장에서 학습장애나 기초학력부진으로 진단받지 않았으나 학습/학교 적응에 심각한 어려움이 있어서 교육적 조치가 필요한 학습장애 학생들을 쉽게 선별할 수 있는 장점이 있다.

한국판 학습장애 평가척도(K-LDES)는 7개 영역(주의력, 사고력, 말하기, 읽기, 쓰기, 철자법, 수학적 계산)에서 아동들이 보이는 문제를 부모나 교사가 평가하는 검사로 학령기 아동의 학습장애 여부, 문제의 심각성, 및 학습장애 유형을 알아볼 수 있는 검사이다. 이 검사는 학습 문제에 대한 총체적인 측정치를 제공하며, 학습지수는 웩슬러 지능검사와 동일한 평균과 표준편차 단위를 사용하므로 학습 수준을 지능지수와 비교하는 것이 용이하다. 또한 실생활에서 아동을 매일 접하는 교사나 부모가 평가하는 척도이므로 아동의 학습문제를 조기에 발견하여 조속한 치료적 도움을 받도록 하는 데 유용하게 사용될 수 있다.

이러한 기초학력과 학습장애에 관련된 검사를 적절히 활용하기 위해서는 다음의 각 검사에 대한 세부 내용들을 충분히 살펴볼 것을 권장한다.

27 기초학습기능 수행평가체제(BASA)

학업에 심각한 곤란을 겪는 아동들을 진단하고 체계적으로 서비스를 제공하며 발달과정을 평가하는 것은 하나의 문제해결 절차로 볼 수 있는데, 효과적인 문제해결의 각 단계에서 의사결정을 위해 적절한 정보를 수집하는 평가체계가 필요하다. 학업능력을 측정하기 위한 다양한 검사 중 가장 널리 쓰이는 표준화 검사는 문항이 편파적이라는 비판과 실제 교육현장에서 아동 개개인에 대한 의사결정이나 교수방법을 결정하는 데 부적절하다는 지적이 있다. 이에 CBM(Curriculum-Based Measurement)을 적용한 기초학습기능 수행평가체제(Basic Academic Skills Assessment: BASA)가 개발되었다. 이 검사는 인싸이트(http://www.inpsyt.co.kr)에서 판매 중이다.

BASA는 읽기(Reading), 쓰기(Written Expression), 수학(Math), 어휘(Vocabulary), 초기문해(Early Literacy), 초기수학(Early Numeracy), 수학문장제(Math Word Problems) 등의 하위 검사들로 구성된다. 이 책에서는 BASA의 읽기, 쓰기 및 수학 검사를 차례대로 소개한다.

A. 기초학습기능 수행평가체제: 읽기(BASA: Reading)

1. 검사 소개

1) 목적과 용도

학령기에 글을 읽거나 쓰지 못하는 학습상의 문제를 갖게 되면 총체적인 학습상의

문제가 나타날 수 있다. 특히 학령 초기에는 문법규
칙, 철자, 글씨체 또는 글의 유창성을 익히는 것이
매우 중요하다. 기초학습기능 수행평가체제: 읽기
(BASA: Reading) 검사는 아동의 현재 읽기수행 수준
에 관해 명확하게 판단할 수 있기 때문에, 학습부
진이나 학습장애의 영역에서 읽기곤란이나 읽기
장애를 진단하는 도구로 활용될 수 있다. 또한 진
단과 더불어 교수계획이나 개입의 효과를 평가하
고 아동의 변화를 모니터링하는 등 다양한 의사소
통에 사용할 수 있다. 특히 초등 저학년 수준에서
는 읽기능력을 대표하는 검사로 사용될 수도 있다.

2) 검사의 배경

　읽기장애아동은 문자의 음운화에 많은 인지적 자원을 소모하게 되어 사고와 독
해에 심각한 제한점을 보인다. 유창하게 읽는 아동은 음운화에는 별다른 인지적 노
력이 요구되지 않으므로 주의력을 문장이해로 돌릴 수 있기 때문에 독해력에서도
우월한 능력을 보일 수 있다. 그러므로 초등학교에서의 읽기장애아동 지도에서 다
양한 읽기자료를 이용한 읽기유창성이 강조되어야 하고, 이에 활용할 수 있는 간편
하고 유용성이 높은 평가자료의 개발이 더 필요하다.

　전통적인 평가방법들은 측정학적 적합성 측면, 내용 타당도 측면, 교수 프로그
램 계획 및 수행의 측면에서 부적절하다고 지적되어 왔고, 문항 측면에서도 아동
의 능력을 직접 측정하는 방식이 아닌 간접 측정방식으로 유창성이 배제되어 있으
며, 비용과 시간이 많이 든다는 단점이 있다. 평가와 의사결정이 개개 아동의 특수
교육 자격과 관련하여 일관성이 없으며, 장애와 관련된 정의의 모호성으로 차별적
인 진단에 한계가 있다. 이런 전통적 평가방법에 대안으로 CBM(Curriculum-Based
Measurement)이 대두되고 있으며, 이러한 CBM에 근거하여 'BASA: 읽기검사'가 개
발되었다.

3) 인지학습과의 관련성

읽기의 개념은 매우 다양하지만 크게 '해독'으로 보는 정의와 '사고'로 보는 정의로 나누어 볼 수 있다. 그러나 읽기능력 안에는 해독과 사고의 두 가지 능력이 모두 포함되어 있다. 읽기는 시각을 통하여 문자를 지각하고 지각한 문자를 음성기호로 옮기며, 의미를 이해하고, 이해한 것을 분석, 비판, 수용, 적용하는 행동이다. 또한 문어나 구어를 기호로 기록한 것을 해독하는 기능으로서 사고 및 심리적, 언어적 자료를 활용하는 과정을 중심으로 이루어진다. 즉, 언어의 시각적 수용형태이며 시청각 자극을 통합하는 과정이다. 또한 읽기는 학습도구로서 가장 중요한 영역 중의 하나이다. 읽기는 단어해독, 읽기유창성 등의 낮은 차원에서 고도의 독해력까지 다양한 차원으로 이루어져 있다. 읽기발달이론의 초기단계에서는 해독의 비중이 높으나, 숙련된 단계로 넘어갈수록 사고의 과정이 주로 강조된다.

읽기장애란 이런 기능을 제대로 발휘하지 못하여 문자매체를 읽고 의미를 파악하는 데 곤란을 겪는 것을 말하는데, 읽는 과정에서 누락, 삽입, 대치, 반복, 반전, 속독과 부정확한 읽기, 한 단어씩 느리게 읽기 등과 같은 오류를 범할 수 있다. 읽기곤란은 읽기장애보다 더 광범위한 개념으로서, 읽기와 관련하여 경미하게 곤란을 겪는 경우까지도 포함되는 상위적 개념이다. 이런 읽기장애 및 읽기곤란 아동을 진단하고 지도하기 위해서는 읽기발달단계의 2단계에 해당하는 읽기유창성 측면에서의 지도가 필요하다. 성공적인 읽기를 위해 음과 소리의 협응에 대한 규칙을 숙달해야 하고 문장의 의미와 구조를 파악하는 능력이 요구된다. 기초읽기능력의 구성요소 중 가장 커다란 기여를 하는 것이 읽기유창성이고, 읽기유창성에 심각한 문제가 있는 경우 독해에도 어려움을 느낄 수밖에 없다.

이 검사(읽기, 쓰기, 수학)는 구성이 간단하고 실시가 간편하므로, 상담소나 학교 등 현장에서 사용하기에 매우 유용하다. 형성평가를 주 3회 이상 반복 수행하면서, 각 아동별 개별화 교육계획을 세워 아동의 발달을 유도하도록 할 수 있고, 월 진전도 및 학기/1년 등 기간 목표를 설정하여 지도할 수도 있다.

2. 검사의 대상과 방법

1) 대상 집단

이 검사의 대상 집단은 초등학교 1~3학년이다.

2) 검사 방법

기초평가 중 읽기검사 1 및 형성평가는 개인검사로 실시되며 제한 시간 동안 제공되는 검사지를 직접 읽는 방식으로 진행된다. 글 자료 1개를 1분 동안 읽고 바르게 읽은 음절 수를 원점수로 취한다. 읽기검사 1은 세 가지 글 자료를 각 1분 동안 읽고, 형성평가는 글 자료 1개를 1분 동안 읽도록 한다. 기초평가 중 읽기검사 2는 집단검사로 3분 동안 실시되며, 적절한 표현을 골라 문장을 완성하도록 유도하는 방식이다. 검사 안내 및 실시에 검사자의 주의 깊은 관찰이 요구된다.

3. 검사의 구성과 실시

1) 전반적인 구성

이 검사는 주어진 시간 내에 얼마나 많은 글자를 정확하게 읽는가를 측정하는 내용으로 구성되어 있다. 기초평가와 형성평가로 나뉘어 있는데, 기초평가는 읽기유창성을 확인하기 위한 것과 독해력을 측정하기 위한 두 가지 검사로 이루어져 있고, 형성평가는 읽기유창성을 확인할 수 있도록 구성되어 있다. 두 가지 측면의 기초평가를 통해 읽기수행 수준의 기초선(baseline)을 확인한 후, 다양한 이야기 자료를 활용하여 형성평가를 반복 실시하면서 지속적으로 대상 아동의 읽기발달을 모니터링할 수 있다.

2) 검사 문항

(1) 기초평가 기록지

① 읽기검사 1(읽기유창성)

아동이 주어진 시간 내에 얼마나 많은 글자를 정확하게 읽는가를 측정한다. 검사자는 아동에게 이야기를 제시하고 지시에 따라 1분 동안 되도록 또박또박 읽도록 한다. 틀리게 읽거나, 생략/추가하여 읽거나, 잘못 발음한 글자는 모두 틀린 것으로 간주하며, 총 3회 실시한다.

② 읽기검사 2(빈칸채우기)

독해력을 측정하기 위한 검사로서 문맥에 맞는 적절한 단어를 선택하는 문항으로 구성되어 있다. 마음속으로 읽다가 제시되어 있는 단어 중 한 단어를 선택하여 적절한 문장을 완성하도록 한다.

(2) 형성평가 기록지

초등학교 저학년 수준의 이야기를 발췌하여 구성하였으며, 기초평가 중 읽기검사 1과 같은 형식이다. 매 검사회기마다 하나의 글 자료를 뽑아 형성평가를 실시한다.

3) 검사 실시

(1) 기초평가: 읽기검사 1

① 기초평가 읽기검사자료 1-(1)을 아동에게 제공하고, 검사자는 검사자용을 확인한다.
② 아동에게 검사 방식을 안내하고, 제목을 먼저 읽게 한다. 검사가 진행되는 동안 읽는 것을 도와 주지 말고, 이야기 본문을 1분 동안 또박또박 읽도록 안내한다.
③ 검사자용 읽기검사자료 1-(1)을 함께 보면서, 본문 중 아동이 읽다가 틀린 글자에 사선(/)을 긋는다. 빠뜨린 글자, 더 넣은 글자, 잘못 발음한 글자는 모두

틀린 것으로 하되, 아동이 스스로 고쳐 읽었으면 틀린 것으로 간주하지 않는
다. 아동이 읽다가 뜻을 물어보는 경우는 혼자서 끝까지 해 보라고 말해 준다.
한 글자에서 3초 이상 더듬거릴 경우 계속하라고 안내한다.

④ 1분이 되면 '그만'이라고 말하여 검사를 종료하도록 한다. 아동이 읽은 마지막
글자에 '//' 표시를 한다. 1분 이전에 읽기를 모두 마쳤다면 그동안 걸린 시간
을 하단에 기록한다.

⑤ 읽기검사자료 1-(1)을 마친 후, 읽기검사자료 1-(2)를 같은 방법으로 실시한다.

⑥ 읽기검사자료 1-(2)를 마친 후, 읽기검사자료 1-(1)을 한번 더 실시한다.

(2) 기초평가: 읽기검사 2

① 읽기검사자료 2(학생용)를 분리하여 아동들에게 나눠 준다.

② 연습문장을 읽어 주고 올바른 답을 어떻게 표시하는 지 알려 준다. 또 아동에
게 직접 해 보도록 한다. 아동의 작업을 보고 틀리면 교정을 해 준다. 연습문제
중 하나를 정확히 풀 수 있도록 도움을 준다.

③ 연습문제가 끝나면 검사 실시 방법을 다시 알려 주고 '시작' 소리와 함께 검사
를 실시한다.

④ 확실하지 않더라도 옳다고 생각하는 단어에 빠짐없이 동그라미를 표시하도록
하고, 도움을 요청하는 경우 혼자서 계속 해 보도록 독려한다.

⑤ 3분이 지난 후, 아동들에게 '그만'이라고 말한다. 3분이 되기 전에 문제를 마쳤
다면 그동안 걸린 시간을 하단에 기록한다.

(3) 형성평가

기초평가 중 읽기검사 1의 방법과 동일하다.

4. 결과와 해석

1) 검사의 채점

검사의 채점은 검사자용 검사지 옆에 표시된 글자 수를 보고 아동이 맞게 읽은 글자 수를 세어 기록한다. 이것이 곧 검사의 원점수이다. 기초평가 중 읽기검사 1의 세 가지 원점수를 기록하고 읽기검사 2의 원점수도 기록한다.

BASA 채점 프로그램 홈페이지(http://www.inpsyt.co.kr)에 원점수를 입력하면 T 점수, 백분위 점수 및 백분위 단계, 현재 수준에 대한 설명, 현재 학년, 학년 점수, 학년 차이, 월진전도(검사 실시일로부터 한 달 동안의 향상도) 등의 항목이 자동 산출된다. 단, 검사 실시일이 8월

[그림 27-1] BASA: 읽기의 기록지

이전이면 5월 규준으로, 9월 이후이면 10월 규준에 의해 산출된다.

2) 결과 해석

백분위 점수의 단계는 1~5단계로 구분하였고, 이 수준에 대한 설명이 함께 제시된다.

- 1단계: 95% 초과, 매우 우수한 읽기 수준입니다.
- 2단계: 85% 초과 95% 이하, 우수한 읽기 수준입니다.
- 3단계: 15% 초과 85% 이하, 정상적인 읽기 수준입니다.
- 4단계: 5% 초과 15% 이하, 기초 읽기능력 향상을 위하여 지도를 부탁드립니다.
- 5단계: 5% 이하, 전반적이고 지속적인 읽기지도가 필요합니다.

3) 유의사항

　읽기유창성은 일반아동의 경우 3학년 10월이면 그 능력이 충분히 발달되어 더 이상 의미 있는 변화를 기대하기 어렵다(진전도가 0). 그러나 이 검사는 이러한 사실을 기초로 구성하였기 때문에 3학년 이후의 학생들 및 중·고등학생과 노인들까지도 사용할 수 있다. 다만, 4학년 이상의 학생들을 대상으로 검사를 실시할 때는 시기에 관계없이 3학년 10월 규준에 맞추어 현재 수준이 해석된다. 신체적인 장애로 인한 검사 조정절차는 제시되지 않았으며 향후 준비할 예정에 있다. 신체적인 장애아의 경우 BASA 읽기검사의 규준을 여러 가지 상황을 고려하여 정해야 한다.

　학년규준과 관계없이 형성평가는 각 아동의 시작점(baseline)에서 성장하는 것이기에, 각 아동의 시작점을 초깃값으로 하고 회기마다 지속적으로 평가함으로써 아동 개개인의 진전도를 살펴보는 것에 매우 유용할 것이다. 이 경우 장·단기 목표는 1차적으로 3학년 진전도를 사용하도록 한다.

B. 기초학습기능 수행평가체제: 쓰기(BASA: Written Expression)

1. 검사 소개

1) 목적과 용도

　쓰기는 언어의 소리를 정확한 글자 형태를 갖춘 문자 기호로 나타내는 과정이며, 언어에 관한 가장 수준 높은 성취 활동이고, 의사소통을 전제로 한 일종의 사회적 활동으로 인식된다. 학령기에 글을 읽거나 쓰지 못하게 되는 학습상의 문제가 발생하면 총체적인 학습상의 문제가 나타날 수 있다. 특히 학령 초기에는 문법규칙, 철자, 글씨체 또는 글의 유창성을 익히는 것이 매우 중요하다. 많은 아동에게 쓰기 능력은 읽기 능력보다 훨씬 더 어려운 과제인데, 쓰기 문제를 가진 학생을 지도하기 위해서는 이 같은 학생을 선별해 내는 신뢰성 있고 타당한 진단 및 판별도구가 필요하다. 쓰기 형태를 평가하는 방법은 문자나 부호들의 정확성을 측정하는 것이며, 글자 형성과 읽기 용이성을 평가하는 것과 함께 중요한 것이 쓰기유창성이다. 이에 쓰기유창성을 통해 아동의 쓰기 능력을 평가하는 도구로 '기초학습기능 수행평가체제: 쓰기 (BASA: Written Expression)'가 개발되었다.

2) 검사의 배경

전통적인 쓰기 평가 도구들은 아동의 쓰기 능력을 간접적으로 측정하는 방식이었다. 채점이 용이하고 시간이 절약되며 채점자 간 신뢰도가 높다는 장점이 있으나 검사가 측정하고자 하는 능력 이외의 변인들이 많이 개입된다는 단점이 있다. 또한 해당 아동의 상대적 위치만을 확인할 수 있을 뿐, 아동이 왜 특정 점수를 얻었는지에 관하여 어떠한 정보도 제공해 주지 못한다. 이에 쓰기 수행평가를 통해 아동의 실제적인 쓰기 능력을 직접 평가할 수 있는 방안의 개발이 요구되었으며, CBM(Curriculum-Based Measurement)을 적용한 'BASA: 쓰기 검사'가 개발되었다.

3) 인지학습과의 관련성

현대사회에서 쓰기는 정보를 기록하고 의사소통을 하기 위한 목적으로서 매우 중요한 기능을 갖는다. 쓰기는 통상적으로 글씨 쓰기, 철자, 작문의 세 영역으로 분리하여 살펴볼 수 있는데, 표현 언어이자 문자언어로서 초등학령기에 익혀야 하는 중요한 기술이다. 말하기와 읽기보다 복잡한 문법적 규칙을 사용하고, 독자를 대상으로 한 조직적이고 체계적인 활동으로서 글을 생성 · 계획 · 작성하고 고치는 과정을 거친다. 쓰기 능력의 발달은 개인과 환경의 상호작용을 통해 이루어지며 쓰기를 통해 읽기 능력을 개발시킬 수 있을 뿐 아니라, 쓰기 경험을 많이 할수록 더욱 개발될 수 있다.

쓰기를 잘하지 못하는 학생에게서는 쓰기의 전 과정(쓰기의 생성, 계획, 작성 및 고치기), 음운론적 정보 및 시각적 정보 활용 측면, 쓰기유창성 측면, 문법적 오류 및 구/절 구성에 따른 문장의 질 측면에서 문제를 발견할 수 있다. 이러한 문제는 학습 뿐만 아니라 학생의 자신감과 자존감에 악영향을 주기도 한다.

2. 검사의 대상과 방법

1) 대상 집단

이 검사의 대상 집단은 초등학교 1~3학년이다.

2) 검사 방법

검사는 개인검사로 실시되며 제공되는 검사지에 아동이 직접 글을 쓰는 방식으로 진행된다. 이야기 서두를 듣고, 1분간 쓸거리를 생각하며 준비하도록 하고 바로 이어 3분간 작성한다. 검사지의 여백이 부족할 경우 여분 종이에 이야기를 이어서 쓰도록 한다. 검사 안내 및 실시에 검사자의 주의 깊은 관찰이 요구된다.

3. 검사의 구성과 실시

1) 검사 문항

이 검사는 주어진 시간 내에 얼마나 많은 글자를 얼마나 정확하게 쓰는가를 측정한다. 기초평가와 형성평가로 나뉘어 있고 시행 방식은 동일하다. 기초평가용으로 제작된 이야기 서두 제시 검사를 실시하여 아동의 기초선(baseline)을 확인한 후, 형성평가를 반복 실시하면서 아동의 지속적인 성장을 점검할 수 있다.

기초평가용 이야기 서두는 "나는 오늘 아침에 일찍 일어났습니다."이다. 기초평가는 1회 실시를 원칙으로 하되, 아동의 검사 수행태도에 근거하여 검사 결과를 신

뢰하기 어려울 때는 이야기 서두 제시 검사를
총 2회 실시하여 더 높은 점수를 채택하도록
한다.

아동에게 제공되는 이야기 서두의 예는 다
음과 같다.

- 나는 오늘 아침에 일찍 일어났습니다.
- 어느 날 나는 꿈을 꾸었습니다.
- 소풍 가는 날입니다.

[그림 27-2] BASA: 쓰기의 소검사 예

다음은 재검사가 필요한 경우인데, 재검사
에서 사용될 이야기 서두는 형성평가용 이야기 서두 중 하나를 선택한다.

- 과제에 집중하지 못하는 경우, 1분 동안 충분히 생각하지 않고 그대로 쓴 경우
- 쓰다가 중도 포기한 경우, 기타 여러 문제 상황으로 인하여 재검사가 필요하다
  고 판단된 경우

2) 검사 실시

① 이야기 서두 제시 검사 자료를 아동에게 제공한다.
② 자료 상단에 학년, 반, 번호, 이름을 기록한다.
③ 아동에게 다음과 같이 이야기한다.
   "여기 ○○가 쓸 이야기의 첫 문장이 있습니다. 첫 문장을 읽고, 그 뒤에 계속
   해서 재미있는 이야기를 만들어 보세요. 이야기는 경험한 일을 바탕으로 지어
   도 좋고, 상상으로 꾸며 내도 좋습니다. 먼저, 무슨 이야기를 쓸지 1분 동안 생
   각하고, 그다음에 3분 동안 글을 쓰면 됩니다. 자, 그럼 첫 문장을 소리 내어 읽
   어 볼까요?"
④ 아동에게 제시된 이야기의 서두를 읽게 한다. 학생이 이야기 서두를 읽은 뒤에
   는 다음과 같이 말한 후, 시간을 잰다.

"아직 연필을 들지 말고 지금부터 선생님이 말할 때까지 1분 동안 무슨 이야기를 쓸지 생각해 보세요."

⑤ 1분이 지나면 다음과 같이 말한 후, 계속해서 시간을 잰다.

"이제 연필을 들고 종이에 이야기를 쓸 준비를 하세요. 자, 시작!"

⑥ 3분이 지나면 "그만."이라고 말한 후, 검사지를 수거한다.

⑦ 만일 아동이 이야기를 끝까지 완성하기를 원하는 경우에는 3분 동안 작성한 분량에 '//' 표시를 한 후 계속 쓰도록 한다.

4. 결과와 해석

1) 검사의 채점

검사의 채점은 쓰기유창성 수준을 측정하는 정량적 평가를 기본으로 하되, 아동의 쓰기 수행에 대한 부가적인 정보를 얻기 위해 정성적 평가를 실시할 수 있다.

(1) 정량적 평가: 쓰기유창성 평가

아동이 쓴 글에서 정확하게 쓴 음절 수를 구하여 원점수로 삼는다. 1회 실시를 원칙으로 하나, 아동의 검사 수행태도에 근거하여 검사 결과를 신뢰하기 어려울 때는 검사를 총 2회 실시한 후 더 높은 점수를 채택하여 아동의 기초선을 결정한다.

〈표 27-1〉 BASA: 쓰기에서 오류 유형의 정의

오류 유형		정의 및 예시
소리 나는 대로	정의	맞춤법을 무시하고 소리 나는 대로 쓴 음절
	예시	안자, 가방을 매고, 따까씁니다 등
생략	정의	써야 할 음절을 빠뜨리고 쓰지 않은 경우
	예시	갔습다, 등교하였습, 이상걸
대치	정의	써야 할 음절 대신에 글자나 발음이 유사한 다른 음절을 사용
	예시	서들러, 에배, 줌넘기
삽입	정의	불필요한 음절을 삽입한 경우
	예시	체조조를 하고, 할머니가가

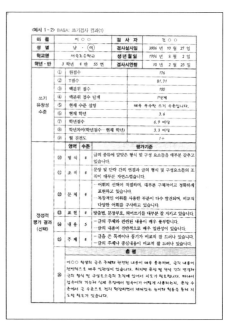

[그림 27-3] BASA: 쓰기 검사의 사례와 검사 결과 예시

원점수를 구하기 위해서는 음절의 수를 모두 세어 총 음절수를 구한 다음, 오류를 유색 펜으로 표시하고, 총 음절 수에서 오류 음절 수를 빼서 정확하게 쓴 음절 수(원점수)를 구한다.

(2) 정성적 평가

아동이 쓴 글을 글의 형식, 조직, 문체, 표현, 내용, 주제의 6개 영역으로 나누어 1~5점 중 적절한 점수를 부여한다. 인싸이트 홈페이지(http://www.inpsyt.co.kr)에 원점수를 입력하면 T 점수, 백분위 점수 및 백분위 단계, 현재 수준에 대한 설명, 현재 학년, 학년 점수, 학년 차이, 월진전도(검사 실시일로부터 한 달 동안의 향상도) 등의 항목이 자동 산출된다. 단, 검사 실시일이 8월 이전이면 5월 규준으로, 9월 이후이면 10월 규준에 의해 산출된다.

2) 결과 해석

결과를 해석하는 방법은 'BASA: 읽기'와 동일하다.

3) 유의사항

아동의 쓰기 수준에 대한 부모나 교사의 평가에는 아동의 쓰기 수준에 대한 기대가 개입된다. 따라서 아동의 쓰기 수준이 자신의 학년 수준에 있음에도 불구하고, 쓰기에 문제가 있다고 생각할 수 있다. 그래서 무엇보다 아동의 쓰기 수준을 객관적으로 평가해야만 한다. 또한 지능지수가 평균 이하이거나, 시력/청력의 이상이 있는 경우, 신체 협응의 문제가 있거나, 주의력결핍 및 과잉행동장애아, 평가 자체에 대한 불안을 가진 아동의 경우 각각의 전문가의 도움을 받는 것이 바람직하다.

C. 기초학습기능 수행평가체제: 수학(BASA: Math)

1. 검사 소개

1) 목적과 용도

수와 연산은 실생활에서 양을 표현하고 그들 사이의 관계를 다루는 도구인 동시에 수단이 된다. 또한 수학 학습의 기초인 동시에 수학의 뼈대로서 수학의 다른 영역과 교과학습을 위한 필수적인 도구이다. 따라서 연산능력에 어려움이 있는 사람은 일상생활의 곤란뿐 아니라 연산영역 이외의 다른 수학학습에서, 나아가 수학적 능력을 필요로 하는 다른 교과의 학습도 효과적으로 할 수 없게 되어 전반적으로 낮은 학업 성취수준을 보이기 쉽다. 그러므로 기본 연산을 얼마나 빠르고 정확하게 처

리하느냐 하는 것은 고등수학능력 형성에 결정적인 역할을 한다.

간단한 사칙연산 능력의 평가를 통해 학령기 초기 아동의 수학학습능력을 간단히

평가할 수 있도록 기초학습기능 수행평가체제: 수학(BASA: Math)이 개발되었다. 이 검사는 아동의 수학 수행 수준에 관해 명확하고 효과적인 의사소통이 필요할 때 사용될 수 있으며, 교육적 의사결정을 위하여 상대적으로 짧은 기간(매주)에 아동의 수학학습 수준의 발달과 성장을 측정하는 데 유용하다. 또한 수학학습장애 혹은 학습장애 위험군 아동의 조기 판별 및 초기 수학 준비기술 평가에 사용할 수 있다.

2) 검사의 배경

일반적으로 수학능력은 계산 또는 연산, 응용 또는 문제해결이라는 두 가지 구인으로 이루어져 있다. 이 중 연산능력은 응용/문제해결 능력 형성의 필요조건으로 수학학습의 기초가 된다. 이때의 연산은 단순한 사칙연산 계산활동이 아니라 수나 함수 등에서 일정한 법칙 및 규칙에 따라 결과를 도출하는 것을 말한다. 아무리 고차원의 수학문제라 하더라도 수나 집합 등 대상 사이의 규칙이나 법칙을 이용하여 해결해야 한다. 또한 연산의 대상이 되는 수는 수학학습의 가장 기초 영역인 동시에 일상생활에서 항상 사용하는 개념이므로 수연산능력을 개발하는 것은 매우 중요하다. 연산능력의 중요성은 우리나라 수학교육과정에도 잘 나타나 있으며, 현행 수학교육과정에서는 수 개념과 사칙계산능력의 배양에 중점을 두고 있다. 한 자리 수 연산으로 시작해 점점 자리수를 늘려 감으로써 문제의 난이도를 높이고 연산기술을 향상시킨다.

수학학습장애는 읽기장애에 비해 학습장애에서 적은 비율을 차지하고 있지만, 읽기장애를 가진 아동 중 상당수의 아동들이 수학학습에서도 곤란을 보이고 있다. 또한 읽기에 곤란을 보이지 않는 아동들 중에서도 수학학습에 어려움을 보이는 경우도 있다. 수학학습을 위해서는 언어적 능력과 비언어적 능력이 동시에 요구되는 것이다. 그리고 수학학습부진 아동들은 수학학습의 기초 단계인 수와 연산영역에서부터 어려움을 보이게 되며, 학년이 올라가면서 수학학습이 점점 더 어려워진다. 수학학습부진 아동들은 각 연산단계마다 주의를 기울여야 하고 답을 즉각적으로 인출해 내지 못하므로 상대적으로 계산 속도가 느릴 수밖에 없다.

수학학습장애는 여러 요인과 밀접하게 관련되어 있으며, 아동마다 다양한 문제를 가지고 있다. 따라서 각 아동의 원인을 파악하여 그에 적절한 교수방법으로 가르

처야 한다. 기존에 학교 현장에서 많이 활용했던 규준참조검사나 준거참조검사 등은 아동의 교육적 필요를 정확하게 파악하는 데 실패했다. 현장에서는 교육과정에 기반을 둔 평가이면서 기존 평가의 한계를 보완한 방법이 요구되었고, 이를 위해 수학 학습장애아동을 진단하고 각각의 문제를 파악할 수 있는 간편하고 유용성 높은 평가자료의 개발 필요성이 대두되었다.

이 검사는 교육과정중심 측정에 근거하여 기존 평가의 한계를 보완하면서도 교육과정에 기반을 둔 검사법으로, 연산의 속도와 정확성으로 수학학습부진을 판별해 내는 것이 목적이다.

3) 인지학습과의 관련성

아동은 의사소통을 하기 위해 언어와 문자를 배우는 것과 함께 유아 시절부터 수를 세고, 숫자를 쓰고, 셈하는 것을 거의 동시에 배운다. 읽기와 수학학습은 밀접하게 관련되며, 언어적 능력 외에도 문제해결을 위한 인지적 능력이 수학학습에 필요하다. 이를테면 수학학습장애는 언어능력의 부족, 주의집중문제, 시공간 변별력의 부족, 감각능력과 지각능력의 부족, 보존개념의 습득 부족, 추리/귀납/연역적 사고 및 추상적 사고능력의 부족 등과 연관되는 것으로 보인다. 그리고 기억전략행동의 결핍 또한 관련되는 것으로 보인다. 이런 능력들은 지각, 주의, 기억, 심적 조작 등 주요한 인지 과정을 바탕으로 한다. 본 검사에서는 수학의 기초라 할 수 있는 수연산의 정확성과 유창성을 측정하고 그 진전도를 판정한다. 그런 점에서 수학학습의 복합적 국면을 파악하는 데에는 한계가 있으나 초등학교 저학년 수준의 기본적 수리 능력을 파악하는 데 도움을 준다.

2. 검사의 대상과 방법

1) 대상 집단

이 검사는 초등학교 1~3학년을 대상으로 실시할 수 있다.

2) 검사 방법

이 검사는 집단검사로 실시하며 2분 동안 검사지의 문제를 풀게 하고 한꺼번에 회수한다. 초등 1학년 학생에게는 I단계와 통합단계, 초등 2학년 학생에게는 II단계와 통합단계, 초등 3학년 학생에게는 III단계와 통합단계 검사를 실시한다. 각 단계당 세 번씩 검사를 실시하여 기초선을 설정하고, 이후 형성평가를 반복 시행하며 아동의 지속적인 발달을 돕는다. 검사 안내 및 실시에 검사자의 주의 깊은 관찰이 요구된다.

3. 검사의 구성과 실시

1) 검사 문항

이 검사는 주어진 시간인 2분 내에 제시된 사칙연산문제를 얼마나 정확하게 많이 풀어내는가를 측정하고자 한다. 1~3학년 수학교과서와 수학익힘책을 분석하여 각 학년 단계에 적절한 검사도구와 통합단계의 검사도구를 구성하였다. 총 네 가지 검사로 나뉘어 있는데, I단계 검사는 1학년 수준, II단계 검사는 2학년 수준, III단계 검사는 3학년 수준, 통합단계 검사는 1~3학년의 내용을 모두 다루는 문제를 담고 있다.

I~III단계 및 통합단계 검사 모두 사칙연산으로 구성되어 있고 그 예는 [그림 27-4]와 같다.

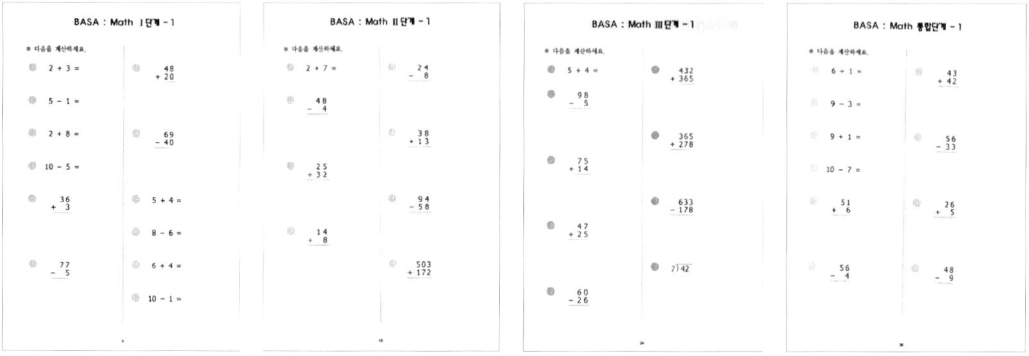

[그림 27-4] BASA: 수학 검사의 예

2) 검사 실시

① 실시하고자 하는 검사지를 학생에게 제공하고, 학년/반/번호/이름을 기록하 게 한다.
② 혼자서 먼저 시작하지 않도록 하며, 검사 시행 방법을 안내한다.
③ '시작'이라는 말에 따라 검사를 시작하고, 좌상단부터 아래로 푼 다음 우상단 으로 넘어가도록 하며, 모든 문제를 다 풀도록 한다.
④ 2분 후에 '그만'이라는 말로 검사를 종료하고, 학생들로부터 검사지를 수거한다.
⑤ 해당 학년의 검사를 세 번 실시하고, 통합단계의 검사도 같은 방식으로 진행 한다.

4. 결과와 해석

1) 검사의 채점

검사의 채점은 유색 펜으로 실시하며, 정답인 경우 검사자용 검사지 옆에 제시된 괄호 안의 점수로 부여한다. 오답인 경우 채점 가이드에 따라 각 단계별로 부분점수 를 부여한다. CD 방식의 채점을 하는데, 해당 문제를 푸는 과정에서 산출되는 모든 숫자에 1점을 부여하는 방식이다. 학생이 획득한 점수를 원점수로 취하여 기록한 다(각 단계별 검사지의 결과를 서로 다른 기록지에 기입한다). 인싸이트 홈페이지(http:// www.inpsyt.co.kr)에 원점수를 입력하면 T 점수, 백분위 점수, 백분위 단계, 현재 수 준에 대한 설명, 현재 학년, 학년 점수, 학년 차이, 월진전도(검사 실시일로부터 한 달 동안의 향상도) 등의 항목이 자동 산출된다. 단, 검사 실시일이 8월 이전이면 5월 규 준으로, 9월 이후이면 10월 규준에 의해 산출된다.

2) 결과 해석

결과 해석 방법은 'BASA: 읽기'와 동일하다. 각 학년별 해당 단계와 통합단계의 검사를 실시하며, 그 결과 백분위가 15% 이하인 경우에는 아래 학년단계의 검사를 실시하여 백분위를 확인하고 지속적인 발달을 돕도록 한다. 또 아동의 오류 유형 파악을 위해서는 재검사를 실시하도록 하고, 오류 유형 분석 지침서에 따라 오류를 분석하여 각 경우에 따라 지도하도록 한다.

3) 유의사항

아동의 연산 수준에 대한 부모나 교사의 평가에는 아동의 연산 수준에 대한 기대가 개입된다. 실제 아동의 수준이 자신의 학년 수준이더라도 연산에 문제가 있다고 의뢰되는 경우가 있다. 이때는 아동의 객관적인 연산능력이 어느 정도이며, 특별한 중재가 요구되는지 여부를 객관적으로 확인해야 한다. 백분위 점수 15% 이하이거나, 학년차이 1.5 이상인 경우 외에는 특별한 중재보다는 연산을 이용하는 문장제 문제나 연산을 응용하는 영역 같은 한 단계 높은 교수학습을 실시하는 것을 권한다. 또한 지능지수가 평균 이하이거나 신체적인 이상이 있는 경우, 주의력결핍 및 과잉행동을 보이는 경우나 평가 자체에 대한 불안감을 가진 아동의 경우, 각 전문가의 도움을 받는 것이 바람직하다.

5. 기타 참고사항(읽기, 쓰기, 수학 공통)

1) 검사의 장단점

이 검사는 교육과정 중심 측정(CBM)에 따라 개발되었으며, 측정시간이 짧고, 비용이 적게 들고, 반복적인 측정이 가능하고, 이를 시계열 분석을 통해 측정 대상의 성취도를 지속적으로 추적 관찰할 수 있다는 CBM의 큰 장점을 모두 갖고 있다. 교육적 의사결정을 위하여 상대적으로 짧은 기간(매주 혹은 매일)에 아동 개개인의 성장과 진전도를 측정하는 데 유용하며, 따라서 아동의 학습능력 발달을 반복되는 측정을 통하여 나타낼 수 있고 특수교육대상자를 위한 교육적 정보제공에 도움이 되며, 비용에 따른 효과 측면에서도 바람직하다.

학습부진아동이나 특수교육 대상자의 학업수행수준을 진단 및 평가하는 검사로, 전체 집단 내에서 아동의 학습능력이 어느 정도인지 상대적인 수준 파악이 가능하다. 또한 학습부진영역에 대한 구체적인 정보를 얻을 수 있다. 이를 통해 추후 발생할 수 있는 학업적 문제들을 예방하고 대상자의 수준에 맞는 교수계획 및 중재계획을 수립하여 아동의 발달을 도울 수 있다.

2) 관련 검사

- 기초학습기능검사 중 비형식적 독해력검사
- 기초학습기능검사의 소검사인 철자재인검사는 철자의 정확성을 알아내는 검사이다.
- ACCENT 수학검사는 초등학교 1학년 학생부터 6학년 학생을 대상으로 실시하는 검사로, 저학년용과 고학년용으로 구분하여 각 30문항(수와 연산 40%, 문자와 식 10%, 측정 15%, 도형 15%, 확률과 통계 10%, 규칙성과 함수 10%)씩 구성되어 있다. 약 50분 동안 주어진 30문항을 모두 푸는 것을 목적으로 한다. 수학의 개념적 이해, 추론, 문제해결, 연산기능의 정확성, 태도 등의 5가지를 측정한다. 답이 하나밖에 없기 때문에 검사자의 주관적 판단이 개입되지 않는다.

28 기초학력검사(KISE–BAAT)

1. 검사 소개

1) 목적과 용도

KISE 기초학력검사(Basic Academic Achievement Tests: BAAT)는 아동의 교육 출발점에서 행동을 진단하고 교수를 진행하는 동안 교수활동개선을 위한 정보를 제공하며 교수활동의 효과 판정을 위한 정보를 제공해 준다. 학습장애아동을 포함하여 학교학습에서 부진을 나타내는 아동과 학습에 곤란을 겪고 있는 아동을 선별하고, 장애아동과 관련된 개별화 교육을 계획/적용하고 평가하는 데 있어 지표가 되는 것이 바로 기초학력검사인데, 현장에서는 기초학력의 중요한 구성부분인 읽기, 쓰기, 수학을 모두 진단할 수 있는 표준화검사도구의 필요성이 대두되었다.

이 검사에서 주목할 점은 장애아동에 대한 접근성을 고려하여 개발되었다는 것이다. 발달장애아동과 같이 학력의 수준이 낮은 아동의 기초학력을 측정할 수 있는 문항을 포함하고 있으며, 장애아동은 물론 어린 아동의 기초학력 진단을 위해 각각의 문항에서 응답시간을 연장하거나 검사 방법이나 내용을 조정하여 실시할 수도 있다.

2) 검사의 배경

교육 현장에서 널리 이용된 대표적인 개인용 학력검사는 기초학습기능검사(박경숙, 윤점룡, 박효정, 1987)이고, 집단용 학력검사는 초등학교 아동을 대상으로 개발한 학습부진아 판별검사(현주, 박효정, 이재분, 1998)이다. 이 검사들은 개발된 지 오래되어 개정이 필요하다. 또 기초학습기능검사는 광역범위 검사로 학년 수준 진단에는 적합하나 학교 교육과정과 측정목표가 일치되어 있지 않아 실제 진단에 따른 교육계획으로의 연계가 어렵다. 기초학습기능검사의 읽기검사는 문자와 낱말의 재인에 중점을 두고 있고, 쓰기검사는 철자의 재인에 중점을 두고 있어, 읽기와 쓰기 관련 다양한 하위영역에 대한 능력을 측정하기에 부족하다. 학습부진아 판별검사는 일반학교의 학습부진아동을 선별하는 도구로서는 의의가 크나 집단검사로 제작되었기에 특수아동을 대상으로 실시하기에는 적절하지 않다. 특수아동의 학력진단을 위해서는 개인용 학력검사가 필요하다.

이에 이 검사는 학교 학습, 특히 국어와 수학에서 부진을 나타내는 아동을 선별 또는 진단하고, 이들이 부진을 나타내는 영역과 수준을 파악하여, 이들의 교육 계획을 수립하고 적용하는 데 필요한 정보를 제공하기 위해 국립특수교육원(KISE) 등에서 개발되었다. 또한 학력을 기초학력과 심화학력으로 가정하여, 심화학력에 의한 학업성취를 제외한 부분을 기초학력으로 규정하여 개발되었다.

기초학력검사(KISE-BAAT)는 최근 기초학습능력검사(NISE-B. ACT)로 개정되어 소리토리(www.soritori.com)에서 판매되고 있다.

3) 기초학력의 개념

'기초'에 대한 개념, '학력'에 대한 개념은 여러 관점에서 다양하게 정의될 수 있다. 이 검사를 개발할 때 정리한 '기초'의 의미는 다음과 같이 구분된다.

- 모든 교과에서 형성되는 학력에 대한 기초적, 도구적 기능을 수행하는 국어 및 수학 교과에서 형성되는 언어와 수에 관한 학력
- 학력 중에서 기저가 되는 기초적, 기본적인 학력
- 상위 교육단계의 학력 형성의 기초가 되는 하위 단계의 학력
- 의무교육 단계에서 형성되는 것으로 국민이 사회생활을 영위하는 데 필요 불가결한 최소한의 능력
- 자립한 국민으로서 사회생활을 영위하는 데 기초적 자질, 역량으로서 최소한의 필요 불가결한 능력

그러나 기초학력을 어떻게 정의하더라도 읽기, 쓰기, 기초수학 또는 언어와 수의

기본적인 능력을 의미하며, 기초학력이 학교교육을 통해 길러야 할 학력에 위치하는 고유하고 독자적인 의의와 가치는 매우 중요하다. 또한 기초학력의 개념을 확대적·확충적으로 파악하고 있는 추세이기도 하다. 따라서 이 검사에서는 기초학력을 국민 공통 필수학력으로서의 기초학력, 즉 의무교육 단계에서 학교 학습을 수행하는 데 기초가 되는 학습능력으로 사회생활을 하는 데 꼭 필요한 읽기, 쓰기 및 수학으로 정의하였다.

(1) 읽기

읽기는 시각을 통하여 문자를 지각하고 지각한 문자를 음성언어로 옮기며, 의미를 이해하고, 이해한 것을 분석·비판·수용·적용하는 행동이다. 효과적인 읽기는 문자언어를 유창하게 해독할 수 있어야 하며, 글의 내용을 이해할 수 있어야 하고, 새로운 내용을 글을 읽으면서 학습할 수 있어야 하며, 이해하고 학습한 내용을 자기 언어로 요약 정리하여 기억할 수 있어야 한다.

(2) 쓰기

쓰기는 표현언어로서 생각을 소리가 아닌 글로 표현하기 위하여 소리를 문자화된 기호의 형태로 부호화하는 과정이다. 쓰기 능력으로는 철자법(spelling), 서법(handwriting), 글쓰기(written expression)가 있다.

(3) 수학

전통적으로 기초수학은 읽기 및 쓰기와 더불어 모든 교과의 기초학력으로 인식되어 왔다. 최근 사회가 정보화, 기계화되면서 산술 이외에도 수감각이나, 도형, 측정, 확률과 통계 등의 영역까지도 기초학력 검사의 대상이 되고 있다.

2. 검사의 대상과 방법

1) 대상 집단

이 검사의 대상은 만 5~14세(유치원~중학교 3학년)이다.

2) 검사 방법

　이 검사는 개인용 기초학력검사이다. 개별 및 집단으로 동시에 실시할 수 있으며, 시간은 1~1.5시간이 소요된다. 학생의 상태에 따라 시간은 조절 가능하다. 검사 안내 및 실시에 검사자의 주의 깊은 관찰이 요구된다.

3. 검사의 구성과 실시

1) 전반적인 구성

　이 검사는 개인용, 규준참조검사로 개발되었다. 학습부진이나 곤란을 나타내는 아동을 선별/진단하고 그 수준을 파악하기 위해 읽기, 쓰기, 수학의 세 영역으로 나뉘어 있다. 또한 각 검사는 가형과 나형의 2종으로 구성되어 있으며, 특히 수학은 수학 I과 수학 II로 구분되어 있다.

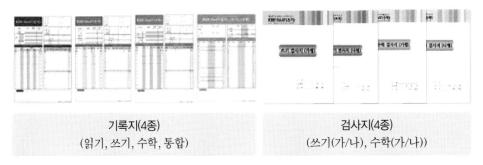

기록지(4종)	**검사지(4종)**
(읽기, 쓰기, 수학, 통합)	(쓰기(가/나), 수학(가/나))

[그림 28-1] BAAT의 검사지

(1) 읽기

　읽기는 선수기능의 습득을 토대로 기호를 음성화하고, 그 소리의 정확성과 유창함을 습득하는 단계를 지나 의미를 파악하고 비판하며 감상하는 단계로 나아간다. 따라서 KISE-BAAT(읽기)는 크게 선수기능(도형 변별, 낱자 변별, 낱말 변별), 음독, 독해로 검사를 구분하고, 독해를 다시 낱말이해, 문장완성, 어휘선택, 어휘배열, 짧은 글 이해로 구분하여 읽기발달단계별로 검사문항을 배열할 수 있도록 하였다. 가/나형 각 120문항씩 총 240문항으로 구성되어 있다.

(2) 쓰기

쓰기 기초학력은 선수기능의 평가를 토대로 문자 및 낱말 쓰기, 글쓰기로 구분하여 평가하되, 글쓰기는 기초지식, 기초기능 및 기초태도와 더불어 글쓰기 목적과 조건을 만족하는지의 여부도 평가해야 한다. 따라서 KISE−BAAT(쓰기)는 선수기능, 표기능력, 어휘구사력, 문장구사력, 문장구성력으로 구분하여 어휘구사력부터는 목적과 조건의 만족 여부도 측정하도록 하였으며, 가/나형 각 95문항씩 총 180문항으로 구성되어 있다.

(3) 수학

전통적인 수학 기초학력의 개념을 확대하여 내용 측면에서 수와 연산 외에 도형, 측정, 확률과 통계, 규칙성과 함수, 문자와 식 등 수학의 전 영역을 고루 포함하고, 행동 측면에서 계산이나 이해, 간단한 추론 능력과 문제해결력, 의사교환능력(표현) 등을 포함하였다. 또 상황 측면에서는 일상생활에서 발생할 수 있는 문제의 처리 능력도 포함하고자 상/중/하로 편성하여 구성하였으며, 가/나형 각 260문항씩 총 520문항으로 구성되어 있다.

2) 소검사 내용

(1) 읽기

- 선수기능: 도형/낱자/낱말 변별
- 음독능력: 낱자 읽기, 낱말 읽기, 문장 읽기
- 독해능력: 낱말이해(반대말, 비슷한말, 유추, 존대어, 상하관계, 수량단위 등), 어휘선택(시제일치, 호응관계, 접속사, 의미를 파악하고 적절한 어휘 선택), 문장완성(그림 보고 문장 완성하기, 문장 완성하기), 어휘배열(어휘를 배열하여 문장 구성하기), 짧은글(문장을 읽고 사실에 답하기, 의견/느낌사실 구분, 비유나 상징적 표현 이해, 주제

찾기, 속담 이해하기, 글 읽고 결과 유추하기, 글 읽고 비판하기)

(2) 쓰기

- 선수기능: 사물, 숫자, 기호, 문자의 변별, 줄긋기와 도형 그리기, 글자를 보고 쓰기, 자신의 이름 쓰기
- 표기능력: 낱자와 낱말 쓰기, 맞춤법에 맞춰 쓰기, 받아쓰기, 띄어쓰기, 문장부

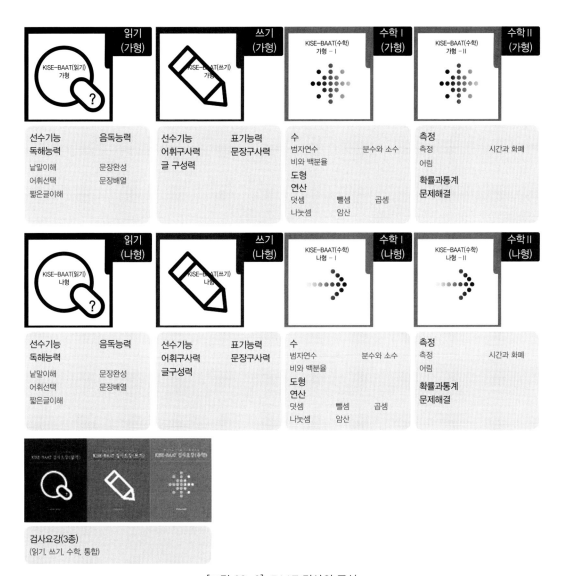

[그림 28-2] BAAT 검사의 구성

호의 사용

- **어휘구사력**: 주어진 낱말을 사용해 짧은 글짓기, 주어진 두 낱말의 뜻을 구분하여 짧은 글짓기, 주어진 낱말을 보고 연상되는 낱말 쓰기, 주어진 문장 속에서 알맞은 낱말 쓰기
- **문장구사력**: 주어진 낱말들을 순서대로 배열하기, 그림을 보고 다른 형태의 문장들을 만들기, 문장 구성이 잘못된 것을 고치기, 의문문/청유문/명령문/감탄문 쓰기
- **글 구성력**: 그림을 순서대로 나열하여 이야기 만들기, 들려주는 글의 내용을 한 문장으로 요약하여 쓰기, 그림을 보거나 글을 듣고 인과관계/닮은점/추론한 것 쓰기

(3) 수학

- **수학 I**: 범자연수(10 이하, 100 이하, 1000 이하, 1000 이상), 분수와 소수, 비와 백분율, 도형(공간감각, 모양/속성, 평면/입체도형, 좌표와 변환), 연산(사칙연산), 암산
- **수학 II**: 측정(길이와 각도, 넓이, 무게, 부피와 들이의 측정), 시간과 화폐, 어림, 확률과 통계, 문제해결

3) 검사 실시

① 검사지를 학생에게 제공하고, 학년/반/번호/이름 등의 인적사항을 기록하게 한다.
② 혼자서 먼저 시작하지 않도록 하며, 검사 시행 방법을 안내한다.
③ '시작'이라는 말에 따라 검사를 시작하며, 모든 문제를 다 풀도록 한다.
④ 1~1.5시간 동안 진행되며, 문제를 다 푼 학생들로부터 검사지를 수거한다.

4. 결과와 해석

1) 검사 결과

채점기준에 따라 각 검사 기록지를 채점하고, 읽기, 쓰기, 수학 각 영역의 원점수에 따라 백분위수, 환산점수, 학력지수와 학년규준이 제시되어 제공된다. 이는 아동의 기초학력의 지체 여부와 정도에 대한 진단과 교육계획 수립 및 평가에 유용하다.

2) 결과 해석

결과 해석에 참조할 수 있는 학년규준표는 〈표 28-1〉과 같다.

〈표 28-1〉 BAAT의 학년별 규준표

소검사별 평균득점 / 학년규준	읽기		쓰기		수학	
	가형	나형	가형	나형	가형	나형
0.0(유치원)	40~41	38~39	50~52	48~50	35~37	27~31
0.2	42~44	40~42	53~55	51~53	38~41	32~35
0.4	45~46	43~44	56~58	54~56	42~44	36~40
0.6	47~49	45~47	59~61	57~60	45~47	41~44
0.8	50~51	48~50	62~64	61~63	48~51	45~48
1.0(초 1학년)	52~55	51~54	65~68	64~67	52~56	49~55
1.2	56~60	55~58	69~72	67~71	57~62	56~62
1.4	61~64	59~62	73~76	72~75	63~68	63~69
1.6	65~68	63~66	77~81	76~79	69~74	70~76
1.8	69~72	67~70	82~85	80~82	75~79	77~83
2.0(초 2학년)	73	71	86~87	83~85	80~85	84~89
2.2	74	72~73	88~90	86~88	86~91	90~94
2.4	75	74~75	91~92	89~91	92~97	95~100
2.6	76~77	76~77	93~94	92~94	98~103	101~106

2.8	78	78~79	95~97	95~97	104~109	107~111
3.0(초 3학년)	79~80	80	98	98	110~115	112~115
3.2	81	81	99	99	116~121	116~119
3.4	82~83	82	100~101	101	122~126	120~123
3.6	84~85	83	102	102~103	127~132	124~127
3.8	86~87	84	103	104	133~137	128~131
4.0(초 4학년)	88	85~87	105~106	105	138~143	132~139
4.2	89	88~89	107~108	106	144~149	140~146
4.4	90	90	109	107	150~155	147~154
4.6	91	91~92	110~111	109	156~160	155~162
4.8	92	93~94	112~113	110	161~166	163~170
5.0(초 5학년)	93	95	114	111	167~171	171~173
5.2	93	95	114	111	172~175	174~177
5.4	93	95	114	112	176~180	178~180
5.6	94	96	114	112	181~184	181~184
5.8	94	96	114	113	185~189	185~188
6.0(초 6학년)	94	96	114	114	190	189~191
6.2	95	96	115	115	190	192~195
6.4	95	97	116	116~117	191	196~198
6.6	96	97	116	118~119	192	199~202
6.8	97	97	117	120~121	193	203~205
7.0(중 1학년)	97	98	118	122	193	206

3) 유의사항

활용 과정에서 나타나는 여러 문제점을 지속적으로 수정 보완해야 한다. 또한 더 유용하고 정교한 검사로 발전해 가기 위해 문항편파성 분석(item bias analysis)과 일반화 가능도 분석에 대한 연구와 더 폭넓은 타당도 분석을 위해 사고력 검사나 다른 학력검사와 공인타당도 분석 등을 시행하여 반영하는 것이 필요하다.

이 검사는 학생들의 반응형태와 검사 영역 간의 점수 차이분석을 통해 어느 정도

학습장애에 대한 임상적 진단을 내릴 수 있다. 학년규준 점수를 참고하여 학습장애를 판정할 수는 있지만, 이는 개략적인 진단일 뿐이다. 그러므로 특정 영역의 학습장애와 관련하여 임상적 특성을 밝히는 연구의 수행을 필요로 한다.

5. 기타 참고사항

1) 검사의 장단점

이 검사는 규준참조검사(norm-referenced test)로 개발되어 학습부진아동을 선별 및 진단하고, 이들이 부진을 나타내는 영역과 수준을 파악하기에 용이하다. 또한 읽기, 쓰기, 수학의 각 검사를 2종의 동형검사로 개발하였기에, 교육 프로그램의 사전·사후효과, 일반화 및 전이효과의 측정이 용이하다. 따라서 교육 프로그램의 수립과 시행에 필요한 정보를 획득하는 데 도움이 된다.

검사 문항들은 모든 교과의 학습에 도움이 되고 기초가 되는 문항들로 구성하였다. 엄격히 교과별로 구분하기보다는 범교과적 접근방법을 선택하여 시대별 교육 방침에 따라 교과과정이 개정되더라도 변하지 않는 내용으로 구성하였다.

2) 장애아동의 학력 평가

장애아동의 학력을 평가하는 방법은 발달장애아동과 같이 학력 수준이 낮은 아동의 기초학력을 측정할 수 있는 문항을 포함해야 한다는 측면과 장애아동의 접근이 용이하도록 장애의 유형과 특성에 따라 조정을 해야 한다는 두 가지 측면을 고려해야 한다. 장애아동의 학력평가를 위해 평가방법을 조정하는 방식은 여덟 가지로 정리할 수 있다. 이 검사에서는 다음의 여덟 가지 방법을 활용하거나 최대한 이런 방법의 활용을 허용하여 장애아동의 접근성을 최대한 보장하고자 하였다.

① 반응 형식의 조정: 선택형 문제일 경우 OMR 카드나 별지 답안이 아닌 시험지에 직접 작성할 수 있도록 하였다. 또한 쓰기검사 같은 수행형 응답을 요구하

는 경우, 쓰는 것 자체가 읽기능력에 포함되지 않는다고 판단되는 한 직접 쓰는 것보다는 말로 하게 하는 등의 조정을 고려해 볼 수 있다.

② 검사시간의 연장: 문제해결 속도가 국어 학력 성취 지표와는 별 관계가 없다는 전제하에, 시험 시간의 연장을 고려해 볼 수 있다.

③ 필요시 지시문 이해 도움: 지시문을 이해하는 것 자체가 평가요소에 포함되는 경우를 제외하고, 지시문의 이해에 도움을 줄 수 있다.

④ 검사지 글자체 확대: 시지각이 약한 장애아동이 있을 수 있으므로, 글자체를 확대한 검사지를 제공할 수 있다.

⑤ 문제 읽어 주기: 읽기장애가 있는 아동들에게는 검사 속의 지시문을 읽어 줄 수 있다. 수학의 문장제 문제의 경우, 수학적 의미에 대한 설명은 배제하고 문제를 평면적으로 읽어 주는 정도는 무리가 없을 것이다.

⑥ 시험치는 요령 연습: 사전에 유사한 시험으로 미리 연습을 한다거나, 시간을 적절하게 분배하는 연습, 쉬운 문제부터 먼저 해결하는 요령, 답안지 작성 요령, 필요시 도움 요청하기 등의 시험 전략을 사전에 숙지하게 도와준다.

⑦ 검사환경: 학습장애아동들은 약 1/3 정도가 주의집중장애를 갖고 있다. 따라서 가급적 주의산만 요소가 적은 분리된 환경에서 검사를 치를 수 있도록 하는 것이 중요하다.

⑧ 기타 교과 특정 검사 조정: 쓰기영역에서 타자기나 워드 프로세스를 이용하여 반응을 표기하도록 하는 등의 조정이 가능하다.

3) 관련 검사

• 기초학습기능검사(한국교육개발원): 읽기, 쓰기, 산수 등 기초학습기능 숙달에 대한 정보 제공
• 학습부진아 판결검사(현주 외): 최저 학업성취 기준 미달자 선별에 대한 정보 제공
• 학습부진아용 배치, 진단검사(김수동 외): 학습 부진진단

1. 검사 소개

1) 목적과 용도

　학습장애 선별검사(Learning Disabilities Screening Test: LDST)는 학교나 학습에의 적응에 심각한 어려움을 가지고 있는 학습장애아동들을 대상으로 기초적인 학업능력과 학교 적응능력의 문제점을 보고하고, 학습장애아동들을 선별하는 것을 목적으로 개발되었다. 학생이 직접 자신의 상태를 보고하는 '학생 자가진단척도(Learning Disabilities Screen Test: Student Self-report scale, LDST-S)'와 교사나 부모가 직접 관찰하여 보고하는 '교사 관찰척도(Learning Disabilities Screen Test: Teacher Observation Scale, LDST-O)'로 이루어져 있어 두 가지 검사를 모두 실시하여 더 객관적이고 풍부한 정보를 얻을 수 있다.

　일반적으로 학습장애나 기초 교과학습 부진으로 진단받은 학생들은 기초학습부진 보충 수업이나 특수교육 서비스를 받는다. 그러나 이러한 진단을 받지 못한 학생들(경계선급 지능을 가지고 있거나 학교 및 교육시스템의 문제로 인해)은 일반 교육과정에서 여전히 적응하지 못하는 부적응 학생으로 남는 경우가 많다. 이 검사를 통해 학생들에게 직접 자신의 상태를 보고받음으로써, 학생의 학습상황을 점검하고 학습/학교 적응에 심각한 어려움을 가지고 있는 학습장애 학생들을 선별할 수 있다.

2) 검사의 배경

(1) 학습장애의 개념 및 특성

학습장애는 듣기, 말하기, 읽기, 쓰기, 추리, 산술의 습득이나 사용에 있어 특정한 어려움을 보이는 여러 가지 장애를 통칭하는 일반적인 용어로, 중추신경계 손상에 의한 것으로 추정되며 모든 연령에서 나타날 수 있다. 일반적으로 자기조절행동, 사회적 지각, 사회적 상호작용에서의 문제가 학습장애와 함께 나타날 수도 있으나 그것이 학습장애의 원인은 아니다. 학습장애가 다른 장애들(시각장애, 정신지체, 정서장애 등)이나 외적인 요인들(문화적 차이, 부족하거나 부적절한 교수 등)과 함께 나타날 수 있으나 이들의 결과로 나타난 것을 학습장애라고 하지는 않는다. 다양한 학습장애의 정의가 있지만, 기본적으로 평균 이하의 성취 수준, 심리 과정상의 문제, 다른 장애와의 관계(배제요인), 개인 내 차이, 신경학적 결함 등에 대하여 설명하고 있다. 한국학습장애학회에서는 학습장애를 정의하기 위해 학습장애의 정의를 위한 구성 요소를 8가지로 정리하였다. 학습장애 정의에 개인에게 내재한 원인의 요소를 추가하고, 학습장애를 발달상 학습장애(주의집중, 정보처리, 지각, 지각-운동, 사고, 구어, 사회성 등)와 학업상 학습장애(읽기장애, 수학장애, 쓰기장애)로 나누어 이해하는 의견을 반영하여 학습 기능의 결함이라는 측면에서의 학습장애 정의를 제시하였다. 이 검사는 인싸이트(http://www.inpsyt.co.kr)에서 판매 중이다.

(2) 학습장애의 특성

① 학업적/인지적 특성: 학습장애 학생들은 전반적으로 평균 범주의 지능을 가지고 있음에도 불구하고, 인지처리과정이나 기억에서 어려움을 보이거나 낮은 학업성취를 보인다. 또한 읽기, 쓰기, 말하기, 듣기, 셈하기, 추론하기 등의 영역에서 한 가지 혹은 그 이상의 문제를 보인다.

② 사회/정서적 특성: 학습장애 학생들은 일반적으로 대인관계가 원만하지 못한 것으로 알려져 있다. 특히 의사소통에서 타인의 언어를 이해하지 못하거나 대화에 집중하지 못하는 경우가 많다. 정서적 측면에서 반성적 사고가 부족하고, 충동적인 경향이 높으며, 인내심이 약한 경우도 있다.

③ 주의집중 및 기타 특성: 학습장애 학생들은 쉽게 주의가 산만해지고 선택적 주

의집중에 어려움을 보이는 경우가 많다. 전체 아동의 5~10%가 학습장애로 판별되며, 이들 중 1/3의 아동이 ADHD(Attention Deficit Hyperactivity Disorder)를 동반한다고 한다. 뿐만 아니라 조직화 능력이 약하기 때문에 비슷한 소리나 의미를 구분해 내거나 차이를 설명해 내고 분석하는 데에 어려움을 가지기도 한다.

3) 인지학습과의 관련성

학습장애 진단은 정의 자체의 모호함과 대상의 이질성 및 다양성으로 인해 매우 복잡하고 어려운 과정이다. 현재 우리나라에서의 학습장애 진단절차는 선별(Screening)-의뢰(Referral) 단계/진단평가-적격성(Eligibility) 판정으로 이루어져 있다. 중재반응모형(Response to Intervention: RTI)을 적용하여 교육 현장에서는 기초학습부진 교육에 상당한 관심을 두고 있고 1단계 일반교육, 2단계 집중교육에 해당하는 방과후 소집단 기초학습부진 보충수업이 활발히 진행되고 있어 학교 중심 중재반응모형의 모습이 나타나고 있다.

의뢰의 역동성과 유연성을 높이는 데, 학생에 의한 표준화 자가진단검사 혹은 교사(부모)에 의한 표준화 관찰척도가 학습장애 학생 선별에 매우 유용하게 활용될 수 있다. 이 검사를 적극 활용한다면 학습장애 학생에 대한 조기 선별과 집중 교육을 제공할 수 있을 것이다.

2. 검사의 대상과 방법

1) 대상 집단

초등용 검사의 대상집단은 초등학교 3~6학년이며, 청소년용 검사의 대상집단은 중학교 1학년~고등학교 3학년이다.

2) 검사 방법

이 검사는 개인 또는 집단 검사로 실시할 수 있다. 능력을 측정하는 검사가 아니기 때문에 특정한 시간 제한은 없으나, 통상 약 30분 정도가 소요된다. 각 문항에 3단계 평정으로 반응하도록 하여, 각 문항에 대해 '매우 그렇다' 3점, '그렇다' 2점, '그렇지 않다' 1점 중에서 하나를 선택해야 한다.

검사의 원활한 진행을 위해 검사자는 사전에 이 검사에 대해 잘 숙지하고, 피검사 자가 검사를 잘 받을 수 있도록 살펴야 한다. 피검사자의 신체적, 정신적 상태가 검사수행에 적합하지 않은 경우 검사 실시일을 조정하도록 한다. 특히 학생자가진단 척도의 경우, 피검사자가 문항을 읽고 이해하지 못하며 검사자가 직접 문항을 읽어 주고 응답을 받아 적도록 한다.

3. 검사의 구성과 실시

1) 전반적인 구성

이 검사는 '학생 자가진단척도'와 '교사 관찰척도'로 이루어져 있고, 대상에 따라 초등용과 청소년용으로 나뉘어 있으며, 검사항목은 2008년 한국특수교육학회에서 제시한 학습장애 학생의 특성에 근거하여, 학업부적응 및 학습장애의 세부영역인 기초적인 학업능력(수용언어, 표현언어, 수학)과 학교 적응능력(주의집중 및 조직화, 사회성)으로 나누어 구성되어 있다. 학생용 각 26문항, 교사용 각 25문항으로 구성되어 있다.

2) 검사 문항

(1) 수용언어(읽기): 읽기해독 및 이해에 관련한 문항

상대의 말을 듣고 이해하는 능력으로 이 능력이 부족하면 글을 읽고 중심내용을 파악하는 데 어려움을 보인다. 또한 어휘력이 부족하여 단어를 보고 즉각적으로 읽지 못하고 자주 접하지 않는 단어나 새로운 단어를 올바르게 읽는 데 어려움을 보인다. 문장을 읽을 때, 음절/단어를 빼고 읽거나 다른 음절/단어를 대치하여 읽거나 다시 반복하여 읽는 경우가 많다.

(2) 표현언어(말하기 및 쓰기): 말하기와 쓰기 능력 관련 문항

자신의 생각을 말하거나 글로 표현하는 능력으로 이 능력이 부족하면 이야기를 하거나 글쓰기를 할 때, 학년에 비하여 미숙한 어휘를 선정하거나 간단한 명사만을 사용하여 표현한다. 본인의 경험을 이야기하면, 다른 친구들이 잘 알아듣지 못하고 논리적으로 이야기를 진행시키지 못한다. 글을 쓸 때에도 구성이 논리적이지 못하여 내용이 빈약하다. 글씨를 지나치게 천천히 쓰며, 자간이 좁거나 글자가 지나치게 크고 글자 모양이 이상하다. 단어를 쓸 때 글자를 빠뜨리거나, 맞춤법에 맞지 않게 단어를 쓰는 경우가 있다.

(3) 수학: 사칙연산, 문장제, 기타 수학적 능력에 대한 문항

사칙연산에 대한 능력으로 이 능력이 부족하면 사칙연산의 계산에 오류가 많고, 시간이 오래 걸린다. 특히 받아올림이 있는 덧셈이나 받아내림, 뺄셈뿐만 아니라 문장제 수학문제 풀이에 어려움을 보인다. 또한 시각-공간능력이 필요한 수학영역의 문제풀이에 어려움을 보인다.

(4) 주의집중 및 조직화: 학습에 영향을 미칠 수 있는 능력 관련 문항

한 가지 시간이나 활동에 몰입하고 머릿속으로 재정립(정리)하는 능력으로, 이 능력이 부족하면 중요한 내용에 대해 집중하지 못하거나 쉽게 주의가 산만해져서 배운 학습 내용을 금방 잊어버리며 기억하는 데 어려움을 보인다. 물리적 환경뿐 아니라 개념, 과제 수행 등 조직화에 어려움을 가지는 경우가 많다.

(5) 사회성: 학교에서의 적응과 관련한 문항

남들과 잘 어울리는 능력으로 이 능력이 부족하면 자주 주의를 받으며 자기 차례가 아닌데도 종종 남의 말에 끼어든다. 또한 해당 연령과 학년 수준에서 평균 수준의 사회적 수용성을 유지하는 데 어려움을 보인다.

3) 검사 실시

① 검사지를 학생에게 제공하고, 학년/반/번호/이름 등의 인적사항을 기록하게
   한다.
② 편안한 상태에서 각 문항에 응답할 수 있도록 안내한다. 정해진 답이 없기 때
   문에 가능한 한 자신의 생각에 따라 솔직하고 성실하게 응답할 수 있게 하고,
   모든 문항에 응답할 수 있게 안내한다.
③ 모든 문항에 응답한 학생들로부터 검사지를 수거한다.

4. 결과와 해석

1) 검사 결과

검사요인별 및 하위요인별 점수가 제시되며, 각 검사 요인별 개인의 특성이 제시
된다. T 점수와 백분위 점수, 각 검사 요인별 개인의 특성 또한 제시된다.

2) 결과 해석

T 점수가 높을수록 해당 척도에서 상위점수를 받게 되고, 대부분의 피검사자는
T 점수가 30과 70 사이에 위치한다.

- 일반군: T 점수 55 이하, 백분위 점수 68% 이하
- 잠재적 위험군: T 점수 56 이상~65 이하, 백분위 점수 69% 이상~93% 이하
- 고 위험군: T 점수 66 이상, 백분위 점수 94% 이상

5. 기타 참고사항

1) 검사의 장단점

현장의 전문가들이 실제 학생의 행동특성과 연계하여 문항 개발에 참여하였다. 또한 다양한 선별과정, 즉 표준화 선별척도의 활용이나 전문가 및 교사(부모)에 의한 의뢰 요청 혹은 일반 교육/부진아 교육에서의 성취자료 등으로 활용될 수 있다. 간결하고 짧은 문항으로 구성되어 학습장애가 있는 학생들도 간편하게 실시 및 평가할 수 있다.

2) 관련 검사

- 청소년용 다면적 인성검사 MMPI-A(마음사랑): 성격, 심리적 증상, 행동상의 문제평가
- 청소년용 기질 및 성격검사 JTCI(마음사랑): 기질 및 성격평가
- 주의력 장애 진단검사 ADS(아이큐빅): 단순과제에 대한 주의력검사

> **30** 한국판 학습장애 평가척도(K-LDES)

1. 검사 소개

1) 목적과 용도

한국판 학습장애 평가척도(Korean version of Learning Disability Evaluation Scale: K-LDES)는 학령기 아동의 학습장애 여부 및 문제의 심각성, 학습장애 유형을 객관적으로 평가하기 위하여 표준화되었다.

학습장애는 듣기, 말하기, 읽기, 쓰기, 추론 혹은 산술 능력의 습득과 사용에서 주된 어려움을 보이는 이질적인 장애 집단을 나타내며, 이는 중추 신경계의 장애에 기인한 것으로 가정된다. 이 검사는 7개의 하위영역(주의력, 사고력, 말하기, 읽기, 쓰기, 철자법, 수학적 계산)에서 아동들이 보이는 문제를 부모나 교사가 3점 척도로 평가하게 되어 있다. 7개의 하위척도 평가치를 합산하여 학습지수(Learning Quotient: LQ)가 산출되는데 이는 아동의 총체적인 학습 문제에 대한 측정치를 제공하며, 웩슬러 지능검사에서 산출되는 FSIQ, VIQ, PIQ와 평균, 표준편차의 단위가 동일(평균=100, 표준편차=15)하므로, IQ 수준에 비해 LQ가 얼마나 부진한지 쉽게 비교할 수 있다. 또한 실생활에서 아동을 매일 접하는 교사나 부모가 평가하는 척도이므로 아동의 학습문제를 조기에 발견하여 조속한 치료적 도움을 받도록 하는 데 유용하게 사용될 수 있다.

2) 검사의 배경

학습장애(Learning Disability)라는 용어는 Kirk(1961)에 의해 처음 사용된 이래로, 1987년에 DSM-III-R에서 공식적인 소아정신과적 장애로 인정되었다. DSM-IV(1994) 진단준거에 따르면 학습장애는 읽기, 쓰기, 산수장애로 구분되며, 개별적인 표준화된 검사에서 연령, 학년 그리고 지능에서 기대되는 수준보다 학업성취가 2년 이상 부진한 수행을 보일 때 학습장애가 의심된다고 한다. 학습장애를 진단하기 위해 아동의 연령/학년에서 기대되는 수준에 비해 부진 정도가 얼마나 심각한지를 평가하는 것이 반드시 필요한데, 외국에서는 다양한 학업성취검사와 읽기장애 평가도구가 사용되고 있지만 국내는 매우 미흡한 실정이다. 미국에서 가장 보편적으로 받아들여지는 「미 공법」 94조 142항의 학습장애에 대한 정의를 토대로, McCarney 박사가 1988년에 LDES를 개발하였다. 신민섭, 조수철, 홍강의가 한국의 언어와 교육실정에 맞게 수정하여 1998년에 한국판 학습장애 평가척도(K-LDES)를 개발하였다. 이 검사는 인싸이트(http://www.inpsyt.co.kr)에서 판매 중이다.

3) 인지학습과의 관련성

학습장애 진단에 필요한 정보뿐만 아니라 학습장애아동의 개별 프로그램을 개발하는 데 활용될 수 있는 다양한 정보를 제공해 준다는 점에서 교육적 중요성을 지닌다.

실생활에서 아동을 매일 접하는 교사나 부모가 평가하는 척도이므로 아동의 학습문제를 조기에 발견하여 조속한 치료적 도움을 받도록 하는 데 유용하게 사용될 수 있다. 학령기 동안 일정 간격을 두고 학생의 수행정도를 평가하는 데에도 활용할 수 있으며, 이를 통해 특수교육 프로그램에 들어가야 하는 시점을 확인하고 일정 기간 동안의 향상정도를 확인할 수 있다.

LDES 자체가 교육의 목적 및 목표와 교육 전략을 개발하는 것을 목적으로 하고 있기 때문에, 학생들의 학업 수행상의 변화를 측정하거나 교육 프로그램을 검토하기 위해 LDES를 활용할 수 있다. 또한 기존의 서비스를 지속할 필요성이 있는가도 LDES를 통해 간편하게 평가할 수 있다. 학생이 직접 검사를 받는 것이 아니므로 반복 시행에 따른 학습 효과를 염려할 필요도 없다.

2. 검사의 대상과 방법

1) 대상 집단

검사의 대상 집단은 6~11세 아동이다.

2) 검사 방법

이 검사는 아동들의 행동을 관찰할 기회를 많이 가지고 있는 전문 교육자인 교사나 부모가, 아동을 관찰한 결과를 기재하는 방식의 검사이다. 각 아동별, 개인검사로 실시하며, 약 20분이 소요된다.

교사나 부모가 아동을 관찰한 결과를 기재하는 것이므로, 별도의 검사 감독이 필요하지 않다.

3. 검사의 구성과 실시

이 검사는 학습장애에 대한 정의에 입각하여 학습문제를 주의력, 생각하기, 말하기, 읽기, 쓰기, 철자, 수학적 계산 영역으로 범주화하여 교사나 부모가 평가하도록 하는 학습장애 선별검사이다. 아동들의 학습문제를 진단하고, 학습장애 유형과 심각성에 대한 평가 및 개별 학습장애 치료 프로그램 개발에 도움이 되는 정보를 제공할 수 있도록 하는 88문항으로 구성되어 있다.

1) 검사 항목

- **주의력**: 주의집중의 어려움을 평가한다(7문항).
- **생각하기**: 시/공간적 능력, 계기적 정보처리 능력을 평가한다(17문항).
- **말하기**: 말할 때 음을 빠뜨리거나, 단어를 전혀 틀리게 발음하거나, 대화를 잘 이어 가지 못하거나, 어휘력이 한정되어 있는 것 등을 평가한다(9문항).
- **읽기**: 단어나 행, 문장들을 빼먹고 읽는 것과 같은 읽기의 정확성과 독해력을 평가한다(14문항).
- **쓰기**: 반전 오류(글자나 숫자를 거꾸로 씀), 띄어쓰기의 어려움 등을 평가한다(14문항).
- **철자법**: 철자법, 받아쓰기의 어려움 등을 평가한다(7문항).
- **수학적 계산**: 수학적 연산과 수학적 추론에서의 어려움을 평가한다(20문항).

2) 검사 실시

K-LDES는 학생을 관찰하고 그들에게 직접 공부를 가르칠 수 있는 적절한 기회를 가진 부모나 교사가 실시하는 것이 가장 바람직하다. 아동들에 대한 최소한의 관찰 기간은 따로 정해져 있지 않으나, 적어도 일주일 이상은 아동을 관찰하고 각 아동의 능력에 대해 잘 파악하도록 해야 한다. 아동의 수행을 정확하게 평가하기 위해서는 각 아동을 관찰할 수 있고 그들과 직접 공부할 수 있는 기회를 얼마나 많이 가지고 있느냐가 중요하다. 보통의 초등학교 교사들의 경우 한 학생에 대해 한 교사가 K-LDES를 다 시행할 수 있겠지만, 각 과목 담당교사가 따로 정해져 있거나 중학교 교사인 경우 한 학생에 대해 여러 교사의 함께 K-LDES를 시행해야 할 것이다. 추측하여 평가해서는 안 되며 어떤 문항도 빈칸으로 남겨 두어서는 안 된다.

각 아동을 충분히 관찰하고, 함께하는 시간을 충분히 가진 후 검사지의 항목에 성실하게 응답하도록 한다.

4. 결과와 해석

1) 검사 결과

7개의 하위영역(주의력, 생각하기, 말하기, 읽기, 쓰기, 철자법, 수학적 계산)에서 아동들이 보이는 문제를 부모나 교사가 3점 척도(전혀 그렇지 않다: 1점, 가끔 그렇다: 2점, 항상 그렇다: 3점)로 평가하도록 되어 있다. 이렇게 평정한 각 문항별 원점수를 확인하고, 인싸이트의 온라인 자동채점 프로그램에 원점수를 입력하면 해당 규준에 의해 하위척도 표준점수 및 학습지수, K-LDES 프로파일 등이 산출된다.

각 하위척도 점수는 연령규준에 입각한 평균 10, 표준편차 3인 표준점수로 전환되며 각각이 7개 하위척도 표준점수를 합산하여 평균 100, 표준편차 15인 학습지수(Learning Quotient: LQ)로 변환하게 된다. 각 하위척도 평가치가 7점 미만일 때, 그 영역 학습에 문제가 있는 것으로 간주한다. 각 문항은 아동이 어떻게 그 행동을 전형적으로 수행하는가의 측면에서 엄격하게 평정해야 한다. 모호한 측면에 있을 경우 아동에게 유리하게 평정하는 경향이 있을 수 있으므로, 주의해서 평정하도록 한다.

K-LDES 프로파일은 K-LDES 개발에 포함된 정상 표집에서 산출된 평균과 비교하여 해당 학생의 문제 영역을 시각적으로 보여 준다.

2) 결과 해석

원점수는 가장 가치 있고 구체적인 정보 중 하나로, 특정 척도 문항의 원점수가 높으면 교육 환경에서 그 학생이 성공적으로 그 영역을 성취해 낼 수 있도록 특별한 관심이 필요하다는 것을 나타낸다. 모든 문항을 3, 2, 1점에 따라 배열하여, 학생의 약점과 도움이 필요한 영역에 대해 우선순위를 매길 수 있다.

하위척도별로 원점수를 합산하여 인싸이트(http://www.inpsyt.co.kr) 온라인 채점 프로그램을 통해 하위척도 표준점수를 구할 수 있는데, 이는 각 학습장애 영역별 정보를 확인할 수 있다. 어떤 학생이 한 하위척도에서 통계적으로 의미 있는 결함을 보인다는 것은 그 하위척도에 의해 확인된 문제 영역에 대해 관심을 가질 필요가 있음을 시사한다.

학습지수로는 학습장애의 전반적인 수준을 확인할 수 있다. 85~115점 이내의 학습지수는 정상범위로 간주할 수 있다. 학습지수는 각 문항의 원점수나 하위척도의 표준점수만큼 진단적인 의사결정을 하거나 학생의 문제 영역을 결정하는 데 반드시 가치가 있는 것은 아니다. 그러나 하위척도 표준점수와 학습지수가 1 표준편차 이하인 7점 미만인 경우에는 임상적 관심의 대상이 된다.

3) 유의사항

K-LDES에서 제공하는 점수의 민감성에 근거한 일반 지침에 의하면, K-LDES의 평균 이하로 1 표준편차 이상 벗어나는 LQ를 받은 학생이 학업에서 성공하기 위해서는 특수교육 서비스나 정규 학급에서 적응하기 위한 프로그램이 필요하다. 80, 75, 70 등의 학습지수는 주요한 학습장애 및 특수한 관심이 요구되는 지표로 해석되어야 한다.

5. 기타 참고사항

1) 검사의 장단점

교실 내에서 학생들을 지도하며 직접 관찰한 내용에 근거하여 교사가 평가하거나 부모가 아동의 학습이나 숙제를 지도하면서 관찰한 내용에 근거하여 평가하며, 실시 시간이 20분 이내로 짧으므로, 임상 장면에서 매우 간편하게 실시 가능하다. 검사 문항 자체가 각 과목의 교육실행 지침으로서 직접 적용 가능하므로, 이를 통해 학생들이 학습 능력 향상을 꾀할 수 있다. 학습장애 진단에 필요한 정보뿐 아니라, 학습장애아동의 개별 교육 프로그램을 개발하는 데 활용될 수 있는 다양한 정보를 제공해 준다는 점에서 교육적 중요성을 지닌다.

같은 시간 간격 동안에 학생을 관찰한 여러 명의 교사가 평정할 수 있다. 의뢰 시 이러한 방법을 사용하는 것은, 시간을 절약할 수 있고, 동일 수행 영역에 대하여 다양한 교육 환경에서 아동을 관찰할 기회를 가진 다수의 사람들로부터 정보를 얻을 수 있고, 각 전문영역을 나누어 평정함으로써 평가의 객관성을 극대화할 수 있다는 측면에서 큰 장점이 있다.

2) 관련 검사

- 학습장애 선별검사(LDST): 초등용(초등학교 3~6학년)과 청소년용(중학교 1학년~ 고등학교 3학년)이 있다.

3) 적용 사례

- 송종용, 신민섭(1998). 학습장애평가척도에서 나타난 읽기장애 아동과 주의결 핍과잉활동장애 아동의 차이: 학습장애평가척도의 타당성 검증 연구. 한국심리 학회지: 임상, 17, 185-196.

Understanding Psychological Tests on Cognitive Learning

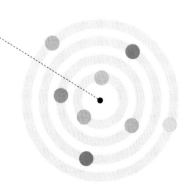

10부

학업 스트레스, 시험 불안 및 학습환경

---

* 학업 스트레스, 시험 불안 및 학습환경 영역의 머리글과 검사 해설은 김보성 교수(동의대학교 철학상담 · 심리학과)가 작성했다.

이 부에서 다루고자 하는 검사는 학업 스트레스 상태, 시험 불안 정도 및 학교 학습환경 전반에 대해 살펴보는 검사이다.

학업 스트레스 검사는 학습과정에서 학습자의 정서적 상태가 학습 동기를 저하시키고, 학습 결과에 대해 미리 과도하게 비관적으로 예측하도록 하여 저조한 학습과정 및 결과가 나타날 수 있다는 점에 초점을 두고 이를 학습자가 인지하여 대처할 수 있도록 유도하는 데 목적을 두고 있는 검사이다. 학습결과인 성적, 학습과정인 수업, 학습효율을 반영한 공부를 각 영역으로 구분하였으며, 학습에 직접적으로 관여하는 자신과 간접적으로 관여하는 부모님 그리고 교사와의 관계 속에서 각 영역별 상태를 측정하도록 함으로써 학습이 이루어질 때 스트레스로 지각될 수 있는 대부분의 상황을 체크해 볼 수 있다는 장점을 가진 검사로 해석할 수 있다.

시험 불안 검사는 학습자의 학습상태를 평가하는 형태로서 테스트(시험)에 직면할 때 이에 대한 부정적 반응인 걱정과 불안의 정도를 살펴보고자 하는 검사이다. 걱정 영역은 테스트에 임하기 전에 테스트 결과에 대한 기대가 낮아 학습자에게 나타날 수 있는 반응들에 초점을 두고 있는 반면, 불안 영역은 테스트에 임하는 상황에서 테스트 자체로 인해 학습자에게 나타나는 반응들에 초점을 두고 있다. 따라서 이 검사는 학습자가 테스트라는 상황 그 자체에 부정적으로 반응하는 것인지, 테스트 결과가 부정적으로 예측되어 이에 대해 부정적으로 반응하는 것인지, 혹은 두 가지 모두에 의해 부정적으로 반응하는 것인지를 살펴볼 수 있다는 장점을 가지고 있다.

학교 학습환경 평가목록표는 학교의 물리적 환경에서부터 학습과정에 영향을 미칠 수 있는 IT 기반 시설, 교수자를 위한 프로그램 및 학습운영 시스템에 이르기까지 광의의 학습환경에 대한 평가를 진행할 수 있는 검사이다. 이 검사는 학습환경을 구성하고 있는 요소들을 크게 하드웨어로 해석할 수 있는 투입 요소와 소프트웨어로 해석할 수 있는 과정 요소로 구분하고 있으며, 이를 전체와 부분의 형태인 공간의 수준에 따라 다시 나누어 해당 유무를 물어보는 방식으로 구성되어 있다. 이로 인해 학습자가 지각하는 수준에서 비교적 수월한 방식으로 학습환경을 체계적으로 살펴볼 수 있다는 장점을 가지고 있다.

그럼에도 적절한 해석을 위해서는 다음의 각 검사에 대한 세부 내용들을 충분히 살펴보고 고려해 보기를 권장한다.

〈31〉 학업 스트레스 검사(SAS)

1. 검사 소개

1) 목적과 용도

학업 스트레스 검사(Scale of Academic Stress: SAS)는 학업으로 인한 심리적 부담 또는 긴장, 근심, 우울, 초조함 같은 심리적 상태인 학업 스트레스를 측정하는 검사이다.

2) 검사의 배경

학업 스트레스 검사(SAS)는 국내외 학업 스트레스 측정도구를 분석하여 파악된 문제점을 보완하여 박병기와 박선미(2012)에 의해서 개발되었다.

국외에서 개발된 학업 스트레스 검사로는 Kohn과 Frazer(1986)가 제안한 Academic Stress Scale(ASS), Abouserie(1994)가 제안한 Academic Stress Questonnaire(ASQ), Burnett과 Fanshawe(1997)가 제안한 High School Stressor Scale(HSSS), Sinha, Sharma와 Nepal(2001)이 제안한 Scale for Assessing Academic Stress(SAAS), Ang과 Huan(2006)이 제안한 Academic Expectations Stress Inventory(AESI) 등이 있다. 그러나 이런 측정도구들은 한국의 교육체제와 부적합하거나(예, ASS: 전공과 무관한 수업), 학업 스트레스보다는 생활 스트레스 위주로 측정하거나(예, ASQ: 가정위기, SAAS: 수면부족), 학업 스트레스원에 초점을 맞추는(예, HSSS: 지루한 수업, 많은 양의 과제) 단점이 있다.

국내 학업 스트레스 검사로는 오미향(1993)과 박용식(1995)이 제안한 학업 스트레스 검사가 전부인 실정이다. 그러나 오미향이 제안한 도구는 하위요인 구조가 복잡하고 학업 스트레스를 주는 인적 자원과 학업 스트레스를 받는 영역이 혼합되어 있으며, 박용식이 제안한 도구는 학업 스트레스의 개념에 비추어 볼 때, 학업 스트레스를 정확하게 측정하기 어려운 부분이 존재하는 단점을 가지고 있다.

이 검사는『교육심리연구』26권 2호의 학업 스트레스 척도의 개발 및 타당화 논문에서 발췌하여 사용할 수 있다. 상업적으로 이용하고자 할 때에는 저자의 허락을 구할 필요가 있다.

3) 인지학습과의 관련성

인지학습에 학습자의 정서적 문제는 인지학습 효율성 저하를 유발할 수 있다. 이로 인해 학습자가 학습현장에서 받을 수 있는 부정적인 정서적 특성을 파악하는 것이 필요하며, 이 검사를 통해 정서적 특성 중 학업과 관련된 스트레스 전반에 대해서 측정할 수 있다.

현장에서는 손쉽게 검사를 활용할 수 있으며, 검사해석에서 전문적인 교육이 크게 요구되지 않기 때문에 유용성이 크다고 볼 수 있다.

2. 검사의 대상과 방법

1) 대상 집단

현재 개발된 SAS는 중학생을 대상으로 가능하며, 초등학교 4학년부터 고등학교 3학년까지로 확장도 가능할 수 있을 것이다.

2) 검사 방법

주어진 지필용 검사지에 피검사자가 Likert 6점 척도(1: 확실히 아니다~6: 확실히 그렇다)에 응답하는 방식으로 검사를 실시할 수 있다.

검사문항이 총 45문항으로 문항당 응답시간을 20초 내외로 정했을 때, 약 10~15분 정도 소요될 것이다.

검사 안내 및 실시에 성인의 감독이 필요할 수도 있으며, 개인 또는 집단별로 실시가 가능할 것으로 판단된다.

3. 검사의 구성과 실시

학업 스트레스 영역을 3개의 영역(성적, 수업, 공부)으로 구성했으며, 학업 스트레스 원천을 역시 3개(부모, 교사, 자기)로 구분하여 3×3의 형태로 구성하였다.

1) 전반적인 구성

(1) 학업 스트레스 성적 영역
원천 1: 부모 = "부모님의 기대만큼 성적이 나오지 않아 ○○하다."
원천 2: 교사 = "성적 때문에 언젠가는 선생님께 꾸중을 들을 것 같아 ○○하다."
원천 3: 자기 = "성적을 생각하면 ○○하다."

(2) 학업 스트레스 수업 영역
원천 1: 부모 = "수업시간에 무엇을 배웠는지 부모님께서 물어보면 ○○해서 ○○하다."
원천 2: 교사 = "선생님께서 모르는 문제를 질문할까 봐 ○○하다."
원천 3: 자기 = "수업시간이 되면 ○○하고 싶다."

(3) 학업 스트레스 공부 영역
원천 1: 부모 = "부모님께서 공부를 열심히 하라고 말씀하면 ○○하다."
원천 2: 교사 = "선생님께서 공부를 많이 하는 다른 사람과 비교하면 ○○하다."
원천 3: 자기 = "각 과목에 따라 효과적인 공부 방법을 몰라서 ○○하다."

2) 검사 실시

다음 단계로 실시한다(*IRB 규정도 고려한다).

① 피검사자의 검사 동의를 받는다.
② 피검사자의 권리를 알려 준다.
　• 검사 결과 및 사적 정보에 대한 접근에 대한 비밀 유지를 피검사자에게 알려
　　주기
　• 검사 중 자유롭게 검사를 철회할 수 있음을 알려 주기 등
③ 검사를 실시한다.
　• 검사에 대한 주요 지시사항을 숙지하도록 한다(예, "가능한 한 빨리, 그리고 정
　　확하게 수행하십시오.").
④ 피검사자에 검사 개요에 대해 설명한다(debriefing).

4. 결과와 해석

1) 검사 결과

학업 스트레스 영역(3)과 학업 스트레스 원천(3)의 조합으로 구성된 9개 요소 및
전체의 학업 스트레스 정도를 총점 및 평균 점수로 제시한다.

2) 결과 해석

결과는 전체 학업 스트레스 점수와 학업 스트레스 영역과 학업 스트레스 원천으
로 구분된 각 요소의 학업 스트레스 점수로 각각 제시된다. 이에 따라 상대적으로
학업 스트레스가 높다면 구체적으로 피검사자의 학업 스트레스 영역이 무엇인지
또는 학업 스트레스 원천이 어디인지를 각각 살펴볼 수 있으므로 학업 스트레스를
더 정확하게 파악할 수 있다.

3) 유의사항

이 검사는 학업 스트레스 검사이기 때문에 인지학습과정에만 초점을 두어 살펴보지 않고 방대한 영역에 걸쳐 인지학습과정에 개연성을 가지고 있는 대상까지도 포괄적으로 정보를 제공하고 있다. 따라서 인지학습검사로서 활용할 경우, 학업 스트레스 원천으로 자기, 그리고 공부라는 학업 스트레스 영역에 대해 초점을 두고 우선적으로 살펴보는 것이 필요할 것으로 판단된다.

그렇다고 하더라도 인지학습의 개념 범위가 공부라는 개념 범위와 완벽하게 대응되지 않기 때문에 아주 세밀한 부분의 학습 스트레스를 반영하려면 검사를 실시하는 전문가의 해석 및 기타 면담, 관찰이 추가될 필요가 있다고 판단된다.

5. 기타 참고사항

1) 검사의 장단점

SAS는 지필검사로 검사 실시의 시간이 비교적 짧으며, 검사를 실시하는 데 추가적인 비용(예, 검사도구의 판권 등)이 소요되지 않는 장점이 있다. 또한 학업 스트레스 영역과 원천별로 학업 스트레스 정도를 확인할 수 있어서, 피검사자도 검사를 실시한 이후에 대략적인 자신의 학업 스트레스 상태를 쉽게 판단할 수 있다는 장점이 있다.

그러나 규준 집단의 학업 스트레스 상태가 형성되어 있지 않기 때문에 현 상태에 대한 진단을 내리는 데에는 어려움이 존재하는 단점이 있다.

2) 관련 검사

• 박용식(1995)은 초등학생을 대상으로 총 60문항의 검사를 활용했으며, 요인의 구조는 비교적 단순하게 부모, 교사, 친구로 구분하여 학업 스트레스를 살펴보았다. 한편, 오미향(1993)은 중학생을 대상으로 총 75문항의 검사를 통해 성적,

시험, 수업, 공부, 진로의 영역과 더불어 교사관계, 가족관계, 친구관계와 학교환경, 가정환경, 주위환경의 요인들로 구분하여 학업 스트레스를 살펴보았다. 이와 달리 Ang과 Huan(2006)은 9문항의 AESI(Academic Expectations Stress Inventory)로 학업 스트레스를 측정했으며, 이는 부모, 교사의 기대와 자기의 기대로 구분되어 있다.

- Burnett와 Fanshawe(1997)는 35문항의 HSSS(High School Stressor Scale)로 수업 방식, 학생-교사 관계, 공부, 학교환경, 자기주도성, 불안정한 느낌, 독립심, 미래에 대한 두려움, 부모와의 관계의 요인에 따라 고등학생을 대상으로 이들의 학업 스트레스를 살펴보았다.

- Abouserie(1994), Sinha, Sharma와 Nepal(2001), 그리고 MacGeorge, Samter와 Gillihan(2005)은 각각 학업 스트레스의 측정 대상으로 대학생으로 두고 있다. 특히 Sinha 등은 대상의 범위를 고등학생부터 대학생에 이르기까지 함께 사용할 수 있도록 하고 있다.

- Abouserie의 ASQ(Academic Stress Questionnaire)는 34문항으로 공부, 성적, 교사관계, 환경요인으로 구분하고 있으며, Sinha 등의 SAAS(Scale for Assessing Academic Stress)는 30문항으로 인지적, 정서적, 신체적, 사회적, 동기적 요인으로 구분하고 있다. 마지막으로 MacGeorge 등은 3문항으로 성적에 관해서만 학업 스트레스를 측정하고 있다.

3) 적용 사례

- 허준경, 이기학(2013). 중학생의 학업스트레스 수준과 공격성향 간의 관계에서 자율성의 조절효과 검증 연구. 한국심리학회지: 학교, 10, 429-448.
- 조한익(2013). 고등학생의 학업낙관성, 학업스트레스, 학습몰입 및 학업성취도의 구조적 관계. 교육심리연구, 27, 783-803.

32 시험 불안 검사(K-TAI)

1. 검사 소개

1) 목적과 용도

시험 불안 검사(Korean-Test Anxiety Inventory: K-TAI)는 학습과 관련하여 개인이 중요하다고 생각하는 평가 상황, 즉 시험 상황에서 개인이 경험하는 불안을 측정하는 검사이다.

2) 검사의 배경

K−TAI는 Spielberger(1980)의 Test Anxiety Inventory(TAI)를 황경렬(1997)이 한국어로 번안한 검사이다. 이 검사는 Mandler와 Sarason(1952)이 처음으로 시험 불안을 측정하기 위해 개발한 Test Anxiety Questionnaire(TAQ)에 근거하고 있으며, TAQ는 걱정(worry)과 정서성(emotionality)의 두 가지 요인으로 구성되어 있다. 그러나 시험 불안의 두 요인에 대한 점수만으로는 설명할 수 없는 학업성취도와의 관계가 존재하기 때문에, 이를 파악할 수 있도록 총 점수를 활용할 수 있는 TAI가 Spielberger에 의해서 개발되었다.

이 검사는 이종철(2006)의 박사학위논문 「학습양식 유형, 시험 불안과 학업성취도의 관계: 학교 급별 분석」 논문에서 발췌하여 사용할 수 있다.

3) 인지학습과의 관련성

이 검사는 학업성취도 또는 학업숙련도에 영향을 미치는 상태 불안의 특수한 사레로서 학습에 대한 불안 정도를 측정할 수 있다.

이는 학업 스트레스와 밀접하게 관련되어 있어서, 학습자(학생)의 학습에 대한 태도 및 정서를 파악하는 데 도움을 준다.

현장에서는 손쉽게 검사를 활용할 수 있으며, 검사해석에 전문적인 교육이 크게 요구되지 않기 때문에 이 검사의 유용성이 크다고 볼 수 있다.

2. 검사의 대상과 방법

1) 대상 집단

K-TAI는 초등학생부터 고등학생뿐만 아니라 대학생에 이르기까지 모든 대상에게 활용될 수 있을 것이다.

2) 검사 방법

K-TAI는 총 20개의 자기보고식 문항으로 구성되어 있는 지필검사로서, 각 문항은 Likert식 5점 평정척도로 구성되어 있어 최고 100점에서 최저 20점의 점수범위를 갖는다.

문항당 응답시간을 20초 내외로 정했을 때, 약 7~10분 정도 소요될 것으로 예상된다.

검사 안내 및 실시에 성인의 감독이 필요할 수도 있으며, 개인 또는 집단별로 실시가 가능할 것으로 판단된다.

3. 검사의 구성과 실시

1) 검사 문항

검사는 시험 불안 중 인지 요인에 해당되는 걱정을 측정하는 영역과 정서적 요인에 해당되는 정서를 측정하는 영역으로 크게 구분되며, 두 요인의 혼합적 영역에 대해 측정하는 부분도 존재한다. 각 영역별 문항의 예는 다음과 같다(*세부사항은 ○○○로 대체함).

- 걱정 영역 총 8문항
  예) "시험 점수 생각에 ○○○가 잘 안 될 때가 있다."

- 정서 영역 총 8문항
  예) "시험 칠 때에 기분이 ○○하다."

- 혼합 영역 총 4문항
  예) "몹시 긴장해서 ○○할 때가 있다."

2) 검사 실시

다음 단계로 실시한다(*IRB 규정도 고려한다).

① 피검사자의 검사 동의를 받는다.
② 피검사자의 권리를 알려 준다.
  - 검사 결과 및 사적 정보에 대한 접근에 대한 비밀 유지를 피검사자에게 알려 주기
  - 검사 중 자유롭게 검사를 철회할 수 있음을 알려 주기 등
③ 검사를 실시한다.

- 검사에 대한 주요 지시사항을 숙지하도록 한다(예, "가능한 한 빨리, 그리고 정확하게 수행하십시오.").

④ 피검사자에 검사 개요에 대해 설명한다(debriefing).

4. 결과와 해석

1) 검사 결과

시험 불안의 걱정 영역(8)과 정서 영역(8)에 대한 영역별 총점이 각각 8점에서 40점의 범위를 가지고 제시되며, 혼합 영역(4)을 포함하여 전체 시험 불안에 대한 총점이 20점에서 100점으로 산출된다.

2) 결과 해석

시험 불안의 수준이 피검사자의 학교급별에 따라 다르다는 Hill과 Sarason(1966)의 연구에 기초하여 이종철(2006)이 학교급별 시험 불안 수준에 대한 기준을 제시하였다. 학교급별로 4등분(상, 중상, 중하, 하)으로 구분하여 제시하였다.

〈표 32-1〉 학교급별 시험 불안 수준의 기준

시험 불안 수준 학교급별	상	중상	중하	하
초등학교	63점 이상	50~62점	40~49점	39점 이하
중학교	70점 이상	58~69점	47~57점	46점 이하
고등학교	85점 이상	75~84점	65~74점	64점 이하

3) 유의사항

이 검사는 주로 시험 불안이라는 단일적 개념(총점을 중심으로)에 주로 초점을 두고 있는 검사이다. 하위요소로 걱정 영역과 정서 영역이 존재하지만, 각 영역별 점수에 따라 시험 불안 수준을 구분하는 기준은 마련되어 있지 않다.

또한 인지학습검사로서 활용하고자 할 때에는 학습 상태에 대한 평가가 전제된 상황에는 적합할 수 있으나, 평가가 전제되지 않은 상황에서는 적합하지 않을 수 있다.

5. 기타 참고사항

1) 검사의 장단점

K-TAI는 검사 실시의 시간이 비교적 짧으며, 검사를 실시하는 데 추가적인 비용이 소요되지 않는 장점이 있다. 또한 피검사자의 학교급별에 대한 시험 불안 수준의 진단기준이 미리 마련되어 있어, 시험 불안의 정도를 판단하는 데 유용하게 활용될 수 있다는 장점이 있다.

그러나 결과 해석의 유의사항에서도 나타난 바와 같이, 학습 상태에 대한 평가가 전제된 상황에 적합한 도구이기 때문에 이 전제사항이 충족되지 않는 상황에서 검사의 활용도는 낮을 수 있다는 단점이 있다.

2) 관련 검사

- Morris, Davis와 Hutchings(1981)가 개발 및 개정한 개정판 고민-정동척도(Revised Worry-Emotionality Scale: R-WES)가 존재하며, 이 검사의 우리말 번역판인 K-WEQ가 유사검사로 활용되고 있다. 이 검사는 10개의 Likert식 평정문항으로 구성되어 있으며, 5개 문항은 고민요인을 측정하는 문항이고, 나머지 5개 문항은 정동요인을 측정하는 문항이다. 이 두 요인의 점수를 모두 합한 점수가 시험불안 점수가 되도록 구성되었다.
- Spielberger(1980)의 척도와 Morris 등(1981)의 척도를 참고로 하여 황경렬(1997)이 개발한 K-TAI-K 척도가 존재한다. 이 검사는 K-TAI와 마찬가지로 20개의 문항에 Likert식 5점 척도로 구성되어 있으나, 하위요인이 고민요인과 정동요인으로만 구분되어 각 요인당 10개의 문항으로 구성되어 있는 것이 특징이다.

3) 적용 사례

- 김영선, 김영희(2009). 뇌 호흡 프로그램이 간호대학생의 시험불안 및 우울에 미치는 영향. 한국보건간호학회지, 23(2), 251-261.
- 김영희(2011). 간호대학생들의 우울, 자아존중감 및 자아정체감이 시험불안에 미치는 영향. *Journal of the Korean Data Analysis Society, 13*(4), 2003-2014.
- 임미란, 조진현(2014). 성별과 영어 학업성취도에 따른 중학생의 학업적 자기효능감과 시험불안 차이 연구. 한국콘텐츠학회논문지, 14(11), 1008-1018.
- 임순연, 조영식, 배현숙(2011). 일부 치위생과 학생의 귀인성향, 자기효능감이 시험불안에 미치는 영향. 한국치위생학회지, 11(3), 313-323.

33 〉 학교 학습환경 평가목록표(SLEAC)

1. 검사 소개

1) 목적과 용도

학교 학습환경 평가목록표(School Learning Environment Assessment Checklist: SLEAC)는 우수한 학교 학습환경의 공통된 요소들이 존재하는지 그 여부를 확인하는 객관적 평가문항으로, 부족한 학교 학습환경 요소를 우선적으로 개선하기 위한 용도로 활용된다.

2) 검사의 배경

학습환경은 학습자의 학습 성과를 결정짓는 가장 기본적인 조건 중 하나이다. 이로 인해 오랫동안 학습환경이 학습 성과에 미치는 영향에 대해 연구들이 진행되었으나, 학습환경의 조작적 정의 및 구체적인 세부요소 결정의 어려움으로 연구들마다 평가의 일관성이 확보되지 못하는 문제를 가지고 있었다. 이러한 문제점을 해결하기 위해서 물리적 학습환경, 공학 또는 IT 학습환경, 사회심리적 학습환경, 문화적 특징, 인적 자원, 교육과정 요소로 구성된 학습환경에 대한 통합적 평가목록표가 김창민(2013)에 의해서 개발되었다.

이 검사는 김창민(2013)의 「학교 학습환경 평가목록표 개발: 고등학교 학습환경 평가모형 개발을 위한 기초 연구」 박사학위논문에서 발췌하여 사용할 수 있다.

3) 인지학습과의 관련성

인지학습의 효과적 수행과 관련하여 학습자가 속해 있는 학습환경을 미리 확인하고, 이에 대한 개선을 통해 인지학습 수행 수준을 향상시킬 수 있다.

SLEAC가 추구하는 고등학교 학습환경 현장에 있어서는 손쉽게 검사를 활용할 수 있기 때문에 일부 제한적이긴 하지만 유용성이 크다고 볼 수 있다.

2. 검사의 대상과 방법

1) 대상 집단

현재 개발된 SLEAC는 학습자가 직접 평가하는 것이 아니라 학교 관리자가 평가주체가 된다. 그러나 SLEAC의 문항이 구체적 요소들의 유무를 판단하는 형태로 구성되어 있기 때문에 특별히 연령 등의 범주를 구분하지 않고 학습자라면 누구나 스스로 체크하여 확인해 볼 수 있다.

2) 검사 방법

주어진 평가목록표의 각 문항에 대해서 해당 유무(1: 해당됨, 0: 해당없음)에 체크하는 방식으로 검사를 실시할 수 있다.

검사문항은 총 70문항이나 문항당 체크시간(항목별 해당유무를 판단하는 데 소요되는 시간)이 항목별로 상이할 수 있어 소요시간을 산정하기는 어렵다.

검사 안내 및 실시에 대한 사전 오리엔테이션 및 감독이 필요할 것으로 판단된다.

3. 검사의 구성과 실시

1) 검사 문항

검사는 학교 수준과 학습 수준 각각에서 투입요소와 과정요소를 살펴보는데, 투입요소에는 물리적 요소와 IT 요소가 구분된다. 그 결과, 2(학교, 학급)×3(물리적 투입, IT 투입, 과정)의 구성을 갖게 된다. 검사 구성에 대한 총괄표는 결과자료 항목에 제시된 〈표 33-1〉을 참고하라.

각 요소에 대한 검사 문항은 다음과 같다.

① 학교 수준의 투입요소: 물리적 환경
   예) "학생들의 휴식을 위한 별도의 공간 및 시설이 갖춰져 있는가?"
② 학급 수준의 투입요소: 물리적 환경
   예) "교실 내에 온도를 최적의 상태로 유지하기 위한 방법들이 활용되고 있는가?"
③ 학교 수준의 투입요소: IT 환경
   예) "학교 홈페이지를 통해 학생, 학부모, 교사, 지역사회 인적 자원들의 쌍방향 의사소통이 활발히 이루어지고 있는가?"
④ 학급 수준의 투입요소: IT 환경
   예) "인터넷이나 스마트폰 등의 개인별 디지털 학습공간을 통해 학생들이 학습을 위한 필요한 도움을 받을 수 있는 시스템이 갖춰져 있는가?"
⑤ 학교 수준의 과정요소
   예) "학습 촉진 제도를 운영하고 있는가?"
⑥ 학급 수준의 과정요소
   예) "수업 운영 과정의 의사결정에 학생들의 의견이 고려되고 있는가?"

2) 검사 실시

검사 대상이 인간이 아닌 학교 학습환경이기 때문에 IRB 규정 등에 근거하여 피검사자의 동의 및 debriefing 등의 과정이 생략될 수 있다. 단지 각 문항의 순서에 따라 학교 전체 및 학급의 환경과 시스템의 해당사항에 체크하는 방식으로 진행하면 된다.

4. 결과와 해석

1) 검사 결과

학교 학습환경 구성요소 11개 각각의 총점을 점수로 제시한다. 문항 수에 근거하여 배정된 전체적인 가중치는 〈표 33-1〉과 같다.

〈표 33-1〉 학교 학습환경 평가목록표의 구성

	투입요소		과정요소	계
	물리적 환경	IT 환경		
학교 수준	A. 학습자의 신체적, 정신적 건강 증진을 위한 물리적 환경(6) B. 다양한 학습을 지원하는 교실(3) [12.8%]	E. 교육을 지원하는 학교 수준의 IT 환경(2) [2.9%]	H. 효과적인 교사 전문성 신장 프로그램(5) I. 우수한 교육과정(26) J. 우수한 운영시스템(11) [60.0%]	53 [75.7%]
학급 수준	C. 최적의 교육을 위한 교실내 공간 및 시설(5) D. 인간공학적 개인별 교수-학습 공간 및 기자재(2) [10.0%]	F. 교육을 지원하는 교실내 IT 자원(2) G. 개인적 디지털 학습 공간 및 네트워크 환경(2) [5.7%]	K. 수업실행 전문성(6) [8.6%]	17 [24.3%]
계	16 [22.8%]	6 [8.6%]	48 [68.6%]	70 [100%]
	22 [31.4%]			

*1. 이 표의 A~K는 학습환경의 구성요소이며, 괄호 안의 숫자는 평가문항 수이다[비율].

2. 이 표의 항목 중, I에는 차별화된 교육과정(21), 모든 학생을 위한 교수-학습 프로그램(4), 지역사회와의 연계성(1) 등이 포함된다. J에는 책임과 의무를 강조하는 엄격한 학사관리(2), 교사의 재량권(2), 교수-학습 지원을 위한 행정 운영(3), 폭력이나 범죄로부터의 안전성(2), 교육 경쟁력 강화를 위한 혁신성(2) 등이 포함된다.

2) 결과 해석

각 학교 학습환경 구성요소의 점수는 문항별 해당유무에 1(해당됨) 또는 0(해당 없음)을 체크하여 얻는 값이므로 구성요소별 총점에서 점수가 반영되지 못한 문항들을 중심으로 개선요구사항을 확인할 수 있으며, 학교와 학교 또는 학급과 학급을 상대적으로 비교할 수 있다.

3) 유의사항

이 검사는 광의의 의미로서 학교 학습환경을 설정하고 각각의 구성요소별 특성을 살펴보고 있기 때문에 일부 요소들은 학습성과 향상이라는 수행적 의미의 변화와의 관계성이 낮을 수 있다. 따라서 현재로서는 인지학습수행과의 관련성을 중심으로 높은 관련성을 보인 일부 구성요소에 대한 평가를 부분적으로 사용하는 것이 필요할 것으로 보인다.

또한 현재 개발된 SLEAC는 학교 현장에 국한된 평가임과 동시에 교육과정 중 고등학교 교육과정에 초점을 두고 있다. 이는 인지학습검사로서 교육과정(초등학교, 중학교, 고등학교)과 학습환경의 집단 여부(집단학습환경 vs. 개인학습환경)와 관계없이 적용할 수 없다는 제한점을 반영하는 것이다. 따라서 추후 각 인지학습 영역(예, 주의, 기억 등)과의 관계성 탐색을 통해 최적의 학습환경의 특성을 기반으로 한 학습환경 검사도구의 개발과정이 지속적으로 요구될 필요가 있다고 판단된다.

5. 기타 참고사항

1) 검사의 장단점

학교의 학습환경이라는 광의의 개념을 통합적으로 체크할 수 있다는 장점과 더불어, 검사를 실시하는 데 추가적인 비용(예, 검사도구의 판권 등)이 소요되지 않는 장점을 가지고 있다.

그러나 학교와 학급의 과정 요소는 고등학교 교육과정의 학교에만 적용될 수 있는 문항으로 구성되어 있기 때문에 초등학교나 중학교 등의 다른 교육과정의 학교에는 적용하기가 어려운 점이 존재한다. 또한 집단 학습환경의 경우 학교 아닌 학원 등의 학습환경 평가에는 적용하기 어려우며, 개인 학습환경에도 역시 적용이 어려운 단점을 가지고 있다.

2) 관련 검사

학교 학습환경을 물리적 학습환경, 공학적(IT) 학습환경, 사회심리적 학습환경 요소의 총체로 정의하는 연구들이 다수 있으나, 이를 모두 통합적으로 살펴볼 수 있는 검사는 찾아보기 어렵다. 다만, 2000년대 이후에 학교 학습환경 중 사회심리적 학습환경만을 살펴보는 검사로 다음 검사들이 있다. 이 검사들은 학습상황에서 교수자와 학생 간의 상호작용에 관계되는 요소들을 살펴본다.

- TROFLEI(Technology-Rich, Outcomes-Focused, Learning Environment Inventory) (Aldridge, Dorman, & Fraser, 2004)
- CSCES(College Science Classroom Environment Survey)(Kerr, Fisher, Yaxley, & Fraser, 2006)

3) 적용 사례

- 김창민, 박인우(2012). 학교 학습환경 평가를 위한 평가목록표 개발 연구. **교육방법연구**, 24, 637-657.

참고문헌

고려대학교 행동과학연구소(1998). 심리척도 핸드북 1, 2. 서울: 학지사.

곽금주(2002). 아동 심리평가와 검사. 서울: 학지사.

곽금주, 오상우, 김청택(2011). 한국판 웩슬러 아동지능검사(K-WISC-IV). 서울: 학지사.

곽호완, 박창호, 이태연, 김문수, 진영선(2008). 실험심리학 용어사전. 서울: 시그마프레스.

구본훈, 배대석(2006). 외상성 두부손상 환자에서 지능장애 및 기억장애 유무에 따른 정신과적 증상의 비교. 생물치료정신의학, 12, 182-195.

권용선(2000). 지식창출을 위한 지식공유 과정과 이에 영향을 미치는 요인: 소집단 사례 연구를 중심으로. 이화여자대학교 대학원 석사학위 청구논문.

권중원, 남석현, 김중선(2011). 정지신호과제의 수행이 동작의 실행과 정지기능에 미치는 영향. 대한물리치료학회지, 23, 37-43.

김경원, 황순택, 김지혜, 홍상황(2016). VMI-6(시각-운동 통합 검사)를 활용한 지적 장애 등급 판별. 재활심리연구, 23, 65-85.

김남성, 오혜영(2004). 한국아동충동성검사. 서울: 한국가이던스.

김미라(2011). 심리검사. 박창호, 안서원, 김문수, 이태연, 최광일, 조광수, 김미라. 인지학습심리학(제13장). 서울: 시그마프레스.

김미애, 박용경, 김은희, 김미한, 정성화, 서순림, 김홍(2013). 연령에 따른 시지각과 시각-운동통합 능력의 변화. 한국노년학회지, 33, 39-52.

김애화, 김의정, 황민아, 유현실(2014). 읽기 성취 및 읽기 인지처리 능력검사(RA-RCP) 전문가 지침서. 서울: 학지사.

김영선, 김영희(2009). 뇌 호흡 프로그램이 간호대학생의 시험불안 및 우울에 미치는 영향. 한국보건간호학회지, 23, 251-261.

김영신, 소유경, 노주선, 최낙경, 김세주, 고윤주(2003). 한국어판 부모 및 교사용 ADHD 평가척도(K-ARS) 규준연구. 신경정신의학, 42, 352-359.

김영희(2011). 간호대학생들의 우울, 자아존중감 및 자아정체감이 시험불안에 미치는 영향. *Journal of the Korean Data Analysis Society*, 13(4), 2003-2014.

김정숙(2003). 학습방법 프로그램이 고교생의 학습동기 및 자아존중감에 미치는 영향. 공주대학교 교육대학원 석사학위 청구논문.

김진희(2008). 학습동기 향상 프로그램이 초등학생의 학습된 무기력과 자기효능감에 미치는 영향. 경인교육대학교 교육대학원 석사학위 청구논문.

김창민(2013). 학교 학습환경 평가목록표 개발: 고등학교 학습환경 평가모형 개발을 위한 기초연구. 고려대학교 대학원 박사학위논문.

김창민, 박인우(2012). 학교 학습환경 평가를 위한 평가목록표 개발 연구. 교육방법연구, 24, 637-657.

김홍근(1999). Rey-Kim 기억검사: 해설서. 대구: 도서출판 신경심리.

김홍근(2005). 아동용 Rey-Kim 기억검사: 해설서. 대구: 도서출판 신경심리.

도진아, 류설영, 김희철(2005). 외상성 뇌손상 환자들의 K-WAIS와 K-MAS 수행 패턴 비교. 생물치료정신의학, 11, 165-171.

문은식, 이종희, 김명화(2012). 고등학생의 자기조절학습과 영어 학업성취도 간의 관계. 한국현대영어영문학회, 56, 109-126.

박경숙, 윤점룡, 박효정(1987). 기초학습기능검사. 서울: 한국교육개발원.

박병기, 박선미(2012). 학업스트레스 척도의 개발 및 타당화. 교육심리연구, 26, 563-585.

박용식(1995). 아동의 학업 스트레스와 학업성적과의 관계. 전남대학교 교육대학원 석사학위논문.

박창호(2011). 인지학습 입문. 박창호, 안서원, 김문수, 이태연, 최광일, 조광수, 김미라. 인지학습심리학(제1장). 서울: 시그마프레스.

박창호, 안서원, 김문수, 이태연, 최광일, 조광수, 김미라(2011). 인지학습심리학. 서울: 시그마프레스.

보건복지부(2013). 보건복지부령 제 174호, 장애인복지법 시행규칙.

소유경, 노주선, 김영신, 고선규, 고윤주(2002). 한국어판 부모, 교사 ADHD 평가척도의 신뢰도와 타당도 연구. 신경정신의학, 41, 283-289.

송인섭(2002). 신뢰도: 일반화가능도 중심으로. 서울: 학지사.

신기명(1990). 학습된 무력감 진단척도의 개발에 관한 연구. 건국대학교 대학원 박사학위 청구논문.

신민섭, 김미연, 김수경, 김주현, 김지영, 김해숙, 류명은, 온싱글(2006). 웩슬러 지능검사를 통한 아동 정신병리의 진단평가. 서울: 학지사.

신민섭, 박민주(2007). 스트룹 아동 색상-단어 검사: 실시요강. 서울: 학지사.

양명희(2000). 자기조절학습의 모형탐색과 타당화 연구. 서울대학교 대학원 박사학위 청구논문.

양명희, 정윤선(2013). 자기조절학습 척도 개발 및 구조 검증. 청소년학연구, 20, 239-266.

오미향(1993). 중학생의 학업스트레스 요인 및 증상분석과 그 감소를 위한 명상 훈련의 효과. 경북대학교 대학원 석사학위논문.

오현숙(2002). 독일 FAIR의 한국 표준화 연구에 의한 한국어판 FAIR 입문서. 서울: 중앙적성연구소.

원주영, 김은정(2008). 멈춤 신호 과제의 타당화 연구. 한국심리학회지: 일반, 27, 217-234.

유경미(2014). 시지각훈련프로그램이 지적장애아동의 주의집중에 미치는 효과. 발달장애연구, 18, 79-96.

윤화영(2008). 영재와 일반아의 수면유형에 따른 창의성, 학습동기, 학습전략과의 관계. 인천대학교 교육대학원 석사학위 청구논문.

이석재, 장유경, 이헌남, 박광엽(2003). 생애능력 측정도구 개발 연구: 의사소통능력, 문제해결능력, 자기주도적 학습능력을 중심으로(연구보고 RR 2003-15-3). 서울: 한국교육개발원.

이영선(1997). 청소년의 학습된 무기력과 관련요인에 대한 메타분석. 청소년학연구, 23(5), 31-65.

이인혜, 김영주, 강성군(2011). 억제기능 결함과 도박 중독의 관계: 카지노 도박중독자들을 중심으로. 한국심리학회지: 건강, 16, 501-520.

이종범, 김오룡, 김진성, 서완석, 배대석(2003). 구조화된 평가척도와 신경심리검사를 이용한 외상성 뇌 손상 환자의 주관적 증상 연구. 생물치료정신의학, 9, 213-234.

이종철(2006). 학습양식 유형, 시험불안과 학업성취도의 관계: 학교 급별 분석. 조선대학교 대학원 박사학위논문.

이현수(2001). 한국판 기억평가검사(K-MAS) 실시 및 채점 요강. 경기: 한국가이던스.

이현종, 이현수, 최성혜, 남민, 장순자, 정한영(2001). 알쯔하이머형 치매 집단과 노인 우울 집단의 기억. 한국심리학회지: 임상, 20, 641-661.

이혜련(2010). 고등학생의 자기조절학습 측정도구 구안 및 타당화. 한국교원대학교 교육대학원 석사학위 청구논문.

이혜원, 김선경, 이고은, 정유진, 박지윤(2012). 연령에 따른 인지 변화 양상. 한국심리학회지: 인지 및 생물, 24, 127-148.

임미란, 조진현(2014). 성별과 영어 학업성취도에 따른 중학생의 학업적 자기효능감과 시험불안 차이 연구. 한국콘텐츠학회논문지, 14(11), 1008-1018.

임병노(2006). 네트워크기반 교육용게임이 만족도, 성취도 및 학습동기. 전략 향상에 미치는 영향. *Multimedia-Assisted Language Learning*, 9, 94-115.

임순연, 조영식, 배현숙(2011). 일부 치위생과 학생의 귀인성향, 자기효능감이 시험불안에 미치는 영향. 한국치위생학회지, 11(3), 313-323.

임은미(1998). 학업동기 및 부모행동과 학업성취도의 관계. 서울대학교 대학원 박사학위논문.

임인재, 김신영, 박현정(2003). 심리측정의 원리. 서울: 학연사.

정문용, 정화용, 유현, 정혜경, 최진희(2001). 외상후 스트레스 장애 환자에서 해마용적과 기억기능. 생물정신의학, 8, 131-139.

조한익(2013). 고등학생의 학업낙관성, 학업스트레스, 학습몰입 및 학업성취도의 구조적 관계. 교육심리연구, 27, 783-803.

최성혜, 이현수(2003). 외상성 뇌손상 환자의 기억기능 연구-뇌손상의 심각도에 따른 비교-. 한국심리학회지: 임상, 22, 33-56.

최승원, 안창일, 김용희(2003). 외상성 뇌손상 환자들의 잔류 인지문제 판단의 타당도 연구: K-MMSE와 K-MAS의 비교. 한국심리학회지: 건강, 8, 547-564.

최승종(2014). 초등영재의 자기결정성과 실패내성이 자기주도학습능력에 미치는 영향. 대구대학교 대학원 석사학위 청구논문.

최진영, 김지혜, 박광배, 홍상황, 황순택, 신민영(2012). K-WMS-IV의 표준화-신뢰도와 타당도. 한국심리학회 연차 학술발표논문집, 142.

허정경(2004). 초등학생의 자기조절능력과 관련 변인들간의 관계. 한국엔터테인먼트산업학회논문지, 8, 87-95.

허준경, 이기학(2013). 중학생의 학업스트레스 수준과 공격성향 간의 관계에서 자율성의 조절효과 검증 연구. 한국심리학회지: 학교, 10, 429-448.

현주, 박효정, 이재분(1998). 학습부진아 판별을 위한 검사 도구개발 연구. 서울: 한국교육개발원.

황경렬(1997). 행동적, 인지적, 인지-행동 혼합적 시험불안 감소훈련의 효과 비교. 한국심리학회지: 상담과 심리치료, 9, 57-80.

황순택, 김지혜, 박광배, 최진영, 홍상황(2012). K-WAIS-IV 실시 및 채점요강. 대구: 한국심리.

Abouserie, R. (1994). Sources and levels of stress in relation to locus of control and self-esteem in university students. *Educational Psychology, 14*, 323-330.

AERA, APA, & NCME* (1995). 설문, 시험, 검사의 제작 및 사용을 위한 표준. (이순묵, 이봉건 공역) [원서명: *Standards for Educational and Psychological Testing*, 1985] 서울: 학지사.

Aldridge, J. M., Dorman, J. P., & Fraser, F. J. (2004). Use of multitrait-multimethod modelling to validate actual and preferred forms of the Technology-Rich Outcomes-Focused Learning Environment Inventory (TROFLEI). *Australian Journal of Educational & Developmental Psychology, 4*, 110-125.

Allinson, C., & Hayes, J. (2012). *The Cognitive Style Index: Technical Manual and User Guide.* Old Tappan, NJ: Pearson Education.

Ang, R. P., & Huan, V. S. (2006). Academic expectations stress inventory: Development, factor analysis, reliability, and validity. *Educational and Psychological Measurement,*

66, 522-539.

Aylward, E. H., & Schmidt, S. (1986). An examination of three tests of visual-motor integration. *Journal of Learning Disabilities, 19*, 328-330.

Babcock, H. (1930). An experiment in the measurement of mental deterioration. *Archives of Psychology, 117*, 105.

Babcock, H., & Levy, L. (1940). *Test and Manual of Directions; The Revised Examination for the Measurement of Efficiency of Mental Functioning.* Wood Dale, IL, USA.

Beery, K. E., & Beery, N. A. (2010). *The Beery-Bukenica Developmental Test of Visual-Motor Integration* (6th ed.). Bloomington, MN: Pearson.

Beetar, J. T., & Williams, J. M. (1995). Malingering response styles on the Memory Assessment Scales and symptom validity tests. *Archives of Clinical Neuropsychology, 10*, 57-72.

Benton, A. L. (1968). Differential behavioral effects in frontal lobe disease. *Neuropsychologia, 6*, 53-60.

Berg, E. A. (1948). A simple objective technique for measuring flexibility in thinking *Journal of Experimental Psychology, 39*, 15-22.

Block, J., Gjerde, P. F., & Block, J. H. (1986). More misgivings about the Matching Familiar Figures Test as a measure of reflection-impulsivity: Absence of construct validity in preadolescence. *Developmental Psychology, 22*, 820-831.

Burnett, P. C., & Fanshawe, J. P. (1997). Measuring school-related stressors in adolescents. *Journal of Youth and Adolescence, 26*, 415-428.

Buschke, H., & Fuld, P. A. (1974). Evaluating storage, retention, and retrieval in disordered memory and learning. *Neurology, 24*, 1019-1019.

Cattell, J. M. (1886). The time taken up by cerebral operations. *Mind, 11*, 63-65.

Chan, R. C., Shum, D., Toulopoulou, T., & Chen, E. Y. (2008). Assessment of executive functions: Review of instruments and identification of critical issues. *Archives of Clinical Neuropsychology, 23*, 201-216.

Cozby, P., & Bates, S. (2015). 행동과학을 위한 연구방법론(11판). (김초복 역) [원서명: *Methods in Behavioral Research*, 2012] 서울: 박학사.

Curry, L. (1983). An organization of learning styles theory and constructs. Paper presented at the 67th annual meeting of the American Educational Research Association, Montreal, Quebec, Canada.

Dickman, S. J., & Meyer, D. E. (1988). Impulsivity and speed-accuracy tradeoffs in information processing. *Journal of and Social Psychology, 54*, 274-290.

Duffey, J. B., Ritter, D. R., & Fedner, M. (1976). Developmental Test of Visual-Motor Integration and the Goodenough Draw-a-Man Test as predictors of academic success. *Perceptual and Motor Skills, 43*, 543-546.

Dunn, R. S., Dunn K. J., & Price, G. E. (1981). *Learning Style Inventory*. New York, Lawrence, KS: Price Systems.

DuPaul, G. J. (1991). Parent and teacher ratings of ADHD symptoms: Psychometric properties in a community-based sample. *Journal of Clinical Child Psychology, 20*, 245-253.

DuPaul, G. J., Power, T. J., Anastopoulos, A. D., Reid, R., McGoey, K. E., & Ikeda, M. J. (1997). Teacher ratings of attention deficit hyperactivity disorder symptoms: Factor structure and normative data. *Psychological Assessment, 9*, 436.

Egeland, B., & Weinberg, R. A. (1976). The Matching Familiar Figures Test: A look at its psychometric credibility. *Child Development, 47*, 483-491.

Elmes, D. G., Kantowitz, B. H., & Roediger III, H., L. (2012). 심리학 연구방법(9판). (남종호 역) [원서명: *Research Methods in Psychology*, 2011] 서울: 센게이지러닝 코리아.

Faries, D. E., Yalcin, I., Harder, D., & Heiligenstein, J. H. (2001). Validation of the ADHD rating scale as a clinician administered and scored instrument. *Journal of Attention Disorders, 5*, 107-115.

Felder, R. M., & Silverman, L. K. (1988). Learning and teaching styles in engineering education. *Engineering Education, 78*(7), 674-681.

Felder, R. M., Silverman, L. K., & Solomon, B. A. (1996). *Index of Learning Styles*. Raleigh, NC: North Carolina State University.

Flanagan, D. P., & Kaufman, A. S. (2009). *Essentials of WISC-V assessment* (2nd ed.). New York: Wiley.

Frostig, M., Lefever, D. W., & Whittlesey, J. R. B. (1961) A Developmental Test of Visual Perception for Evaluating Normal and Neurologically Handicapped Children. *Perceptual and Motor Skills, 12*, 383-394.

Glow, P. H., Lange, R. V., Glow, R. A., & Barnett, J. A. (1981). The measurement of cognitive impulsiveness: Psychometric properties of two automated adult versions of the Matching Familiar Figures Test. *Journal of Behavioral Assessment, 3*, 281-295.

Grant, D. A., & Berg, E. A. (1948). A behavioral analysis of degree of reinforcement and ease of shifting to new responses in Weigl-type card-sorting problem. *Journal of*

Experimental Psychology, 38, 404-411.

Gronwall, D. M. A. (1977). Paced auditory serial-addition task: a measure of recovery from concussion. *Perceptual and Motor Skills, 44*, 367-373.

Gronwall, D., & Wrightson, P. (1974). Delayed recovery of intellectual function after minor head injury. *The Lancet, 304*, 605-609.

Guilford, J. P. (1967). *The Nature of Human Intelligence.* New York, NY: McGraw-Hill.

Heaton, R. K., Chelune, G. J., Talley, J. L., Kay, G. G., & Curtiss, G. (1993). *Wisconsin Card Sorting Test (WCST): Manual: Revised and Expanded.* Psychological Assessment Resources (PAR).

Heaton, R. K., Grant, I., & Matthews, C. G. (1991). *Comprehensive Norms for an Expanded Halstead-Reitan Battery: Demographic Corrections, Research Findings, and Clinical Applications; with A Supplement for the Wechsler Adult Intelligence Scale-revised (WAIS-R).* Odessa, FL: Psychological Assessment Resources.

Hill, K. T., & Sarason, S. B. (1966). The relation of test anxiety and defensiveness to test and school performance over the elementary-school years: A further longitudinal study. *Monographs of the Society for Research in Child Development, 31*, 1-76.

Hummel-Schluger, A. O., & Baer, J. S. (1996). A computer-controlled administration of the matching familiar figures test. *Behavioral Research Methods, Instruments, & Computers, 28*, 93-95.

Kagan, J., Rosman, B. L., Day, D., Albert, J., & Phillips, W. (1964). Information processing in the child: Significance of analytic and reflective attitudes. *Psychological Monographs: General and Applied, 78*(1), 1-37.

Kirk, S. A. (1963). Behavioral diagnosis and remediation of learning disabilities. *Proceedings of the Conference on Exploration into the problems of the Perceptually Handicapped Child, 1*, 1-23.

Kerr, C. R., Fisher, D. L., Yaxley, B. G., & Fraser, B. J. (2006). Studies of Students' Perceptions in Science Classrooms at the Post-Compulsory Level. In D. Fisher & M. S. Khine (Eds.), *Contemporary Approaches to Research on Learning Environments: Worldviews* (pp. 161-194). Singapore; World Scientific.

Kohn, J. P. & Frazer, G. H. (1986). An Academic Stress Scale: Identification and Rated Importance of Academic Stressors. *Psychological Reports, 59*, 415-426.

Kolb, D. A. (1976). *Learning Style Inventory Technical Manual.* Boston, MA: McBer.

Little, M. M., Williams, J. M., & Long, C. J. (1986). Clinical memory tests and everyday memory. *Archives of Clinical Neuropsychology, 1,* 323-333.

Logan, G. D., & Cowan, W. B. (1984). On the ability to inhibit thought and action: A theory of an act of control. *Psychological Review, 91*(3), 295-327.

Logan, G. D., Cowan, W. B., & Davis, K. A. (1984). On the ability to inhibit simple and choice reaction time responses: A model and a method. *Journal of Experimental Psychology: Human Perception and Performance, 10,* 276.

Logan, G. D., Schachar, R. J., & Tannock, R. (1997). Impulsivity and inhibitory control. *American Psychological Society, 8,* 60-64.

Loring, D. W., Hermann, B. P., Lee, G. P., Drane, D. L., & Meador, K. J. (2000). The Memory Assessment Scales and lateralized temporal lobe epilepsy. *Journal of Clinical Psychology, 56,* 563-570.

Loring, D. W., & Papanicolaou, A. C. (1987). Memory assessment in neuropsychology: Theoretical considerations and practical utility. *Journal of Clinical and Experimental Neuropsychology, 9,* 340-358.

MacGeorge, E. L., Samter, W., & Gillihan, S. J. (2005). Academic stress, supportive communication, and health. *Communication Education, 54,* 365-372.

Mandler, M. J. & Sarason, S. B. (1952). A study of anxiety and learning. *Journal of Abnormal and Social Psychology, 47,* 166-173.

Mayes, A. R. (1986). Learning and memory disorders and their assessment. *Neuropsychologia, 24,* 25-39.

Mednick, S. (1962). The associative basis of the creative process. *Psychological Review, 69*(3), 220-232.

Miller, J. W. (2000). Exploring the source of self-regulated learning: The influence of internal and external comparisons. *Journal of Instructional Psychology, 27,* 47-52.

Morris, L. W., Davis, M. A., & Hutchings, C. H. (1981). Cognitive and emotional components of anxiety: Literature review and a revised worry-emotionality scale. *Journal of Educational Psychology, 73,* 541-555.

Moosbrugger, H., & Oehlschlägel, J. (1996). *FAIR. Frankfurter Aufmerksamkeits Inventar. Testmanual.* Bern: Huber.

Murphy, K., & Barkley, R. A. (1995). Preliminary normative data on DSM-IV criteria for adults. *ADHD Report, 3*(3), 6-7.

Neubauer, A. C., & Knorr, E. (1998). Three paper-and-pencil tests for speed of information processing: Psychometric properties and correlations with intelligence.

Intelligence, 26, 123-151.

Nolin, P., & Ethier, L. (2007). Using neuropsychological profiles to classify neglected children with or without physical abuse. *Child Abuse & Neglect, 31*, 631-643.

O'Bryant, S. E., Duff, K., Fisher, J., & McCaffrey, R. J. (2004). Performance profiles and cut-off scores on the Memory Assessment Scales. *Archives of Clinical Neuropsychology, 19*, 489-496.

Pelham, Jr, W. E., Fabiano, G. A., & Massetti, G. M. (2005). Evidence-based assessment of attention deficit hyperactivity disorder in children and adolescents. *Journal of Clinical Child and Adolescent Psychology, 34*, 449-476.

Pintrich, P. R., & De Groot, E. (1990). Motivational and self-regulated learning components of classroom academic performance. *Journal of Educational Psychology, 82*, 33-40.

Pintrich, P. R., Smith, D. A. F., Gracia, T., & Mckerachie, W. J. (1993). Reliability predictive validity of the motivational strategies for learning questionnaire (MSLQ). *Educational and Psychology Measurement, 53*, 801-813.

Prigatano, G. P. (1977). Wechsler Memory Scale is a poor screening test for brain dysfunction. *Journal of Clinical Psychology, 33*, 772-777.

Prigatano, G. P. (1978). Wechsler memory scale: A selective review of the literature. *Journal of Clinical Psychology, 34*, 816-832.

Psychological Assessment Resources (2003). *Computerised Wisconsin Card Sort Task Version 4 (WCST)*. Psychological Assessment Resources.

Regard, M., Strauss, E., & Knapp, P. (1982). Children's production on verbal and non-verbal fluency tasks. *Perceptual and Motor Skills, 55*, 839-844.

Riding, R. J. (1991). *Cognitive Style Analysis*. Birmingham: Learning and Training Technology.

Riding, R. J. (1997). On the nature of cognitive style. *Educational Psychology, 17*, 29-49.

Robbins, T., James, M., Owen, A., Sahakian, B., McInnes, L., & Rabbitt, P. (1994). The Cambridge Neuropsychological Test Automated Battery (CANTAB): A factor analytic study in a large number of elderly volunteers. *Dementia, 5*, 266-281.

Rotgans, J. I., & Schmidt, H. G. (2012). The intricate relationship between motivation and achievement: Examining the mediating role of self-regulated learning and achievement-related classroom behaviors. *International Journal of Teaching and Learning in Higher Education, 24*, 197-208.

Ruff, R. M., & Allen, C. C. (1999). *Ruff-Light Trail Learning Test*. Odessa, FL: Psychological

Assessment Resources.

Ruff, R. M., Light, R. & Evans, R. (1987). The Ruff Figural Fluency Test: A normative study with adults. *Developmental Neuropsychology, 3,* 37-51.

Ruff, R., Light, R., & Parker, S. (1996). Visuospatial learning: Ruff Light trail learning test. *Archives of Clinical Neuropsychology, 11,* 313-327.

Russell, E. W. (1981). The pathology and clinical examination of memory. *Handbook of Clinical Neuropsychology, 1,* 287-319.

Sahakian, B., & Owen, A. (1992). Computerized assessment in neuropsychiatry using CANTAB: Discussion paper. *Journal of the Royal Society of Medicine, 85,* 399-402.

Schweizer, K., Moosbrugger, H., & Goldhammer, F. (2005). The structure of the relationship between attention and intelligence. *Intelligence, 33,* 589-611.

Shallice, T., & Warrington, E. K. (1970). Independent functioning of verbal memory stores: A neuropsychological study. *Quarterly Journal of Experimental Psychology, 22,* 261-273.

Sinha, U. K., Sharma, V., & Nepal, M. K. (2001). Development of a scale for assessing academic stress: A preliminary report. *Journal of the Institute of Medicine, 23,* 105-112.

Spielberger, C. D. (1980). *Test Anxiety Inventory.* Palo Alto, CA: Consulting Psychologists Press.

Spirito, A. (1980). Scores on Bender-Gestalt and developmental test of visual-motor integration of learning-disabled children. *Perceptual and Motor Skills, 50,* 1214-1214.

Spreen, O., Risser, A. H., & Edgell, D. (1995). *Developmental Neuropsychology.* New York: Oxford University Press.

Strauss, E., Sherman, E. M., & Spreen, O. (2006). *A Compendium of Neuropsychological Tests: Administration, Norms, and Commentary.* New York: Oxford University Press.

Stroop, J. R. (1935). Studies of interference in serial verbal reactions. *Journal of Experimental Psychology, 18,* 643-662.

Thurstone, L. L. (1938). *Primary Mental Abilities.* Chicago, IL: University of Chicago Press.

Trahan, D. E., Quintana, J. W., Willingham, A. C., & Goethe, K. E. (1988). The visual reproduction subtest: Standardization and clinical validation of a delayed recall procedure. *Neuropsychology, 2,* 29-39.

Vallerand, R. J., & Blssonnette, R, (1992). Intrinsic, extrinsic, and amotivational styles as predictors of behavior: A prospective study. *Journal of Personality, 60,* 599-620.

Verbruggen, F., Logan, G. D., & Stevens, M. A. (2008). STOP-IT: Windows executable software for the stop-signal paradigm. *Behavior Research Methods, 40,* 479-483.

Wallach, M. A., & Kogan, N. (1965). *Modes of Thinking in Young Children.* New York: Holt, Rinehart and Winston.

Wechsler, D. (1939). *The Measurement of Adult Intelligence.* Baltimore, MD: Williams & Wilkins.

Weinstein, C. E., Schulte, A., & Palmer, D. R. (1987). *The Learning and Study Strategies Inventory.* Clearwater, FL: H & H Publishing.

Weinstein, C. E., Zimmerman, S. A., & Palmer, D. R. (1988). Assessing learning strategies: The design and development of the LASSI. In C. E. Weinstein, E. T. Goetz, & P. A. Alexander (Eds.), *Learning and Study Strategies* (pp. 25-40). New York: Academic Press.

Weisberg, R. W. (1993). *Creativity: Beyond the Myth of Genius.* New York: Freeman & Co.

Williams, J. M. (1991). *Memory Assessment Scales.* Odessa, FL: Psychological Assessment Resources.

Witkin, H. A., Oltman, P., Raskin, E., & Karp, S. (1971). *A Manual for Embedded Figures Test.* Palo Alto, CA: Consulting Psychologists Press.

Yando, R. M., & Kagan, J. (1968). The effect of teacher tempo on the child. *Child Development, 39,* 27-34.

Zimmerman, B. J., & Martinez-Pons, M. (1990). Student differences in self-regulated learning: Relating grade, sex, and giftedness to self-efficacy and strategy use. *Journal of Educational Psychology, 82,* 51-59.

*American Educational Research Association, American Psychological Association, and National Council on Measurement in Education (1995).

찾아보기

저자 소개

박창호(Park, ChangHo) [1장, 4장, 5장, 8장, 14장 담당]
서울대학교 대학원 심리학과 졸업 (문학 박사)
전 한국인지및생물심리학회 회장, 자격관리위원장
현 전북대학교 심리학과 교수

강희양(Kang, HeeYang) [15장, 16장, 17장, 19장 담당]
전북대학교 대학원 심리학과 졸업 (임상심리학 박사)
전 을지대학교 병원 정신건강의학과 임상심리실 실장
현 호원대학교 심리상담치료학과 교수

김보성(Kim, BoSeong) [10부 담당]
충남대학교 대학원 심리학과 졸업 (문학 박사)
전 충북대학교 심리학과 초빙 조교수
      한국감성과학회 학술위원장
      한국생리인류과학회 편집위원장
      한국인지및생물심리학회 인지학습심리사 자격관리위원
현 동의대학교 철학상담 · 심리학과 조교수

김초복(Kim, ChoBok) [4부 담당]
New Mexico State University 대학원 심리학과 졸업 (문학 박사)
전 University of Kentucky 신경생물학과 박사후 연구원
현 경북대학교 심리학과 교수

박명숙(Park, MyungSook) [9부 담당]

전북대학교 대학원 심리학과 졸업 (심리학 박사)

전 전주대학교 상담심리학과 겸임교수

현 전북대학교 심리학과 강의전담교수

안서원(Ahn, SoWon) [7부 담당]

The University of Chicago 대학원 심리학과 졸업 (심리학 박사)

전 서강대학교 경영학과 연구교수

   연세대학교 심리학과 박사후연구원

현 서울과학기술대학교 경영학과 부교수

이태연(Lee, TaeYeon) [8부 담당]

서울대학교 대학원 심리학과 졸업 (문학 박사)

현 한서대학교 보건상담복지학과 교수

정우현(Jung, UHyeon) [2장, 3장 담당]

연세대학교 대학원 심리학과 졸업 (철학 박사)

전 한국과학기술원(KAIST) 박사후 연구원 및 초빙교수

   연세대학교 인지과학연구소 전문연구원

현 충북대학교 심리학과 교수

정혜선(Jeong, HeiSawn) [6장, 7장, 9장, 10장, 18장 담당]

전 The University of Pittsburgh 대학원 졸업 (인지심리학 박사)

   한국인지및생물심리학회 이사, 자격관리위원장 등

   한국 교육심리학회 부편집위원장, 이사

   한국 코칭심리학회 이사

   국제학습과학회(International Society of the Learning Sciences) 이사, 차기 회장

현 한림대학교 심리학과 교수

인지학습 심리검사의 이해

Understanding Psychological Tests on Cognitive Learning

2019년 2월 15일 1판 1쇄 인쇄
2019년 2월 25일 1판 1쇄 발행

지은이 • 박창호 · 강희양 · 김보성 · 김초복 · 박명숙 · 안서원 · 이태연
　　　　정우현 · 정혜선

펴낸이 • 김진환

펴낸곳 • ㈜학지사

　　　　04031 서울특별시 마포구 양화로 15길 20 마인드월드빌딩

대표전화 • 02-330-5114　　팩스 • 02-324-2345

등록번호 • 제313-2006-000265호

홈페이지 • http://www.hakjisa.co.kr

페이스북 • https://www.facebook.com/hakjisa

ISBN 978-89-997-1763-5　93180

정가 20,000원

이 도서의 국립중앙도서관 출판시도서목록(CIP)은 서지정보유통지
원시스템 홈페이지(http://seoji.nl.go.kr)와 국가자료공동목록시스템
(http://www.nl.go.kr/kolisnet)에서 이용하실 수 있습니다.
(CIP 제어번호: CIP2019003212)

교육문화출판미디어그룹 **학지사**

심리검사연구소 **인싸이트** www.inpsyt.co.kr
원격교육연수원 **카운피아** www.counpia.com
학술논문서비스 **뉴논문** www.newnonmun.com
간호보건의학출판 **학지사메디컬** www.hakjisamd.co.kr